원가관리회계의 이해와 연습

김학범 지음

publishing and culture
피앤씨미디어

머리말

원가관리회계는 재무회계와 더불어 회계정보시스템의 근간이 되는 분야이다. 재무회계를 통해 작성되는 회계정보는 기업의 수익성이나 유동성에 관심을 가지는 외부 이해관계자들에게 제공되지만, 원가관리회계가 만들어내는 회계정보는 경영계획수립 및 경영통제와 관련된 의사결정을 내려야 하는 기업 내부의 경영자들에게 제공된다. 원가관리회계는 이러한 경영의사결정을 보다 합리적인 것으로 이끌 수 있는 회계정보를 생산하는 방법을 다룬다. 그 주요 내용은 제품원가계산 및 원가추정, 이익계획수립을 위한 *CVP* 분석, 생산 및 판매와 관련된 단기적 특수의사결정, 투자의사결정의 경제성분석, 제품별 및 고객별 수익성분석, 제품배합의사결정, 원가절감을 위한 원가관리, 종합예산편성, 업적평가와 경영통제를 위한 성과차이분석 등이다.

이러한 주제들은 모두 저자가 과거에 출간한 원가회계와 관리회계 교재들에 이미 소개되어 있는 것들이다. 이 책은 그것들을 적절히 취사선택하여 함께 묶은 다음 크게 수정, 보완한 것인데, 특히 학생들이 원가관리회계의 틀을 중심으로 그것의 기초개념들과 논리를 이해하고 문제풀이능력을 연습할 수 있도록 하는 데 중점을 두고 서술되었다. 즉 원가관리회계의 다양한 주제별로 먼저 그 틀을 제시하여 설명하고, 그것을 구성하는 기초개념들과 기초개념들 간의 관계를 논리적으로 설명한 다음, 예제를 통해 그 틀을 이용한 문제풀이방법을 제시하였다. 본문에서 익혀야 할 원가관리회계의 틀은 각 장의 첫 쪽의 <학습초점>에 제시되어 있다. 그것을 중심으로 주요 개념들과 방법들을 체계적으로 결합시키면 원가관리회계에 대한 이해의 정확도와 계산문제풀이를 통한 연습의 능률성을 높이는 데 큰 도움이 될 것이다.

원가관리회계를 공부하는 과정에는 많은 계산문제풀이가 수반된다. 그래서 이 과목을 어렵다고 생각하는 학생들이 많이 있다. 그러나 실제 사정은 그렇지 않다. 골목길 모서리를 지나다보면 가끔 초등학생으로 보이는 어린아이가 잠시 자리를 비운 부모를 대신해 허름한 가게에서 붕어빵을 구워내는 장면을 목격할 때가 있는데, 그 어린아이가 영판 붕어처럼 생긴 빵을 제대로 구워낼 수 있는 것은 어째서일까? 말할 필요도 없이 빵을 굽는 빵틀이 있고, 각각의 재료가 정확하게 무엇이며, 어느 그릇에 담겨 있는지, 빵틀의 어디에 얼마나 들어가야 하는지 등을 그 아이가 알기 때문일 것이다. 빵틀을 운용하는 기술은 실제로 너무 간단하여 그 아이에게는 전혀 문제가 되지 않는 것으로 보였다. 원가관리회계를 처음 공부하는 학생들을 이 어린아이에 비유하면, 원가관리회계의 방법은 빵틀에, 생산과 판매활동에 관한 실제 및 예산 자료들은 붕어빵의 다양한 재료들에, 그리고 빵틀을 통해 만들어지는 원가정보는 붕어빵에 각각 비유할 수 있다. 여기서 말하는 원가관리회계의 틀이란 간단한 형태의 표, 그림, 또는 일차함수 형태의 수학공식 등으로 기초개념들을 체계적으로 결합시킨 것으로서, 붕어빵틀처럼 그 구조가 단순하여 이해하기 쉽고, 그것을 운용하는 데 필요한 기술도 붕어빵을 구울 때처럼 간단한 것이어서 대부분의 경우 사칙연산만으로도 충분하다. 따라서 생산과 판매활동의 실제 및 예산 자료들의 각각을 정확하게 구별하고 찾아내어 빵틀처럼 단순한 구조를 가진 원가관리회계 틀의 들어가야 할 자리에 정확하게 투입할 수 있다면, 비록 초심자라 할지라도 익숙한 사칙연산을 통해 계산문제를 쉽게 풀이할 수 있다.

실제로 원가관리회계의 문제풀이 과정이란 문제에 주어진 자료들을 원가관리회계의 틀에 투입한 다음, 미처 완성되지 못한 그 틀의 빈칸을 메우는 과정이라 할 수 있다. 만일 그렇지 않다면 원가관리회계의 계산문제는 애초에 만들어질 수가 없었을 것이다. 실제로 뛰어난 논리적 추리력만으로는 조건을 다양하게 변화시키면서 주어지는 생소한 계산문제들을 언제나 자신감 있게 풀어내기란 쉽지 않은 일이다. 이 책에서 단계적 학습을 돕는 예제들 외에 굳이 난도가 상대적으로 높은 수준에 속하는 예제들을 많이 포함시킨 목적은 그런 문제들조차 원가관리회계의 틀을 이용하면 그것의 빈칸 메우기를 통해 쉽게 풀 수 있는 것이라는 점을 확인시키고자 함이다.

체계적인 학습과 학습내용의 정리에 도움이 되도록 각 장의 소제목들을 정하고, 정확한 이해를 위해 쉽게 서술하는 데 나름대로 노력을 기울였지만 여전히 부족한 점이 많이 남아있다는 느낌을 지울 수 없다. 이에 대해서는 마땅히 지속적인 퇴고를 통해 다듬고 메워나갈 것이다. 어려운 사정에도 불구하고 졸저를 흔쾌히 받아주신 피앤씨미디어의 박노일 사장님과 직원 여러분들께 감사드립니다.

2013년 6월
저자 씀

차 례

제1장 원가관리회계의 기초개념

제2장 부문별원가계산

제3장 실제원가로 측정되는 제품원가계산의 방법

제4장 정상원가로 측정되는 제품원가계산의 방법

제5장 원가계산목적에 적합한 제품원가계산의 방법

제6장 활동기준원가계산과 활동기준원가관리

제7장 공헌이익접근법과 *CVP* 분석

제8장 공헌이익접근법과 관련원가분석

제9장 제품배합의사결정: 공헌이익접근법과 제약이론접근법

제10장 관리적 의사결정을 위한 성과차이분석

제11장 투자의사결정의 경제성 분석: 할인된 현금흐름(*DCF*)법

제12장 회귀분석법에 의한 일차선형 원가함수의 추정

제13장 학습효과와 학습곡선함수의 추정

원가관리회계의 이해와 연습

Chapter 1

학습초점

1. 제조원가흐름도
2. 재공품계정과 제품계정을 통합한 재고자산계정의 구조.
3. 일차함수 형태의 원가(제조원가)함수: 당기제조원가 = f (실제조업도)
4. 일차함수 형태의 비용(소멸원가)함수: 당기비용 = f (판매량)

CHAPTER 1

원가관리회계의 기초개념

01 제조원가흐름: 생산요소원가(발생) ➡ 재고자산원가(소비) ➡ 매출원가(소멸)

제조기업에서 생산활동이 이루어지는 공간을 공장(plant)이라 한다. 공장의 생산시스템은 재료, 노동, 기계, 유틸리티 같은 생산요소들을 생산공정에 투입하여 재고자산(재공품과 제품)을 산출물로 만들어 내는데, 이때 생산공정에서 소비된 생산요소들의 원가는 그 산출물인 재고자산에 흡수된다.

공장에서 소비된 생산요소들의 원가를 제조원가(manufacturing cost)라 한다. 그것은 재고자산에 흡수되는 원가, 즉 재고가능원가(inventoriable cost)이다. 생산과정을 통해 제조원가를 흡수한 재고자산들의 원가 중에서 기말재공품과 기말제품의 제조원가는 미소멸원가로 남는다. 그러나 판매된 제품의 제조원가는 매출원가의 형태로 소멸되어 당기비용의 일부가 된다.

이와 같은 제조원가의 흐름은 [그림 1-1]의 <제조원가흐름도>를 이용하여 설명할 수 있다. 그것은 <자료 1>을 이용하여 작성된 것인데, 재료계정, 미지급임금계정, 제조간접원가계정 등은 각각 해당 생산요소원가가 발생되어 생산공정으로 투입되는 과정을, 재공품계정은 생산공정에 투입된 생산요소들의 원가가 완성품과 재공품의 원가로 흡수되는 과정을, 그리고 제품계정은 완성품원가가 매출원가의 형태로 소멸되는 과정을 각각 나타낸다.

자료 1

- 기초잔액: 직접재료₩4,000, 간접재료₩1,000, 재공품₩2,000, 제품₩6,000
- 4월중의 거래
  ① 직접재료 ₩10,000과 간접재료 ₩4,000을 외상으로 매입함.
  ② 직접재료 ₩12,000과 간접재료 ₩2,000을 생산공정에 투입함.
  ③ 전기의 미지급임금 잔액이 ₩4,000이 있음.
  ④ 직접노무원가 ₩30,000이 발생과 동시에 소비되었으나 ₩20,000만 지급됨.
  ⑤ 간접노무원가 ₩18,000이 발생과 동시에 소비되었으나 ₩12,000만 지급됨.
  ⑥ 기계감가상각비 ₩10,000; 공장전기료 ₩20,000; 공장수도료 ₩10,000.
  ⑦ 제조원가가 ₩95,000인 완성품(100개)이 생산되어 제품계정으로 대체됨.
  ⑧ 당기에 제조원가 ₩90,000의 제품이 ₩200,000에 판매됨.
  ⑨ 판매관리비 ₩60,000.

그림 1-1 제조원가흐름도

재료계정

차변			대변		
기초재료원가		₩ 5,000	직접재료원가(재공품)		₩12,000
직접재료원가	₩ 4,000		간접재료원가 (제조간접비원가)		₩ 2,000
간접재료원가	₩ 1,000				
재료매입원가		₩14,000	기말재료원가		₩ 5,000
직접재료원가	₩10,000		직접재료원가	₩ 2,000	
간접재료원가	₩ 4,000		간접재료원가	₩ 3,000	

미지급임금계정

차변		대변	
		기초잔액	₩ 4,000
당기지급액	₩32,000	직접노무비(재공품)	₩30,000
		간접노무원가 (제조간접원가)	₩18,000
기말잔액	₩20,000		

제조간접원가계정

차변		대변	
간접재료원가	₩ 2,000	제조간접원가배분액 (재공품)	₩60,000
간접노무원가	₩18,000		
전기료	₩20,000		
수도료	₩10,000		
기계감가상각비	₩10,000		

재공품계정

차변			대변	
기초재공품원가		₩ 2,000	완성품원가	₩95,000
당기	직접재료원가			
제조	직접노무원가	₩20,000	기말재공품원가	₩ 9,000
원가	제조간접원가배분액			
총제조원가		₩104,000	총제조원가	₩104,000

제품계정

차변		대변	
기초제품원가	₩ 6,000	매출원가	₩90,000
재공품(완성품원가)	₩95,000	기말제품원가	₩11,000
총제품원가	₩101,000	총제품원가	₩101,000

<자료 1>의 ⑨판매관리비 ₩60,000은 제조원가가 아니기 때문에 <제조원가흐름도>의 어느 계정에도 기록되지 않았다는 점에 주목해야 한다. 판매관리비는 제조원가가 아닌 기간원가(period cost)인데, 제조원가와 기간원가의 구분에 대해서는 나중에 설명한다.

[그림 1-1]의 <제조원가흐름도>는 원가관리회계의 기초개념들, 기초개념들 간의 관계, 원가관리회계의 주요 방법들을 쉽게 이해하는 데 중심이 되는 틀이다. 구체적으로, 그것은 이 책의 제1장부터 제5장까지의 전통적인 제품원가계산과 관련된 문제를 해결하는 데 근간이 된다. 원가관리회계를 공부하는 과정에서 학생들이 접하게 될 계산문제들의 많은 부분은 사실상 이 틀의 빈칸을 메우기만 하면 쉽게 풀어낼 수 있는 것들이다. 따라서 이 틀을 구성하고 있는 계정들과 각 계정의 구성요소들을 정확하게 이해하는 것이 원가관리회계를 효과적으로 학습하기 위한 중요한 첫 걸음이라 하겠다. 아래에서는 이에 대하여 자세하게 설명한다.

02 재료계정: 재료원가(직접재료원가와 간접재료원가)의 흐름

[그림 1-1] 속의 재료계정은 재료원가(직접재료원가와 간접재료원가)의 흐름을 기록하는 계정이다. 재료원가는 발생원가와 소비원가를 구별해야 한다. 일정 기간의 발생된 재료원가는 전기매입 미사용 재료원가(기초재료원가 ₩5,000)와 당기매입재료원가(₩14,000)로 구성된다. 그것은 재료계정 차변에 기록되는데, 소비된 것이 아니므로 당기제조원가가 아니다. 기말시점까지 제조공정에 투입되지 않고 재료창고에 남아 있는 기말재료원가(당기매입 미사용 재료원가 ₩5,000)도 당기제조원가가 아니다.

발생된 재료원가 중에서 제조공정에 투입되어 당기에 소비된 부분은 재료계정의 대변에 직접재료원가와 간접재료원가로 기록되는데, 이렇게 소비된 재료원가가 비로소 당기제조원가의 일부가 된다. 소비된 재료원가 중에서 직접재료원가(₩12,000)는 그것을 소비한 제품의 제조과정(재공품계정)으로 추적하여 할당하고, 간접재료원가(₩2,000)는 '제조간접원가'라는 통제계정으로 일단 대체한다.

직접재료원가는 특정 제품에 대해 추적할 수 있는 주요재료들의 원가로서, 실무에서는 제품별로 작성되는 재료목록(BOM)을 통해 비교적 쉽게 파악할 수 있다. 재료목록에는 해당 제품 1단위 생산에 소비되는 주요재료들의 수량, 단가, 그리고 각 재료별로 수량과 단가를 곱하여 모든 재료들에 걸쳐 총계한 제품 1단위의 재료원가 등이 기록되어 있는데, 그것이 그 제품의 단위당직접재료원가이다.

간접재료원가는 제품의 구조나 재료의 가격에 비추어 볼 때 상대적 중요성이 주요재료들보다 현저하게 낮으면서 여러 종류의 제품들에 의해 공통으로 소비되는 보조재료의 원가를 가리킨다. 보조재료는 제조과정에서 특정 제품에 투입된 양을 개별적으로 파악하기 어렵거나 그것이 가능하더라도 추적의 경제성이 없어서 그렇게 하지 않는 재료들이다. 예를 들면, 접착제, 도료, 못 등이 그것이다.

이러한 보조재료들은 그 사용량을 제품별로 추적할 수 있는 것이라도 그렇게 하지 않는 것이 경제적 측면에서 합리적인 경우가 대부분이다. 왜냐하면, 일반적으로 보조재료들의 원가는 주요재료의 그것에 비추어 상대적으로 금액이 크지 않아서, 그 사용량을 제품별로 직접 추적하더라도 가격결정의 기초가 되는 단위당제품원가의 정확성이 향상되는 정도나 해당 재료원가를 통제하여 절약할 수 있는 원가의 크기가 상대적으로 미미하기 때문이다. 다시 말해서, 이러한 보조재료들의 직접 추적에 따른 편익보다는 그렇게 하는 데 드는 원가가 오히려 더 크기 때문이다. 이러한 의미에서 이러한 보조재료들의 직접 추적은 추적의 경제성이 없다고 말한다. 간접재료원가는 제조간접원가의 주요 구성항목이다.

예제 1-1

기초재료원가 ₩10,000, 기말재료원가 ₩5,000, 재료매입원가 ₩60,000일 때

(1) 당기에 소비된 직접재료원가가 ₩50,000이었다면 간접재료원가는 얼마인가?

(2) 당기에 소비된 간접재료원가가 ₩10,000이었다면, 직접재료원가는 얼마인가?

풀이 주어진 자료를 재료계정에 기록하고, 대차균형이 성립되도록 하려면 해당 원가항목의 원가가 얼마가 되어야 하는지를 계산함.

(1) 간접재료원가

= 기초재료원가 + 당기재료매입원가 − 기말재료원가 − 직접재료원가

= ₩10,000 + ₩60,000 − ₩5,000 − ₩50,000 = ₩15,000

(2) 직접재료원가

= 기초재료원가 + 당기재료매입원가 − 기말재료원가 − 간접재료원가

= ₩10,000 + ₩60,000 − ₩5,000 − ₩10,000 = ₩55,000

예제 1-2

다음은 과거로기업의 4월중 영업활동이다. ① 재료 ₩50,000을 외상매입하다. ② 직접재료 ₩55,000을 제조과정에 투입하다. ③ 4월의 임금발생액은 ₩300,000인데, 그 중 ₩200,000은 직접노무원가이다. ④ 기타제조간접원가는 감가상각비 ₩60,000, 수도광열비 ₩25,000, 복리후생비 ₩10,000이다. ⑤ 재고자산내역은 다음과 같다: 재료(기초: ₩200,000, 기말: ₩190,000), 재공품(기초: ₩50,000, 기말: ₩100,000), 제품(기초: ₩100,000, 기말: ₩150,000). 간접재료원가는 얼마인가?

풀이 주어진 자료를 재료계정에 기록하고, 대차균형이 성립되도록 하려면 해당 원가항목의 원가가 얼마가 되어야 하는지를 계산함.

간접재료원가

= 기초재료원가 + 당기재료매입원가 − 기말재료원가 − 직접재료원가

= ₩200,000 + ₩50,000 − ₩190,000 − ₩55,000 = ₩5,000

03 미지급임금계정: 노무원가(직접노무원가와 간접노무원가)의 흐름

[그림 1-1] 속의 미지급임금계정은 노무원가(직접노무원가와 간접노무원가)의 흐름을 기록하는 계정이다. 노무원가에는 제수당, 상여금, 복리후생비, 각종 보험료와 연금 부담금(퇴직연금, 국민연금, 의료보험, 산재보험, 고용보험 등)도 포함된다. 노무원가는 원가계산기간 내의 노무원가 소비시점마다 즉시 지급되는 것이 아니라 임금지급일에 모아서 지급되기 때문에, 일정 기간에 발생된 직접노무원가(₩30,000)와 간접노무원가(₩18,000)는 일단 미지급임금으로 처리하여 부채계정인 미지급임금계정의 대변에 기록하고, 임금지급일에 지급된 노무원가(₩32,000)는 미지급임금계정의 차변에 기록한다. 이러한 이유로, 이 계정의 차변에는 임금지급일과 원가계산기말까지의 기간에 대응되는 미지급임금 기말잔액(₩20,000)이 항상 남게 된다.

노무원가는 발생시점에서 소비된다. 즉 발생원가와 소비원가가 일치된다. 그 중에서 제품별로 추적가능한 직접노무원가(₩30,000)는 그것을 소비한 제품의 제조과정(재공품계정)으로 추적하여 할당하고, 간접노무원가(₩18,000)는 '제조간접원가'라는 통제계정으로 일단 대체한다.

직접노무원가는 공장의 제조부문들(제품을 직접 제조하는 일을 수행하는 원가부문들: 제조1부, 제조2부, 조립부 등)에 소속되어 제품을 제조하는 일에 직접 종사하는 직접공의 임금으로서, 제품별로 그 소비액을 추적할 수 있다. 제품별로 제조활동에 참여한 직접공들의 직접노동시간을 측정하고 여기에 해당 직접공들의 임률을 곱하여 합하면 제품별 직접노무원가가 계산된다. 그것을 제품별로 측정된 해당 기간의 실제조업도(당기에 투입하여 당기에 완성시킨 완성품 수량과 기말재공품의 완성품환산량의 합계)로 나누면 각 제품의 단위당직접노무원가가 계산된다. 실제조업도와 완성품환산량의 개념은 매우 중요하며, 이에 대해서는 나중에 설명한다.

간접노무원가는 공장에서 소비된 총노무원가에서 직접노무원가를 차감한 잔액으로서, 제품별로 그 소비액을 추적할 수 없다. 여기에는 공장장을 비롯한 공장의 모든 관리자들에게 지급되는 급여와 보조부문(제조부문들의 생산활동을

지원하는 원가부문들: 공무부, 생산관리부, 동력부, 수선유지부 등)에 소속되어 생산 지원활동에 종사하는 간접공의 임금이 포함된다.

유휴시간급(idle time cost)이나 초과시간급(overtime cost)은 직접공에게 지급된 경우 또는 특정 제품의 생산과 직접적으로 관련된 경우에도 간접노무원가로 간주된다. 대부분의 경우, 유휴시간이나 초과시간작업의 원인은 특정 제품에게서 찾을 수 있는 것이 아니기 때문이다. 실제로 유휴시간은 특정 제품과 무관한 기계고장, 휴가, 파업, 예방적 수선유지 등에 의해 발생된다. 그리고 특정 제품의 가공에 소비된 초과시간작업은 그 제품의 개별적인 사정 때문이기보다는 주문처리일정의 변경 및 그것에 따른 생산일정계획의 변경에 기인하는 경우가 많다.

간접노무원가로 처리되는 초과시간급은 초과시간에 정상임률초과부분(=초과임률－정상임률)을 곱하여 계산된다. 초과시간에 정상임률을 곱하여 계산되는 임금은 그 작업시간을 소비한 제품의 직접노무원가가 된다는 점에 유의해야 한다. 가령, 시간당 정상임률이 ₩1,000일 때 초과시간이 10시간, 초과임률이 ₩1,500이었다면, 간접노무원가로 처리되는 초과시간급은 ₩5,000(=10시간×(₩1,500－₩1,000))이고, 초과시간 10시간에 대해 정상임률을 적용하여 계산되는 ₩10,000(=10시간×₩1,000)은 초과시간작업이 수행된 제품에 대해 추적되는 직접노무원가이다.

예제 1-3

미지급임금 기초잔액 ₩2,000, 당기의 임금지급액 ₩48,000, 제조간접원가계정에 대체된 노무원가 ₩13,000, 미지급임금 기말잔액 ₩5,000일 때, 당기에 소비된 직접노무원가는 얼마인가?

풀이 주어진 자료를 미지급임금계정에 기록하고, 대차균형이 성립되도록 하려면 해당 원가항목의 원가가 얼마가 되어야 하는지를 계산함.

직접노무원가
= (당기지급액+미지급임금기말잔액)－(미지급임금기초잔액+간접노무원가)
= (₩48,000+₩5,000)－(₩2,000+₩13,000) = ₩38,000

예제 1-4

4월1일에 착수된 작업지시서 #10, #11, #12의 당기제조원가는 직접재료원가가 ₩20,000, 직접노무원가가 ₩25,000였고, 전기에 시작되어 당기에 완성된 작업지시서 #8과 #9의 당기제조원가는 직접재료원가 ₩0, 직접노무원가가 ₩15,000이었다. 4월중에 지급한 임금은 ₩30,000(그 중 ₩5,000은 4월1일의 미지급임금)이고, 4월 30일의 미지급임금은 ₩20,000이다. 기타 제조간접원가 내역은 다음과 같다: 감가상각비 ₩10,000, 수도광열비 ₩12,000, 소모품비 ₩4,000. 4월의 간접노무원가는 얼마인가?

풀이 주어진 자료를 미지급임금계정에 기록하고, 대차균형이 성립되도록 하려면 해당 원가항목의 원가가 얼마가 되어야 하는지를 계산함.

간접노무원가

= (당기지급액+미지급임금기말잔액)−(미지급임금기초잔액+직접노무원가)

= (₩30,000+₩20,000)−(₩5,000+₩40,000) = ₩5,000

04 제조간접원가계정: 제조간접원가의 흐름

[그림 1−1] 속의 제조간접원가계정은 제조간접원가의 흐름을 기록하는 계정이다. 당기에 발생된 제조간접원가는 모두 당기에 소비된다. 그래서 제조간접원가도 발생원가와 소비원가의 크기가 같다. 여기서 말하는 제조간접원가란 간접재료원가와 간접노무원가의 대체액(각각 ₩2,000과 ₩18,000) 그리고 기타의 수많은 간접경비 항목들(전기료 ₩20,000, 수도료 ₩10,000, 기계감가상각비 ₩10,000 등)의 소비원가를 가리키는데, 그것들은 '제조간접원가'라는 통제계정의 차변에 기록된다. 이 통제계정에서 총계된 제조간접원가(₩60,000)는 그것을 공통적으로 소비한 제품들의 제조과정들(재공품계정)에 일괄적으로 배분하여 할당한다. 그 배분액은 제조간접원가계정의 대변에 기록된다.

간접재료원가 및 간접노무원가와 더불어 제조간접원가의 주요 구성요소인 간접경비는 특정 제품에 대해 추적할 수 없는, 공장(plant)에서 소비된, 모든 경비를 가리킨다. 공장에서 소비된 전기료, 수도료, 가스사용료, 유류대, 차량유지비, 화재보험료, 감가상각비 등이 그것이다. 직접경비도 실제로 존재하지만, 설명의 편의상 모든 경비는 간접경비라고 가정한다.

제조기업에서 생산활동 이외의 활동들이 수행되는 공간을 사무실(office)이라 하는데, 사무실에서 소비된 경비는 그 항목이 무엇이든 간에 간접경비가 아닌 기간원가(period cost)라는 점에 유의해야 한다. 여기서, 기간원가란 판매관리비 범주에 속하는 모든 비제조원가를 통칭하는 개념인데, 자세한 내용은 나중에 설명한다.

예제 1-5

다음 자료를 이용하여 당기에 소비된 제조간접원가를 계산하시오.

≪자료≫ 소모품(기초재고 ₩3,100, 당기매입액 ₩7,500, 기말재고 ₩2,600), 간접노무원가 ₩1,600, 건물(사무실)감가상각비 ₩2,000, 공장보수비 ₩1,400, 일반관리비 ₩2,900.

풀이 주어진 자료 중 제조간접원가에 속하는 원가항목들의 원가를 제조간접원가계정에 기록하여 합계함: 제조간접원가는 간접재료원가(소모품소비액), 간접노무원가, 그리고 공장보수비로 구성된다. 건물(사무실)감가상각비와 일반관리비는 기간원가이다.

(1) 간접재료원가 = 소모품소비액 = ₩3,100+₩7,500−₩2,600 = ₩8,000

(2) 제조간접원가 = ₩8,000+₩1,600+₩1,400 = ₩11,000

예제 1-6

하나로기업의 4월의 재료기초재고는 ₩200,000, 재료기말재고는 ₩190,000이었는데, 4월중에 재료 ₩50,000을 외상매입하였다. 4월1일에 착수된 작업지시서 #10, #11, #12의 당기제조원가는 직접재료원가가 ₩20,000, 직접노무원가가 ₩25,000였고, 전기에 시작되어 당기에 완성된 작업지시서 #8과 #9의 당기제조원가는 직접재료원가 ₩35,000, 직접노무원가 ₩15,000이었다. 4월중에 지급한 임금은 ₩30,000(그 중 ₩5,000은 4월1일의 미지급임금)이고, 4월 30일의 미지급임금은

₩20,000이다. 그리고 공장감가상각비는 ₩10,000, 공장수도광열비는 ₩16,000이었다. 4월의 제조간접원가는?

풀이 제조간접원가계정의 차변에는 간접재료원가, 간접노무원가, 그리고 기타 제조간접원가항목들이 기록되는데, 그 중에서 간접재료원가와 간접노무원가를 파악하기 위해서는 주어진 자료를 각각 재료계정과 미지급임금계정에 기록하고, 대차균형이 성립되도록 하려면 해당 원가항목의 원가가 얼마가 되어야 하는지를 계산함.

(1) 간접재료원가

= 기초재료원가+당기재료매입원가−기말재료원가−직접재료원가

= ₩200,000+₩50,000−₩190,000−₩55,000 = ₩5,000

(2) 간접노무원가

= (당기지급액+미지급임금기말잔액)−(미지급임금기초잔액+직접노무원가)

= (₩30,000+₩20,000)−(₩5,000+₩40,000) = ₩5,000

∴ 제조간접원가

= 간접재료원가+간접노무원가+공장감가상각비+공장수도광열비

= ₩5,000+₩5,000+₩10,000+₩16,000 = ₩36,000

05 재공품계정: 총제조원가의 집계 및 완성품과 기말재공품으로의 배분

[그림 1−1] 속의 재공품계정은 총제조원가가 생산요소계정들로부터 투입되어 완성품과 기말재공품의 생산을 위해 소비되는 과정을 기록하는 계정이다. 생산요소들의 원가(제조원가)는 생산공정을 나타내는 재공품계정의 차변을 향하여 흐른다. 재공품계정의 차변에는 전기제조원가(기초재공품원가 ₩2,000)가 이미 흘러와 있는데, 여기에 추가로 당기제조원가(직접재료원가 ₩12,000, 직접노무원가 ₩30,000, 제조간접원가배분액 ₩60,000)가 흘러 들어온다. [그림 1−1]을 보

면, 재공품계정 차변에는 기초재공품원가와 각 원가요소별 당기제조원가가 기록되어 있다. 재공품계정 차변의 기초재공품원가와 당기제조원가를 합계하면 완성품과 기말재공품을 생산하는 데 소비된 총제조원가를 알 수 있다.

> 총제조원가
> = 기초재공품원가(₩2,000) + 당기제조원가(₩102,000)
> = 기초재공품원가 + 직접재료원가 + 직접노무원가 + 제조간접원가배분액
> = ₩2,000 + ₩12,000 + ₩30,000 + ₩60,000 = ₩104,000

기초재공품원가란, 재고자산원가를 선입선출법으로 평가할 경우에, 기초재공품(전기의 기말재공품)의 생산에 소비된 전기제조원가를 가리키며, 당기에 가공이 완료되어 완성품으로 전환됨에 따라 완성품원가의 일부가 된다. 이처럼 완성품원가에는 전기제조원가(기초재공품원가)와 당기제조원가가 혼합되어 있다. 원가관리회계를 효과적으로 공부하기 위해서는 이 점을 항상 기억해야 한다.

직접재료원가와 직접노무원가의 합계액, 즉 직접제조원가는 제조원가 중에서 구성비중이 가장 큰 부분이기 때문에 기본원가(prime cost)라 한다. [그림 1-1]의 당기제조원가 중에서 기본원가를 계산하면 ₩42,000(=₩12,000+₩30,000)이다.

직접재료를 제품으로 변형시키는 가공 과정에서 부가된 가치, 즉 직접노무원가와 제조간접원가의 합계액을 가공원가(conversion cost)라 한다. [그림 1-1]의 당기제조원가 중에서 가공원가는 ₩90,000(=₩30,000+₩60,000)이다. 나중에 설명할 원가행태를 기준으로 제조원가를 변동원가성분과 고정원가성분으로 구분하면, 가공원가도 변동가공원가와 고정가공원가로 구분할 수 있다. 변동가공원가는 직접노무원가와 변동제조간접원가를 합한 원가를, 고정가공원가는 고정제조간접원가를 각각 가리킨다. 가공원가는 발생원가와 소비원가의 크기가 같다.

가공원가에 이러한 고정가공원가가 포함되어 있음을 강조할 때에는 가

공원가를 특히 전부가공원가(full conversion cost)라 부르고, 변동가공원가와 대비시킨다. 그리고 일정 기간의 전부가공원가와 변동가공원가를 해당 기간의 실제조업도로 나누면 단위당전부가공원가와 단위당변동가공원가가 각각 계산된다.

> 변동가공원가 = 직접노무원가 + 변동제조간접원가
> 단위당변동가공원가 = 변동가공원가/실제조업도
> 전부가공원가 = 직접노무원가 + 변동제조간접원가 + 고정제조간접원가
> 단위당전부가공원가 = 전부가공원가/실제조업도

예제 1-7

지난 1개월간의 생산자료 중 재료재고(기초재료 ₩8,000; 기말재료 ₩10,000)와 재공품재고(기초재공품 ₩9,000; 기말재공품 ₩4,000) 그리고 당기완성품원가 ₩100,000은 알려져 있으나, 나머지 자료는 직접재료원가가 당기제조원가의 40%이고, 제조간접원가가 직접노무원가의 200%라는 것이 전부이다. 제조간접원가의 60%는 변동원가, 나머지 40%는 고정원가이다. (1) 직접재료원가, (2) 직접노무원가, (3) 제조간접원가, (4) 재료매입액, (5) 기본원가, (6) 전부가공원가, (7) 변동가공원가를 구하시오.

풀이 주어진 자료를 재공품계정의 차변과 대변의 제자리에 기록하고, 원가가 알려지지 않은 항목들의 원가를 계산하여 재공품계정의 기록을 완성한 다음, 물음에 답한다.

재공품계정

<table>
<tr><td colspan="2">기초재공품원가</td><td>₩ 9,000</td><td rowspan="3">완성품원가</td><td rowspan="3">₩100,000</td></tr>
<tr><td rowspan="4">당기제조원가</td><td>직접재료원가</td><td>X_1</td></tr>
<tr><td>직접노무원가</td><td>X_2</td></tr>
<tr><td>변동제조간접원가</td><td>X_3</td><td rowspan="2">기말재공품원가</td><td rowspan="2">₩ 4,000</td></tr>
<tr><td>고정제조간접원가</td><td>X_4</td></tr>
<tr><td colspan="2">총제조원가</td><td>₩104,000</td><td>총제조원가</td><td>₩104,000</td></tr>
</table>

1) 자료에 제시된 관계들을 이용하여 미지수를 계산하면 다음과 같다.

① X_1 = 당기제조원가×0.4 = (₩104,000－₩9,000)×0.4 = ₩38,000

② 제조간접원가가 직접노무원가의 200%이므로, $(X_3+X_4) = 2X_2$

③ 당기제조원가 = $X_1+X_2+X_3+X_4$ = ₩38,000+$3X_2$ = ₩95,000

④ X_2 = (₩95,000－₩38,000)/3 = ₩19,000

⑤ 제조간접원가: $X_3+X_4 = 2X_2$ = 2×₩19,000 = ₩38,000

⑥ 제조간접원가의 60%는 변동원가이므로, X_3 = ₩38,000×0.6 = ₩22,800,

⑦ 제조간접원가의 40%는 고정원가이므로, X_4 = ₩38,000×0.4 = ₩15,200

2) 계산된 미지수를 이용하여 물음의 원가들을 계산하면 다음과 같다.

(1) 직접재료원가(X_1) = ₩38,000

(2) 직접노무원가(X_2) = ₩19,000

(3) 제조간접원가(X_3+X_4) = ₩38,000

(4) 재료매입액 = 직접재료원가+기말재료원가－기초재료원가

= ₩38,000+₩10,000－₩8,000 = ₩40,000

(5) 기본원가 = X_1+X_2 = ₩57,000

(6) 전부가공원가 = $X_2+X_3+X_4$ = ₩57,000

(7) 변동가공원가 = X_2+X_3 = ₩41,800

재공품계정의 차변합계, 즉 총제조원가(＝기초재공품원가＋당기제조원가)는 그 계정의 대변에 기록되는 제조공정의 산출물, 즉 완성품과 기말재공품에 배분된다. 제품원가계산(product costing)은 바로 이러한 총제조원가의 배분과정이다. 이 책에서는 나중에 재공품계정의 구조를 이용하여 제품원가계산의 방법들을 설명한다.

총제조원가의 배분과정은 재고자산의 평가방법에 따라 다르게 진행된다. 선입선출법을 따를 경우에는 기초재공품원가를 완성품에 먼저 배분한 다음, 당기제조원가를 완성품과 기말재공품에 배분한다. 그렇지만 평균법을 따를 경우에는 기초재공품원가도 당기제조원가로 간주되기 때문에 결국 총제조원가를 한꺼번에 완성품과 기말재공품에 배분한다.

나중에 자세히 설명하겠지만, 평균법은 사실상 특별한 조건을 가정한 선

입선출법이다. 따라서 이 책에서는, 재고자산 평가방법에 대한 특별한 언급이 없는 한, 일반화된 방법인 선입선출법이 채택된 경우를 기본적으로 전제한다.

06 제조원가명세서와 단위당제품원가

제품원가계산이 완료되면 완성품과 기말재공품의 원가는 재공품계정의 대변에 기록된다. 재공품계정의 대차균형관계에 따라 완성품원가는 다음과 같이 계산된다. 이 계산식을 보면 완성품원가에 전기의 제조원가(기초재공품원가)가 포함되어 있음을 알 수 있다.

> 완성품원가 = 기초재공품원가 + 당기제조원가 − 기말재공품원가
> = ₩2,000 + ₩102,000 − ₩9,000
> = ₩95,000

따라서 전기와 당기의 단위당제조원가가 다를 때에는 완성품수량에 당기의 단위당제조원가를 곱하여 완성품원가를 계산해서는 안 된다. 완성품원가를 이러한 방식으로 계산할 수 있는 경우란 전기와 당기의 단위당제조원가가 같을 때뿐이다. 이러한 조건이 충족되지 않을 때에는 오직 당기제조원가 배분액으로 구성되는 기말재공품의 원가를 먼저 계산한 다음, 앞에서 제시된 공식과 같이, 그것을 재공품계정 차변에 집계된 총제조원가(기초재공품원가 + 당기제조원가)에서 차감하여 완성품원가를 계산하는 것이 안전하다.

재공품계정을 이용하여 계산된 완성품원가의 구성내역은 [표 1−1]과 같은 제조원가명세서에 보고된다. 제조원가명세서의 구조를 보면 그것은 제일 밑줄(bottom line)에 완성품원가가 기록되게 하면서 보고식으로 작성된 재공품계정의 그것과 같다. 완성품원가를 완성품수량으로 나누면 단위당제품원가가 계산된다.

표 1-1 제조원가명세서

기초재공품원가					₩2,000
당기제조원가	직접재료원가	기초재료재고	4,000		
		당기매입	10,000		
		소계	14,000		
		(−)기말재료재고	2,000	12,000	
	직접노무원가			30,000	
	제조간접원가	간접재료원가	2,000		
		간접노무원가	18,000		
		전기료	20,000		
		수도료	10,000		
		감가상각비	10,000	60,000	102,000
총제조원가					₩104,000
(−)기말재공품원가					9.000
완성품원가					₩95,000
완성품수량					100개
단위당제품원가		완성품원가/완성품수량			₩950

07 제품계정: 총제품원가의 집계 및 배분: 매출원가와 기말 제품원가

[그림 1−1] 속의 제품계정은 완성품(전기완성품과 당기완성품의 합계)의 제조원가, 즉 총제품원가가 일부는 판매를 통해 소멸되어 매출원가라는 당기비용으로 전환되고, 나머지는 기말제품원가로 남게 되는 과정을 기록하는 계정이다. 재공품계정 대변에 기록된 제조공정의 산출물 중에서 완성된 제품은 제품창고로 대체되어 기초제품재고와 함께 판매를 기다리게 된다. 따라서 제품창고를 나타내는 제품계정의 차변에는 기초제품원가(₩6,000)와 재공품계정에

서 대체된 당기완성품원가(₩95,000)가 기록된다. 따라서 제품계정의 차변합계(₩101,000)는 곧 판매가능제품원가라고 할 수 있다.

판매가능제품원가(₩101,000)는 제품계정 대변의 판매량과 기말제품에 배분되어 각각 매출원가(₩90,000)와 기말제품원가(₩11,000)로 기록된다. 선입선출법이 채택되는 경우를 가정하면, 이러한 배분과정도 기초제품원가를 기초제품의 판매분(기초제품수량)에 먼저 배분한 다음, 당기의 완성품원가를 당기완성품의 판매분(판매량－기초제품수량)과 기말제품재고에 배분하는 방식으로 진행된다.

따라서 매출원가는 기초제품원가의 소멸액과 [완성품원가－기말제품원가]의 소멸액으로 구성된다. 전자는 기초제품수량에 전기단위당제조원가를 곱한 것이고, 후자는 당기완성품판매량(＝판매량－기초제품수량)에 당기단위당제조원가를 곱한 것이다. 그러므로 매출원가의 계산식은 다음과 같이 나타낼 수 있다.

> 매출원가
> ＝기초제품수량×전기단위당제조원가＋(판매량－기초제품수량)×당기단위당제조원가

이 식을 보면, 매출원가에는 전기제조원가(기초제품원가)의 소멸액과 당기완성품원가의 소멸액이 혼합되어 있다(원가관리회계를 효과적으로 공부하기 위해서는 이 점을 항상 기억해야 한다). 그래서 전기와 당기의 단위당제조원가가 다를 때에는 판매량에 단위당제조원가를 곱하여 매출원가를 계산해서는 안 된다. 매출원가를 이러한 방식으로 계산할 수 있는 경우란 기초제품재고가 없거나 전기와 당기의 단위당제조원가가 같을 때 뿐이다.

이러한 조건이 충족되지 않을 때에는, 제품계정의 구조로부터 유도된 아래의 계산식에 따라 오직 당기완성품원가의 배분액으로 구성되는 기말제품의 원가를 먼저 계산한 다음, 그것을 제품계정 차변에 집계된 총제품원가(기초제품원가＋당기완성품원가)에서 차감하여 매출원가를 계산하는 것이 안전하다.

$$기말제품원가 = 완성품원가 \times \frac{기말제품수량}{(판매량 - 기초제품수량) + 기말제품수량}$$

매출원가 = 기초제품원가 + 완성품원가 − 기말제품원가

예제 1-8

기업활동에 관한 아래 자료를 이용하여 (1) 당기제조원가, (2) 기말재공품원가, (3) 완성품원가, (4) 기말제품원가, (5) 매출원가, (6) 기말재료원가 등을 각각 계산하시오.

매출액	₩500,000	직접재료구입액	₩160,000
직접노무원가	₩180,000	기초재료원가	₩34,000
기본원가	₩294,000	기초재공품원가	₩16,000
매출총이익률	30%	기초제품원가	₩30,000
총판매가능제품	₩450,000	제조간접원가	가공원가의 60%

풀이 주어진 자료를 재공품계정과 제품계정의 차변과 대변의 제자리에 기록하고, 원가가 알려지지 않은 항목들의 원가를 계산하여 재공품계정의 기록을 완성한 다음, 물음에 답한다.

재공품계정

기초재공품원가		₩ 16,000	완성품원가	X_3
당기제조원가	직접재료원가	X_1		
	직접노무원가	₩180,000		
	제조간접원가	X_2	기말재공품원가	X_4
총제조원가			총제조원가	

제품계정

기초제품원가	₩30,000	매출원가	X_5
완성품원가	X_3	기말제품원가	X_6
총제품원가	₩450,000	총제품원가	₩450,000

1) 자료에 제시된 관계들을 이용하여 미지수를 계산하면 다음과 같다.
① 직접재료원가: X_1 = 기본원가 − 직접노무원가 = ₩294,000 − ₩180,000 = ₩114,000
② 제조간접원가: X_2 = 가공원가의 60% = (₩180,000 + X_2) × 0.6, X_2 = ₩270,000
③ 완성품원가: X_3 = ₩450,000 − ₩30,000 = ₩420,000
④ 당기제조원가 = X_1 + ₩180,000 + X_2 = ₩114,000 + ₩180,000 + ₩270,000
= ₩564,000
⑤ 총제조원가 = ₩16,000 + ₩564,000 = ₩580,000
⑥ 기말재공품원가: X_4 = 총제조원가 − X_3 = ₩580,000 − ₩420,000 = ₩160,000
⑦ 매출총이익률 = (매출액 − 매출원가)/매출액 = (₩500,000 − X5)/₩500,000 = 0.3
⑧ 매출원가: X_5 = ₩350,000
⑨ 기말제품원가: X_6 = ₩450,000 − X_5 = ₩450,000 − ₩350,000 = ₩100,000

2) 계산된 미지수를 이용하여 물음의 원가들을 계산하면 다음과 같다.
(1) 당기제조원가 = ₩564,000　　(2) 기말재공품원가 = X_4 = ₩160,000
(3) 완성품원가 = X_3 = ₩420,000　　(4) 기말제품원가 = X_6 = ₩100,000
(5) 매출원가 = X_5 = ₩350,000
(6) 기말재료원가 = 기초재료원가 + 당기재료매입원가 − 직접재료원가
= ₩34,000 + ₩160,000 − ₩114,000 = ₩80,000

매출원가는 다시 변동매출원가와 고정매출원가로 나누어지는데, 앞의 매출원가 계산공식을 그대로 적용하면, 변동매출원가와 고정매출원가는 각각 다음과 같이 계산된다.

① 변동매출원가
= 기초제품변동제조원가 + 당기완성품변동제조원가 − 기말제품변동제조원가
② 고정매출원가
= 기초제품고정제조원가 + 당기완성품고정제조원가 − 기말제품고정제조원가

여기서, 고정매출원가는 판매량에 비례하여 소멸된 고정제조간접원가다. 따라서 그것은 고정제조간접원가의 소멸액이라는 의미에서 고정원가로 분류되는 것일 뿐이고, 실제로는 변동매출원가와 마찬가지로 판매량의 변동에 비례하여 변화한다.

예제 1-9

제품단위당 직접재료원가 ₩20이고 직접노동시간(X)이 2시간일 때의 월간 총제조간접원가와 총제조원가에 관한 원가함수가 다음과 같이 추정되었다.

총제조간접원가 = ₩100,000 + ₩4X
총제조원가 = ₩100,000 + ₩20X

완성품환산량으로 측정된 월간실제조업도가 20,000개, 월간판매량이 18,000개일 때, (1) 직접노동시간당 직접노무원가, (2) 총제조간접원가, (3) 총제조원가, (4) 고정매출원가, (5) 변동매출원가, (6) 매출원가, (7) 단위당매출원가를 각각 구하시오.

풀이 직접노동시간(X)을 실제조업도로 하는 자료의 원가함수를 완성품환산량(Y)을 실제조업도로 하는 원가함수로 전환하면 다음과 같다(제품단위당 직접노동시간이 2시간이므로, 직접노동시간(X)과 완성품환산량(Y)의 관계는 X=2Y).

총제조간접원가
= ₩100,000 + ₩4X = ₩100,000 + ₩4(2Y) = ₩100,000 + ₩8Y
총제조원가
= ₩100,000 + ₩20X = ₩100,000 + ₩20(2Y) = ₩100,000 + ₩40Y

완성품환산량(Y)을 독립변수로 하는 원가함수에 의하면 고정제조간접원가는 ₩100,000, 제품단위당변동제조간접원가는 ₩8, 제품단위당변동제조원가는 ₩40이다.

(1) 직접노동시간당 직접노무원가

① 제품단위당기본원가
= 제품단위당변동제조원가 − 제품단위당변동제조간접원가
= ₩40 − ₩8 = ₩32

② 제품단위당직접노무원가
= 제품단위당기본원가 − 제품단위당직접재료원가 = ₩32 − ₩20 = ₩12/개

∴ 직접노동시간당직접노무원가
= 제품단위당직접노무원가/제품단위당직접노동시간
= ₩12/2시간 = ₩6/시간

(2) 총제조간접원가

= ₩100,000+₩4×40,000시간(=2시간×20,000개) = ₩260,000

= ₩100,000+₩8×20,000개 = ₩260,000

(3) 총제조원가

= ₩100,000+₩20×40,000시간(=2시간×20,000개) = ₩900,000

= ₩100,000+₩40×20,000개=₩900,000

(4) 고정매출원가=제품단위당고정제조간접원가×판매량

= (고정제조간접원가/실제조업도)×판매량

= (₩100,000/20,000개)×18,000개 = ₩90,000

(5) 변동매출원가 = 제품단위당변동제조원가×판매량

= ₩40×18,000개 = ₩720,000

(6) 매출원가 = 고정매출원가+변동매출원가 = ₩90,000+₩720,000 = ₩810,000

(7) 단위당매출원가 = 매출원가/판매량 = ₩810,000/18,000개 = ₩45

08 재고자산계정: 재공품계정과 제품계정의 통합

[그림 1-1]의 재공품계정과 제품계정은 모두 재고자산이다. 이 두 계정의 차변은 차변끼리, 대변은 대변끼리 통합하고, 차변과 대변에 동시에 나타나는 '완성품원가'를 상계하면, [그림 1-2]와 같은 재고자산계정을 만들 수 있다. 재고자산계정의 차변에는 기초재고자산원가(기초재공품원가+기초제품원가)와 당기제조원가가 기록되고, 기말재고자산원가(기말재공품원가+기말제품원가)와 매출원가가 기록된다. 여기서 당기제조원가는 실제조업도(당기에 수행된 생산활동의 양)의 함수이고, 매출원가는 판매량(당기에 수행된 판매활동의 양)의 함수라는 점을 항상 기억해야 한다.

당기제조원가 = f (실제조업도), 매출원가 = f (판매량)

그림 1-2 재고자산계정: 재공품계정과 제품계정의 통합

기초재공품원가		₩ 2,000	매출원가	₩90,000
기초제품원가		₩ 6,000		
당기제조원가	직접재료원가	₩12,000	기말재공품원가	₩ 9,000
	직접노무원가	₩30,000		
	제조간접원가배분액	₩60,000	기말제품원가	₩11,000
합 계		₩110,000	합 계	₩110,000

[그림 1-2]의 재고자산계정을 보면 다음의 사실을 확인할 수 있다. 즉 총제조원가(=기초재공품원가+당기제조원가)는 궁극적으로 재고자산계정의 대변을 구성하는 매출원가, 기말재공품원가, 기말제품원가의 세 곳으로 흘러간다는 것이다. 그러므로 만일 어떤 사정으로 인해 총제조원가의 크기 또는 구성이 변화하면 매출원가, 기말재공품원가, 기말제품원가 등에도 그것에 상응하는 변화가 발생된다.

뿐만 아니라, 당기제조원가와 매출원가의 차이를 만들어 내는 요인도 파악할 수 있다. 재고자산계정의 대차균형관계를 이용하면 당기제조원가와 매출원가의 차이를 다음과 같이 나타낼 수 있다.

당기제조원가 − 매출원가(= 102,000 − 90,000 = ₩12,000)
= (기말재공품원가 + 기말제품원가) − (기초재공품원가 + 기초제품원가)
= (기말재공품원가 − 기초재공품원가) + (기말제품원가 − 기초제품원가)
= 재공품재고 증감액(₩7,000) + 제품재고 증감액(₩5,000)
= 재고자산원가 증감액 = ₩12,000

이 관계식에서 [기말제품원가 − 기초제품원가] 부분을 보면 기말제품의 단위당제조원가(당기원가)와 기초제품의 단위당제조원가(전기원가)가 다를 경우에는 설사 기말제품과 기초제품의 수량이 같더라도 그 값이 0과 다르다. [기말재

공품원가−기초재공품원가] 부분의 경우에도 이러한 사정은 마찬가지다. 따라서 다음의 두 가지 요인들이 당기제조원가와 매출원가의 차이를 만들어 낸다는 사실을 알 수 있다.

첫째로, 전기와 당기의 단위당제조원가가 동일한 경우에는 당기제조원가와 매출원가의 차이가 전적으로 재공품과 제품을 포함한 재고자산의 양적인 변화, 즉 실제조업도와 판매량의 차이에서 비롯된다.

둘째로, 전기와 당기의 단위당제조원가가 다를 경우에는 재고자산의 양적인 변화가 없어서 실제조업도와 판매량이 같을 때조차도 당기제조원가와 매출원가가 서로 달라진다.

[그림 1−2]의 재고자산계정은 앞으로 공부할 원가관리회계의 주요 방법들과 그것들에 따른 문제해결과정을 이해하기 위한 또 다른 중요한 틀이다. 따라서 [그림 1−1]과 더불어 [그림 1−2]에 나타나 있는 재고자산계정의 구조를 이용하면 원가관리회계를 쉽게 그리고 효과적으로 공부하는 데 큰 도움이 된다.

09 변동제조원가, 단위당변동제조원가, 그리고 관련범위

제조원가요소들은 실제조업도(actual volume of activity)의 변동에 대한 반응양상에 따라 변동제조원가와 고정제조원가로 분류된다. 실제조업도란 재공품과 완성품의 생산을 위해 당기에 수행된 생산활동의 양을 가리킨다. 이에 관한 자세한 설명은 나중으로 미루고, 여기서는 변동제조원가를 설명한다.

변동제조원가란 그것의 총액이 실제조업도의 변동에 정비례하여 변화하는 제조원가를 가리킨다. 직접재료원가와 직접노무원가는 가장 전형적인 변동제조원가이며, 제조간접원가 중에는 변동제조간접원가가 여기에 속한다. 변동제조간접원가에는 간접재료원가 같은 순수변동원가뿐만 아니라 혼합원가행태를 나타내는 제조간접원가 항목의 변동원가성분(예 기본요금을 차감한 공장전기료)도 포함된다. 이에 관해서는 혼합원가행태를 설명할 때 다시 언급할 것이다.

> 변동제조원가
> = 직접재료원가+직접노무원가+변동제조간접원가
> = f (실제조업도)

단위당변동제조원가는 일정 기간의 변동제조원가를 해당 기간의 실제조업도로 나눈 평균변동제조원가를 가리킨다. 그것은 실제조업도의 모든 수준에서 항상 일정하다고 가정된다. 현실은 물론 이와 다르지만, 이렇게 가정하면 일차함수형태의 원가함수를 이용하여 원가의 변동을 설명할 수 있기 때문이다. 단위당변동제조원가는 생산활동의 능률성에 관한 정보를 담고 있기 때문에, 원가관리회계에서 산출되는 중요한 정보항목이다. 일정한 수준의 실제조업도에서 원가를 절감한다는 것은 곧 단위당변동제조원가의 절감을 의미하는 것이다.

> 단위당변동제조원가 = 변동제조원가/실제조업도

그런데 실제조업도가 정상조업범위(range of normal operation) 내에서 변동하는 경우에는 단위당변동제조원가에 관한 이와 같은 가정의 비현실성이 크게 문제가 되지 않는다. 정상조업범위란 생산의 한계능률성이 가장 높게 나타나는 실제조업도의 변동가능범위를 가리키는데, 이 조업범위 내에서는 가장 낮은 수준의 한계원가(marginal cost)가 안정적으로 유지되며, 따라서 단위당변동제조원가도 실제조업도의 모든 수준에서 거의 일정한 값으로 나타나기 때문이다. 그러므로 정상조업범위 내에서는 단위당변동제조원가가 항상 일정하다고 가정해도 현실과 크게 다르지 않다. 이러한 의미에서 정상조업범위를 관련범위(relevant range)라 한다. 요약컨대, 관련범위란 한계원가가 가장 낮게 안정적인 수준으로 발생되는 정상조업범위를 가리키며, 단위당변동제조원가가 항상 일정하다고 가정해도 현실과 크게 다르지 않는 실제조업도의 변동가능범위라고 정의할 수 있다.

실무적으로는 단순히 최저조업도에서 최대조업도까지의 조업범위를 관련범위로 정의한다. 합리적인 기업가를 가정하면, 일정 기간의 최저조업도와 최대조업도가 모두 정상조업범위에 속해 있을 것이라고 추정할 수 있기 때문이다. 일차선형원가함수를 이용하는 원가관리회계의 모든 분석기법과 그것을 이용하여 분석된 정보는 실제조업도가 이와 같은 관련범위 내에서 변동한다는 가정 위에서만 비로소 타당성과 해석상의 의미를 가질 수 있다.

10 고정제조원가 = 고정제조간접원가

고정제조원가란 일정 기간 동안에 실제조업도의 변동에도 불구하고 그 크기가 일정하게 유지되는 고정제조간접원가를 가리킨다. 고정제조간접원가는 기계감가상각비 같은 순수고정원가뿐만 아니라 혼합원가행태를 나타내는 제조간접원가 항목의 고정원가성분(예 공장전기료에 포함된 기본요금)도 포함한다. 이에 관해서는 혼합원가행태를 설명할 때 다시 언급할 것이다.

고정제조간접원가는 최대조업능력(capacity)을 일정한 수준으로 유지하는 것과 관련되어 있으며, 감가상각비가 그 대표적인 것이다. 예를 들어, 어떤 기업이 한 대당 연간 ₩100,000의 감가상각비를 소비하는 기계를 3대 보유하고 있다면, 이 기업의 감가상각비는 기계의 실제가동대수와 관계없이 연간 ₩300,000이 된다. 설사 기계를 전혀 가동하지 않았다고 하더라도, 그것을 처분하지 않고 보유하는 한, 감가상각비는 여전히 연간 ₩300,000이다. 이처럼 고정제조간접원가는 최대조업능력의 유지와 관련되어 있기 때문에 최대조업원가(capacity cost)라고 부르며, 조업중단기간에도 발생되는 것이므로 휴업원가(shutdown cost)라고 부른다.

최대조업능력이 증가하거나 감소하면 그것에 비례하여 고정제조간접원가의 크기도 변화한다. 앞의 예에서, 기존의 것과 동일한 조건의 기계를 1대 더 구입했다면, 연간고정제조간접원가는 ₩100,000만큼 증가한다. 이처럼, 순수고정원가의 성질을 갖는 고정제조간접원가는 최대조업능력의 함수다.

따라서 고정제조간접원가를 감소시키는 유일한 방법은 최대조업능력을 감소시키는 것이다. 앞의 예에서, 기계 1대를 처분하여 최대조업능력을 감소시키면 연간감가상각비도 ₩100,000만큼 감소된다. 이처럼 최대조업능력을 줄이지 않고서는 고정제조간접원가를 감소시킬 수 없다는 의미에서, 그것을 제거불능고정원가(committed fixed cost)라고 부른다.

순수고정제조원가 = 제거불능고정원가 = 최대조업원가 = f (최대조업능력)

순수고정제조원가 또는 제거불능고정원가의 성질을 가지는 고정제조간접원가는 최대조업능력의 보유기간에 비례하여 변화한다. 이것은 고정제조간접원가가 일정한 길이의 기간별로 균등하게 배분될 수 있는 것임을 의미한다. 따라서 연간고정제조간접원가를 12개월로 나누어 월간고정제조간접원가를 계산하는 것은 개념적으로 타당하다. 가령, 연간감가상각비가 ₩120,000이라면, 월간감가상각비는 ₩10,000이라 할 수 있다.

11 혼합원가행태를 나타내는 제조간접원가 항목의 분배

제조간접원가로 분류되는 원가항목들 중에는 혼합원가행태를 나타내는 것이 많이 있다. 공장에서 발생된 전기료나 전화료가 그 대표적인 것이다. 이처럼, 고정원가성분과 변동원가성분의 원가를 모두 포함하고 있는 원가항목을 준변동원가 또는 혼합원가(mixed cost)라고 한다.

혼합원가행태를 나타내는 원가항목들의 원가는 나중에 설명할 원가함수 추정방법을 이용하여 변동원가성분과 고정원가성분으로 반드시 분리해야 한다. 혼합원가행태의 원가항목들을 굳이 파악하고자 하는 이유가 바로 여기에 있다.

혼합원가항목들의 원가가 이와 같이 분리되면, 그 중의 변동원가성분은 변동제조원가에, 고정원가성분은 고정제조원가에 각각 귀속시킨다. 즉 변동제조원가와 고정제조원가는 각각 다음과 같이 계산된다.

① 변동제조원가 = 순수변동제조원가 + 혼합원가항목에 포함된 변동제조간접원가
② 고정제조원가 = 순수고정제조원가 + 혼합원가항목에 포함된 고정제조간접원가

예제 1-10

최근에 주문받은 제품 1,000개의 직접재료원가는 ₩10,000, 직접노무원가는 ₩50,000, 제조간접원가는 ₩10,000, 그것에 배부된 판매관리비는 ₩8,000으로 각각 추정되었다. 이 기업은 직접노무원가를 기준으로 제조간접원가를 배분하는데, 당기의 제조간접원가예산은 ₩400,000(고정제조간접원가예산은 ₩120,000), 당기의 고정판매관리비예산은 ₩160,000이다. 예산생산량과 예산판매량은 모두 40,000개이다. 변동판매관리비는 판매량에 비례하여 변동한다. 주문받은 제품 1,000개의 (1) 변동제조간접원가 (2) 변동제조원가 (3) 변동판매관리비를 각각 구하시오.

풀이 (1) 1,000개의 변동제조간접원가의 계산

① 40,000개의 변동제조간접원가 = ₩400,000 − ₩120,000 = ₩280,000

② 40,000개의 직접노무원가 = (40,000개/1,000개) × ₩50,000 = ₩2,000,000

③ 직접노무원가 ₩1당 변동제조간접원가
= ₩280,000/₩2,000,000 = ₩0.14

④ 1,000개(직접노무원가 ₩50,000)의 변동제조간접원가
= ₩50,000 × ₩0.14 = ₩7,000

(2) 변동제조원가
= 직접재료원가 + 직접노무원가 + 변동제조간접원가
= ₩10,000 + ₩50,000 + ₩7,000 = ₩67,000

(3) 1,000개의 변동판매관리비의 계산
1,000개의 변동판매관리비
= 1,000개의 판매관리비 − 1,000개의 고정판매관리비
= ₩8,000 − (₩160,000/40,000개) × 1,000개 = ₩4,000

12 기간원가(판매관리비)의 의의 및 구성

제조기업에서 생산활동 이외의 활동들이 수행되는 공간을 총칭하여 사무실(office)이라 한다. 기간원가(period cost)란 이러한 사무실 공간에서 발생되어 발생된 기간에 소멸되는 것으로 간주되는 모든 비제조원가를 가리킨다. 임원의 보수, 관리자와 판매원의 급료, 사무실에서 발생된 전기료, 사무실 비품의 감가상각비 등이 그것이다. 그것은 비제조원가이므로 재고자산에 흡수될 수 없는 재고불가능원가이고, 따라서 재공품계정에 기록될 수 없다.

기간원가는 수익창출을 위해 또는 수익창출과 무관하게 발생되는데, 수익창출에 대응되는 기간원가는 손익계산서의 판매관리비 범주에 당기비용으로 보고되고, 수익창출과 무관한 기간원가(예 분실된 재료원가)는 손익계산서의 영업외비용 범주에 당기손실로 보고된다. 여기서는 설명의 편의상 기간원가가 오직 판매관리비로 구성되어 있다고 가정하여 기간원가와 판매관리비를 호환적으로 사용하기로 한다.

판매관리비도 제조원가처럼 변동판매관리비와 고정판매관리비로 나눌 수 있다. 이때에는 원가행태의 판단기준이 매출조업도, 즉 판매량이다. 변동판매관리비는 당기의 판매량에 정비례하면서 변화하는 것이고, 고정판매관리비는 판매량의 변화에 관계없이 회계기간에 걸쳐 항상 일정하게 발생되는 것이다. 혼합원가행태를 나타내는 판매관리비항목(예 사무실에서 사용된 전기료나 전화비)은 변동원가성분과 고정원가성분으로 분해하여 각각 변동판매관리비와 고정판매관리비에 귀속시킨다. 판매량을 독립변수로 하는 판매관리비함수는 다음과 같이 나타낼 수 있다.

$$\text{판매관리비} = \text{고정판매관리비} + \text{단위당변동판매관리비} \times \text{판매량}$$

판매관리비와 단위당변동판매관리비는 전기와 당기를 구별할 필요가 없다. 기간원가는 항상 발생된 기간에 소멸되는 원가이므로 당기에는 전기의 기간원가가 존재할 여지가 없기 때문이다. 실제로, 판매량에 포함된 기초제품의 판매분(기초제품수량)도 당기에 판매된 것이다.

13 총원가(전부원가) = 당기제조원가+판매관리비 = 총고정원가 +총변동원가

총원가(total cost)는 소비원가인 당기제조원가와 소멸원가인 판매관리비를 합계한 것이다. 나중에 설명하겠지만, 소비원가와 소멸원가가 혼합되어 있다는 점에서 그것은 오직 소멸원가로만 구성되어 있는 총비용(total expense)과 다르다.

총원가는 변동원가성분과 고정원가성분을 모두 포함하고 있는데, 이 점을 강조하여 그것을 전부원가(full cost)라고 한다. 총변동원가와 총고정원가는 각각 다음과 같이 구성된다.

① 총변동원가 = 변동제조원가+변동판매관리비
② 총고정원가 = 고정제조원가+고정판매관리비

여기서 주목해야 할 부분은 총변동원가에 영향을 미치는 독립변수가 두 가지라는 사실이다. 변동제조원가부분은 실제조업도의 영향을 받고, 변동판매관리비 부분은 매출조업도, 즉 판매량의 영향을 받는다. 그러므로 실제조업도와 판매량이 일치되지 않는 일반적인 상황에서는 총원가를 설명하는 원가함수의 독립변수는 실제조업도와 판매량 두 가지이다.

총원가(전부원가)
= 당기제조원가+판매관리비
= (고정제조원가+변동제조원가)+(고정판매관리비+변동판매관리비)
= (고정제조원가+고정판매관리비)+(변동제조원가+변동판매관리비)
= 총고정원가+단위당변동제조원가×실제조업도+단위당변동판매관리비×판매량

총변동원가와 총고정원가를 조업도지표로 나누면 단위당변동원가와 단위당고정원가가 각각 계산된다. 그런데 제조원가의 조업도지표는 실제조업도이고 판매관리비의 조업도지표는 판매량이므로, 실제조업도와 판매량이 일치되지 않는 일반적인 상황에서는 단위당고정원가와 단위당변동원가가 각각 다음과 같이 계산된다.

> ① 단위당고정원가 = 단위당고정제조원가 + 단위당고정판매관리비
> = 고정제조원가/실제조업도 + 고정판매관리비/판매량
>
> ② 단위당변동원가 = 단위당변동제조원가 + 단위당변동판매관리비
> = 변동제조원가/실제조업도 + 변동판매관리비/판매량

단위당고정원가와 단위당변동원가를 합계한 것을 단위당전부원가라 한다.

> ③ 단위당전부원가 = 단위당고정원가 + 단위당변동원가

예제 1-11

월간 총제조간접원가와 총제조원가에 관한 원가함수가 다음과 같이 추정되었다. (1) 고정판매관리비 (2) 단위당변동판매관리비 (3) 판매량이 18,000개일 때의 총판매관리비를 각각 구하시오(X는 직접노동시간, 제품단위당 직접노동시간은 2시간).

총제조간접원가	=	₩100,000	+	₩4X
총제조원가	=	₩100,000	+	₩20X
총원가	=	₩200,000	+	₩25X

풀이 (1) 고정판매관리비

= 총고정원가 − 고정제조원가 = ₩200,000 − ₩100,000 = ₩100,000

(2) 단위당변동판매관리비

= (시간당변동원가 − 시간당변동제조원가) × 2시간

= (₩25 − ₩20) × 2시간 = ₩10

(3) 총판매관리비
= 총원가 − 총제조원가
= (₩200,000 + ₩25X) − (₩100,000 + ₩20X)
= ₩100,000 + ₩5X
= ₩100,000 + ₩5 × 36,000시간(판매량 18,000개의 직접노동시간(X) = 36,000시간)
= ₩100,000 + ₩10 × 18,000개
= ₩280,000

지금까지 살펴본 바와 같이, 총원가(전부원가), 총변동원가, 총고정원가, 단위당변동원가, 단위당고정원가, 단위당전부원가 등의 원가개념들은 그 속에 실제조업도에 의존적인 제조원가(소비원가) 요소와 판매량에 의존적인 판매관리비(소멸원가) 요소가 혼합되어 있다. 그러므로 전기와 당기의 단위당제조원가가 동일하지 않거나 실제조업도와 판매량이 동일하지 않거나 하는 일반적인 상황에서는 그 개념들은 제조원가 또는 당기비용(= 매출원가 + 판매관리비)의 어느 하나와 관련된 경영의사결정에 이용될 수 없다.

이 개념들이 유용하게 이용될 수 있는 경우란 전기와 당기의 단위당제조원가가 동일하면서 실제조업도와 판매량이 동일한 대단히 특수한 상황에 한정된다. 이때에는 모든 원가가 동일한 크기의 소멸원가, 즉 비용으로 전환되고, 그것의 변동을 실제조업도 또는 판매량 중 어느 하나를 독립변수로 하는 원가함수로 설명할 수 있기 때문이다. 기왕의 교재들이 이 개념들을 이용하여 원가관리회계의 주요 방법들을 설명할 때에는 이와 같은 특수한 상황에 대한 가정이 전제되어 있다는 사실을 유념할 필요가 있다.

예제 1-12

당기완성품 950개의 원가 ₩95,000, 판매가능제품 1,050개의 원가 ₩109,650, 기말제품원가 ₩12,000, 매출액 ₩139,500일 때 다음 물음에 답하시오(선입선출법).

(1) 매출원가 속에 포함된 전기제품원가는 얼마인가?
(2) 매출원가와 판매량은 각각 얼마인가?
(3) 전기완성품 단위당원가와 당기완성품 단위당원가는 각각 얼마인가?
(4) 단위당매출원가는 얼마인가?

풀이 주어진 자료를 제품계정에 기록함.

(1) 기초제품(100개)원가
= 판매가능제품원가(₩109,650) − 완성품원가(₩95,000) = ₩14,650

(2) 당기의 단위당제품원가 = ₩95,000/950개 = ₩100

① 매출원가
= 판매가능제품 1,050개의 원가(₩109,650) − 기말제품원가(₩12,000)
= ₩97,650

② 판매량
= 기초제품판매량 + 당기완성품판매량
= 100개 + [당기완성품매출원가/당기완성품단위당원가]
= 100개 + [(총매출원가 − 기초제품매출원가)/(당기완성품원가/완성품수량)]
= 100개 + [(₩97,650 − ₩14,650)/(₩95,000/950개)] = 930개

(3) 전기완성품 단위당원가 = ₩14,650/100개 = ₩146.50,
당기완성품 단위당원가 = 당기완성품원가(₩95,000)/완성품수량(950개)
= ₩100

(4) 단위당매출원가 = 매출원가/판매량 = ₩97,650/930개 = ₩105

14 총비용(전부비용) = 매출원가+판매관리비 = 총고정비용 +총변동비용

그렇다면 전기와 당기의 단위당제조원가가 동일하지 않거나 실제조업도와 판매량이 동일하지 않거나 하는 일반적인 상황에서는 어떤 개념들을 이용하여 원가관리회계의 주요 방법들을 설명할 것인가? 이때에는 실제조업도에 의존적인 제조원가와 판매량에 의존적인 판매관리비가 혼합되어 있지 않은

원가개념들이 각각 사용되어야 한다. 실제조업도에 의존적인 유용한 원가개념들로는 총제조원가(전부제조원가), 변동제조원가, 고정제조원가, 단위당(전부)제조원가, 단위당변동제조원가, 단위당고정제조원가 등이 있다. 그리고 판매량에 의존적인 유용한 원가개념들로는 총판매관리비(전부판매관리비), 변동판매관리비, 고정판매관리비, 단위당판매관리비, 단위당판매관리비 등이 있다.

또 실제조업도에 의존적인 제조원가의 일부가 판매를 통해 소멸되어 판매량에 의존적인 매출원가로 전환되면 그것과 판매관리비가 혼합된 원가개념들은 경영의사결정에 유용하다. 매출원가로 전환된 제조원가와 판매관리비가 결합된 총비용(전부비용), 변동매출원가로 전환된 변동제조원가와 변동판매관리비가 결합된 총변동비용 및 그것을 판매량으로 나눈 단위당변동비용, 고정매출원가로 전환된 고정제조원가와 고정판매관리비가 결합된 총고정비용 및 그것을 판매량으로 나눈 단위당고정비용, 단위당변동비용과 단위당고정비용을 합한 단위당전부비용 등의 원가개념들이 그것이다.

당기의 총비용(또는 그 속에 고정원가성분이 포함되어 있다는 의미에서 전부비용)은 모두 판매량에 의존적인 소멸원가들로 구성되어 있다. 그것은 제조원가의 일부가 소멸된 매출원가와 발생과 동시에 소멸되는 것으로 간주되는 판매관리비(기간원가)를 합한 것이다(기간원가에는 손실도 포함되지만, 기간원가를 모두 비용이라고 가정하면, 그것은 판매관리비와 호환적으로 사용될 수 있다). 매출원가와 판매관리비는 각각 매출조업도, 즉 판매량의 함수이기 때문에, 총비용도 판매량을 단일의 독립변수로 하는 일차선형함수로 나타낼 수 있다.

총비용(전부비용) = f (판매량)

원가행태를 기준으로, 매출원가는 고정매출원가와 변동매출원가로, 판매관리비는 고정판매관리비와 변동판매관리비로 각각 분해할 수 있다. 즉 총비용은 원가행태를 기준으로 총변동비용과 총고정비용으로 구분된다.

총비용 = 총변동비용+총고정비용

총변동비용은 변동매출원가와 변동판매관리비의 합계액이고, 그것을 판매량으로 평균화한 것이 단위당변동비용이다.

① 총변동비용 = 변동매출원가 + 변동판매관리비
② 단위당변동비용 = 총변동비용/판매량
= (변동매출원가 + 변동판매관리비)/판매량
= 단위당변동매출원가 + 단위당변동판매관리비

총고정비용은 고정매출원가와 고정판매관리비의 합계액이고, 그것을 판매량으로 평균화한 것이 단위당고정비용이다.

① 총고정비용 = 고정매출원가 + 고정판매관리비
② 단위당고정비용 = 총고정비용/판매량
= (고정매출원가 + 고정판매관리비)/판매량
= 단위당고정제조간접원가 + 단위당고정판매관리비

단위당전부비용은 총비용(전부비용)을 판매량으로 평균화한 것이다.

① 총비용(전부비용)
= 총고정비용 + 총변동비용
= (고정매출원가 + 고정판매관리비) + (변동매출원가 + 변동판매관리비)
= 고정판매관리비 + (고정매출원가 + 변동매출원가 + 변동판매관리비)
② 단위당전부비용
= 총비용(전부비용)/판매량 = 단위당고정비용 + 단위당변동비용

여기서는 총고정비용의 원가행태에 주목해야 한다. 총고정비용은 그것의 모든 구성요소가 고정원가행태를 나타내는 것이 아니다. 총고정비용 중에서 고정판매관리비는 판매량의 변동에 관계없이 일정한 고정원가행태를 나타내지만, 고정매출원가는 판매량의 변동에 정비례하여 변화한다. 따라서 총고정비용은 혼합원가행태를 나타내며, 다음과 같이 판매량의 함수로 나타낼 수 있다.

총고정비용
= 고정판매관리비+고정매출원가
= 고정판매관리비+단위당고정매출원가×판매량

이 식을 총비용의 계산식에 대입하면, 총비용은 다음과 같이 나타낼 수 있다.

총비용(전부비용)
= 총고정비용+총변동비용
= 고정판매관리비+고정매출원가+단위당변동비용×판매량
= 고정판매관리비+단위당고정매출원가×판매량+단위당변동비용×판매량
= 고정판매관리비+(단위당고정매출원가+단위당변동비용)×판매량

이 식의 총변동비용에 [변동매출원가+변동판매관리비]를 대입하고, [고정매출원가+변동매출원가]가 매출원가라는 점 그리고 매출원가와 변동판매관리비가 각각 판매량의 함수라는 점을 이용하면, 총비용은 다음의 함수식으로 나타낼 수도 있다.

총비용(전부비용)
= (고정판매관리비+고정매출원가)+(변동매출원가+변동판매관리비)
= 고정판매관리비+매출원가+변동판매관리비
= 고정판매관리비+(단위당매출원가+단위당변동판매관리비)×판매량

여기서 주의해야 할 것은 판매량 1단위의 단위당매출원가와 완성품 1단위의 단위당제조원가의 관계이다. 매출원가는 제조원가의 소멸액이기 때문에 그 두 가지는 크기가 같을 것이라고 생각하기 쉽다. 그렇지만 전자는 매출원가를 판매량으로 나눈 것이고 후자는 완성품제조원가를 완성품수량으로 나눈 것인데, 실제조업도 1단위의 단위당제조원가가 전기와 당기 간에 서로 다르고

완성품수량과 판매량 그리고 실제조업도가 일치되지 않는 일반적인 상황에서는 실제 사정이 그렇지 않다.

이와 같은 일반적인 상황에서는 판매량 1단위의 단위당매출원가와 완성품 1단위의 단위당제조원가는 일치되지 않는다. 그리고 완성품 1단위의 단위당제조원가는 실제조업도 1단위의 단위당제조원가와도 일치되지 않는다. 재공품계정과 제품계정의 구조에서 알 수 있는 바와 같이, 완성품제조원가와 매출원가에는 각각 전기와 당기의 제조원가가 포함되어 있고, 일반적인 상황에서는 완성품수량과 판매량 그리고 실제조업도가 서로 다를 수 있다. 따라서 이때에는 완성품 1단위의 단위당제조원가와 실제조업도 1단위의 단위당제조원가를 엄격하게 구분하여 인식해야 하고, 그것들과 판매량 1단위의 단위당매출원가도 크기가 서로 다르다는 점을 유념해야 한다.

그러나 실제조업도 1단위의 단위당제조원가가 전기와 당기 간에 차이가 없는 특수한 상황에서는, 판매량 1단위의 단위당매출원가와 완성품 1단위의 단위당제조원가 그리고 실제조업도 1단위의 단위당제조원가의 크기가 모두 같아진다. 따라서 단위당전부비용은 다음과 같이 나타낼 수 있다.

> 단위당전부비용
> = 단위당매출원가 + 단위당판매관리비 = 단위당제조원가 + 단위당판매관리비

이러한 관계는 단위당전부비용을 원가행태에 따라 단위당변동비용과 단위당고정비용으로 구분하여도 성립된다.

> 단위당변동비용
> = <u>단위당변동매출원가</u> + 단위당변동판매관리비
> = <u>단위당변동제조원가</u> + 단위당변동판매관리비
> = <u>단위당직접재료원가 + 단위당직접노무원가 + 단위당변동제조간접원가</u>
> + 단위당변동판매관리비

단위당고정비용
= 단위당고정매출원가 + 단위당고정판매관리비
= 단위당고정제조간접원가 + 단위당고정판매관리비

기왕의 원가관리회계 교재들은 지금까지 설명한 총비용(전부비용), 총변동비용, 총고정비용, 단위당변동비용, 단위당고정비용, 단위당전부비용 등을 의미하는 원가개념들을 각각 총원가(전부원가), 총변동원가, 총고정원가, 단위당변동원가, 단위당고정원가, 단위당전부원가 등으로 쓰고 있다. 앞에서 이미 서술한 바와 같이, 이러한 용어사용은 일정 기간의 원가가 해당 기간에 모두 소멸되어 결과적으로 원가와 비용의 크기가 같아지고 따라서 원가와 비용을 엄격하게 구별할 필요가 없는 특수한 조건을 가정하고 있다. 따라서 기왕의 교재들에서의 이와 같은 용어사용이 원가관리회계의 방법들에 대한 이해나 문제풀이 과정에서 혼동을 초래하지는 않는다.

그렇지만 이러한 조건이 충족되지 않는 일반적인 상황에서는 오해나 혼동을 초래할 수 있다. 그래서 이 책에서는 기왕의 원가관리회계 교재들에 나타나는 총원가(전부원가), 총변동원가, 총고정원가, 단위당변동원가, 단위당고정원가, 단위당전부원가 등을 각각 총비용(전부비용), 총변동비용, 총고정비용, 단위당변동비용, 단위당고정비용, 단위당전부비용 등으로 대체하여 사용한다. 지금까지의 설명으로 이렇게 하는 이유를 잘 이해하였다면, 이 책과 다른 원가관리회계 교재들 간의 호환성은 전혀 문제가 없을 것이라고 생각한다.

예제 1-13

당기제조원가가 다음과 같이 구성되어 있다: 직접재료원가 ₩2,000, 직접노무원가 ₩3,000, 변동제조간접원가 ₩1,000, 고정제조간접원가 ₩4,000. 실제조업도는 1,000개, 완성품은 900개이고, 기초재공품은 없었다. 기초제품재고 100개의 원가는 ₩1,100(변동제조원가 ₩700, 고정제조원가 ₩400)이었는데, 700개가 판매되었다. 단위당변동판매관리비는 ₩2, 고정판매관리비는 ₩1,000이었다. 다음 항목들을 계산하시오: (1) 변동가공원가와 단위당변동가공원가 (2) 전부가공원가와 단위당전부가공원가 (3) 단위당매출원가 (4) 변동제조원가, 변동매출원가, 고정매출원가 (5) 총변동원가와 총변동비용 (6) 총고정원가와 총고정비용 (7) 단위당변동원가와 단위당변동비용 (8) 총원가 (9) 총비용.

풀이 주어진 자료를 재공품계정과 제품계정에 기록함.

(1) 변동가공원가와 단위당변동가공원가

① 변동가공원가 = 직접노무원가(₩3,000) + 변동제조간접원가(₩1,000)
= ₩4,000

② 단위당변동가공원가 = ₩4,000/1,000개 = ₩4/개

(2) 전부가공원가와 단위당전부가공원가

① 전부가공원가 = 변동가공원가(₩4,000) + 고정제조간접원가(₩4,000)
= ₩8,000

② 단위당전부가공원가 = ₩8,000/1,000개 = ₩8/개

(3) 단위당매출원가 = [기초제품원가 + 완성품원가 − 기말제품원가]/판매량
= [₩1,100 + (₩10,000/1,000개) × (900개 − 300개)]/700개
= ₩7,100/700개 = ₩10.143

(4) 변동제조원가, 변동매출원가, 고정매출원가

① 변동제조원가 = 직접재료원가 + 변동가공원가
= ₩2,000 + ₩4,000 = ₩6,000

② 변동매출원가 = 기초제품변동제조원가 + 완성품변동제조원가 − 기말제품변동제조원가
= ₩700 + ₩6,000 × (900개/1,000개) − ₩6,000 × (300개/1,000개)
= ₩4,300

③ 고정매출원가 = 기초제품고정제조원가 + 완성품고정제조원가 − 기말제품고정제조원가
= ₩400 + ₩4,000 × (900개/1,000개) − ₩4000 × (300개/1,000개)
= ₩2,800

(5) 총변동원가와 총변동비용

① 총변동원가 = 변동제조원가 + 변동판매관리비 = ₩6,000 + ₩2 × 700개
= ₩7,400

② 총변동비용 = 변동매출원가 + 변동판매관리비 = ₩4,300 + ₩2 × 700개
= ₩5,700

(6) 총고정원가와 총고정비용

① 총고정원가 = 고정제조간접원가+고정판매관리비 = ₩4,000+₩1,000
= ₩5,000

② 총고정비용 = 고정매출원가+고정판매관리비 = ₩2,800+₩1,000
= ₩3,800

(7) 단위당변동원가와 단위당변동비용

① 단위당변동원가 = 단위당변동제조원가+단위당변동판매관리비
= (변동제조원가/실제조업도)+단위당변동판매관리비
= (₩6,000/1,000개)+₩2 = ₩8

② 단위당변동비용 = 총변동비용/판매량 = ₩5,700/700개 = ₩8.143

(8) 총원가
= 총고정원가+단위당변동제조원가×실제조업도+단위당변동판매관리비×판매량
= (₩4,000+₩1,000)+(₩6,000/1,000개)×1,000개+₩2×700개 = ₩12,400
= 총고정원가+총변동원가 = ₩5,000+₩7,400 = ₩12,400

(9) 총비용
= 고정판매관리비+(단위당매출원가+단위당변동판매관리비)×판매량
=₩1,000+{(₩7,100/700개)+₩2}×700개 = ₩9,500
또는
총비용 = 총변동비용+총고정비용 = ₩5,700+₩3,800 = ₩9,500

15 총원가−총비용 = 당기제조원가−매출원가 = 재고자산원가의 증감액

총원가와 총비용의 차이는 당기제조원가와 매출원가의 차이와 같다. 총원가와 총비용은 그 속에 공통적으로 포함되는 기간원가(판매관리비)에 관해서는 차이가 없기 때문이다.

총원가−총비용
= [당기제조원가+판매관리비]−[매출원가+판매관리비]
= 당기제조원가−매출원가

[그림 1-2]의 재고자산계정을 보면, 당기제조원가와 매출원가의 차이는 재고자산원가의 증감액과 일치된다.

> 당기제조원가 - 매출원가
> = (기말재공품원가 + 기말제품원가) - (기초재공품원가 + 기초제품원가)
> = 기말재고자산원가 - 기초재고자산원가

당기제조원가는 실제조업도의 함수이고 매출원가는 판매량의 함수이기 때문에, 실제조업도와 판매량이 일치하지 않는 일반적인 상황에서는 총원가와 총비용 간에 반드시 차이가 생긴다. 설사 실제조업도와 판매량이 일치하더라도 전기와 당기의 단위당제조원가가 같지 않은 일반적인 상황에서도 총원가와 총비용 간에는 반드시 차이가 생긴다. 요약컨대, 총원가와 총비용이 일치되는 경우란 실제조업도와 판매량이 같고 이와 동시에 전기와 당기의 단위당제조원가가 동일할 때뿐이다.

이러한 특수한 조건이 충족되는 경우가 아니라면 총원가와 총비용은 엄격하게 구별되어야 하고, 그것들의 각각을 구성하는 총변동원가와 총변동비용, 총고정원가와 총고정비용, 단위당변동원가와 단위당변동비용 등도 서로 구별되어야 한다. 그리고 원가관리회계의 주요 방법들을 설명할 때에는 총비용(전부비용), 총변동비용, 총고정비용, 단위당변동비용, 단위당고정비용, 단위당전부비용 같은 원가개념들이 이용되어야 한다. 이렇게 하면 실제조업도와 판매량이 일치된다거나 전기와 당기의 단위당제조원가가 같다는 비현실적 가정을 전제할 필요 없이 원가관리회계의 주요 개념들과 방법들을 일반성 있게 설명할 수 있다. 예를 들어, 원가관리회계에서 주요 수익성 지표로 이용되는 총공헌이익과 단위당공헌이익은 반드시 총변동비용과 단위당변동비용 개념을 이용하여 다음과 같이 측정해야 한다.

> ① 총공헌이익 = 매출액 - 총변동비용(= 변동매출원가 + 변동판매관리비)
> ② 단위당공헌이익 = 가격-단위당변동비용(= 총변동비용/판매량)

예제 1-14

[예제 1-13]에서 (1)당기제조원가와 매출원가의 차이와 (2)총원가와 총비용의 차이를 각각 계산하고, (1)과 (2)의 계산결과가 일치하는지를 확인하시오.

풀이 (1) 당기제조원가 − 매출원가 = ₩10,000 − ₩7,100 = ₩2,900

(2) 총원가 − 총비용 = ₩11,700 − ₩8,800 = ₩2,900

예제 1-15

기초재공품원가 ₩3,000, 기말재공품원가 ₩8,000, 당기완성품 950개의 원가 ₩95,000, 판매가능제품 1,050개의 원가 ₩109,650, 기말제품원가 ₩12,000일 때 (1) 당기제조원가, (2) 매출원가, (3) 당기제조원가와 매출원가의 차이, (4) 재고자산원가의 증가액을 각각 구하시오.

풀이 주어진 자료를 재공품계정과 제품계정에 기록함.

(1) 당기제조원가 = ₩95,000 + ₩8,000 − ₩3,000 = ₩100,000

(2) 매출원가 = ₩109,650 − ₩12,000 = ₩97,650

(3) 당기제조원가와 매출원가의 차이 = ₩100,000 − ₩97,650 = ₩2,350

(4) 재고자산원가증가액

= 재공품재고증가액 + 제품재고증가액

= (₩8,000 − ₩3,000) + (₩12,000 − (₩109,650 − ₩95,000)) = ₩2,350

16 원가함수의 의의 및 용도

원가함수란 의사결정자가 관심을 가지는 어떤 원가와 그것의 변동에 영향을 미치는 조업도지표의 관계를 간결하게 표현한 함수식을 가리킨다. 원가행태에 따라 원가를 변동원가성분과 고정원가성분으로 구분하면 일정 기간의 원가는 이러한 원가함수로 나타낼 수 있다. 종속변수로 정의된 어떤 원가를 Y, 그것의 고정원가요소를 a, 그것의 단위당변동원가요소를 b, 그리고 독립변수로 정의된 하나의 조업도지표를 X로 각각 정의하면, 특히 단위당변동원가요소가 관련범위(실제조업도의 관찰범위) 내에서 실제조업도의 변동에 관계없이 일정하다고 가정할 때, 원가함수의 형태를 다음과 같은 일차선형함수로 나타낼 수 있다.

$$Y = a + bX$$

종속변수(Y)가 총제조원가 또는 총제조간접원가라면 그것은 실제조업도를 독립변수(X)로 설정한 원가함수로 나타낼 수 있다. 이때에는 b가 단위당변동제조원가 또는 단위당변동제조간접원가가 된다. 종속변수(Y)가 총비용(또는 총판매관리비)이라면 그것은 매출조업도, 즉 판매량을 독립변수(X)로 하는 원가함수로 나타낼 수 있다. 이때에는 b가 단위당변동비용(또는 단위당변동판매관리비)가 된다.

그러나, 앞에서도 지적하였지만, 실제조업도와 판매량이 일치하지 않는 일반적인 상황에서 종속변수(Y)가 총원가라면, 그것은 실제조업도 또는 판매량의 어느 하나를 독립변수(X)로 설정한 원가함수로 나타낼 수 없다. 총원가는 당기제조원가와 판매관리비로 구성되는데, 당기제조원가는 실제조업도의 함수고, 판매관리비는 판매량의 함수이기 때문이다. 설사 두 개의 독립변수를 가진 총원가함수를 추정하더라도 경영의사결정은 그런 총원가함수를 필요로 하지 않는다.

원가함수의 용도는 다양하다. 그것은 종속변수로 정의된 어떤 원가의 변동을 설명하거나(설명), 관련범위 내에서 조업도지표의 특정 수준에 대응되는 그 원가의 크기를 예측하거나(예측), 그것의 크기가 일정한 범위를 벗어나지 않도록 하기 위한 조치를 강구하거나(통제), 혼합원가항목의 원가를 고정원가성분과 변동원가성분으로 분해하거나 하는 목적에 이용된다.

가령, 제조원가함수가 $\hat{Y} = ₩100 + ₩5X$로 추정되었다고 하자. 이 제조원가함수를 이용하면 제조원가가 ₩200의 값을 가지는 이유를 조업도 X가 20단위이기 때문이라고 설명할 수 있고, 제조원가가 ₩200의 값을 넘지 않도록 하려면 조업도 1단위의 변동제조원가가 현재의 ₩5보다 작아지도록 통제해야 한다는 판단을 내릴 수 있으며, 조업도 X가 30단위일 때 제조원가가 ₩250이 될 것이라고 예측할 수 있다. 그리고 종속변수로 설정된 원가가 혼합원가항목일 경우에는 그 원가를 ₩100의 고정원가성분과 ₩5X의 변동원가성분으로 분해할 수 있다.

17 일차함수형태의 원가함수 추정(계정분석법)

계정분석법은 회계담당자의 전문가적 판단에 의존하는 가장 단순한 방법이다. 그 절차는 다음과 같다: 첫째로, 회계담당자는 직전 과거 1기간(1개월, 1분기, 1년 등)의 원가계정들을 개별적으로 분석하여 변동원가계정, 고정원가계정, 혼합원가계정 등으로 분류한다. 둘째로, 혼합원가계정들에 포함된 원가를 변동원가성분과 고정원가성분으로 각각 구분한다. 마지막으로, 변동원가행태를 나타내는 원가들의 합계액을 실제조업도로 나누어 단위당변동제조원가(b) 추정치를 계산하고, 고정원가행태를 나타내는 원가들의 합계액으로 일정 기간의 고정제조원가 추정치(a)를 계산한다.

예제 1-16

실제조업도가 2,000개인 어느 특정 기간의 제조간접원가 항목들이 회계담당자에 의해 다음과 같이 고정제조간접원가와 변동제조간접원가로 분류되었다. 제조간접원가함수를 계정분석법으로 추정하시오.

	제조간접원가	변동제조간접원가	고정제조간접원가
간접재료원가	₩1,600	₩1,500	₩100
간접노무원가	1,900	1,500	400
전기 및 동력비	2,800	2,000	800
감가상각비	1,200	–	1,200
수선유지비	1,000	1,000	–
제조간접원가	₩8,500	₩6,000	₩2,500

풀이 단위당변동제조간접원가(b) = 변동제조간접원가/실제조업도(X)
= ₩6,000/2,000개 = ₩3/개
고정제조간접원가(a) = ₩2,500 ∴ Y = ₩2,500+₩3X

계정분석법을 이용하면 모든 과정이 회계담당자의 주관적 판단에 의해 이루어지기 때문에 동일한 자료를 가지고도 전문가별로 서로 다른 추정치가 만들어질 수 있다. 그러나 제조간접원가항목들 중에는 원가행태가 비교적 명백한 항목들이 많고, 혼합원가행태를 나타내는 항목들도 고정원가성분과 변동원가성분으로 쉽게 구분할 수 있는 것들이 대부분이어서 전문가별 원가추정치의 차이가 크지 않다. 뿐만 아니라, 직전 과거 1기간의 자료만 있으면 되기 때문에 자료수집이 용이하고, 적용하기가 간단하며, 물가수준이나 기술수준이 현저하게 다른 기간의 자료가 원가함수추정에 이용될 여지가 적다는 특징은 커다란 장점이다.

18 일차함수형태의 원가함수 추정(고저점법)

고저점법은 실제조업도(X)와 제조원가(Y)를 두 개의 축으로 하는 이차원 평면 위에 최저조업도기간의 조업도와 제조원가에 대응되는 최저점 그리고 최고조업도기간의 조업도와 제조원가에 대응되는 최고점을 각각 표시한 다음, 그 두 점을 연결하는 직선의 함수식을 계산하여 원가함수를 추정하는 것이다.

고저점법은 최저조업도에 대응되는 원가와 최고조업도에 대응되는 제조원가의 차이가 오로지 실제조업도의 변동에 의해 야기된 변동제조원가뿐이라고 가정한다. 그러므로, [그림 1-3]에서, 최고조업도와 최저조업도를 각각 X_{max}, X_{min}이라 하고, 해당 조업도에서의 원가를 각각 Y_{max}, Y_{min}이라 하면, 단위당변동제조원가(b)와 고정제조원가(a) 추정치는 각각 다음과 같이 계산된다.

$$Y_{max} - Y_{min} = b \cdot (X_{max} - X_{min})$$

$$b = \frac{Y_{max} - Y_{min}}{X_{max} - X_{min}}, \text{ (}b\text{는 단위당변동제조원가)}$$

$$a = Y_{max} - b \cdot X_{max} = Y_{min} - b \cdot X_{min}$$

그림 1-3 고저점법

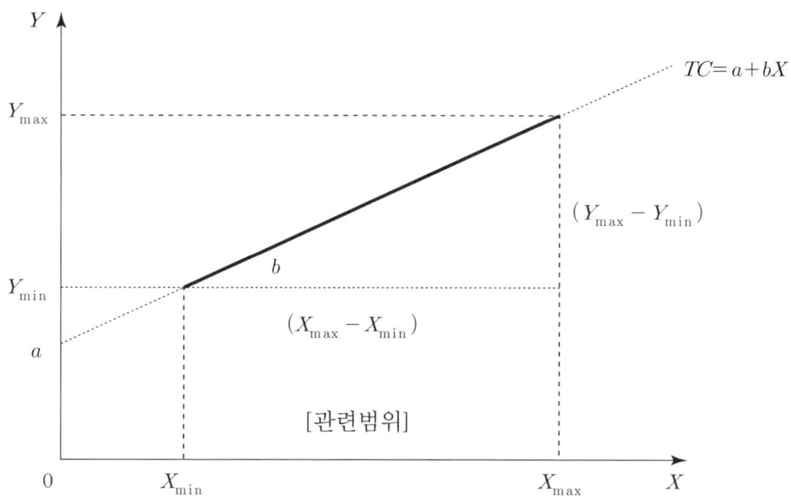

예제 1-17

지난 4개월간의 제조간접원가와 그것에 대응되는 조업도 자료가 다음과 같이 수집되었다. 고저점법으로 제조간접원가함수를 추정하시오.

	4월	5월	6월	7월
기계시간	5000시간	8000시간	9000시간	6000시간
제조간접원가	₩50,620	₩60,640	₩63,100	₩44,050

풀이 최저조업도 기간과 최고조업도 기간의 자료를 이용함.

이 자료에서 최저조업도는 4월의 실적이고 최고조업도는 6월의 실적이므로 4월과 6월의 조업도와 원가 자료를 이용하여 원가함수를 추정한다. 7월의 제조간접원가가 최저원가라고 해서 7월의 조업도와 원가자료를 이용해서는 안 된다. 7월의 기계시간이 최저조업도가 아니기 때문이다.

b = (₩63,100−₩50,620)/(9,000시간−5,000시간) = ₩3.12

a = ₩63,100−₩3.12×9,000시간 = ₩50,620−₩3.12×5,000시간 = ₩35,020

∴ Y = ₩35,020+₩3.12X

고저점법은, 이처럼 조업도의 변동에 기초하여 단위당변동제조원가를 추정하고, 추정방법도 객관적이라는 점에서, 단위당변동제조원가를 추정하는 데는 계정분석법보다 더 나은 방법으로 평가되고 있다. 그러나 이 방법은 다음과 같은 문제점들을 가지고 있다.

첫째로, 추정기간의 최저조업도와 최고조업도가 관련범위를 벗어나 있는 극단적인 것이거나, 본래부터 조업도와 원가 사이에 비선형관계가 형성되어 있음에도 불구하고 그것을 선형관계로 추정할 경우에는, 고정제조원가 추정치가 음수로 나타날 수 있고, 이에 따라 단위당변동제조원가(b)의 추정치도 왜곡된다(그림 1−4). 전자의 경우에는 이러한 문제를 해결하기 위해 최저조업도와 최고조업도 각각의 차순위 또는 차차순위 조업도에 대응되는 원가자료를 이용하기도 한다(대표고저점법). 아무튼, 음수로 계산된 절편(a)을 고정제조원가 추정치로 해석해서는 안 된다.

둘째로, 고저점법에 의해 추정된 원가함수는 최저조업도와 최고조업도에 대응되는 두 기간의 원가자료만 반영하고 있다. 수집된 많은 자료들 중에서 오직 두 기간의 자료만 이용하기 때문에 추정오차가 매우 크게 나타날 수 있다. 따라서 단위당변동제조원가 추정치는, 비록 객관성은 있지만, 정확성이 낮다.

그림 1-4 음(-)의 고정제조원가 추정치

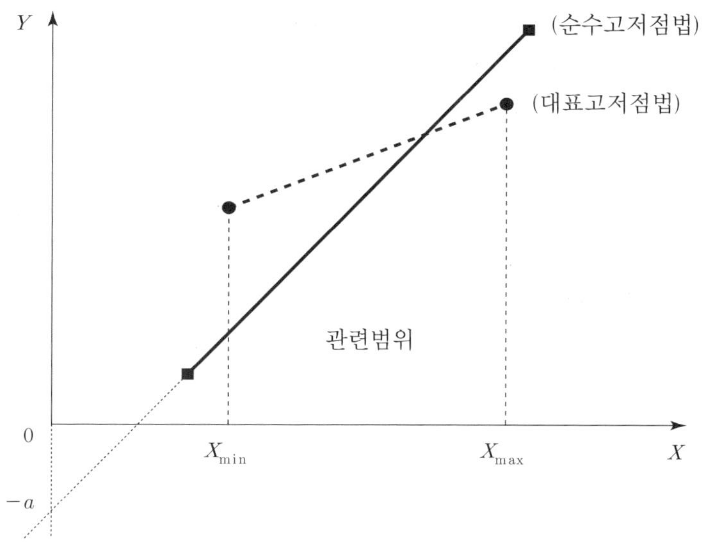

19 계단원가행태의 고정원가성분을 포함하는 원가함수

특정 조업도범위 내에서는 고정원가행태를 나타내면서 조업도범위가 달라지면 원가의 크기가 변화하는, 그래서 원가의 크기가 조업도범위별로 다르게 나타나는 원가항목이 있다. 그것을 준고정원가(semi-fixed cost) 또는 계단원가(step cost)라 한다. 이러한 원가행태가 형성되는 것은 그 원가와 관련된 자원을 조업도에 비례적으로 분할하여 소비하는 것이 불가능하기 때문이다.

계단원가행태를 엄격하게 반영하면, 조업도범위마다 고정원가성분의 크기가 다르게 추정되는 원가함수가 하나씩 나타난다. 예를 들어, 어떤 기업에서 선적비가 톤당 ₩80,000, 운송비가 월운송량 250톤까지는 월 ₩1,800,000, 250톤을 넘어 500톤까지는 월 ₩3,600,000, 그리고 500톤을 넘어 750톤까지는 월 ₩4,800,000 발생되고 있다면, 출하량(X)을 독립변수로 하는 월간선적운송비(Y)

함수는 다음과 같다.

$$X \leqq 250\text{톤},\quad Y = ₩1,800,000 + ₩80,000X$$
$$250\text{톤} < X \leqq 500\text{톤},\quad Y = ₩3,600,000 + ₩80,000X$$
$$500\text{톤} < X \leqq 750\text{톤},\quad Y = ₩4,800,000 + ₩80,000X$$

이 기업이 지난달에 총 360톤의 출하실적을 기록했다면, ₩32,400,000의 선적운송비가 지급되었을 것이고, 톤당 평균선적운송비는 ₩90,000이 지급된 셈이다. 만일 이번 달에 550톤의 출하실적이 예상된다면, ₩48,800,000의 선적운송비가 지급될 것이고, 이에 따라 톤당 평균선적운송비는 ₩88,727이 지급될 것이라고 추정할 수 있다.

원가관리회계의 이해와 연습

Chapter 2

학습초점

1. 부문별원가계산의 2단계 절차
2. 연립방정식 형태의 일반적인 배분계산모형
3. 행렬로 표시된 연립방정식의 해법: Cramer's rule

CHAPTER

2

부문별원가계산

01 부문별원가계산의 의의와 목적

생산활동이 수행되는 공장은 다수의 원가부문들로 이루어져 있다. 원가부문들은 제조부문과 보조부문으로 나눌 수 있다. 제조부문(production department)은 직접 제조활동을 수행하는 부문들(제조1부, 제조2부, 절단부, 조립부, 완성부, 제1공정, 제2공정 등)을 가리킨다. 그리고 보조부문(service department)은 제조활동에 필요한 지원서비스를 다른 보조부문들과 제조부문들에게 제공하는 인사부, 수선부, 동력부, 전력부, 용수부, 공무부 등을 가리킨다.

부문별원가계산(departmental costing)은 궁극적으로 모든 제조간접원가를 각 제조부문들에 집계하는 것으로서, 2단계 절차로 구성되어 있다(그림 2-1). 제1단계는 공장에서 소비된 제조간접원가를 원가부문별로 집계하는 것이고, 제2단계는 보조부문들에 집계된 제조간접원가를 다시 제조부문들에 배분하는 것이다. [그림 2-1]에서 제1단계는 가는 실선으로, 제2단계는 굵은 실선으로 표시되어 있다.

그림 2-1 부문별원가계산의 2단계 절차

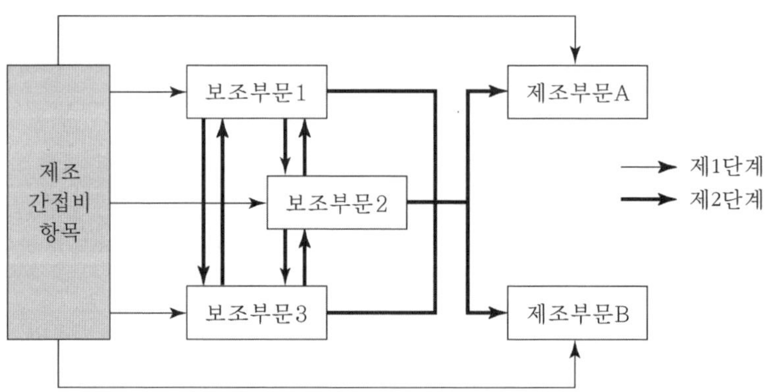

부문별원가계산이 제품원가계산에 필수적으로 요구되는 절차는 아니다. 부문별로 제조간접원가를 집계하지 않아도 공장전체의 제조간접원가를 제품

들에 대해 바로 배분할 수 있기 때문이다. 그럼에도 불구하고 부문별원가계산을 하는 것은 다음의 목적을 위한 것이다.

첫째로, 보다 정확한 제품원가를 계산하고자 하는 것이다. 이러한 목적은 원가부문이 일차적인 원가소비장소라는 점을 인식한 데서 비롯된 것이다. 모든 제조간접원가는 원가부문들이 일차적으로 소비한다. 그래서 일단 제조간접원가를 원가부문별로 집계한다. 이 중에서 보조부문들이 소비한 원가는 궁극적으로는 제조부문들이 소비한 것이라고 할 수 있으므로, 보조부문들의 제조간접원가는 다시 제조부문들에 대해 배분해야 한다. 이 제조부문들은 제품을 제조하는 원가부문들이므로, 제조부문들에 최종적으로 집계된 제조간접원가를 제품들에 대해 배분하면, 결국 제품별로 추적가능성이 없는 제조간접원가가 원가부문을 매개로 하여 제품들과 인과적으로 연결되는 효과가 생기고, 이에 따라 제품별 원가계산도 더 정확하게 이루어질 것이다.

둘째로, 원가능률성을 관리하고자 하는 것이다. 이러한 목적은 원가부문이 직접적인 원가관리단위라는 점을 인식한 데서 비롯된 것이다. 부문별원가계산은 부문간 상호통제를 이끌어 내는 역할을 한다. 즉 어떤 보조부문(공급부문)의 원가를 그 부문의 서비스를 소비하는 다른 원가부문들(수요부문)에 배분하면, 수요부문이, 한편으로는 공급부문이 제공하는 서비스를 사용할 때 낭비를 최소화하려고 노력하고, 다른 한편으로는 공급부문의 서비스 생산의 능률성을 감시하게 된다. 이처럼 부문간 상호통제는 기업전체의 원가능률성을 향상시키는 효과가 있다.

02 제1단계 절차: 제조간접원가의 원가부문별 집계

부문별원가계산의 절차는 2단계로 구성된다. 제1단계는 원가부문별로 직접 추적할 수 있는 제조간접원가, 즉 부문개별비(부문직접원가)를 원가부문별로 추적하여 할당하고, 원가부문별로 추적할 수 없는 제조간접원가, 즉 부문공통비(부문간접원가)를 원가부문들에 대해 배분하여 할당하는 것이다. 여기서 부문개별비는 내부의 회계시스템을 통해 이미 측정되어 있으므로, 부문별원가계산 과정에서는 그 금액을 해당 원가부문에 직접 추적하면 된다. 부문공통비는 간단한 배분계산을 통해 각 원가부문들에 배분된다.

공정한 배분을 위해서는 무엇보다도 제조간접원가 항목별로 배분기준을 합리적으로 설정하는 것이 중요하다. 어떤 제조간접원가 항목의 원가를 배분할 때에는 그 원가의 변동을 인과적으로 설명해 줄 수 있는 지표(인과관계기준) 또는 그 원가항목이 제공하는 혜택의 크기를 나타내는 지표(수혜기준)를 배분기준으로 이용하는 것이 바람직하다. 예를 들어, 동력비를 배분할 때 기계의 마력수를 배분기준으로 이용한다거나, 복리후생비를 배분할 때 종업원수를 배분기준으로 이용한다면, 그것은 인과관계기준에 부합된다고 하겠다. 그리고 공장건물의 감가상각비를 배분할 때 공간사용면적을 배분기준으로 이용한다면, 그것은 수혜기준에 부합된다고 하겠다. 원가를 배분받을 원가부문의 수익창출능력을 배분기준으로 선택하는 것(부담능력기준)은 가급적 피해야 한다. 그것은 공정하고 공평한 원가배분을 가로막고, 그 결과 부문별 업적평가의 공정성과 공평성을 해치며, 이에 따른 동기유발의 손상을 야기할 수 있기 때문이다.

마땅히 실행가능한 배분기준을 정의하기가 어려운 제조간접원가 항목의 경우에는 실무자들의 경험과 전문가적 판단에 따라 부문별 소비율을 추정하여 이용한다. 단, 이때는 모든 부문들의 소비율의 합계가 1이 되도록 해야 한다. 예를 들면, 소모공구비는 모든 원가부문들에게 기계가공시간 또는 기계댓수를 기준으로 배분하기보다는 실무전문가들에게 소모성 공구의 소비가 많은 원가부문들과 각 원가부문에서의 상대적 소비율을 질문하여 그 비율에 따라 해당 원가부문들에 배분하는 것이 더 합리적이다.

제1단계 절차가 완료되면, 각 원가부문에는 부문개별비와 부문공통비 배분액이 집계된다. 그것이 부문원가(departmental cost)이다. 그 중에서 부문개별비의 비중이 클수록 부문별원가계산을 통해 제조간접원가와 제품들을 인과적으로 연결시키는 효과도 커진다.

예제 2-1

어떤 기업의 지난달의 제조간접원가 실제소비액과 부문공통비의 배분기준이 아래와 같다. 부문별원가계산서를 작성하시오.

제조간접원가		합계	갑 제조	을 제조	동력부	관리부
부분개별비	간접노무원가	₩480,000	₩210,000	₩150,000	₩70,000	₩50,000
부문공통비	복리후생비 ₩520,000, 동력비 ₩850,000, 통신비 ₩460,000, 공장건물 감가상각비 ₩42,000, 기계감가상각비 ₩75,000					

<부문공통비 배분기준>

배분기준	갑 제조	을 제조	동력부	관리부
건물면적비율	40%	40%	10%	10%
기계가액비율	50%	30%	10%	10%
종업원 수	45명	35명	15명	5명
기계마력 수	500HP	400HP	50HP	50HP
전화대수	4대	4대	1대	1대

풀이

[부문별원가계산서]

제조간접원가		배분기준	갑 제조	을 제조	동력부	관리부
부문개별비	간접노무원가	추적	₩210,000	₩150,000	₩70,000	₩50,000
부문공통비 배분액	복리후생비	종업원수	234,000	182,000	78,000	26,000
	동력비	마력수	425,000	340,000	42,500	42,500
	통신비	전화대수	184,000	184,000	46,000	46,000
	건물감가비	점유비율	16,800	16,800	4,200	4,200
	기계감가비	기계가액	37,500	22,500	7,500	7,500
부문원가			₩1,107,300	₩95,300	₩248,200	₩176,200

03 제2단계 절차: 보조부문원가의 제조부문에의 배분

보조부문이 만들어 내는 지원서비스는 다른 보조부문들과 제조부문들이 소비한다. 따라서 개별 보조부문의 부문원가(=부문개별비+부문공통비배분액)는 해당 보조부문의 서비스를 소비한 다른 보조부문들과 제조부문들에 배분되어야 한다.

이 과정에서는 배분기준과 배분방법을 합리적으로 선택하는 일이 중요하다. 보조부문원가의 배분기준은 앞에서와 마찬가지로 인과관계기준 또는 수혜기준에 따라 선택하는 것이 바람직하다. 그리고 이용가능한 보조부문원가의 배분방법에는 직접배분법, 단계배분법, 상호배분법 등의 세 가지가 있다.

이러한 방법들을 이용하여 보조부문원가를 배분하기 위해서는, 다음에 제시된 일련의 자료들(각 자료의 화살표는 배분의 방향을 나타냄)에서 알 수 있는 바와 같이, 부문별 원가와 배분기준표가 준비되어야 하고, 배분기준표는 다시 자기부문 소비용역(용역을 생산한 부문이 스스로 소비한 용역)을 0으로 대체하여 수정해야 한다. 이것은 보조부문들에 집계된 제조간접원가가 제조부문들에 대해 완전히 배부될 수 있도록 하기 위한 조치이다.

자료 1

■ 부문원가(부문개별비와 부문공통비배분액의 합계)

갑 제조부문비 ₩1,188,000		을 제조부문비 ₩1,080,000
동력부문비 ₩658,800	수선부문비 ₩216,000	관리부문비 ₩432,000

자료 2

■ 배분기준표(굵은 숫자는 자기부문 소비용역)

⟶	갑 제조	을 제조	동력부	수선부	관리부	배분기준
동력부문비	45,000	40,000	**3,000**	10,000	5,000	103,000 kwh
수선부문비	68	25	5	**5**	2	105시간
관리부문비	45	45	5	5	**10**	110명

자료 3

■ 배분기준표(자기부문 소비용역을 0으로 조정함)

⟶	갑 제조	을 제조	동력부	수선부	관리부	합 계
동력부문비	45,000	40,000	0	10,000	5,000	100,000 kwh
수선부문비	68	25	5	0	2	100시간
관리부문비	45	45	5	5	0	100명

<자료 1>은 부문원가계산의 결과로서, 각 원가부문 통제계정의 차변에 기록되는 부문개별비와 부문공통비배분액을 합계한 부문원가이다. <자료 2>는 배분기준의 크기를 나타내는 배분기준표이다. 여기서 굵은 글씨로 되어 있는 숫자는 보조부문이 자기가 생산한 서비스를 자신이 소비한 정도, 즉 자기부문 소비용역(self-service)의 크기를 나타낸다. 그리고 <자료 3>은 자기부문 소비용역을 0으로 대체하여 <자료 2>의 배분기준표를 수정한 것이다.

원가배분모형은 연립방정식체계로 제시된다. 이를 위해, 원가배분이 완료되었을 때의 갑과 을 제조부문비는 각각 P_1과 P_2, 보조부문들인 동력부문비, 수선부문비, 관리부문비 등은 각각 S_1, S_2, S_3로 표시하기로 한다. 가장 일반화된 원가배분모형은 상호배분법을 채택할 경우의 연립방정식체계이다. 따라서 여기서는 상호배분법을 먼저 설명하고, 이어서 직접배분법과 단계배분법을 설명한다.

04 보조부문원가의 제조부문에의 배분(상호배분법)

상호배분법은 보조부문들 상호간의 용역수수를 완전히 반영하는 방법이다. 상호배분법이 적용될 경우에는 <자료 3>의 배분기준표를 수정할 필요 없이 그대로 이용하면 된다.

자료 3-1

■ 배분율표(상호배분법)

⟶	갑 제조	을 제조	동력부	수선부	관리부	계
동력부문비	45/100	40/100	0	10/100	5/100	1.0
수선부문비	68/100	25/100	5/100	0	2/100	1.0
관리부문비	45/100	45/100	5/100	5/100	0	1.0
부문원가	₩1,188,000	₩1,080,000	₩658,800	₩216,000	₩432,000	₩3,754,800

이 배분기준표에 따라 배분계산이 이루어지면, 각 보조부문원가는 모두 자신의 부문원가와 다른 보조부문들로부터의 배분액을 합계한 금액으로 구성된다. 그 금액은 자신을 제외한 모든 원가부문들에 배분된다. <자료 3>을 배분비율로 나타낸 배분율표는 <자료 3-1>과 같다.

이 방법은 복잡하다는 이유로 실무에서 이용이 기피되거나 다음에 설명할 직접배분법과 결합된 간편법이 개발되어 이용되어 왔지만, 컴퓨터를 이용한 배분계산이 이루어지는 시기에 복잡하다는 것은 더 이상 이 방법의 문제점이 아니다. 그래서 소위 간편한 상호배분법은 여기서 설명하지 않는다. 상호배분법에 맞게 수정된 배분율표(자료 3-1)를 이용하면, 배분계산을 위한 연립방정식 체계를 다음과 같이 구성할 수 있다.

$$
\begin{aligned}
P_1 &= ₩1,188,000 + 0.45\ S_1 + 0.68\ S_2 + 0.45\ S_3 \\
P_2 &= ₩1,080,000 + 0.40\ S_1 + 0.25\ S_2 + 0.45\ S_3 \\
S_1 &= ₩\ 658,800 + 0\ S_1 + 0.05\ S_2 + 0.05\ S_3 \\
S_2 &= ₩\ 216,000 + 0.10\ S_1 + 0\ S_2 + 0.05\ S_3 \\
S_3 &= ₩\ 432,000 + 0.05\ S_1 + 0.02\ S_2 + 0\ S_3
\end{aligned}
$$

먼저, 보조부문에 집계될 제조간접원가를 계산하기 위해서, 이 중에서 아래 세 개의 방정식들로 구성된 연립방정식을 풀이한다. 그것을 양함수 형태로 바꾸어 나타내면 다음과 같다.

$$
\begin{aligned}
S_1 - 0.05\,S_2 - 0.05\,S_3 &= ₩658,800 \\
-.10\,S_1 + S_2 - 0.05\,S_3 &= ₩216,000 \\
-.05\,S_1 - 0.02\,S_2 + S_3 &= ₩432,000
\end{aligned}
$$

선형대수를 이용하여 해를 구할 수도 있는데, 이렇게 하기 위해서는 이러한 연립방정식을 다음과 같이 행렬의 연산식으로 나타내어야 한다.

$$
\begin{bmatrix} 1 & -.05 & -.05 \\ -.10 & 1 & -.05 \\ -.05 & -.02 & 1 \end{bmatrix} \times \begin{bmatrix} S_1 \\ S_2 \\ S_3 \end{bmatrix} = \begin{bmatrix} ₩658,800 \\ ₩216,000 \\ ₩432,000 \end{bmatrix}
$$

선형대수의 Cramer's rule을 이용하면 연립방정식의 해를 다음과 같이 구할 수 있다.

$$
S_1 = \frac{\begin{vmatrix} 658,800 & -.05 & -.05 \\ 216,000 & 1 & -.05 \\ 432,000 & -.02 & 1 \end{vmatrix}}{\begin{vmatrix} 1 & -.05 & -.05 \\ -.10 & 1 & -.05 \\ -.05 & -.02 & 1 \end{vmatrix}} = \frac{691,837.2}{0.991275} = 697,927
$$

$$
S_2 = \frac{\begin{vmatrix} 1 & 658,800 & -.05 \\ -.10 & 216,000 & -.05 \\ -.05 & 432,000 & 1 \end{vmatrix}}{\begin{vmatrix} 1 & -.05 & -.05 \\ -.10 & 1 & -.05 \\ -.05 & -.02 & 1 \end{vmatrix}} = \frac{306,747}{0.991275} = 309,447
$$

$$S_3 = \frac{\begin{vmatrix} 1 & -.05 & 658{,}800 \\ -.10 & 1 & 216{,}000 \\ -.05 & -.02 & 432{,}000 \end{vmatrix}}{\begin{vmatrix} 1 & -.05 & -.05 \\ -.10 & 1 & -.05 \\ -.05 & -.02 & 1 \end{vmatrix}} = \frac{468{,}957.6}{0.991275} = 473{,}085$$

※ 행렬식(3×3)의 계산방법(사각형 표시 부분은 주대각선을 나타냄)

$$\begin{vmatrix} A_{11} & A_{12} & A_{13} \\ A_{21} & A_{22} & A_{23} \\ A_{31} & A_{32} & A_{33} \end{vmatrix} = (A_{11}\times A_{22}\times A_{33} + A_{12}\times A_{23}\times A_{31} + A_{13}\times A_{21}\times A_{32}) - (A_{13}\times A_{22}\times A_{31} + A_{23}\times A_{32}\times A_{11} + A_{33}\times A_{21}\times A_{12})$$

예

$$\begin{vmatrix} 3 & 2 & 1 \\ 1 & 4 & 2 \\ 2 & 1 & 3 \end{vmatrix} = (3\times4\times3 + 2\times2\times2 + 1\times1\times1) - (1\times4\times2 + 2\times1\times3 + 3\times1\times2) = 25$$

구해진 연립방정식의 해답은 각각 해당 보조부문에 최종적으로 집계될 부문원가의 크기를 나타낸다. 그것들을 제조부문에 관한 앞의 두 개의 연립방정식에 대입하면 제조부문들에 집계될 제조간접원가가 각각 다음과 같이 계산된다.

$$\begin{aligned} P_1 &= ₩1{,}188{,}000 + 0.45\times697{,}927 + 0.68\times309{,}447 + 0.45\times473{,}085 \\ &= ₩1{,}188{,}000 + 314{,}067.10 + 210{,}423.96 + 212{,}888.25 = ₩1{,}925{,}379 \\ P_2 &= ₩1{,}080{,}000 + 0.40\times697{,}927 + 0.25\times309{,}447 + 0.45\times473{,}085 \\ &= ₩1{,}080{,}000 + 279{,}170.80 + 77{,}361.75 + 212{,}888.25 = ₩1{,}649{,}421 \end{aligned}$$

이러한 배분과정을 거치면 보조부문들에 최종적으로 집계되는 모든 제조간접원가가 궁극적으로 제조부문들에 배분된다. 제조간접원가의 제1단계 배분은 여기서 종료되고, 그 결과 모든 제조간접원가가 제조부문들에 집계된다.

05 보조부문원가의 제조부문에의 배분(직접배분법)

직접배분법은 보조부문원가를 오직 제조부문들에만 배분하는 가장 간단한 방법이다. 주어진 자료에서, <자료 3>의 배분기준표를 직접배분법에 따른 배분기준표로 수정하면 <자료 3-2a>와 같다:

자료 3-2a

■ 배분기준표(직접배분법)

⟶	갑 제조	을 제조	동력부	수선부	관리부	합 계
동력부문비	45,000	40,000	0	0	0	85,000 kwh
수선부문비	68	25	0	0	0	93시간
관리부문비	45	45	0	0	0	90명

<자료 3-2a>을 보면, 동력부문비(₩658,800)는 45 : 40의 비율로, 수선부문비(₩216,000)는 68 : 25의 비율로, 그리고 관리부문비(₩432,000)는 45 : 45의 비율로 갑 제조부문과 을 제조부문에 각각 배분된다. <자료 3-2a>를 배분비율로 표시하면 배분율표는 <자료 3-2b>와 같이 작성된다:

자료 3-2b

■ 배분기준표(직접배분법)

⟶	갑 제조	을 제조	동력부	수선부	관리부	계
동력부문비	45/85	40/85	0	0	0	1.0
수선부문비	68/93	25/93	0	0	0	1.0
관리부문비	45/90	45/90	0	0	0	1.0
부문원가	₩1,188,000	₩1,080,000	₩658,800	₩216,000	₩432,000	₩3,754,800

이 방법의 결정적인 문제점은 보조부문들 상호간의 용역수수를 전혀 반영하지 못한다는 것이다. 배분계산이 수작업으로 이루어지는 시기에는 이용하기 간편하다는 특성이 그것을 상쇄하고도 남을 만큼 중요한 장점으로 인식되었지만, 컴퓨터를 이용하여 배분계산이 이루어지는 시기에는 오히려 보조부문간의 용역수수를 반영하지 못한다는 점이 심각한 결점으로 부각되고 있다. 컴퓨터가 배분계산에 이용되는 시기에는 이용하기 간편하다는 특성이 직접배분법만의 장점은 아니기 때문이다. 직접배분법에 맞게 수정된 배분율표(자료 3－2b)를 이용하면, 배분계산을 위한 연립방정식 체계를 다음과 같이 구성할 수 있다.

$$P_1 = ₩1,188,000 + (45/85)S_1 + (68/93)S_2 + (45/90)S_3$$
$$P_2 = ₩1,080,000 + (40/85)S_1 + (25/93)S_2 + (45/90)S_3$$
$$S_1 = ₩658,800, \quad S_2 = ₩216,000, \quad S_3 = ₩432,000$$

보조부문의 부문원가를 각각 대입하면 갑과 을 제조부문에 집계될 제조간접원가는 다음과 같이 계산된다.

$$P_1 = ₩1,188,000 + (45/85)\times 658,800 + (68/93)\times 216,000 + (45/90)\times 432,000$$
$$= ₩1,188,000 + 348,776.471 + 157,935.484 + 216,000 = ₩1,910,711$$
$$P_2 = ₩1,080,000 + (40/85)\times 658,800 + (25/93)\times 216,000 + (45/90)\times 432,000$$
$$= ₩1,080,000 + 310,023.529 + 58,064.51 + 216,000 = ₩1,664,089$$

06 보조부문원가의 제조부문에의 배분(단계배분법)

단계배분법은 보조부문들 상호간의 용역수수를 부분적으로만 반영하는 방법이다. 즉 보조부문원가는 제조부문뿐만 아니라 다른 보조부문들에도 배분되지만, 배분과정에 보조부문들 상호간의 용역수수가 완전히 반영되지는 않는다.

단계배분법에서는 보조부문별로 용역사용부문의 수 또는 보조부문원가의 크기를 기준으로 배분순서가 정해진다. 배분순서가 빠른 보조부문의 원가는 배분순서가 자신보다 더 늦은 보조부문들과 제조부문들에 배분되지만, 배분순서가 늦은 보조부문의 원가가 배분순서가 자신보다 더 빠른 보조부문들에게 거꾸로 배분될 수는 없다.

자료 3-3a

■ 배분기준표(단계배분법)

⟶	갑 제조	을 제조	동력부	수선부	관리부	합 계
동력부문비	45,000	40,000	0	10,000	5,000	100,000 kwh
수선부문비	68	25	0	0	2	95시간
관리부문비	45	45	0	0	0	90명

주어진 자료에서, 동력부문비, 수선부문비, 관리부문비의 순서로 단계배분법을 적용하기로 하고, <자료 3>의 배분기준표를 단계배분법에 따른 배분기준표로 수정하면 <자료 3-3a>와 같다.

이 배분기준표는 다음과 같은 배분절차를 나타내고 있다. 첫째로, 배분 1순위인 동력부문의 부문원가(₩658,800)는 모든 제조부문들과 자신을 제외한 나머지 보조부문들에게 45 : 40 : 10 : 5의 비율로 배분된다. 둘째로, 배분 2순위인 수선부문비는 본래의 부문원가(₩216,000)와 동력부문비 배분액의 합계액이 갑, 을 제조부문들과 배분 3순위인 관리부문에게 68 : 25 : 2의 비율로 배분된다. 배분 1순위인 동력부문에게는 배분되지 않는다. 마지막으로, 배분 3순위인 관리부문비는 본래의 부문원가(₩432,000)에 동력부문비배분액 및 수선부문비배분액을 합계한 금액이 갑, 을 제조부문들에게 45 : 45의 비율로 배분된다. 배분 1순위와 2순위인 동력부문과 수선부문에게는 배분되지 않는다. <자료 3-3a>의 배분기준표를 배분비율로 표시한 것이 <자료 3-3b>의 배분율표이다.

자료 3-3b

■ 배분기준표(단계배분법)

⟶	갑 제조	을 제조	동력부	수선부	관리부	계
동력부문비	45/100	40/100	0	10/100	5/100	1.0
수선부문비	68/95	25/95	0	0	2/95	1.0
관리부문비	45/90	45/90	0	0	0	1.0
부문원가	₩1,188,000	₩1,080,000	₩658,800	₩216,000	₩432,000	₩3,754,800

단계배분법에 맞게 수정된 배분율표(자료 3-3b)를 이용하면, 배분계산을 위한 연립방정식 체계를 다음과 같이 구성할 수 있다.

$$P_1 = ₩1,188,000 + (45/100)S_1 + (68/95)S_2 + (45/90)S_3$$
$$P_2 = ₩1,080,000 + (40/100)S_1 + (25/95)S_2 + (45/90)S_3$$
$$S_1 = ₩658,800$$
$$S_2 = ₩216,000 + (10/100)S_1$$
$$S_3 = ₩432,000 + (5/100)S_1 + (2/95)S_2$$

연립방정식을 풀면, 보조부문에 집계될 제조간접원가는 다음과 같이 계산된다.

$$S_1 = ₩658,800$$
$$S_2 = ₩216,000 + (10/100) \times 658,800 = ₩281,880$$
$$S_3 = ₩432,000 + (5/100) \times 658,800 + (2/95) \times 281,800 = ₩470,873$$

이 값을 연립방정식에 대입하면 제조부문에 집계될 제조간접원가를 다음과 같이 구할 수 있다.

$$P_1 = ₩1,188,000 + (45/100)\times 658,800 + (68/95)\times 281,880 + (45/90)\times 470,873$$
$$= ₩1,188,000 + 296,460 + 201,766.737 + 235,436.5 = ₩1,921,664$$
$$P_2 = ₩1,080,000 + (40/100)\times 658,800 + (25/95)\times 281,880 + (45/90)\times 470,873$$
$$= ₩1,080,000 + 263,520 + 74,179 + 235,436.5 = ₩1,653,136$$

07 보조부문원가의 제조부문에의 배분(이중배분율법)

지금까지 설명한 것처럼 제조간접원가를 변동원가성분과 고정원가성분으로 구분하지 않는 것을 전제로 하여 실행되는 제2단계 절차를 단일배분율법이라 한다. 그것과 대비되는 이중배분율법이란 제조간접원가를 변동원가성분과 고정원가성분으로 나누어 제2단계 절차를 실행하는 것을 가리킨다. 즉 변동제조간접원가와 고정제조간접원가에 대해서 제2단계 절차를 각각 실행하는 것이다.

이중배분율법에서는 변동제조간접원가와 고정제조간접원가의 배분기준이 서로 다르게 설정된다. 즉 변동제조간접원가는 실제조업도를 반영할 수 있는 지표들이, 고정제조간접원가는 최대조업능력을 반영할 수 있는 지표들이 각각 배분기준으로 설정된다. 예를 들면, 동력부에서 소비된 변동전력비를 제조부문별로 배분할 때에는 각 제조부문의 실제전력소비량을, 고정전력비를 제조부문별로 배분할 때에는 각 제조부문이 완전히 가동될 경우의 최대소비가능량을 각각 배분기준으로 설정하는 것이다.

예제 2-2

지난 5월의 수선부의 변동제조간접원가가 ₩150,000, 고정제조간접원가가 ₩90,000이었고, 갑과 을 제조부문이 소비가능한 연간최대수선시간은 각각 48시간과 60시간인데, 지난달의 실제수선시간은 각각 3시간과 2시간이었다. 단일배분율법과 이중배분율법에 따라 수선부의 제조간접원가를 갑, 을 제조부문에 각각 배분하시오.

풀이 1) 단일배분율법

(1) 제조간접원가 배분율의 계산

= 총제조간접원가/실제수선시간 = ₩240,000/5시간 = ₩48,000/시간

(2) 부문별 배분액의 계산

갑 제조부문에의 배분액 = 3시간×₩48,000/시간 = ₩144,000

을 제조부문에의 배분액 = 2시간×₩48,000/시간 = ₩96,000

2) 이중배분율법

(1) 제조간접원가 배분율의 계산

수선부 변동제조간접원가 배분율

= 변동제조간접원가/실제수선시간 = ₩150,000/5시간 = ₩30,000/시간

수선부 고정제조간접원가 배분율

= 고정제조간접원가/최대소비가능시간(월) = ₩90,000/9시간

= ₩10,000/시간

*최대소비가능시간(월) = (48+60)/12 = 9시간/월

(2) 부문별 배분액의 계산

	갑 제조부문	을 제조부문
변동제조간접원가의 부문별 배분액	3시간×₩30,000 = ₩90,000	2시간×₩30,000 = ₩60,000
고정제조간접원가의 부문별 배분액	4시간×₩10,000 = ₩40,000	5시간×₩10,000 = ₩50,000
제조간접원가의 부문별 배분액	₩130,000	₩110,000

변동제조간접원가가 실제조업도의 함수이고 고정제조간접원가가 최대조업능력의 함수라는 점에 비추어 보면, 이중배분율법은 원가행태에 따른 원가개념의 정의에 합치될 뿐만 아니라 인과관계기준에 준거한 원가배분을 가능하게 할 것이라는 점에서 단일배분율법보다 합리적이다. 그러나 제조간접원가의 대부분이 조업도지표의 변동과 무관하게 소비되는 진보된 제조환경에서는, 원가행태별로 서로 다른 조업도지표를 배분기준으로 설정한다고 해서 인과적 원가배분이 보장되는 것이 아니라는 점에 유의할 필요가 있다.

08 제조부문원가의 제품별 배분: 공장전체배분율법과 부문별 배분율법

부문별원가계산의 목적이 보다 정확한 제품원가계산에 있다면, 최종적으로 제조부문에 집계된 제조간접원가를 제품별로(종합원가계산의 경우) 또는 작업지시서별로(개별원가계산의 경우) 설정되어 있는 재공품 계정에 배분해야 한다. 이때는 조업도지표(생산량, 직접노동시간, 기계작업시간 등)가 배분기준으로 이용되고, 공장전체배분율법 또는 부문별배분율법에 따라 배분이 실행된다.

공장전체배분율법은 공장전체에 걸쳐서 하나의 제조간접원가 통제계정을 설정하고, 개별 제조부문들에 집계된 제조간접원가를 거기에 모두 통합한 다음, 특정 조업도지표를 배분기준으로 이용하여 제품별 또는 작업지시서별로 배분하는 방법이다. 따라서 제조간접원가의 배분에는 하나의 공장전체배분율이 이용된다. 그것은 제조간접원가 통제계정에 집계된 제조간접원가 실제소비액을 배분기준의 총계(실제조업도의 크기)로 나누어 구한다.

$$\text{공장전체배분율} = \frac{\text{제조간접원가 실제소비액}}{\text{배분기준의 총계}}$$

제품별 또는 작업지시서별 제조간접원가 배분액은 다음과 같이 계산된다.

제품별(또는 작업지시서별) 제조간접원가 배분액
= 제품별(또는 작업지시서별) 배분기준의 크기 × 공장전체배분율

부문별배분율법은 이러한 절차를 제조부문별로 진행하는 것이다. 전통적인 제조환경에서 이 방법은 제조부문들의 생산방법의 특성을 반영할 수 있다는 이유로 제조간접원가 배분의 정확성을 높이는 데 적합한 것으로 평가되고 있다. 즉 생산활동이 노동력에 의존하는 제조부문의 제조간접원가는 직접노동시간을 기준으로, 기계작업을 통해 생산활동이 이루어지는 제조부문의 제조간

접원가는 기계작업시간을 기준으로 배분하는 것이 인과관계기준에 더 잘 부합된다는 것이다.

그러나 제조간접원가의 상당한 부분이 조업도지표의 변동과 무관하게 소비되는 진보된 제조환경에서는 조업도지표를 제조부문별로 다르게 설정한다고 해서 원가배분이 인과관계기준에 따라 이루어지는 것이 아니다. 따라서 제조간접원가가 주로 제품배합의 다양성과 복잡성에 의해 유발되는 새로운 제조환경에서는 부문별배분율법의 적합성에 대한 평가도 더 이상 적절한 것이 아니다.

예제 2-3

제1단계 배분을 통해 갑, 을 제조부문에 집계된 제조간접원가가 각각 ₩1,326,247, ₩1,100,753이었고, A와 B제품의 직접노동시간과 기계작업시간이 아래와 같다. 공장전체배분율법(배분기준: 직접노동시간)과 부문별배분율법(배분기준: 갑-직접노동시간, 을-기계작업시간)에 따라 제품별 배분액을 각각 구하시오.

<제품별로 사용된 직접노동시간과 기계시간>

제 품	A	B	합 계
직접노동시간	100시간	900시간	1,000시간
기계작업시간	400시간	100시간	500시간

풀이 1) 공장전체배분율법

(1) 공장전체배분율

공장전체 제조간접원가 = ₩1,326,247 + ₩1,100,753 = ₩2,427,000

공장전체배분율 = ₩2,427,000/1,000시간 = ₩2,427

(2) 제품별 배분액

	제품 A	제품 B
제조간접원가 배분액	₩2,427×100시간 = ₩242,700	₩2,427×900시간 = ₩2,184,300

2) 부문별배분율법

(1) 부문별 배분율

갑 제조부문비 배분율 = ₩1,326,247/1,000시간 = ₩1,326

을 제조부문비 배분율 = ₩1,100,753/ 500시간 = ₩2,202

(2) 제품별 배분액

	제품 A	제품 B
갑 제조부문비	₩1,326×100시간 = ₩132,600	₩1,326×900시간 = ₩1,193,400
을 제조부문비	₩2,202×400시간 = ₩880,800	₩2,202×100시간 = ₩220,200
합 계	₩1,013,400	₩1,413,600

원가관리회계의 이해와 연습

Chapter 3

학습초점

1. 개별원가계산의 틀: 작업지시서별로 설정된 재공품계정을 포함하는 〈제조원가흐름도〉
2. 종합원가계산의 틀: 전기와 당기의 완성품환산량을 구분하여 기록하는 재공품계정의 구조
3. 당기제조원가배분율(=당기제조원가/실제조업도)을 이용한 원가배분
4. 재고자산 평가방법별 당기제조원가배분율의 계산
5. 종합원가계산의 원가요소 분류체계: 주요재료원가, 가공원가, 전공정원가

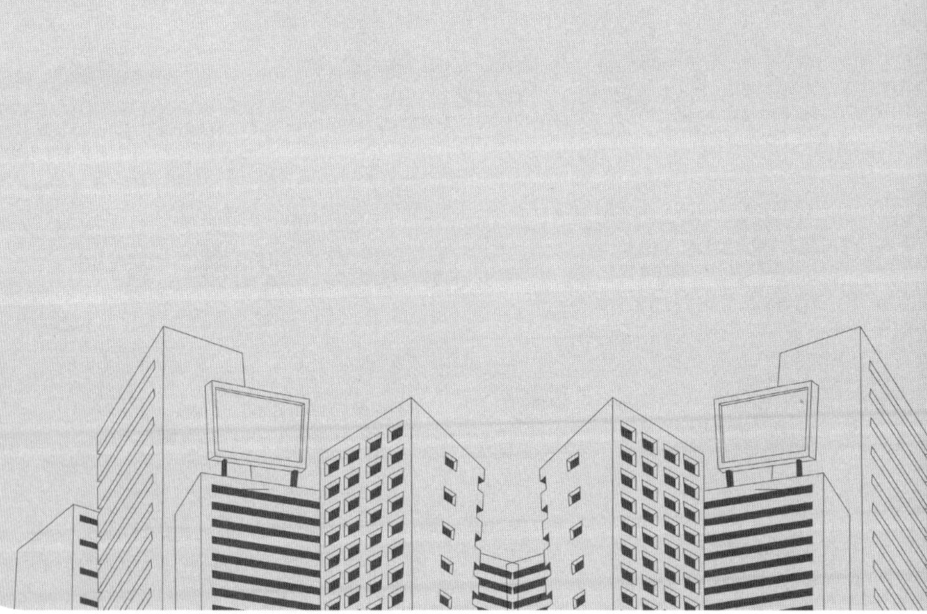

CHAPTER

3

실제원가로 측정되는 제품원가계산의 방법

01 제품원가계산: 총제조원가의 배분과정

총제조원가는 재공품계정의 차변에 기록된 전기제조원가(기초재공품원가)와 당기제조원가를 합계한 것이다. 제품원가계산이란 그것을 완성품과 기말재공품에 배분하여 완성품원가와 기말재공품원가를 계산하고, 완성품원가를 완성품수량으로 나누어 완성품 단위당원가를 계산하는 절차를 가리킨다.

제품원가계산의 결과는 재고자산 평가방법에 따라 달라진다. 앞에서 서술한 바와 같이, 평균법은 특수한 조건을 가정한 선입선출법이라 할 수 있으므로, 이 책에서는 일단 선입선출법을 전제로 하여 제품원가계산의 방법을 설명한다.

제품원가계산의 방법은 다양하다. 이 책에서 설명하는 전통적인 원가계산방법에는 생산방법에 따라 구분되는 개별원가계산, 종합원가계산, 그리고 작업별원가계산이 있고, 원가측정방법에 따라 구분되는 실제원가계산, 정상원가계산, 그리고 표준원가계산이 있으며, 제조원가와 기간원가에 대한 관점의 차이 또는 원가계산결과의 이용목적에 따라 구분되는 전부원가계산, 변동원가계산, 그리고 초변동원가계산 등이 있다. 그리고 전통적인 원가계산방법의 대안으로 제시된 활동기준원가계산도 있다. 이 장에서는 실제원가로 제품원가가 측정되는 경우의 개별원가계산, 종합원가계산, 그리고 작업별원가계산의 방법을 설명한다.

제1장에 제시된 [그림 1−1]의 <제조원가흐름도>와 그 속에 포함되어 있는 재공품계정과 제품계정의 구조 그리고 [그림 1−2]의 재고자산계정의 구조는 이와 같은 다양한 제품원가계산의 방법들을 체계적으로 익히고 각각의 방법에 관한 계산문제를 쉽게 풀이하는 데 커다란 도움이 된다. 개별원가계산의 경우에는 [그림 1−1]의 <제조원가흐름도>가 그리고 종합원가계산의 경우에는 재공품계정과 제품계정의 구조가 문제해결에 이용될 핵심적인 틀이다. 원가계산과 관련된 대부분의 계산문제는 이 틀의 빈칸에 주어진 자료를 정확하게 대입한 다음 간단한 사칙연산을 수행하면 정확한 해답을 얻을 수 있다.

02 개별원가계산의 의의와 방법

전형적인 주문생산기업들은 다양한 종류의 주문품들을 생산한다. 각 품목은 매 주문마다 사양이 달라질 수 있고, 생산량은 소량이다. 그래서 다품종 소량생산방식으로 운영되는 주문생산기업들은 품목별로 한 가지 이상의 주문들을 모아 일정한 규모의 제품묶음(batch)을 형성하여 생산을 진행한다. 생산은 작업지시서(job order)에 따라 수행되는데, 작업지시서는 제품묶음별로 하나씩 또는 여러 개의 제품묶음들에 걸쳐서 하나씩 발행된다.

주문생산기업들은 작업지시서(job order)별로 원가를 집계한다. 즉 각각의 작업지시서가 하나의 재공품계정으로 설정되고, 여기에 해당 작업에 투입된 제조원가가 할당된다. 작업지시서는 대개 주문별로 발행되는데, 여기에는 작업번호, 주문고객, 주문품의 사양, 요구되는 재료와 가공작업, 주문량, 납기일, 제조착수일과 완료일 등이 기록되고, 작업번호에 의해 서로 구별된다. 개별원가계산(job order costing)이란 작업지시서별로 제조원가를 집계하는 원가계산 방법을 가리킨다.

작업지시서별로 설정된 재공품계정에 제조원가를 할당할 때, 전기에 착수된 작업지시서의 경우에는 전기제조원가와 당기제조원가가 모두 할당되지만, 당기에 착수된 작업지시서의 경우에는 전기제조원가가 없기 때문에 오직 당기제조원가만 할당된다. 그리고 당기제조원가를 집계할 때 직접재료원가와 직접노무원가 같은 직접제조원가는 해당 작업지시서에 대해 추적하여 할당하고, 제조간접원가는 배분기준을 이용하여 작업지시서들에 대해 배분하여 할당한다.

제조간접원가의 배분기준으로는 직접노무원가, 직접노동시간, 또는 기계가공시간이 주로 이용된다. 가령, 직접노무원가를 배분기준으로 이용한다면, 당기의 제조간접원가 총액을 당기의 직접노무원가 총액으로 나누어 직접노무원가 ₩1당 제조간접원가실제배분율(경비율)을 구할 수 있는데, 그것을 각 작업지시서의 직접노무원가에 곱하면 해당 작업지시서에 배분될 제조간접원가 배분액이 계산된다.

제조간접원가실제배분율 = 제조간접원가실제소비액/총직접노무원가

작업지시서 #k의 제조간접원가배분액
= 제조간접원가실제배분율(경비율)×작업지시서 #k의 직접노무원가

제조간접원가는 실제소비액이 배분될 수도 있고, 제조간접원가예산이 예정배분될 수도 있다. 실제원가계산에서는 원가계산기말 시점에서 전자와 같이 하지만, 정상원가계산에서는 원가계산기간 중의 생산기록이 이루어지는 매 시점에서 후자와 같이 한다. 정상원가계산의 방법에 대해서는 제4장에서 설명한다.

작업지시서별로 기본원가(직접제조원가)와 제조간접원가배분액을 합계하면 원가계산이 완료된다. [그림 3-1]은 원가계산이 완료된 후의 작업지시서별 재공품계정을 나타내고 있다. 이 그림에서 작업지시서#101의 재공품계정에 전기제조원가인 기초재공품원가 ₩988,750이 기록되어 있는 것을 보면, 작업번호 #101은 전기에 착수된 작업이고, 전기말까지 그 작업에 소비된 전기제조원가가 ₩988,750이었음을 알 수 있다. 기초재공품원가가 0으로 기록되어 있는 작업번호 #102와 작업번호 #103은 모두 당기에 착수된 작업임을 알 수 있다.

그림 3-1 작업지시서별 재공품계정

작업지시서#101		작업지시서#102		작업지시서#103	
기초재공품	988,750	기초재공품	0	기초재공품	0
제조직접원가	500,000	제조직접원가	391,000	제조직접원가	393,250
제조간접원가	1,011,250	제조간접원가	809,000	제조간접원가	606,750
	₩2,500,000		₩1,200,000		₩1,000,000

작업지시서별로 원가계산이 완료되면, 그것을 이용하여 재무제표를 작성하기 위한 완성품원가, 기말재공품원가, 기말제품원가, 매출원가 등이 계산된

다. 계산절차는 종합원가계산에 비해 매우 단순하다. 즉 작업지시서의 완성 또는 미완성 여부를 파악한 다음, 당기에 완성된 작업지시서들에 집계된 제조원가를 합하면 완성품원가, 미완성 상태의 작업지시서들에 집계된 제조원가를 합계하면 기말재공품원가, 당기에 고객들에게 인도된 작업지시서들의 원가를 합계하면 매출원가, 작업은 완료되었으나 아직 인도되지 않은 작업지시서들의 원가를 합계하면 기말제품원가가 각각 계산된다.

예를 들어, [그림 3-1]의 원가계산결과가 주어졌을 때, 만일 원가계산기말시점까지 #101과 #102의 작업지시서가 완성되었고, #101의 작업지시서에 따른 주문품이 고객에게 인도되었으며(매출), #103의 작업지시서가 미완성상태에 있다고 하면, 이 원가계산기간의 완성품원가, 기말재공품원가, 매출원가, 기말제품원가는 각각 아래와 같이 계산된다:

완성품원가(완성된 작업: #101과 #102) = ₩2,500,000+₩1,200,000 = ₩3,700,000
기말재공품원가(미완성 작업: #103) = ₩1,000,000
매출원가(완성후 인도된 작업: #101) = ₩2,500,000
기말제품원가(완성후 미인도된 작업: #102) = ₩1,200,000

완성품원가와 기말재공품원가의 내역은 제조원가명세서에 보고된다. 그리고 매출원가와 재고자산(기말재공품과 기말제품)원가는 각각 손익계산서와 재무상태표에 보고된다.

예제 3-1

한국정기㈜는 2010년 1월 1일 현재 작업지시서 #105과 #106의 작업을 진행 중에 있으며, 2009년도에 발생된 원가는 각각 ₩13,440과 ₩14,330이다. 재료의 기초재고는 ₩2,000, 기말재고는 ₩28,000이었고, 2010년 1월 중의 거래는 다음과 같다. 실제제조간접원가가 매월 말일에 직접노무원가를 기준으로 각 제품에 배분된다고 가정하고, 작업지시서별 원가계산서와 제조원가명세서를 작성하시오.

① ₩40,000의 직접재료를 외상으로, ₩8,000의 간접재료를 현금으로 구입하였다.

② 작업지시서 #107, #108, 그리고 #109의 당기제조원가는 다음과 같다.

	#107	#108	#109
직접재료원가	₩ 3,000	₩ 10,000	₩ 7,000
직접노무원가	₩ 5,000	₩ 6,000	₩ 4,000

③ 완성된 작업지시서 #105와 #106의 직접노무원가는 각각 ₩2,000와 ₩4,000이다.

④ 1월중 지급한 임금은 ₩25,000(₩5,000은 2010년 1월 1일의 미지급임금)이고, 2010년 1월 31일의 미지급임금은 ₩4,000이다.

⑤ 공장설비감가상각비는 ₩10,000, 수도광열비 청구액은 ₩12,000, 그리고 기타 제조간접원가는 ₩2,400이다.

풀이 1) 작업지시서(재공품계정)별 원가계산서

재공품계정 차변의 구성요소는 기초재공품원가와 당기제조원가이고, 당기제조원가는 직접재료원가, 직접노무원가, 제조간접원가 등으로 구성되어 있음.

(1) 기초재공품원가의 집계

	#105	#106	#107	#108	#109	합 계
기초재공품원가	13,440	14,330	–	–	–	₩27,770

(2) 직접재료원가와 직접노무원가의 추적

	#105	#106	#107	#108	#109	합 계
기초재공품원가	13,440	14,330	–	–	–	₩27,770
직접재료원가	–	–	3,000	10,000	7,000	₩20,000
직접노무원가	2,000	4,000	5,000	6,000	4,000	₩21,000

(3) 제조간접원가 실제소비액의 계산

① 간접재료원가의 계산: 재료계정의 대차균형을 성립시키기 위한 간접재료원가를 계산함.

간접재료원가

= (기초재료원가 + 재료매입액) − (직접재료원가 + 기말재료원가)

= (₩2,000 + ₩48,000) − (₩20,000 + ₩28,000) = ₩2,000

② 간접노무원가의 계산: 미지급임금계정의 대차균형을 성립시키기 위한 간접노무원가를 계산함.

간접노무원가

= (당기지급액 + 미지급임금기말잔액) − (미지급임금기초잔액 + 직접노무원가)

= (₩25,000 + ₩4,000) − (₩5,000 + ₩21,000) = ₩3,000

③ 기타의 제조간접원가(감가상각비, 수도광열비, 기타제조간접원가 등)

= ₩10,000 + ₩12,000 + ₩2,400 = ₩24,400

④ 제조간접원가실제소비액

= 간접재료원가 + 간접노무원가 + 기타의 제조간접원가

= ₩2,000 + ₩3,000 + ₩24,400 = ₩29,400

(4) 제조간접원가실제배분율의 계산(배분기준: 직접노무원가)

= 실제소비액(₩29,400)/직접노무원가(₩21,000) = ₩1.40/직접노무원가

(5) 제조간접원가의 작업지시서별 배분액의 계산

(직접노무원가×제조간접원가실제배분율)

#105: 2,000×1.40=₩2,800,

#106: 4,000×1.40=₩5,600

#107: 5,000×1.40=₩7,000,

#108: 6,000×1.40=₩8,400

#109: 4,000×1.40=₩5,600

(6) 작업지시서별 원가계산서

	#105	#106	#107	#108	#109	합 계
기초재공품원가	₩13,440	₩14,330	−	−	−	₩27,770
직접재료원가	−	−	₩3,000	₩10,000	₩7,000	₩20,000
직접노무원가	2,000	4,000	5,000	6,000	4,000	₩21,000
제조간접원가	2,800	5,600	7,000	8,400	5,600	₩29,000
합 계	₩18,240	₩23,930	₩15,000	₩24,400	₩16,600	₩98,170

2) 제조원가명세서

기초재공품원가(#105+#106)			₩27,770
당기제조원가	직접재료원가	₩20,000	
	직접노무원가	21,000	
	제조간접원가	29,400	70,400
총제조원가			₩98,170
기말재공품원가(#107+#108+#109)			56,000
완성품원가(#105+#106)			₩42,170

08 종합원가계산의 의의 및 원가배분의 틀

종합원가계산(process costing)은 표준품들을 대량생산하는 시장생산기업들이 채택하는 제품원가계산방법이다. 매 주문마다 비록 주문량은 달라도 그 사양은 항상 일정한 표준품들을 대량으로 생산하는 주문생산기업도 종합원가계산의 방법을 채택해야 할 것이다. 나중에 설명할 작업별원가계산은 바로 이러한 주문생산기업들에 적용되는 종합원가계산의 특수한 형태라고 할 수 있다.

표준품의 제조과정은 한 가지 이상의 공정들을 순차적으로 거치면서 진행된다. 각각의 공정에서는 원가요소들이 투입되고 공정의 산출물들이 생산되며, 앞 공정의 완성품은 다음 공정에 하나의 반제품으로 가공시작시점(공정시점)에 투입된다. 필요한 모든 공정들을 거쳐 가공이 완료된 가공물은 완성품이 되고, 필요한 공정들의 일부만 거쳤거나 단위당 가공시간이 비교적 오래 걸리는 한 가지 이상의 작업들로 이루어진 어떤 개별 공정 내에서 가공이 미처 완료되지 않은 가공물은 기말재공품이 된다. 여기서 설명하는 종합원가계산의 방법은 이와 같은 특성을 가진 공정들을 거쳐 가공이 이루어지는 제품들에 대해 적용된다.

각 공정의 제조활동에서 발생되는 원가의 흐름은 해당 공정의 재공품계정에 기록된다. 재공품계정의 차변에는 투입된 원가요소들이, 그것의 대변에는 산출물들(완성품, 공손품, 재공품)이 흡수한 원가가 각각 기록된다. 제품원가계산이란 이러한 산출물들에 흡수된 원가를 계산하는 것을 가리키는데, 그것은 재공품계정 차변에 집계되어 있는 원가요소들의 원가를 재공품계정 대변의 완성품, 공손품, 재공품 등에 배분하는 과정이다. 여기서는 원가배분의 틀이 되는 재공품계정의 구성방법, 배분기준이 되는 실제조업도의 계산방법, 실제조업도를 이용한 당기제조원가의 배분방법 등을 설명한다.

그림 3-2 종합원가계산의 틀(재공품 계정)

<table>
<tr><th colspan="2">차 변</th><th colspan="3">대 변</th></tr>
<tr><th>원 가</th><th>수 량</th><th colspan="2">완성품환산량</th><th>수 량</th></tr>
<tr><td>기초
재공품원가</td><td>수량
(진척도: R_b)</td><td>① 기초재공품수량×R_b</td><td>전기투입·
전기완성량</td><td rowspan="2">완성품수량</td></tr>
<tr><td rowspan="4">당기
제조원가</td><td rowspan="4">당기투입
수량</td><td>② [완성품수량
−기초재공품수량×R_b]</td><td>당기투입·
당기완성량</td></tr>
<tr><td>③ 정상공손품수량×R_f</td><td>당기투입·
당기완성량</td><td>정상공손품수량
(진척도: R_f)</td></tr>
<tr><td>④ 비정상공손품수량×R_f</td><td>당기투입·
당기완성량</td><td>비정상공손품수량
(진척도: R_f)</td></tr>
<tr><td>⑤ 기말재공품수량×R_e</td><td>당기투입·
당기완성량</td><td>기말재공품수량
(진척도: R_e)</td></tr>
<tr><td>총제조원가</td><td>수량합계</td><td colspan="2">당기완성품환산량=②+③+④+⑤</td><td>수량합계</td></tr>
</table>

(1) 원가배분의 틀 – 재공품계정

원가배분의 틀로 이용되는 재공품계정의 구조는 [그림 3-2]와 같이 나타낼 수 있다. 차변에는 제조원가가 그것이 소비된 회계기간을 기준으로 기초재공품원가(전기제조원가)와 당기제조원가로 구분되어 기록된다. 대변에는 차변의 제조원가를 배분받을 산출물의 종류와 크기가 완성품, 기말재공품, 공손품

(품질검사에서 발견된 불량품) 등으로 구분되어 기록된다.

재공품계정에 나타나는 미완성가공물들은 가공정도(진척도)가 서로 다르다. 원가배분을 위해서는 미완성가공물들의 생산수량을 완성품과 동일한 차원의 완성품환산량으로 환산할 필요가 있다. 미완성가공물의 완성품환산량은 생산수량에 가공정도(진척도 R)를 곱한 값이다. [그림 3-2]의 재공품계정에는 각 미완성가공물별로 생산수량과 진척도가 기록되어 있고, 그것들을 서로 곱하여 계산된 완성품환산량이 표시되어 있다.

여기서 한 가지 주의할 것은 기초재공품의 완성품환산량, 즉 기초재공품환산량(① 기초재공품수량$\times R_b$)이다. 선입선출법이 채택된 경우에는, 이것은 실질적으로 전기제조원가를 소비하여 전기에 완전히 가공된 완성품수량을 나타낸다. 그러므로 당기에 가공이 진행되어 완성품이 생산되면 완성품수량 중에서 기초재공품환산량을 차감한 나머지 부분(② [완성품수량−기초재공품수량$\times R_b$])만 당기생산활동의 산출물이라고 할 수 있다.

그러나 평균법이 채택된 경우에는 기초재공품진척도(R_b)가 0으로 가정되기 때문에 기초재공품환산량(① 기초재공품수량$\times R_b$)이 0이 된다. 그래서 ② [완성품수량−기초재공품수량$\times R_b$]의 부분이 완성품수량과 같아진다. 즉 완성품수량은 모두 당기 생산활동의 산출물로 간주된다. 이것은 기초재공품원가도 당기제조원가로 간주한다는 것을 의미한다. 그러므로 평균법을 채택한 경우의 당기제조원가는 선입선출법이 채택된 경우의 총제조원가와 같다. 평균법은 오직 이 점에서만 선입선출법과 다르다.

[그림 3-2]의 재공품계정 대변에 기록되는 그 이외의 다른 완성품환산량들(③, ④, ⑤)은 재고자산 평가방법에 관계없이 모두 해당 산출물에 관한 당기 생산활동의 양을 나타낸다.

(2) 원가배분기준: 실제조업도

당기제조원가를 배분할 때의 배분기준은 실제조업도이다. 그것은 당기에 수행된 생산활동의 양을 가리키는데, 기초재공품환산량(①)을 제외한 나머지 부분들(②, ③, ④, ⑤)의 완성품환산량을 합계한 당기완성품환산량으로 측정된다. 이와 같은 실제조업도의 측정방법은 선입선출법과 평균법 간에 차이가 없다. 다만, 선입선출법의 경우에는 기초재공품환산량(①)이 0이 아니지만, 평균법의 경우에는 그것이 0으로 가정되고 따라서 ② [완성품수량－기초재공품수량×R_b]의 부분이 완성품수량과 같아지는 점이 다를 뿐이다. 따라서 비록 계산공식은 같지만, 실제조업도의 계산결과는 선입선출법과 평균법 간에 차이가 있다.

실제조업도 = 당기완성품환산량 = ②+③+④+⑤
② = 완성품수량－기초재공품환산량(＝기초재공품수량×기초재공품진척도(R_b))
(평균법의 경우에는 '기초재공품진척도(R_b)＝0'으로 가정되므로, ②＝완성품수량)
③ = 정상공손품환산량 = 정상공손품수량×정상공손품진척도(R_f)
④ = 비정상공손품환산량 = 비정상공손품수량×비정상공손품진척도(R_f)
⑤ = 기말재공품환산량 = 기말재공품수량×기말재공품진척도(R_e)

예제 3-2

기초재공품원가 ₩3,430, 당기제조원가 ₩23,300인 어느 기간의 생산자료가 다음과 같다(재료원가도 가공원가와 마찬가지로 가공정도에 비례적으로 소비된다고 가정함): 기초재공품수량 100개(가공원가진척도 50%), 완성품수량이 1,000개, 기말재공품수량이 200개(가공원가진척도 40%), 정상공손품이 100개(품질검사시점 90%), 비정상공손품이 50개(품질검사시점 90%). 실제조업도와 당기제조원가배분율을 선입선출법과 평균법의 경우로 나누어 구하시오.

풀이

	당기제조원가	실제조업도					당기제조원가 배분율
		②	③	④	⑤	합계	
선입선출법	₩23,300	950	90	45	80	1,165개	₩20
평균법	3,430＋23,300 ＝ ₩26,730	1,000	90	45	80	1,215개	₩22

(3) 당기제조원가의 배분

당기제조원가의 배분이란 재공품계정 대변에 기록되는 완성품과 기말재공품이라는 재고자산의 평가 과정이다. 재고자산의 평가방법은 크게 선입선출법과 평균법으로 구분된다. 선입선출법은 원가의 소비기간을 구분하여 원가를 재고자산들에 배분한다. 즉 전기에 소비된 제조원가인 기초재공품원가는 전기에 완전히 가공된 완성품수량에 해당되는 기초재공품환산량(①)으로 추적되어 완성품원가에 포함된다. 당기제조원가는 모두 당기에 생산된 산출물들(②, ③, ④, ⑤)에만 배분된다. 평균법은 원가의 소비기간을 구분하지 않는다. 다시 말해서, 전기제조원가인 기초재공품원가도 당기제조원가로 간주한다. 따라서 기초재공품원가와 당기제조원가를 합한(재공품계정의 차변합계) 총제조원가가 당기에 생산된 산출물들(②, ③, ④, ⑤)에 배분된다. 그 결과, 선입선출법과 평균법에 따른 당기제조원가배분율은 각각 다음과 같이 계산된다.

> 선입선출법: 당기제조원가배분율 = 당기제조원가/실제조업도(선입선출법)
> 평균법: 당기제조원가배분율 = 총제조원가/실제조업도(평균법)

당기제조원가배분율을 각 산출물의 완성품환산량에 곱하면 해당 산출물에 배분될 당기제조원가배분액이 계산된다.

> 완성품 당기제조원가배분액 = ②×당기제조원가배분율
> 정상공손품 당기제조원가배분액 = ③×당기제조원가배분율
> 비정상공손품 당기제조원가배분액 = ④×당기제조원가배분율
> 기말재공품 당기제조원가배분액 = ⑤×당기제조원가배분율

완성품을 제외한 나머지 산출물의 경우에는 이와 같은 당기제조원가배분액이 곧 해당 산출물의 제조원가가 된다. 그렇지만, 기초재공품환산량(①)을 포함하고 있는 완성품의 경우에는 기초재공품환산량(①)에 대해 추적된 기초재공품원가와 당기제조원가배분액의 합계액이 그것의 제조원가, 즉 완성품원

가가 된다.

완성품원가(선입선출법) = 기초재공품원가+완성품에 대한 당기제조원가배분액

평균법이 채택된 경우에는 기초재공품원가가 당기제조원가로 간주되므로 기초재공품환산량(①)이 0이 되고, 따라서 기초재공품환산량(①)에 대해 추적되는 기초재공품원가도 존재하지 않는다. 그러므로 완성품에 대한 당기제조원가배분액이 바로 완성품원가가 된다.

완성품원가(평균법) = 완성품에 대한 당기제조원가배분액

예제 3-3

[예제 3-2]의 자료를 이용하여 완성품원가, 정상공손품원가, 비정상공손품원가, 기말재공품원가를 각각 선입선출법과 평균법의 경우로 나누어 구하시오.

풀이

산출물	선입선출법		평균법	
	완성품 환산량	원가	완성품 환산량	원가
완성품	950	₩3,430+₩20×950개 =₩22,430	1,000	₩22×1,000개=₩22,000
정상공손품	90	₩20×90개=1,800	90	₩22×90개=₩1,980
비정상공손품	45	₩20×45개=₩900	45	₩22×45개=₩990
기말재공품	80	₩20×80개=₩1,600	80	₩22×80개=₩1,760
합계	1,165	₩26,730	1,215	₩26,730

(4) 정상공손품원가의 추가배분

공손품이란 제조과정에서 발생된 불량품을 가리킨다. 그것은 품질검사를 통해 발견되는데, 형태가 있는 것이라는 점에서 무형의 감손품과 구별된다. 총투입량(재공품계정 차변의 수량합계)보다 총산출량(재공품계정 대변의 수량합계)이 적다면, 그 차이가 바로 공손품의 수량이다.

공손품수량
= 총투입량 − 총산출량
= (기초재공품수량 + 당기투입수량) − (완성품수량 + 기말재공품수량)

공손품의 일부는 기초재공품을 완성품으로 가공하는 과정에서 발생된 것일 수도 있기 때문에, 공손품에 대해서는 전기제조원가와 당기제조원가가 모두 배분되어야 한다. 그러나 단순화를 위해 공손품이 모두 당기투입 가공물의 가공과정에서 발생된 것이라고 가정하여, 당기제조원가만 공손품에 배분한다.

공손품은 정상공손품과 비정상공손품으로 구분된다. 정상공손품은 정상공손의 허용범위 내에서 발생된 불량품이고, 비정상공손품은 그 허용범위를 벗어난 불량품이다. 정상공손품원가는 제조원가로 인정되기 때문에 궁극적으로 완성품과 기말재공품에 다시 배분되어야 한다. 그러나 비정상공손품원가는 제조원가로 인정할 경우 비능률성의 원가를 고객들에게 부담시키는 결과를 초래하기 때문에 손실로 간주하여 영업외비용으로 처리한다. 능률성의 원가만 제품원가에 포함시키는 것이 제품원가계산의 기본적인 원칙이다. 따라서 정상공손품원가를 추가배분하면 완성품과 기말재공품의 원가는 다음과 같이 수정된다.

완성품원가 = 수정전 완성품원가 + 정상공손품원가의 완성품에의 추가배분액
기말재공품원가 = 수정전 기말재공품원가 + 정상공손품원가의 기말재공품에의 추가배분액

전체 공손품수량을 정상공손품수량과 비정상공손품수량으로 구분하는 방법 그리고 완성품과 기말재공품에 대한 정상공손품원가 추가배분액의 계산방법은 나중에 자세히 설명한다.

04 원가요소별 원가배분의 틀: 원가요소별 재공품계정

산출물들에 배분되어야 하는 원가요소에는 직접재료원가, 가공원가, 전공정원가 등이 있다. 여기서 전공정원가란, 순차적으로 여러 공정을 거쳐서 생산되는 제품의 경우, 제2공정 이후부터 발생되는, 직전공정에서 넘겨받은 완성품원가를 가리킨다. 따라서 단일 공정으로 생산되는 제품의 경우에는 이러한 원가요소가 존재하지 않는다. 그것에 관한 자세한 설명은 나중으로 미룬다.

(1) 원가요소별 원가배분의 필요성

가공원가는 항상 가공정도(진척도)에 비례하여 생산과정에서 소비된다. 만일 직접재료원가와 전공정원가도 가공원가와 동일한 방식으로 소비되는 것이라면 [그림 3-2]와 같은 하나의 재공품계정에 모든 원가요소들을 통합적으로 기록하여 원가배분과정을 진행할 수 있다. 그렇지만, 일반적으로 직접재료원가와 전공정원가는 제조과정에의 투입시점 또는 제조과정에서의 소비양상이 가공원가와 다르다.

가령, 직접재료원가 중에는 공정의 특정 시점(時點)(예 0% 가공시점, 30% 가공시점, 100% 가공시점 등)에서 완전히 투입되어 전부 소비되는 것도 있고, 가공원가처럼 가공정도에 비례적으로 소비되는 것도 있다. 직전 공정에서 대체된 그것의 완성품원가, 즉 전공정원가는 언제나 공정시점(始點)(예 0% 가공시점)에서 완전히 투입되어 전부 소비되는 원가요소이다.

이러한 조건에서는 모든 원가요소들을 하나의 재공품계정에 통합적으로 기록하여 원가배분과정을 진행할 수 없다. 각 미완성가공물의 완성품환산량을 계산하는 데 적용될 원가요소별 진척도(재료원가진척도, 가공원가진척도, 전공정원가진척도)가 서로 다를 수 있기 때문이다. 예를 들어, 가공이 처음 시작될 때 직접재료가 일시에 전부 투입되어 소비되는 방식으로 생산이 진행되는 제품이라면, 기초재공품, 기말재공품, 공손품 등은 비록 가공이 완성되지 않은 것(가공원가진척도가 100% 미만)이라 해도 직접재료원가는 전부 소비하였을 것이므로 재료원가진척도는 100%라고 할 수 있다. 원가요소별 진척도를 판단하는 방법은 나중에 자세히 설명한다.

(2) 원가요소별 재공품계정과 원가요소별 실제조업도

생산과정에 원가요소별 진척도가 서로 다르게 나타날 수 있는 제품의 경우에는 원가요소별로 '재공품재료원가계정', '재공품가공원가계정', '재공품전공정원가계정' 등을 각각 작성하는 것이 원가배분계산의 오류를 피하는 데 도움이 된다. 즉 [그림 3-2]와 같은 재공품계정을 원가요소별로 작성하는 것이다. 직접재료원가라는 하나의 원가요소 내에서도 제조과정에 투입되는 시점 또는 제조과정에서의 소비양상의 어느 하나에 관하여 서로 다른 여러 종류의 직접재료원가 요소들이 존재한다면, 이때에는 그것들을 각각 별개의 원가요소들로 간주하여 분리하고, 그 각각에 대응되는 재공품계정을 작성하여 재료원가원가계산을 진행해야 한다.

원가요소별 재공품계정이 작성되면 실제조업도도 원가요소별로 실제조업도(재료원가), 실제조업도(가공원가), 실제조업도(전공정원가) 등이 각각 측정되어야 한다. 이렇게 원가요소별로 실제조업도를 측정할 때는 각 미완성가공물별로 해당 원가요소에 관하여 계산된 완성품환산량이 이용된다. 예를 들어, 기말재공품의 경우에는 기말재공품재료원가환산량, 기말재공품가공원가환산량, 기말재공품전공정원가환산량 등이 계산될 것이며, 그것들은 각각 기말재공품에 해당 원가요소별 진척도를 곱한 값이다. 원가요소별 실제조업도가 측정되면 단위당 당기제조원가배분율도 원가요소별로 각각 계산된다.

(3) 제품원가계산

이와 같은 방식의 원가배분이 원가요소별로 작성된 재공품계정을 이용하여 원가요소별로 각각 이루어지고, 그 결과를 모든 원가요소들에 걸쳐서 총계하면 각 산출물의 총제조원가가 계산된다.

완성품원가 = 완성품전공정원가 + 완성품재료원가 + 완성품가공원가
정상공손품원가 = 정상공손품전공정원가 + 정상공손품재료원가 + 정상공손품가공원가
비정상공손품원가 = 비정상공손품전공정원가 + 비정상공손품재료원가 + 비정상공손품가공원가
기말재공품원가 = 기말재공품전공정원가 + 기말재공품재료원가 + 기말재공품가공원가

물론, 정상공손품원가가 존재할 경우에는 그 원가를 추가로 완성품과 기말재공품에 배분하여 완성품원가와 기말재공품원가를 각각 수정해야 한다. 이에 관해서는 나중에 설명한다.

05 원가요소별 진척도의 판단 방법

원가요소별 실제조업도를 파악하기 위해서는 원가요소별 진척도를 적용하여 각 미완성가공물의 원가요소별 완성품환산량을 계산해야 한다. 따라서 각 미완성가공물의 원가요소별 진척도를 판단하는 것이 원가계산의 관건이다.

(1) 가공원가진척도의 판단

생산이 어떻게 진행되는가에 관계없이 각 미완성가공물의 가공원가진척도는 언제나 해당 미완성가공물의 가공정도와 같다. 기초재공품가공원가진척도는 기초재공품의 가공정도, 기말재공품가공원가진척도는 기말재공품의 가공정도, 그리고 정상공손품과 비정상공손품의 가공원가진척도는 각각 해당 공손품이 발견된 품질검사시점이다. 가령, 품질검사를 공정 80% 시점에서 한다면, 그 시점에서 발견된 불량품은 더 이상 가공이 진행되지 않을 것이므로, 공손품의 가공정도도 80%라고 할 수 있다.

(2) 전공정원가진척도의 판단

각 미완성가공물의 전공정원가진척도는 언제나 1이다(100%). 직전공정 완성품원가의 대체액을 의미하는 전공정원가는 각 미완성가공물의 가공원가진척도에 관계없이 공정시점에 전부 투입되는 것이기 때문이다. 가령, 가공원가진척도가 20%인 기말재공품에도 전공정원가는 완전히 투입되어 있을 것이다. 그래서 전공정원가진척도는 공정시점에 전부 투입되는 직접재료의 재료원가진척도와 언제나 같다.

(3) 특정 가공시점(예 가공 30% 시점)에 일시에 투입되는 재료원가의 진척도

이러한 재료원가에 관한 각 미완성가공물의 진척도는 언제나 0 아니면 1이다. 그것은 각 미완성가공물의 가공원가진척도(공손품의 경우에는 품질검사시점)와 직접재료의 투입시점을 비교하면 쉽게 판단할 수 있다.

① 직접재료원가 투입시점 < 어떤 미완성가공물의 가공원가진척도
이때에는 그 미완성가공물이 이미 직접재료원가를 완전히 소비하였다고 판단할 수 있으며, 따라서 그것의 재료원가진척도는 1이 된다.

② 직접재료원가 투입시점 > 어떤 미완성가공물의 가공원가진척도
이때에는 그 미완성가공물이 직접재료원가를 전혀 소비하지 않았다고 판단할 수 있으며, 따라서 그것의 재료원가진척도는 0이 된다.

가령, 기초재공품수량이 100개(가공원가진척도 30%), 기말재공품수량이 200개(가공원가진척도 60%), 정상공손품이 100개(품질검사시점 70%), 비정상공손품이 50개(품질검사시점 70%)일 때, 재료의 투입시점이 아래와 같이 서로 다른 경우의 각 미완성가공물의 재료원가진척도를 판단해보자.

① 재료가 공정시점(가공이 시작되는 시점)에서 전부 투입되는 방식으로 생산이 진행되었다면, 기초재공품, 기말재공품, 정상공손품, 비정상공손품 등의 재료원가진척도는 모두 1이다.

② 재료가 가공이 40% 진행된 시점에서 전부 투입되는 방식으로 생산이 진행되었다면, 기초재공품 재료원가진척도는 0, 기말재공품 재료원가진척도는 1, 정상공손품과 비정상공손품의 재료원가진척도는 각각 1이다.

③ 재료가 가공이 80% 진행된 시점에서 전부 투입되는 방식으로 생산이 진행되었다면, 기초재공품, 기말재공품, 정상공손품, 비정상공손품 등의 재료원가진척도는 모두 0이다.

예제 3-4

기초재공품 가공원가진척도 50%, 기말재공품 가공원가진척도 20%, 품질검사시점 90%일 때, 재료투입시점이 가공30%시점인 경우의 기초재공품, 기말재공품, 공손품 등의 진척도를 원가요소별로 판단하시오.

풀이

	기초재공품진척도	기말재공품진척도	공손품진척도
전공정원가	1	1	1
직접재료원가	1	0	1
가공원가	0.5	0.2	0.9

06 원가요소별 실제조업도의 계산

각 미완성가공물의 원가요소별 진척도가 판단되면, 그것을 이용하여 원가요소별로 각 미완성가공물의 완성품환산량을 계산할 수 있다. 원가요소별 실제조업도는 이렇게 계산된 각 미완성가공물의 원가요소별 완성품환산량을 이용하여 측정된다.

평균법은 모든 원가요소의 기초재공품 진척도를 0으로 가정하는 선입선출법이라 할 수 있다. 이렇게 가정하면 기초재공품원가도 당기제조원가로 간주된다. 따라서 평균법이 채택되는 경우에는 선입선출법에 따른 아래의 계산식들에서 기초재공품선공정원가환산량, 기초재공품재료원가환산량, 기초재공품가공원가환산량 등을 각각 0으로 대체하기만 하면 선입선출법의 경우와 동일한 방식으로 원가요소별 실제조업도가 계산된다.

> 실제조업도(전공정원가)
> = [완성품수량 − 기초재공품전공정원가환산량] + 기말재공품전공정원가환산량
> + 정상공손품전공정원가환산량 + 비정상공손품전공정원가환산량

실제조업도(재료원가)
= [완성품수량 − 기초재공품재료원가환산량] + 기말재공품재료원가환산량
+ 정상공손품재료원가환산량 + 비정상공손품재료원가환산량

실제조업도(가공원가)
= [완성품수량 − 기초재공품가공원가환산량] + 기말재공품가공원가환산량
+ 정상공손품가공원가환산량 + 비정상공손품가공원가환산량

예제 3-5

기초재공품수량이 100개(가공원가진척도 30%), 완성품수량이 1,000개, 기말재공품수량이 200개(가공원가진척도 60%), 정상공손품이 100개(품질검사시점 70%), 비정상공손품이 50개(품질검사시점 70%)일 때, 아래의 표를 완성하시오.

재료투입시점	실제조업도 : 가공원가		실제조업도 : 전공정원가		실제조업도 : 재료원가	
	선입선출법	평균법	선입선출법	평균법	선입선출법	평균법
① 0%시점						
② 40%시점						
③ 80%시점						

풀이 (1) 선입선출법

기초재공품, 기말재공품, 정상공손품, 비정상공손품 등의 가공원가진척도와 전공정원가진척도는 재료투입시점에 따라 달라지는 것이 아니므로 실제조업도는 각각 다음과 같이 계산된다.

실제조업도(가공원가)
= [1,000 − 100×0.3] + 200×0.6 + 100×0.7 + 50×0.7 = 1,195개

실제조업도(전공정원가)
= [1,000 − 100×1] + 200×1 + 100×1 + 50×1 = 1,250개

그러나 기초재공품, 기말재공품, 정상공손품, 비정상공손품 등의 재료원가진척도는 재료투입시점에 따라 달라지므로, 주어진 조건에 맞추어 다음과 같이 계산된다.

①의 조건에서는 기초재공품, 기말재공품, 정상공손품, 비정상공손품 등의 재료원가진척도는 모두 1이다. 따라서 실제조업도는 다음과 같다.

실제조업도(직접재료원가) = [1,000－100×1]＋200×1＋100×1＋50×1 = 1,250개

②의 조건에서는 기초재공품 재료원가진척도는 0, 기말재공품 재료원가진척도는 1, 정상공손품과 비정상공손품의 재료원가진척도는 각각 1이다. 따라서 실제조업도는 다음과 같다.

실제조업도(직접재료원가) = [1,000－100×0]＋200×1＋100×1＋50×1 = 1,350개

③의 조건에서는 기초재공품, 기말재공품, 정상공손품, 비정상공손품 등의 재료원가진척도는 모두 0이다. 따라서 실제조업도는 다음과 같다.

실제조업도(직접재료원가) = [1,000－100×0]＋200×0＋100×0＋50×0 = 1,000개

(2) 평균법

평균법이 채택되면 기초재공품의 원가요소별 진척도는 모든 원가요소에서 항상 0으로 가정된다. 나머지 기말재공품, 정상공손품, 비정상공손품 등의 가공원가진척도와 전공정원가진척도는 재료투입시점에 따라 달라지는 것이 아니므로 실제조업도는 각각 다음과 같이 계산된다.

실제조업도(가공원가) = [1,000－100×0]＋200×0.6＋100×0.7＋50×0.7 = 1,225개

실제조업도(전공정원가) = [1,000－100×0]＋200×1＋100×1＋50×1 = 1,350개

그러나 기말재공품, 정상공손품, 비정상공손품 등의 재료원가진척도는 재료투입시점에 따라 달라지므로, 주어진 조건에 맞추어 다음과 같이 계산된다.

①의 조건에서는 기말재공품, 정상공손품, 비정상공손품 등의 재료원가진척도는 모두 1이다. 따라서 실제조업도는 다음과 같다.

실제조업도(직접재료원가) = [1,000－100×0]＋200×1＋100×1＋50×1 = 1,350개

②의 조건에서는 기말재공품 재료원가진척도는 1, 정상공손품과 비정상공손품의 재료원가진척도는 각각 1이다. 따라서 실제조업도는 다음과 같다.

실제조업도(직접재료원가)= [1,000－100×0]＋200×1＋100×1＋50×1 = 1,350개

③의 조건에서는 기말재공품, 정상공손품, 비정상공손품 등의 재료원가진척도는 모두 0이다. 따라서 실제조업도는 다음과 같다.

실제조업도(직접재료원가) = [1,000－100×0]＋200×0＋100×0＋50×0 = 1,000개

(3) 계산결과를 정리하면 아래와 같다.

재료투입시점	실제조업도 －가공원가		실제조업도 －전공정원가		실제조업도 －재료원가	
	선입선출법	평균법	선입선출법	평균법	선입선출법	평균법
① 0%시점	1,195개	1,225개	1,250개	1,350개	1,250개	1,350개
② 40%시점	1,195개	1,225개	1,250개	1,350개	1,350개	1,350개
③ 80%시점	1,195개	1,225개	1,250개	1,350개	1,000개	1,000개

07 정상공손품수량과 비정상공손품수량의 측정

전체 공손품수량은 정상공손품수량과 비정상공손품수량으로 구분되어야 한다. 정상공손의 허용범위가 완성품의 일정 비율로 표시될 때는 완성품수량에 일정 비율을 곱하여 정상공손품수량을 쉽게 파악할 수 있다. 그러나 정상공손의 허용범위가 검사지점을 통과한 정상품의 일정 비율로 표시될 때는 검사지점을 통과한 정상품수량을 먼저 구한 다음, 그것에 일정 비율을 곱하여 정상공손의 허용범위를 구해야 한다.

검사지점을 통과한 정상품수량은 기초재공품의 진척도(R_b), 기말재공품의 진척도(R_e), 품질검사지점(공손품 진척도: R_f) 등을 함께 고려하여 결정된다. 완성품수량은 전부 검사지점을 통과한 정상품이지만, 기초재공품과 기말재공품은 그 진척도가 품질검사지점을 통과한 것(R_b, $R_e > R_f$)일 경우에만 검사지점을 통과한 정상품수량의 계산에 반영될 수 있기 때문이다. 검사지점을 통과한 정상품수량의 계산방법은 다음과 같다:

① 기초재공품과 기말재공품이 전부 검사지점을 통과한 경우(R_b, $R_e > R_f$).
: [완성품수량－기초재공품수량＋기말재공품수량]

② 기말재공품만 검사지점을 통과한 경우($R_e > R_f$).
: [완성품수량＋기말재공품수량]

③ 기초재공품만 검사지점을 통과한 경우($R_b > R_f$).

: [완성품수량 − 기초재공품수량]

④ 기초재공품과 기말재공품이 검사지점을 통과하지 못한 경우(R_b, $R_e < R_f$).

: [완성품수량]

정상공손의 허용범위는 검사지점을 통과한 정상품 수량에 일정 비율을 곱하여 구한다. 전체 공손품수량에서 정상공손의 허용범위까지는 정상공손품수량이고, 그것을 초과한 부분은 비정상공손품수량으로 간주된다.

예제 3-6

기초재공품수량(진척도 30%) 10,000개, 당기투입수량 55,600개, 완성품수량 50,000개, 기말재공품수량(진척도 60%) 15,000개, 그리고 정상공손의 허용범위가 검사지점을 통과한 정상품 수량의 1%로 설정되어 있을 때, (1) 공손품수량을 계산하고 (2) 품질검사시점(공손품진척도: R_f)이 ① 공정 20%시점 ② 공정 50%시점 ③ 공정 70%시점인 각 경우에서 검사지점을 통과한 정상품수량, 정성공손 허용범위, 정상공손품수량, 비정상공손품수량 등을 계산하시오.

풀이 (1) 공손품수량 = 10,000 + 55,600 − 50,000 − 15,000 = 600개

(2) 계산결과를 정리하면 아래의 표와 같다.

품질검사시점	공정 20%시점	공정 50%시점	공정 70%시점
검사지점통과 정상품	50,000 − 10,000 + 15,000 = 55,000개	50,000 + 15,000 = 65,000개	(완성품수량) 50,000개
정상공손품 허용범위	55,000 × 1% = 550개	65,000 × 1% = 650개	50,000 × 1% = 500개
정상공손품	550개	600개	500개
비정상공손품	600 − 550 = 50개	0	600 − 500 = 100개
공손품합계	600개	600개	600개

08 정상공손품원가의 추가배분

(1) 추가배분될 정상공손품원가의 계산

비정상공손품원가는 비능률성의 원가로 간주되기 때문에 제조원가가 아닌 기간원가로 처리되며, 따라서 그것을 완성품원가와 기말재공품원가에 추가로 배분할 필요가 없다. 그러나 제조원가로 인정되는 정상공손품원가는 완성품원가와 기말재공품원가에 추가로 배분해야 한다. 추가배분될 정상공손품원가는 다음과 같이 정상공손품의 원가요소별 원가를 합계한 것이다.

> 정상공손품원가
> = 정상공손품재료원가 + 정상공손품가공원가 + 정상공손품전공정원가

(2) 정상공손품원가 배분대상의 판단

정상공손품원가는 전부 완성품에만 추가 배분할 수도 있고, 완성품과 기말재공품에 안분할 수도 있다. 어떤 방식으로 추가배분을 할 것인지를 판단하기 위해서는 공손품의 가공원가진척도(R_f)를 기말재공품의 가공원가진척도(R_e)와 비교할 필요가 있다.

① 공손품의 가공원가 진척도(R_f) > 기말재공품의 가공원가 진척도(R_e)
이 조건에서는 기말재공품이 아직 품질검사를 받지 않았으므로 기말재공품에 공손품원가를 부담시킬 이유가 없다. 따라서 공손품원가는 전부 완성품에만 추가로 배분한다.

② 공손품의 가공원가 진척도(R_f) < 기말재공품의 가공원가 진척도(R_e)
이 조건에서는 완성품과 기말재공품이 모두 품질검사를 받았으므로 공손품원가를 완성품과 기말재공품에 그 수량을 기준으로 공평하게 배분해야 한다.

(3) 정상공손품원가의 배분기준 및 추가배분액의 계산

정상공손품원가를 완성품과 기말재공품에 추가 배분할 때에는 각각의 수

량을 배분기준으로 이용한다. 즉 정상공손품원가의 배분기준은 완성품수량과 기말재공품수량을 합계한 것이다. 이렇게 하는 이유는 검사시점에서는 완성품과 기말재공품이 아직 분리되지 않은 상태이며, 따라서 완성도에 관하여 차원이 동일하기 때문이다.

$$\text{정상공손품원가 추가배분율} = \frac{\text{정상공손품원가}}{\text{완성품수량} + \text{기말재공품수량}}$$

추가배분액은 다음과 같이 계산한다.

완성품 추가배분액 = 완성품수량×정상공손품원가 추가배분율
기말재공품품 추가배분액 = 기말재공품수량×정상공손품원가 추가배분율

추가배분액이 계산되면 완성품원가와 기말재공품원가를 아래와 같이 수정한다.

수정후완성품원가
= 수정전완성품원가+정상공손품원가의 완성품 추가배분액

수정후기말재공품원가
= 수정전기말재공품원가+정상공손품원가의 기말재공품 추가배분액

이에 따라 완성품 단위당제조원가, 매출원가, 기말제품원가 등도 다음과 같이 계산한다.

단위당제품원가 = 수정후완성품원가/완성품수량
기말제품원가 = 단위당제품원가×기말제품수량
매출원가 = 기초제품원가+수정후완성품원가−기말제품원가

예제 3-7

서울기전㈜의 지난 5월의 완성품수량은 800개, 기말재공품수량은 200개(진척도 70%)였다. 그리고 정상공손품재료원가는 ₩6,000, 정상공손품가공원가는 ₩4,000으로 계산되었다. 품질검사시점에 관한 다음의 각 조건에 따라 정상공손품원가의 완성품 추가배분액과 기말재공품 추가배분액을 각각 계산하시오.

<조건1> 품질검사시점은 공정 60% 진행 시점이다(공손품가공원가진척도=0.6).

<조건2> 품질검사시점은 공정종점이다(공손품가공원가진척도=1).

풀이 <조건1>

[공손품가공원가진척도<기말재공품가공원가진척도]이므로, 정상공손품원가는 완성품과 기말재공품에 안분한다.

정상공손원가의 추가배분 기준	완성품수량+기말재공품수량 = 800+200 = 1,000개
정상공손원가의 추가배분율	₩10,000/1,000개 = ₩10
완성품 추가배분액	8000×₩10 = ₩8,000
기말재공품 추가배분액	200×₩10 = ₩2,000

<조건2>

[공손품가공원가진척도>기말재공품가공원가진척도]이므로, 정상공손품원가는 전부 완성품에 배분한다.

완성품 추가배분액	₩10,000
기말재공품 추가배분액	₩0

예제 3-8

서울기전의 지난 5월의 완성품원가(수량 800개)는 ₩40,000, 기말재공품원가(수량 200개, 진척도 70%)는 ₩10,000으로 각각 계산되었다. 그리고 정상공손품재료원가는 ₩6,000, 정상공손품가공원가는 ₩4,000으로 계산되었다. 품질검사시점은 공정 60% 진행 시점이었다. [공손품가공원가진척도<기말재공품가공원가진척도]이므로, 정상공손품원가는 완성품과 기말재공품에 각각 추가로 배분

되었다. 수정후의 완성품원가, 단위당 완성품원가, 그리고 기말재공품원가를 구하시오.

풀이 정상공손품원가의 완성품배분액 = ₩10,000×(800개/[800개+200개]
= ₩8,000
정상공손품원가의 기말재공품배분액 = ₩10,000×(200개/[800개+200개]
= ₩2,000
수정후완성품원가 = ₩40,000+₩8,000 = ₩48,000
단위당완성품원가 = ₩48,000/800개 = ₩60/개
수정후기말재공품원가 = ₩10,000+₩2,000 = ₩12,000

09 기초재공품원가를 원가요소별로 분리할 수 없는 문제의 해결방법

원가요소별로 원가계산을 할 때, 기초재공품의 원가가 원가요소별로 분리되어 있지 않는 경우가 있다. 기초재공품원가를 포함하지 않는 기말재공품이나 공손품의 원가계산과정에서는 이것이 전혀 문제가 되지 않는다. 그렇지만, 그것이 포함되어야 하는 완성품원가를 원가요소별로 계산하여 합계하는 방식으로 계산할 때에는 기초재공품의 원가가 원가요소별로 분리되어 있지 않다는 사실이 무척 당황스럽게 받아들여질 수 있다. 그러나 이러한 장애는 전혀 문제가 되지 않는다. 그 이유는 다음과 같이 분해될 수 있는 완성품원가의 구성을 보면 이해할 수 있을 것이다.

완성품원가 = 완성품 직접재료원가+완성품 가공원가
= [기초재공품재료원가+당기재료원가완성품배분액]+[기초재공품가공원가+당기가공원가완성품배분액]
= [기초재공품재료원가+기초재공품가공원가]+[당기재료원가완성품배분액+당기가공원가완성품배분액]

= 기초재공품원가 + [당기재료원가완성품배분액 + 당기가공원가완성품배분액]

위의 식을 보면, 기초재공품의 원가가 원가요소별로 분리되어 있지 않을 때에는, 기초재공품재료원가는 X_1, 기초재공품가공원가는 X_2로 치환하여 일단 계산을 진행하고, 마지막 단계에서 [기초재공품재료원가 + 기초재공품가공원가] 부분, 즉 [$X_1 + X_2$] 부분을 기초재공품원가($= X_1 + X_2$)로 대체하여 완성품원가를 계산할 수 있음을 알 수 있다. 직접재료원가와 가공원가 이외에 기초재공품원가를 구성하는 또 다른 원가요소들(예 전공정원가, 투입시점이 서로 다른 여러 종류의 직접재료원가)이 있더라도 기초재공품원가가 원가요소별로 분리되어 있지 않아서 생기는 당황스러움은 이러한 방식으로 해결할 수 있다.

예제 3-9

단일 공정을 통해 A제품을 생산하는 어떤 기업의 지난 1개월의 생산자료가 다음과 같이 조사되었다. A제품은 재료가 가공이 30% 진행된 시점에 전부 투입되는 방식으로 생산된다. 이 제품의 완성품원가, 기말재공품원가, 단위당 제품원가 등을 선입선출법에 따라 각각 계산하시오.

	수량(진척도)	직접재료원가	가공원가	합계
기초재공품	200개(40%)	–	–	₩ 1,900
당기투입량	600개	₩ 3,600	₩10,200	₩13,800
완성품	700개			
기말재공품	100개(60%)			

풀이 [재료투입시점 < 기초재공품가공원가진척도]이므로, 기초재공품재료원가진척도 = 1

[재료투입시점 < 기말재공품가공원가진척도]이므로, 기말재공품재료원가진척도 = 1

	직접재료원가	가공원가	합계
실제조업도	700−200×1+100. ×1 = 600개	700−200×0.4+100 ×0.6 = 680개	
당기제조원가 배분율	₩3,600/600개 = ₩6/개	₩10,200/680개 = ₩15/개	
완성품원가	X_1+(700−200×1) ×₩6 = X_1+₩3,000	X_2+(700−200×0.4) ×₩15 = X_2+₩9,300	(X_1+X_2)+₩12,300 =₩1,900+₩12,300 =₩14,200
기말 재공품원가	100×1×₩6 = ₩600	100×0.6×₩15 = ₩900	₩1,500
단위당 원가	₩14,200/700개 = ₩20.28		

* X_1 = 기초재공품재료원가, X_2 = 기초재공품가공원가,
X_1+X_2 = 기초재공품원가 = ₩1,900.

10 단일공정 종합원가계산의 연습

지금까지 살펴본 바와 같이, 종합원가계산의 핵심은 총제조원가를 배분받는 대상들(기초재공품, 기말재공품, 정상공손품, 비정상공손품) 각각의 원가요소별 진척도를 제대로 판단하여 해당 항목의 원가요소별 완성품환산량을 계산하고, 그것을 이용하여 원가요소별 실제조업도를 제대로 계산하는 데 있다. 여기서는 이 점을 강조하면서 종합원가계산의 방법을 통합적으로 연습한다.

예제 3-10

대한상사는 단일공정을 통해 A제품을 생산한다. 가공원가는 가공정도에 비례적으로 투입되지만, 재료는 80%는 공정시점에서, 나머지 20%는 공정 90%지점에서 전부 투입된다. 지난 1개월의 생산자료는 아래와 같다.

		주요재료원가	가공원가	합계
기초재공품	수량: 100개 진척도(R_b): 0.6	₩1,000	₩2,300	₩3,300
당기투입량	1,000개	₩15,000	₩38,000	₩53,000
당기완성품수량	900개	기말재공품		수량: 100개 진척도(R_e): 0.3

품질검사는 공정 80%지점에서 이루어지는데, 검사지점을 통과한 정상품의 10%까지는 정상공손으로 간주된다. (1)정상공손품과 비정상공손품수량을 계산하고 (2)원가계산표를 작성하고 (3)정상공손품원가를 추가배분한 후의 완성품원가, 기말재공품원가, 단위당제품원가 등을 계산하시오.

풀이 (1) 정상공손품과 비정상공손품수량의 계산

공손품수량	검사지점통과 정상품수량	정상공손품수량	비정상공손품수량
(100+1,000) − (900+100) = 100개	완성품수량 900개	900×10% = 90개	100개−90개 = 10개

(2) 원가계산표

	직접재료원가		가공원가	합계
	[재료1] 공정시점 투입	[재료2] 공정90%시점 투입		
실제조업도	1,000개	900개	950개	
당기제조원가배분율	₩12/개	₩3.33/개	₩40/개	
수정전완성품원가	₩10,600	₩3,000	₩35,900	₩49,500
기말재공품원가	₩ 1,200	₩0	₩ 1,200	₩ 2,400
정상공손품원가	₩ 2,000	₩0	₩ 2,880	₩ 4,880
비정상공손품원가	₩ 1,000	₩0	₩ 320	₩ 1,320

[계산근거]

	[재료1]	[재료2]	가공원가
실제조업도	900－100×1 ＋100×1 ＋90×1＋10×1 ＝ 1,000개	900－100×0 ＋100×0 ＋90×0＋10×0 ＝ 900개	900－100×0.6 ＋100×0.3 ＋90×0.8＋10×0.8 ＝ 950개
당기제조원가 배분율	₩12,000/1,000개 ＝ ₩12/개	₩3,000/900개 ＝ ₩3.33/개	₩38,000/950개 ＝ ₩40/개
수정전 완성품원가	₩1,000＋(900－100 ×1)×₩12 ＝ ₩10,600	(900－100×0)×₩3.33 ＝ ₩3,000	₩2,300＋(900－100 ×0.6)×₩40 ＝ ₩35,900
기말재공품원가	100×1×₩12 ＝ ₩1,200	100×0×₩3.33 ＝ ₩0	100×0.3×₩40 ＝ ₩1,200
정상 공손품원가	90×1×₩100 ＝ ₩2,000	90×0×₩3.33 ＝ ₩0	90×0.8×₩40 ＝ ₩2,880
비정상 공손품원가	10×1×₩100 ＝ ₩1,000	10×0×₩3.33 ＝ ₩0	10×0.8×₩40 ＝ ₩320

① [재료1]의 재료원가는 ₩15,000의 80%인 ₩12,000, [재료2]의 재료원가는 ₩15,000의 20%인 ₩3,000이다.

② 공정시점에 전부 투입되는 [재료1]의 경우에는 실제조업도를 계산할 때 적용되는 기초재공품, 기말재공품, 정상공손품, 비정상공손품 등의 재료원가진척도가 모두 1이다.

③ 공정 90% 시점에서 전부 투입되는 [재료2]의 경우에는 실제조업도를 계산할 때 적용되는 기초재공품, 기말재공품, 정상공손품, 비정상공손품 등의 재료원가진척도가 모두 0이다. 이 항목들의 진척도가 모두 재료투입시점보다 낮은 수준에 있기 때문이다. 기초재공품의 [재료2]의 재료원가진척도가 0이므로, 기초재공품 재료원가는 모두 [재료1]의 원가다.

(3) 정상공손품원가 추가배분 후의 원가계산

정상공손품원가의 추가배분	완성품원가	기말재공품원가
수정전 원가	₩49,500	₩1,200
추가배분액	₩4,880	－
수정후 원가	₩54,380	₩1,200
단위당제품원가	₩54,380/900개 ＝ ₩60.42/개	

*정상공손품원가는 [공손품진척도>기말재공품진척도]이므로, 전액을 완성품에만 추가배분함.

예제 3-11

대한상사는 단일공정을 통해 A제품을 생산한다. 지난 1개월의 생산자료는 아래와 같다. 이 자료를 이용하여 재료투입시점과 품질검사시점에 관한 다음의 각 조건에 따라 원가요소별로 실제조업도, 정상공손품원가, 비정상공손품원가를 각각 계산하시오.

		직접재료원가	가공원가	합계
기초재공품	수량: 200개	₩1,000	₩2,100	₩3,100
	진척도(R_b): 0.4			
당기투입량	1,000개	₩4,670	₩10,840	₩15,510
완성품수량	960개	비정상공손품		수량: 90개
				진척도(R_f): 0.6
정상공손품	수량: 50개	기말재공품		수량: 100개
	진척도(R_f): 0.6			진척도(R_e): 0.7

<조건1> 재료는 공정시점에서 전부 투입되고, 품질검사는 공정이 60% 진행된 시점에서 실시된다(공손품가공원가진척도=0.6).

<조건2> 재료는 공정종점에서 전부 투입되고(직접재료원가가 전혀 투입되지 않은 기초재공품의 직접재료원가를 ₩0으로 수정함), 품질검사는 공정이 60% 진행된 시점에서 실시된다(공손품가공원가진척도=0.6).

<조건3> 재료는 공정종점에서 전부 투입되고(직접재료원가가 전혀 투입되지 않은 기초재공품의 직접재료원가를 ₩0으로 수정함), 품질검사도 재료투입 직후의 공정종점에서 실시된다(공손품가공원가진척도=1).

<조건4> 재료는 공정 65% 시점에서 전부 투입되고(직접재료원가가 전혀 투입되지 않은 기초재공품의 직접재료원가를 ₩0으로 수정함), 품질검사는 공정이 60% 진행된 시점에서 실시된다(공손품가공원가진척도=0.6).

풀이 <조건1>

[재료투입시점<기초재공품가공원가진척도]이므로, 기초재공품재료원가 진척도 = 1

[재료투입시점<기말재공품가공원가진척도]이므로, 기말재공품재료원가 진척도 = 1

[재료투입시점<공손품가공원가진척도]이므로, 공손품품재료원가진척도 = 1

	직접재료원가	가공원가
실제조업도	960−200×1+100×1+50×1+90×1 = 1,000개	960−200×0.4+100×0.7+ +50×0.6+90×0.6 = 1,034개
당기제조원가 배분율	₩4,670/1,000개 = ₩4.67/개	₩10,840/1,034개 = ₩10.48/개
정상공손원가	50×1×₩4.67 = ₩234	50×0.6×₩10.48 = ₩315
비정상공손원가	90×1×₩4.67 = ₩420	90×0.6×₩10.48 = ₩566

*정상공손품원가 = ₩234+₩315 = ₩549, 비정상공손품원가 = ₩420+₩566 = ₩986

<조건2>

[재료투입시점>기초재공품가공원가진척도]이므로, 기초재공품재료원가진척도 = 0

[재료투입시점>기말재공품가공원가진척도]이므로, 기말재공품재료원가진척도 = 0

[재료투입시점>공손품가공원가진척도]이므로, 공손품품재료원가진척도 = 0

	직접재료원가	가공원가
실제조업도	960−200×0+100×0+50×0+90×0 = 960개	960−200×0.4+100×0.7+ +50×0.6+90×0.6 = 1,034개
당기제조원가 배분율	₩4,670/960개 = ₩4.8646/개	₩10,840/1,034개 = ₩10.48/개
정상공손원가	50×0×₩4.8646 = ₩0	50×0.6×₩10.48 = ₩315
비정상공손원가	90×0×₩4.8646 = ₩0	90×0.6×₩10.48 = ₩566

*정상공손품원가 = ₩0+₩315 = ₩315, 비정상공손품원가 = ₩0+₩566 = ₩566

<조건3>

[재료투입시점>기초재공품가공원가진척도]이므로, 기초재공품재료원가진척도 = 0

[재료투입시점>기말재공품가공원가진척도]이므로, 기말재공품재료원가진척도 = 0

[재료투입시점<공손품가공원가진척도]이므로, 공손품품재료원가진척도 = 1

	직접재료원가	가공원가
실제조업도	960－200×0＋100×0＋50×1 ＋90×1 ＝ 1,100개	960－200×0.4＋100×0.7＋＋50 ×1＋90×1 ＝ 1,090개
당기제조원가 배분율	₩4,670/1,100개 ＝ ₩4.2454/개	₩10,840/1,090개 ＝ ₩9,945/개
정상공손원가	50×1×₩4.2454 ＝ ₩212	50×1×₩9,945 ＝ ₩497
비정상공손원가	90×1×₩4.2454 ＝ ₩382	90×1×₩9,945 ＝ ₩895

*정상공손품원가＝₩212＋₩497＝₩709 비정상공손품원가＝₩382＋₩895＝₩1,277

<조건4>

[재료투입시점>기초재공품가공원가진척도]이므로, 기초재공품재료원가진척도 ＝0

[재료투입시점<기말재공품가공원가진척도]이므로, 기말재공품재료원가진척도 ＝1

[재료투입시점>공손품가공원가진척도]이므로, 공손품품재료원가진척도 ＝ 0

	직접재료원가	가공원가
실제조업도	960－200×0＋100×1＋50×0 ＋90×0 ＝ 1,060개	960－200×0.4＋100×0.7＋＋ 50×0.6＋90×0.6 ＝ 1,034개
당기제조원가 배분율	₩4,670/1,060개 ＝ ₩4.4057/개	₩10,840/1,034개 ＝ ₩10.48/개
정상공손원가	50×0×₩4.4057 ＝ ₩0	50×0.6×₩10.48 ＝ ₩315
비정상공손원가	90×0×₩4.4057 ＝ ₩0	90×0.6×₩10.48 ＝ ₩566

*정상공손품원가 ＝ ₩0＋₩315 ＝ ₩315, 비정상공손품원가 ＝ ₩0＋₩566 ＝ ₩566

11 전원가요소 공정별 종합원가계산

전원가요소 공정별 종합원가계산이란 매 공정마다 직접재료원가와 가공원가가 새로 투입되면서 두 가지 이상의 공정을 순서대로 거쳐 생산되는 제품에 대해 적용되는 종합원가계산방법이다. 원가계산의 방법은 기본적으로 앞에서 설명한 종합원가계산의 틀을 각각의 공정별로 적용하면 된다. 한 가지 다른 점은 공정별 종합원가계산에서만 나타나는 새로운 원가요소인 '전공정원가'에 대한 원가계산이다. 여기서는 전공정원가에 대해 설명하고, 원가계산결과를 제조원가명세서에 보고할 때의 유의사항을 설명한다.

(1) 전공정원가

전공정원가란 직전 공정의 완성품원가를 가리킨다. 직전 공정이 없는 제1공정에서는 이러한 원가요소가 나타날 수 없지만, 제2공정 이후부터는 반드시 전공정원가라는 원가요소가 나타나게 된다. 공정을 순서대로 거치면서 생산이 이루어지는 경우에는 직전 공정의 완성품이 추가가공이 이루어질 다음 공정의 가공시작시점(공정시점)에 하나의 반제품으로 투입되어야 하기 때문이다.

그러므로 제2공정 이후부터는 총제조원가의 구성이 달라진다. 즉 직접재료원가와 가공원가 이외에 '전공정원가'라는 원가요소가 기초재공품원가와 당기제조원가에 포함되어 있다. 기초재공품 전공정원가는 기초재공품원가에 포함되어 있는 전기 투입 직전공정 완성품원가이고, 당기전공정원가는 당기제조원가에 포함되어 있는 당기 투입 직전공정 완성품원가다.

전공정원가의 구성요소는 공정에 따라 다르다. 제2공정의 전공정원가는 제1공정 완성품원가이므로 그 속에는 제1공정의 완성품재료원가와 완성품가공원가가 포함되어 있다. 제1공정에서는 전공정원가라는 원가요소가 존재하지 않기 때문이다. 그러나 제3공정 이후부터는 전공정원가에 직전공정 완성품의 재료원가, 가공원가, 전공정원가 등이 모두 포함되어 있다. 제2공정부터는 전공정원가 원가요소가 존재하기 때문이다.

아무튼, 제2공정 이후부터는 '전공정원가'라는 반제품 형태의 직접재료원가 요소에 대한 원가계산을 추가로 하지 않으면 제품원가를 계산할 수 없게 된다. 즉 제1공정에서는 직접재료원가와 가공원가의 두 가지 원가요소에 대한 원가계산을 하고, 제2공정 이후부터는 매 공정 마다 전공정원가, 직접재료원가, 그리고 가공원가의 세 가지 원가요소에 대한 원가계산을 해야 한다.

전공정원가에 대한 원가계산방법은 공정시점에 전부 투입되는 직접재료원가에 대한 그것과 완전히 동일하다. 직전공정의 완성품은 반드시 다음 공정의 가공시작지점에서 전부 투입되기 때문이다. 전공정원가 원가계산에 필요한 실제 조업도(전공정원가)의 측정방법은 앞에서 이미 설명하였다.

(2) 유의사항

공정별 종합원가계산에서 최종적인 원가계산결과를 제조원가명세서에 보고할 때는 몇 가지 주의할 점이 있다.

첫째로, 최종완성품 수량과 최종완성품원가는 마지막 공정(제n공정)의 완성품수량과 완성품원가라는 점이다. 제1공정부터 최종공정의 직전공정까지의 완성품원가는 항상 다음 공정에 전공정원가로 투입되므로 마지막 공정에 이르면 전혀 남아 있지 않기 때문이다. 가령, 제1공정 완성품(1,000개)의 원가가 ₩200,000이고, 최종공정인 제2공정의 완성품(900개)의 원가가 ₩270,000이라면, 이 제품의 완성품수량은 900개이고, 완성품원가도 ₩270,000이다. 단위당 제품원가도 그것들을 이용하여 계산된 ₩300(=₩270,000/900개)으로 보고된다.

둘째로, 미완성가공물의 원가(기초재공품원가, 기말재공품원가, 그리고 비정상공손품원가)는 해당 항목의 원가를 모든 공정에 걸쳐서 누계한 것이라는 점이다. 개별 공정에서 산출된 기말재공품과 비정상공손품은 다음 공정으로 대체되지 않고 해당 공정에 남아있기 때문이다. 정상공손품원가는 제조원가명세서에 독립적인 원가항목으로 보고되지 않는데, 그 이유는 그것이 추가배분과정을 통해 이미 완성품원가와 기말재공품원가에 흡수되어 있기 때문이다.

예제 3-12

강서정밀㈜은 두 개의 공정을 거쳐 기어제품을 생산한다. 당기에 제1공정에서 완성된 제품 2,200개(완성품원가 ₩4,400)가 제2공정으로 대체되었는데, 제2공정에서는 직접재료원가 ₩15,000(공정 80% 시점에 전부 투입함)과 가공원가 ₩15,760

그리고 기초재공품원가 ₩9,500(2,900개, 30%)을 투입하여 완성품 4,400개와 기말재공품 600개(60%)를 생산하였다. 제2공정에서는 공정 50% 지점에서 품질검사를 하며, 매월 80개까지는 정상공손으로 인정한다. 아래 물음에 답하시오.

(1) 비정상공손품 수량은 몇 개인가?

(2) 제2공정 자료를 이용하여 아래의 표를 완성하시오. 단, X_1=기초재공품전공정원가, X_2=기초재공품재료원가, X_3=기초재공품가공원가, $X_1+X_2+X_3$=₩9,500.

	전공정원가	직접재료원가	가공원가	합계
실제조업도				
당기제조원가배분율				
수정전완성품원가				
수정전기말재공품원가				
정상공손품원가				
비정상공손품원가				

(3) 최종완성품원가, 기말재공품원가, 그리고 단위당 제품원가를 각각 구하시오.

풀이 (1) 공손품수량 = (2,900+2,200)−(4,400+600) = 100개

정상공손품 = 80개, 비정상공손품 = 100개−80개 = 20개

(2) 원가계산표

	전공정원가	직접재료원가	가공원가
실제조업도	2,200개	4,400개	3,940개
당기제조원가배분율	₩2/개	₩3.41/개	₩4/개

	전공정원가	직접재료원가	가공원가	합계
수정전완성품원가	X_1+₩3,000	X_2+₩15,000	X_3+₩14,120	₩41,620
수정전기말재공품원가	₩1,200	₩0	₩1,440	₩ 2,640
정상공손품원가	₩ 160	₩0	₩ 160	₩ 320
비정상공손품원가	₩ 40	₩0	₩ 40	₩ 80

*$X_1+X_2+X_3$ = 기초재공품원가 = ₩9,500

[계산근거]

	전공정원가	직접재료원가	가공원가
실제조업도	4,400−2,900×1 +600×1+80×1 +20×1 = 2,200개	4,400−2,900×0 +600×0+80×0 +20×0 = 4,400개	4,400−2,900×03 +600×0.6+80 ×0.5+20×0.5 = 3,940개
당기제조원가 배분율	₩4,400/2,200개 = ₩2/개	₩15,000/4,400개 = ₩3.41/개	₩15,760/3,940개 = ₩4/개
수정전 완성품원가	X_1+(4,400−2,900 ×1)×₩2 = X_1+₩3,000	X_2+(4,400−2,900 ×0)×₩3.41 = X_2+₩15,000	X_3+(4,400−2,900 ×0.3)×₩4 = X_3+₩14,120
수정전 기말재공품원가	600×1×₩2 = ₩1,200	600×0×₩3.41 = ₩0	600×0.6×₩4 = ₩1,440
정상공손품원가	80×1×₩2 = ₩160	80×0×₩3.41 = ₩0	80×0.5×₩4 = ₩160
비정상공손품원가	20×1×₩2 = ₩40	20×0×₩3.41 = ₩0	20×0.5×₩4 = ₩40

① 전공정원가(제1공정 완성품원가)는 항상 공정시점에 전부 투입되는 것이므로, 전공정원가 측면의 실제조업도를 계산할 때 적용되는 기초재공품, 기말재공품, 정상공손품, 비정상공손품 등의 전공정원가진척도가 모두 1이다.

② 직접재료원가는 공정 80% 시점에 전부 투입되었으므로, 재료원가 측면의 실제조업도를 계산할 때 적용되는 기초재공품, 기말재공품, 정상공손품, 비정상공손품 등의 재료원가진척도가 모두 0이다. 이 항목들의 진척도가 모두 재료투입시점보다 낮은 수준에 있기 때문이다.

(3) 최종완성품원가, 기말재공품원가, 그리고 단위당제품원가의 계산

정상공손품원가의 추가배분	완성품원가	기말재공품원가
수정전 원가	₩41,620	₩2,640
추가배분액	₩320×(4,400/5,000)=₩282	₩320×(600/5,000)=₩38
수정후 원가	₩41,902	₩2,678
단위당제품원가	₩41,902/4,400개=₩9.52/개	

*정상공손품원가는 [공손품진척도<기말재공품진척도]이므로, 완성품과 기말재공품에 추가배분함.

12 가공원가 공정별 종합원가계산

여러 개의 공정을 순서대로 거치면서 가공이 이루어지지만, 주요재료원가가 제1공정 시점에서만 전부 투입되고, 각 공정에서는 가공원가만 새로 투입되는 방식으로 가공되는 제품의 경우에는 가공원가·공정별 종합원가계산을 적용한다. 즉 가공원가에 대해서만 공정별 종합원가계산을 하고, 주요재료원가에 대해서는 전체 공정을 하나의 통합된 단일공정으로 설정하여 원가계산을 한다. 여기서는 전공정원가의 구성과 공정별원가계산의 대상이 아닌 직접재료원가의 원가계산방법에 대해 설명하고, 원가계산결과를 제조원가명세서에 보고할 때의 유의사항을 설명한다.

(1) 전공정원가

가공원가는 공정별 종합원가계산을 하기 때문에, 제1공정 완성품가공원가는 제2공정에 전공정원가로 대체된다. 그리고 제2공정의 완성품가공원가가 계산되면 그것은 제3공정의 전공정원가로 대체될 것이다. 즉 제2공정부터는 항상 직전 공정의 완성품가공원가를 넘겨받는데, 그것이 해당 공정의 전공정원가이다. 따라서 제2공정부터는 항상 전공정원가와 당해 공정에서 투입된 가공원가(자공정비)의 두 가지 원가요소에 관하여 원가계산이 이루어져야 한다.

전공정원가의 구성요소는 공정에 따라 다르다. 제2공정의 전공정원가는 제1공정 완성품원가이므로 그 속에는 제1공정의 완성품가공원가만 포함되어 있다. 제1공정에서는 전공정원가라는 원가요소가 존재하지 않고, 직접재료원가는 공정별로 원가계산을 하지 않기 때문이다. 그러나 제3공정 이후부터는 전공정원가에 직전공정 완성품의 전공정원가와 가공원가가 모두 포함되어 있다. 제2공정부터는 전공정원가라는 원가요소가 존재하기 때문이다. 전공정원가는, 앞에서와 마찬가지로, 항상 공정시점에 100% 투입되는 직접재료원가로 간주하여 원가계산을 한다.

(2) 직접재료원가에 관한 원가계산

직접재료원가는 공정별 종합원가계산을 하지 않는다. 따라서 그것에 대해서는 단일공정 종합원가계산의 방법을 적용한다. 이때 재료는 항상 제1공정 시점에서 전부 투입되기 때문에 기초재공품과 기말재공품 그리고 공손품의 재료원가진척도가 항상 1이 된다. 원가배분의 기준으로 이용되는 실제조업도(재료원가)를 계산할 때 완성품수량은 최종공정의 완성품수량을, 그리고 기초재공품, 공손품, 기말재공품 등의 수량은 해당 항목의 모든 공정에 걸쳐 누계된 수량을 이용한다. 실제조업도(재료원가)는 다음과 같이 계산된다.

> 실제조업도(재료원가)
> = (최종공정완성품수량 − 누적기초재공품수량)
> \+ 누적기말재공품수량 + 누적정상공손품수량 + 누적비정상공손품수량

(3) 유의사항

가공원가 공정별종합원가계산의 최종적인 결과를 제조원가명세서에 보고할 때는 몇 가지 주의할 점이 있다. 첫째로, 제1공정의 완성품, 기말재공품, 공손품 등의 원가는 가공원가 요소만 계산되고, 제1공정의 완성품가공원가가 제2공정의 당기전공정원가로 대체된다. 제2공정 이후부터는 다음 공정으로 대체될 완성품원가가 자기공정의 가공원가 요소와 전공정원가 요소를 모두 포함하게 된다. 가령, 제3공정의 전공정원가는 제2공정 완성품원가로 측정되는데, 그것은 제2공정의 완성품가공원가와 완성품전공정원가 합계액이다.

둘째로, 최종완성품수량은 최종공정의 완성품수량이고, 최종완성품원가는 최종공정완성품가공원가, 최종공정완성품전공정원가, 그리고 완성품재료원가를 합계한 것이다. 완성품의 단위당 제품원가는 이렇게 계산된 완성품원가를 최종공정의 완성품수량으로 나누어 계산된다. 가령, 제1공정 완성품(1,000개)의 가공원가가 ₩100,000, 최종공정인 제2공정의 완성품(900개)가공원가와 완성품전공정원가 합계액이 ₩120,000, 완성품재료원가가 ₩150,000, 최종완성품수량이 900개라면, 최종적인 완성품원가는 ₩270,000(=120,000+150,000)으로, 단위당제품원가는 ₩300(=₩270,000/900개)으로 각각 보고된다.

셋째로, 기초재공품가공원가, 기말재공품가공원가, 그리고 비정상공손품

가공원가는 해당 항목의 원가를 모든 공정에 걸쳐서 누계한 것이다. 그 이유는 앞에서 설명한 바와 같다. 정상공손품가공원가는 제조원가명세서에 독립적인 원가항목으로 보고되지 않는데, 그 이유도 이미 앞에서 설명하였다. 기초재공품, 기말재공품, 비정상공손품 등의 원가는 각각 이렇게 계산된 가공원가에 해당 항목의 직접재료원가를 합하여 계산된다.

기초재공품원가 = 기초재공품가공원가누계액 + 기초재공품재료원가
기말재공품원가 = 기말재공품가공원가누계액 + 기초재공품재료원가
비정상공손품원가 = 비정상공손품가공원가누계액 + 비정상공손품재료원가

예제 3-13

성원㈜은 두 개의 연속적인 공정을 통해 A제품을 생산한다. 모든 재료는 제1공정 착수시점에 전부 투입되므로 재료원가에 대해서는 공정별원가계산을 하지 않는다. 생산자료는 아래와 같다.

			A제품	
			제1공정	제2공정
기초 재공품 원가	수량		200개	240개
	진척도(R_b)		0.4	0.5
	원가	전공정원가	–	₩85,600
		주요재료원가	₩66,000	–
		가공원가	₩32,000	₩50,000
당기투입 원가	수량		1,760개	1,600개
	원가	직접재료원가	₩299,200	–
		직접노무원가	₩326,880	₩270,600
		제조간접원가	₩246,000	₩235,000
당기완성량			1,600개	1,540개
공손품	진척도(R_f)		0.80	0.80
	정상공손품		80개	60개
	비정상공손품		40개	40개
기말 재공품	수량		240개	200개
	진척도(R_e)		0.5	0.4

제1공정의 정상공손품원가는 [공손품진척도>기말재공품진척도]이므로 전부 완성품에만 추가배분된다. 이를 반영하여 수행된 제1공정 가공원가 원가계산의 결과는 다음과 같다.

[제1공정 가공원가 원가계산의 결과]

비정상공손품 가공원가	₩10,560
기말재공품 가공원가	₩39,600
완성품 가공원가	₩554,720*

(1) 제2공정 정상공손품원가는 어디에 추가배분해야 하는가? 그 이유는?

(2) 공정별 계산을 하지 않는 직접재료원가에 관한 재공품계정에 기록될 기초재공품수량, 기말재공품수량, 완성품수량, 정상공손품수량, 비정상공송손품수량 등을 각각 구하시오.

(3) 제2공정 원가요소별 원가계산표를 작성하시오.

(4) A제품의 최종완성품원가, 완성품단위당원가, 기말재공품원가를 계산하시오.

풀이

(1) [공손품진척도>기말재공품진척도]이므로, 완성품에만 추가배분한다.

(2) 누적기초재공품수량=440개, 누적기말재공품수량=440개, 누적정상공손품수량=140개, 누적비정상공손품수량=80개, 완성품수량=제2공정완성품수량=1,540개.

(3) 원가계산표

	제1공정 가공원가	제2공정 전공정원가	제2공정 가공원가	직접 재료원가	합계
실제조업도		1,600개	1,580개	1,760개	
당기제조원가 배분율		₩346.7/개	₩320/개	₩170/개	
수정전 완성품원가	₩554,720*	₩536,310	₩504,400	₩253,000	₩1,293,710
기말재공품원가	₩39,600	₩69,340	₩25,600	₩74,800	₩209,340
정상공손품원가		₩20,802	₩15,360	₩23,800	₩59,962
비정상 공손품원가	₩10,560	₩13,868	₩10,240	₩13,600	₩48,268

*정상공손품원가 추가배분후의 완성품원가

[계산근거]

	제2공정		직접재료원가
	전공정원가	가공원가	
실제조업도	1,540−240×1+200×1+60×1+40×1 = 1,600개	1,540−240×0.5+200×0.4+60×0.8+40×0.8 = 1,580개	1,540−440×1+440×1+140×1+80×1 = 1,760개
당기제조원가 배분율	₩554,720/1,600개 = ₩346.7/개	₩505,600/1,580개 = ₩320/개	₩299,200/1,760개 = ₩170/개
수정전 완성품원가	₩85,600+(1,540−240×1)×346.7 = ₩536,310	₩50,000+(1,540−240×0.5)×320 = ₩504,400	₩66,000+(1,540−440×1)×170 = ₩253,000

	제2공정		직접재료원가
	전공정원가	가공원가	
기말재공품 원가	200×1×346.7 = ₩69,340	200×0.4×320 = ₩25,600	440×1×170 = ₩74,800
정상 공손품원가	60×1×346.7 = ₩20,802	60×0.8×320 = ₩15,360	140×1×170 = ₩23,800
비정상 공손품원가	40×1×346.7 = ₩13,868	40×0.8×320 = ₩10,240	80×1×170 = ₩13,600

(4) A제품의 최종완성품원가, 단위당제품원가, 기말재공품원가의 계산

정상공손품원가의 추가배분	완성품원가	기말재공품원가
수정전 원가	₩1,293,710	₩209,340
추가배분액	₩59,962	−
수정후 원가	₩1,353,672	₩209,340
단위당제품원가	₩1,353,672/1,540개 = ₩879/개	

13 작업별 원가계산의 의의

주문생산기업들 중에는 다품종 대량생산기업들도 있다. 즉 그 기업들이 생산하는 다양한 종류의 주문품들은 각각 매 주문마다 그 사양이 변하지 않는 표준품들이고, 일정 기간에 걸친 주문량의 총계가 매우 큰 대량생산제품들이다. 그것들은 궁극적으로 대기업들이 시장생산방식으로 대량으로 생산하는 표준품들에 사용될 부품들이기 때문이다.

이러한 기업들은 비록 주문생산기업이라 하더라도 작업지시서별 제조원가보다 각 주문품의 단위당제조원가를 계산할 필요가 있다. 납품가격과 비교하여 주문의 수익성을 평가하거나 향후의 수주과정에서 납품가격을 견적하거나 협상하는 데 그것이 중요한 정보가 되기 때문이다. 그리고 해당 주문품들의 제조원가를 총계하면 작업지시서별 제조원가도 즉시 계산된다.

이와 같이 다품종의 표준품들을 대량생산방식으로 생산하는 주문생산기업들은 종합원가계산의 방법에 따라 주문품들의 원가를 계산하고, 그것을 기초로 작업지시서의 원가를 계산한다. 이렇게 종합원가계산과 개별원가계산이 혼합된 원가계산방법을 작업별원가계산(operation costing)이라 한다. 작업별원가계산을 채택하는 주문생산기업들의 작업(공정)들과 각 작업(공정)에서의 제조원가흐름은 몇 가지 특징이 있다.

첫째로, 주문품들은 여러 작업(공정)들을 순서대로 거쳐 가공되는데, 주문품별로 거쳐야 하는 작업(공정)들이 다를 수 있으며, 각각의 작업(공정)은 제1단계 작업(공정)의 시점에 전부 투입된 재료를 주문품의 종류에 관계없이 사전에 정해진 방식으로 가공한다. 예를 들어, 하나의 작업지시서에 포함된 여러 가지 종류의 강철선재 주문품들은 일부 작업(공정)들은 공통으로 거치지만, 규격, 광택처리, 강도 등에 따라 거치는 작업(공정)들이 서로 다르고, 모든 작업(공정)들은 주문품의 종류에 관계없이 표준화된 동일한 방식으로 진행된다.

둘째로, 대량으로 생산되는 제품들이기 때문에 각각의 작업(공정)은 가공물의 단위당 가공시간이 짧거나 단순한 단일 과업으로 구성되어 있는 경우가 대부분이다. 이러한 여건에서는 개별 작업(공정) 내에서 가공이 완료되지 않은 가공물이 존재하지 않으며, 따라서 개별 작업(공정) 내에서 기초재공품가공원가와 기말재공품가공원가도 존재하지 않는다. 그 결과, 각 작업(공정)에는 오직 당기가공원가를 소비하여 당기에 완성된 가공물만 존재하기 때문에, 각 작업(공정)의 당기가공원가가 전부 해당 작업(공정)의 완성품가공원가가 된다.

셋째로, 비록 각 작업(공정) 내에는 원가계산기말 시점에 미완성가공물, 즉 재공품이 존재하지 않지만, 필요한 다음 작업(공정)으로의 대체가 지체된 그 작업(공정)에서의 완성된 가공물은 존재한다. 그것은 주문품의 관점에서 보면 필요한 작업(공정)을 완전히 거치지 못한 미완성가공물이기 때문에 기말재공품이다.

이러한 특징을 보면, 작업별 원가계산이란 가공원가의 계산과 관련하여 작업(공정)별로 기초재공품가공원가와 기말재공품가공원가가 존재하지 않는 특수한 경우의 종합원가계산이라 할 수 있다. 그래서, 전형적인 종합원가계산의 경우와 다르게 각 작업(공정)의 당기가공원가가 전부 해당 작업(공정)의 완성품가공원가가 되며, 따라서 주문품별로 각 작업(공정)에서의 단위당가공원가를 쉽게 계산할 수 있다. 재공품의 진척도를 추정할 필요도 없고, 재고자산평가방법을 걱정할 필요도 없다.

그렇지만 작업(공정)간 대체가 지체되어 필요한 작업(공정)들을 전부 거치지 못한 가공물이 존재하기 때문에 주문품의 관점에서 보면 기초재공품과 기말재공품이 존재하고, 그것들은 재료원가와 가공원가를 모두 흡수하고 있다. 따라서 작업별 원가계산의 절차는 주문품의 관점에서 기말재공품이 존재하지 않는 경우와 그것이 존재하는 경우의 두 가지를 구분하여 설명할 필요가 있다.

14 작업별 원가계산의 절차 – 기말재공품이 없는 경우

작업지시서가 동종 제품으로 구성된 제품묶음 단위로 발행된다고 가정하면, 작업별원가계산을 채택하는 주문생산기업에서 가공물의 흐름은 [그림

3−3]처럼 형성된다.

주문품의 관점에서 기말재공품이 없는 경우란 각각의 제품묶음이 해당 필요작업들을 모두 거쳐 완성된 경우를 가리킨다. 가령, 100개의 가공물이 투입된 제품묶음1(#101)이 작업A와 작업B를 모두 거쳐 100개의 제품으로 완성되었고, 다른 제품묶음들도 모두 그렇게 가공이 완료된 경우를 가정하는 것이다.

그림 3−3 작업별 원가계산에서의 가공물의 흐름

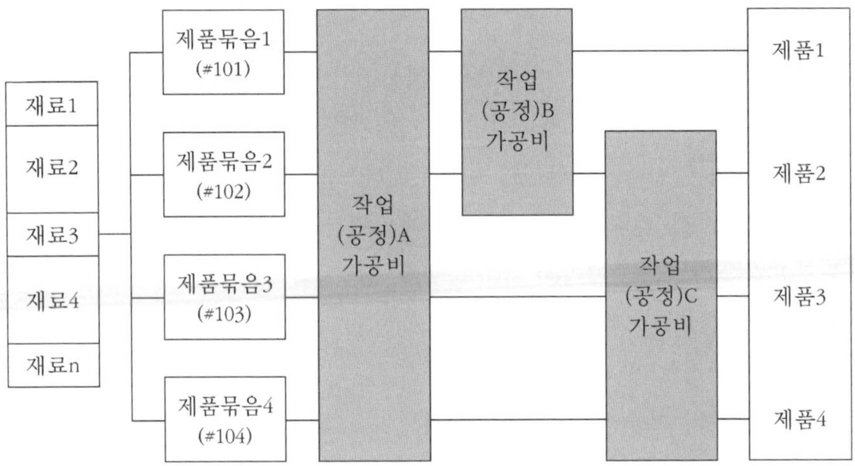

기말재공품이 없는 경우에는 [표 3−1]과 같이, 작업(공정)별로 가공원가를 계산하여 그것을 해당 작업(공정)을 거친 제품묶음(작업지시서)들에 배분하고, 여기에 각 제품묶음(작업지시서)들에 대해 추적된 직접재료원가를 합하여 각 제품묶음(작업지시서)의 제조원가를 계산한다. 그리고 그것을 해당 제품묶음(작업지시서)의 생산량으로 나누어 단위당제조원가를 계산한다.

표 3-1 작업별 원가계산표

작업지시서		#101	#102	#103	#104
직접 재료원가	재료1	×	×	×	×
	재료2	–	×	–	×
	…				
	소계	××	××	××	××
제A작업 가공원가		×	×	×	×
제B작업 가공원가		××	×	–	–
제C작업 가공원가		–	××	×	×
합계		×××	×××	×××	×××
생산량		yy	y	yyy	yy
단위당제조원가		×	××	×	××

예제 3-14

한일공구㈜는 다양한 연장박스를 생산하고 있다. 8월 동안의 가공원가는 아래와 같다. 8월에 생산된 박스형태별 직접재료원가(생산량)는 다음과 같다: 표준형 ₩18,000(1,200개); 가정용 ₩6,660(600개); 산업용 ₩5,400(200개). 각 작업에서는 제품유형에 관계없이 제품 1단위에 대해 동일한 양의 시간과 노력을 투입한다. 산업용 연장박스는 완성작업을 거치지 않는다. 모든 직접재료원가는 절단작업의 시점에 전부 투입된다. 기초 및 기말 재공품은 없었다. 생산된 연장박스 형태별 총원가와 단위당 원가를 계산하시오.

	절단	조립	완성	합계
직접노무원가	₩2,600	₩16,500	₩4,800	₩23,900
공장제조간접원가	3,000	22,900	3,300	29,200
가공원가	₩5,600	₩39,400	₩8,100	₩53,100

풀이 1) 작업별 가공원가 배부율

절단작업 가공원가 배부율 = ₩5,600/(1,200+600+200) = ₩2.8

조립작업 가공원가 배부율 = ₩39,400/((1,200+600+200) = ₩19.7

완성작업 가공원가 배부율 = ₩8,100/(1,200+600) = ₩4.5

2) 작업별 가공원가의 박스형태별 배분액

(1) 절단작업 가공원가의 박스형태별 배분액

표준형: 1,200×₩2.8 = ₩3,360, 가정용: 600×₩2.8 = ₩1,680

산업용: 200×₩2.8 = ₩560

(2) 조립작업 가공원가의 박스형태별 배분액

표준형: 1,200×₩19.7 = ₩23,640, 가정용: 600×₩19.7 = ₩11,820

산업용: 200×₩19.7 = ₩3,940

(3) 완성작업 가공원가의 박스형태별 배분액

표준형: 1,200×₩4.5 = ₩5,400, 가정용: 600×₩4.5 = ₩2,700

3) 원가계산표의 작성

구분	표준형	가정용	산업용	합계
직접재료원가	₩18,000	₩6,660	₩5,400	₩30,060
절단작업 가공원가	3,360	1,680	560	5,600
조립작업 가공원가	23,640	11,820	3,940	39,400
완성작업 가공원가	5,400	2,700	–	8,100
합계	₩50,400	₩22,860	₩9,900	₩83,160

15 작업별 원가계산의 절차 – 기말재공품이 있는 경우

주문품의 관점에서 기말재공품이 존재하는 경우에는 주문품별로 단위당 제조원가를 계산하고, 그것에 완성품수량을 곱하여 완성품원가를 먼저 계산한다. 여기서, 완성품수량이란 최종 작업(공정)의 생산량이다. 기말재공품원가는 총제조원가에서 완성품원가를 차감하여 계산한다.

제조원가보고서에는 이렇게 종합원가계산의 방법으로 계산된 제조원가를 보고한다. 작업지시서별 원가계산은 원가계산기말이 아닌 작업지시서의 완성시점에서 이렇게 계산된 해당 주문품의 단위당제조원가를 이용하여 이루어진다. 각 주문품의 원가계산절차는 원가요소별로 다음과 같이 진행한다.

1) 직접재료원가의 계산

완성품재료원가는 단위당재료원가에 완성품수량을 곱하여 계산하고, 기말재공품재료원가는 해당 제품의 총재료원가에서 완성품재료원가를 차감하여 구한다. 각 제품의 단위당재료원가는 해당 제품의 재료목록을 통해 알 수 있다.

> 제품A의 완성품재료원가 = 제품A의 [단위당재료원가×완성품수량]
> 제품A의 기말재공품재료원가 = 제품A의 [총재료원가−완성품재료원가]

여기서 총재료원가는 해당 제품에 관하여 생산량이 최대인 작업(공정)의 재료원가로서, 단위당재료원가를 적용하면 다음과 같이 계산된다.

> 제품A의 총재료원가
> = 제품A의 [생산량이 최대인 작업의 생산량×단위당재료원가]

2) 직접노무원가의 계산

단위당노무원가는 해당 제품이 거쳐야 하는 각 작업별로 원가계산기간의 실제노무원가를 해당 기간의 생산량으로 나누어 제품의 단위당노무원가를 작업별로 계산한 다음, 그것을 해당 제품의 관련 작업들에 걸쳐 총계하여 계산한다.

> 제품A의 작업i의 노무원가합계
>
> $$= \sum_{i}^{\text{작업자수}} (\text{작업자}i\text{의 실제노동시간}) \times (\text{작업자}i\text{의 임률})$$
>
> 제품A의 단위당노무원가
>
> $$= \sum_{i}^{\text{작업수}} (\text{제품}A\text{의작업}i\text{의노무비합계}/\text{제품}A\text{의작업}i\text{의생산량})$$

단위당노무원가를 이용하면 완성품과 기말재공품의 노무원가는 각각 다음과 같이 계산된다.

> 제품A의 완성품노무원가 = 제품A의 [단위당노무원가×완성품수량]
> 제품A의 기말재공품노무원가 = 제품A의 [당기노무원가－완성품노무원가]

3) 제조간접원가의 계산

단위당제조간접원가는 몇 단계를 거쳐 계산된다.

(1) 원가항목별 제조간접원가의 작업별 배분

제조간접원가에 속하는 원가항목별로 각각 인과관계기준 또는 수혜기준에 따라 정의된 배분기준을 이용하거나 상대적 소비율을 추정하여 작업별로 제조간접원가를 배분한다. 이때 각 원가항목의 원가행태도 정의한다.

(2) 작업별 배분액의 제품별 배분율의 계산(원가항목별로)

작업별로 배분된 각 항목의 원가를 해당 작업을 거친 제품들에 배분할 때의 배분기준을 정의하고, 그 배분기준을 이용한 배분율을 계산한다. 이때 작업별 제조간접원가 항목의 배분기준은 노동이 소비하는 원가항목의 경우에는 실제노동시간, 기계가 소비하는 원가항목의 경우에는 실제기계시간으로 각각 정의된다. 가령, 초과시간수당 항목의 제조간접원가는 노동이 소비하는 원가항목이므로, 각 작업에 배분된 그것의 원가를 제품들에 배분할 때의 배분기준은 실제작업시간으로 정의된다. 각 작업에 배분된 초과시간수당을 해당 작업을 거친 제품들의 실제작업시간으로 나누어 제품들에 대한 노동시간당 배분율을 계산한다.

(3) 작업별 제조간접원가배분율의 계산

원가행태와 배분기준에 따라 각 작업별로 네 가지 유형의 제조간접원가 배분율을 계산한다.

① 노동시간기준 변동간접원가배분율: 실제노동시간이 배분기준으로 정의된 변동간접원가항목들의 배분율 합계

② 기계시간기준 변동간접원가배분율: 실제기계시간이 배분기준으로 정의된 변동간접원가항목들의 배분율 합계
③ 노동시간기준 고정간접원가배분율: 실제노동시간이 배분기준으로 정의된 고정간접원가항목들의 배분율 합계
④ 기계시간기준 고정간접원가배분율: 실제기계시간이 배분기준으로 정의된 고정간접원가항목들의 배분율 합계

(4) 작업별 제조간접원가의 제품별 배분액의 계산

각 작업의 제조간접원가의 제품별 배분액을 네 가지 유형으로 구분하여 계산한다.

① 노동시간기준 변동간접원가배분액: 각 작업의 노동시간기준 변동간접원가배분율을 해당 작업을 거쳐간 각 제품의 실제노동시간에 곱한 금액
② 기계시간기준 변동간접원가배분액: 각 작업의 기계시간기준 변동간접원가배분율을 해당 작업을 거쳐간 각 제품의 실제기계시간에 곱한 금액
③ 노동시간기준 고정간접원가배분액: 각 작업의 노동시간기준 고정간접원가배분율을 해당 작업을 거쳐간 각 제품의 실제노동시간에 곱한 금액
④ 기계시간기준 고정간접원가배분액: 각 작업의 기계시간기준 고정간접원가배분율을 해당 작업을 거쳐간 각 제품의 실제기계시간에 곱한 금액

(5) 각 작업의 제품별 제조간접원가배분액의 원가행태별 집계

각 작업의 제품별 제조간접원가배분액을 원가행태별로 구분하여 집계한다.

① 각 작업의 제품별 변동간접원가배분액: 각 작업의 노동시간기준 변동간접원가배분액과 기계시간기준 변동간접원가배분액의 합계
② 각 작업의 제품별 고정간접원가배분액: 각 작업의 노동시간기준 고정간접원가배분액과 기계시간기준 고정간접원가배분액의 합계

(6) 각 작업의 제품별 단위당제조간접원가배분액의 원가행태별 집계

각 작업의 제품별 단위당 변동간접원가배분액과 고정간접원가배분액을

계산한다.

① 각 작업의 제품별 단위당 변동간접원가배분액: 각 작업의 제품별 변동간접원가배분액을 해당 작업의 제품별 생산량으로 나눈 금액

② 각 작업의 제품별 단위당 고정간접원가배분액: 각 작업의 제품별 고정간접원가배분액을 해당 작업의 제품별 생산량으로 나눈 금액

(7) 제품별 단위당제조간접원가배분액의 원가행태별 집계

제품별 단위당변동간접원가배분액과 단위당고정간접원가배분액을 계산한다.

① 제품별 단위당 변동간접원가배분액: 각 작업의 제품별 단위당 변동간접원가배분액을 전체 작업들에 걸쳐 총계한 금액

제품A의 단위당 변동간접원가

$$= \sum_{i}^{\text{작업수}} (\text{제품}A\text{에 배분된 작업}i\text{의 변동간접비}/\text{제품}A\text{의 작업}i\text{의 생산량})$$

② 제품별 단위당 고정간접원가배분액: 각 작업의 제품별 단위당 고정간접원가배분액을 전체 작업들에 걸쳐 총계한 금액

제품A의 단위당 고정간접원가

$$= \sum_{i}^{\text{작업수}} (\text{제품}A\text{에 배분된 작업}i\text{의 고정간접비}/\text{제품}A\text{의 작업}i\text{의 생산량})$$

제품별 단위당제조간접원가를 이용하면 제품별 완성품과 기말재공품의 제조간접원가는 각각 다음과 같이 계산된다.

제품A의 완성품변동간접원가 = 제품A의 [단위당변동간접원가×완성품수량]
제품A의 완성품고정간접원가 = 제품A의 [단위당고정간접원가×완성품수량]

제품A의 기말재공품변동간접원가
= 제품A의 [당기변동간접원가－완성품제조간접원가]
제품A의 기말재공품고정간접원가
= 제품A의 [당기고정간접원가－완성품제조간접원가]

4) 완성품원가와 기말재공품원가

원가요소별로 계산된 완성품과 기말재공품의 원가를 총계하면 각 제품의 완성품원가와 기말재공품원가가 계산된다.

제품A의 완성품단위당원가
= 제품A의 [단위당재료원가＋단위당노무원가＋단위당제조간접원가]

제품A의 완성품원가
= 제품A의 [완성품재료원가＋완성품노무원가＋완성품제조간접원가]
= 제품A의 [완성품수량×완성품단위당원가]

제품A의 기말재공품원가
= 제품A의 [총재료원가＋당기노무원가＋당기제조간접원가]
－제품A의 [완성품재료원가＋완성품노무원가＋완성품제조간접원가]
= 제품A의 총제조원가－제품A의 완성품원가

5) 작업지시서별 원가계산

비록 종합원가계산의 방법으로 제품별로 완성품의 단위당원가가 계산되었지만, 제품들이 모두 주문품들이기 때문에, 작업지시서별로 제조원가를 집계할 필요가 있다. 작업지시서별로 집계되는 원가는 재무제표작성에 이용될 필요는 없고, 다만 각각의 작업지시서가 완성되었을 때의 소비원가를 나타낼 수 있으면 충분할 것이다. 작업지시서별 제조원가는 제품별 주문량에 해당 제품의 단위당원가를 곱하고, 그것을 작업지시서에 포함된 모든 제품들에 걸쳐서 총계한 것이다.

표 3-2 작업지시서(#101)의 원가계산표

제품명	주문량	단위당원가			완성품원가		
		재료원가	가공원가	합계	재료원가	가공원가	합계
제품A							
제품B							
− − −							
제품C							
합계							

원가관리회계의 이해와 연습

Chapter 4

학습초점

1. 단위당실제제조원가 대신 단위당정상원가를 이용하는 원가배분
2. 정상원가계산과 재공품계정의 구조
3. 정상원가계산과 제품계정의 구조
4. 정상원가계산과 재고자산계정의 구조
5. 조업도차이와 예정배분차이

CHAPTER

4

정상원가로 측정되는 제품원가계산의 방법

01 정상원가계산의 의의와 편익

제품의 단위당제조원가는 단위당기본원가와 단위당제조간접원가로 구성된다. 그 중에서 단위당기본원가는 원가계산기말 시점까지 기다리지 않아도 실제원가로 측정할 수 있다. 재료의 구입가격과 임률은 이미 결정되어 있거나 변경이 있어도 즉시 알 수 있기 때문이다. 그러나 단위당제조간접원가는 그렇지 않다. 그것은 원가계산기말 시점에서 원가계산기간의 실제소비액과 실제조업도가 측정되어야 비로소 알 수 있다. 따라서 원가계산기간 중의 어느 특정 시점에 생산된 제품들의 단위당제조원가는 원가계산기말 시점까지 기다려야 알 수 있다.

이론적으로는 단위당제품원가에 관한 정보가 없으면 정상적인 영업활동을 할 수 없다. 시장생산기업의 경우에는 원가계산기간 중에 생산된 제품들을 그 시점에 판매하려고 해도 적정 수준의 가격을 책정할 수 없을 것이고, 주문생산기업의 경우에는 고객들로부터 받은 주문의 수익성을 평가할 수가 없어서 그것의 채택 여부를 결정하기 어려울 것이다. 이러한 문제점을 해결하기 위한 제품원가 계산방법이 정상원가계산(normal costing)이다.

(1) 단위당정상원가

실무에서는 제조간접원가예정배분율(경비율 또는 간접원가율)을 추정하고, 그것을 이용하여 단위당제조간접원가예정액을 추정한다. 가령, 직접노무원가를 기준으로 추정된 제조간접원가예정배분율이 직접노무원가의 120%로 추정되었다면, 단위당직접노무원가가 ₩6,000인 어떤 제품의 단위당제조간접원가예정액은 ₩7,200(=₩6000×1.2)으로 추정된다. 이러한 단위당제조간접원가예정액과 실제원가로 측정된 단위당기본원가(직접재료원가와 직접노무원가)의 합계액으로 측정된 단위당제품원가를 단위당정상원가(unit normal cost)라 한다. 앞의 경우, 단위당직접재료원가가 ₩1,800이라면, 단위당정상원가는 ₩15,000(=1,800+6,000+7,200)이다. 여기서 말하는 단위당정상원가는 실제조업도 1단위의 정상원가를 가리킨다. 이것은 나중에 설명할 정상매출원가와 기말제품정상원가를 계산할 때 이용되는 완성품 1단위의 정상원가와 구분되어야 한다.

(2) 정상원가계산의 편익

제품의 단위당정상원가를 이용하면 원가계산기간 중의 어느 시점에서라도 생산된 제품들의 제조원가를 즉시 알 수 있고, 그것에 관한 생산기록을 유지할 수 있다. 그래서 대부분의 기업들은 실무에서 단위당정상원가를 추정하여 원가계산기간 중에 수행되는 생산활동을 기록하고 그것에 기초하여 영업활동을 수행한다.

단위당정상원가를 기초로 제품의 가격을 결정하면 가격변동성을 제거할 수 있는 이점도 있다. 고정제조간접원가는 실제조업도의 규모에 관계없이 기간별로 일정액이 소비되기 때문에, 단위당고정제조간접원가의 크기는 실제조업도에 반비례하면서 변화한다. 만일 1개월로 설정된 인접한 두 원가계산기간 동안에 고정제조간접원가는 동일한데 실제조업도가 현저하게 차이가 있었다면, 두 기간에 생산된 동일제품의 단위당제조원가와 그것에 기초를 두고 결정되는 가격도 크게 달라진다. 그렇지만 정상원가를 측정하는 데 이용되는 제조간접원가 예정배분율은 보통 1년 단위로 편성되는 제조간접원가예산과 그것에 대응되는 예정조업도 추정치, 즉 기준조업도를 이용하여 설정되기 때문에 원가계산기간별 실제조업도의 변동에 관계없이 일정한 수준으로 유지된다. 따라서 그것을 적용하여 계산되는 단위당제조원가와 가격도 마찬가지이다. 원가계산기간들에 걸쳐서 나타날 수 있는 가격변동성이 제거되면 제품의 가격과 기업의 이미지에 대한 고객들의 신뢰를 확보할 수 있다.

(3) 정상원가계산에서의 유의사항

정상원가계산이 채택되어 실제조업도 1단위가 생산될 때마다 단위당정상원가를 적용하여 그것의 제조원가를 기록하면, 원가계산기말 시점에 해당 기간의 완성품정상원가와 기말재공품정상원가가 계산된다. 여기서 주목해야 할 점은 단위당정상원가의 적용 대상이 당기에 수행된 생산활동의 산출물(실제조업도)에 한정된다는 사실이다. 따라서 선입선출법에 따라 완성품정상원가를 계산할 때 완성품에 포함되어 있는 기초재공품환산량은 전기에 이미 계산되어 있는 그것의 실제원가(기초재공품원가)로 측정하고, 그 나머지 부분(완성품수량 – 기초재공품환산량)에 대해서만 단위당정상원가를 적용한다. 물론, 기말재공품정상원가는 기말재공품환산량에 대해서 단위당정상원가를 적용하여 계산한다.

정상원가계산이 채택되면 매출원가와 기말제품원가도 각각 정상매출원가, 기말제품정상원가로 계산된다. 여기서 유의할 점은 당기의 판매량과 기말제품재고가 단위당정상원가의 적용대상이 아니라는 사실이다. 즉 정상원가계산에 따라 계산된 정상매출원가와 기말제품정상원가는 판매량이나 기말제품수량에 단위당정상원가를 적용한 결과가 아니다. 그것은 완성품원가가 정상원가로 측정된 결과일 뿐이다. 따라서 판매량이나 기말제품수량에 단위당정상원가를 적용하여 정상매출원가와 기말제품정상원가를 계산해서는 안 된다. 이에 대해서는 나중에 자세히 설명한다.

02 제조간접원가예정배분율과 기준조업도

단위당정상원가를 추정하기 위해서는 먼저 제조간접원가예정배분율을 추정해야 한다. 제조간접원가예정배분율은 기준조업도의 단위당제조간접원가예정액으로서, 당기의 제조간접원가예산(B)을 당기의 기준조업도(Q_n)로 나눈 값이다. 제조간접원가예산(B)은 변동제조간접원가예산(V)과 고정제조간접원가예산(F)으로 구성되어 있으므로, 제조간접원가예정배분율(r)도 변동제조간접원가예정배분율(v)과 고정제조간접원가예정배분율(f)로 구분할 수 있다.

제조간접원가예산(B) = 변동제조간접원가예산(V) + 고정제조간접원가예산(F)

제조간접원가예정배분율(r)

= 제조간접원가예산(B)/기준조업도(Q_n)

$= (V+F)/Q_n = V/Q_n + F/Q_n = v+f$

(v = 변동제조간접원가예정배분율, f = 고정제조간접원가예정배분율)

기준조업도가 생산수량을 단위로 측정된 것이라면 제조간접원가예정배분율이 바로 제품의 단위당제조간접원가예정액이 된다. 만일 기준조업도가 직접노동시간 또는 직접노무원가를 단위로 측정된 것이라면, 제조간접원가예정배분율에 제품의 단위당노동시간 또는 단위당노무원가를 곱한 값이 제품의 단위당제조간접원가예정액이 된다.

예제 4-1

2010년 10월의 기준조업도를 30,000시간(제품 단위당 표준노동시간 3시간)으로 예측하고, 2010년 10월의 고정제조간접원가예산과 변동제조간접원가예산을 각각 ₩1,200,000과 ₩600,000으로 편성하였다. 단위당기본원가는 ₩320이다. 다음의 항목들을 각각 구하시오.

(1) 직접노동시간당 제조간접원가예정배분율

(2) 직접노동시간당 변동제조간접원가예정배분율과 고정제조간접원가예정배분율

(3) 제품단위당 제조간접원가예정배분율

(4) 제품단위당 정상원가

풀이 (1) 직접노동시간당 제조간접원가예정배분율 = ₩1,800,000/30,000시간 = ₩60

(2) 직접노동시간당 변동제조간접원가예정배분율 = ₩40
직접노동시간당 고정제조간접원가예정배분율 = ₩20

(3) 제품단위당 제조간접원가예정배분율 = ₩60×3시간 = ₩180

(4) 제품단위당 정상원가 = ₩320+₩180 = ₩500

기준조업도(standard capacity)는 예산편성기간에 사전에 계획된 예정조업도로서, 실제조업도와 대비되는 개념이다. 그것은 보통 생산량이나 노동시간을 단위로 하여 설정되는데, 그 수준에 따라 이론적조업도, 실제적조업도, 정상조업도, 기대실제조업도 등의 네 가지 유형으로 구분된다.

① 이론적조업도(theoretical capacity): 생산설비가 완전히 가동되고 작업능률이 최대인 상황에서 달성될 수 있는 이상적 수준의 조업도(ideal capacity)를 가리킨다. 그러나 이론적조업도 수준으로 기준조업도를 설정한다면 그것을 실제로 달성할 수 있는 기업이 거의 없을 것이다.

② 실제적조업도(practical capacity): 이론적조업도를 실행가능한 수준으로 조정한 것이다. 그것은 보통 이론적조업도의 70−80% 수준이어서, 이론적조업도보다는 현실적이다. 그러나 시장수요를 전혀 고려하지 않고 오로지 생산능력의 측면만 고려하는 것이라는 점에서는 여전히 비현실적이다.

③ 정상조업도(normal capacity): 생산과 판매의 장기적 균형을 고려하여 추정된 평균화된 연간 예정조업도이다. 가령, 향후 2−3년간의 경기변동을 감안할 때, 예상시장점유율 수준에서, A제품에 대한 시장수요가 2−3년간 연평균 8,000개로 추정되었고, 10%의 안전재고를 보유하기로 한다면, 이 기업은 A제품을 연평균 8,800개(또는 17,600시간)만큼 생산하는 것이 적절하다고 할 수 있을 것이다.

④ 기대실제조업도(expected actual capacity): 오로지 다음 해 1년간의 판매예산과 재고정책을 충족시킬 수 있는 수준으로 추정된 연간생산예산이다. 가령, 내년의 판매예산이 10,000개로 책정되었고, 재고정책에 따라 10%의 안전재고를 보유하기로 되어 있다면, 기초제품이 2,000개라고 가정했을 때, 내년의 생산예산은 9,000개(=10,000+10,000×0.1−2,000)로 책정될 것이다.

기준조업도는 이러한 네 가지 유형들 중에서 정상조업도 수준으로 설정하는 것이 가장 적절하다. 이론적조업도나 실제적조업도처럼 생산능력만 고려한 기준조업도를 기초로 제조간접원가 예정배분율을 설정하면 그것이 비현실적으로 낮아질 가능성이 크다. 그리고 매년의 판매예산에 따라 해마다 다른 수준으로 설정되는 기대실제조업도를 기준조업도로 설정한다면 제조간접원가 예정배분율을 해마다 변경해야 할 것이다. 그렇지만 생산과 판매의 장기적 균형을 고려하여 설정되는 정상조업도를 기준조업도로 설정한다면 이러한 문제점들을 모두 피할 수 있다. 즉 제조간접원가예정배분율을 현실적인 수준으로 그리고 2−3년간은 변경하지 않은 채 일정한 수준으로 설정하여 적용할 수 있다.

03 제조간접원가예정배분액의 계산

원가계산기간 중에 매일의 생산활동을 정상원가로 기록하면 원가계산기말 시점에 장부에는 제조간접원가누계액이 예정배분액으로 집계된다. 이러한 제조간접원가예정배분액은 원가계산기간의 실제조업도에 예정배분율을 곱하면 즉시 계산된다.

> 제조간접원가예정배분액(P)
> = 변동제조간접원가예정배분액(V_P) + 고정제조간접원가예정배분액(F_P)

> ① 변동제조간접원가예정배분액(V_P)
> = 변동제조간접원가예정배분율(v)×실제조업도(Q_a) = $v \times Q_a$
> ② 고정제조간접원가예정배분액(F_P)
> = 고정제조간접원가예정배분율(f)×실제조업도(Q_a) = $f \times Q_a$

예제 4-2

고정제조간접원가예정배분율이 시간당 ₩1.5, 변동제조간접원가예정배분율이 시간당 ₩5로 추정되었고, 연간실제조업도가 제품A는 3,000개, 제품B는 12,000개였다(제품 단위당작업시간은 제품A 10시간, 제품B 5시간). (1)시간으로 측정된 실제조업도, (2)고정제조간접원가와 변동제조간접원가의 예정배분액, (3)제품A의 단위당제조간접원가예정액, (4)제품B의 단위당제조간접원가예정액을 각각 구하시오.

풀이 (1) 시간으로 측정된 실제조업도 = 3,000개×10시간+12,000개×5시간
= 90,000시간

(2) 고정제조간접원가예정배분액 = ₩1.5×실제조업도(90,000시간)
= ₩135,000

변동제조간접원가예정배분액 = ₩5×실제조업도(90,000시간)
= ₩450,000

(3) 제품A의 단위당제조간접원가예정액 = ₩6.5×단위당작업시간(10시간)
= ₩65

(4) 제품B의 단위당제조간접원가예정액 = ₩6.5×단위당작업시간(5시간)
= ₩32.5

예제 4-3

직접노동시간(X)을 독립변수로 하는 제조간접원가 함수가 다음과 같이 추정되었다: TC=₩250,000+₩3.25X. 그리고 2010년의 기준조업도는 100,000시간으로 예측되었다. 물음에 답하시오.

(1) 2010년의 고정제조간접원가예산과 변동제조간접원가예산은 각각 얼마인가?
(2) 고정제조간접원가 예정배분율은 얼마인가?
(3) 실제조업도가 110,000시간이었다면, 2010년의 고정제조간접원가와 변동제조간접원가 예정배분액은 각각 얼마인가?

풀이 (1) 고정제조간접원가예산 = ₩250,000
변동제조간접원가예산
= 변동제조간접원가예정배분율(₩3.25)×기준조업도(100,000시간)
= ₩325,000

(2) 고정제조간접원가 예정배분율
= 고정제조간접원가예산(₩250,000)/기준조업도(100,000시간)
= ₩2.5/시간

(3) 고정제조간접원가 예정배분액
= 고정제조간접원가예정배분율(₩2.5)×실제조업도(110,000시간)
= ₩275,000
변동제조간접원가 예정배분액
= 변동제조간접원가예정배분율(₩3.25)×실제조업도(110,000시간)
= ₩357,500

04 완성품정상원가와 기말재공품정상원가의 계산

정상원가계산을 채택할 경우에도 재료가 공정에 투입되는 방식을 고려해야 한다. 즉 재료가 공정의 특정 시점에서 전부 투입되는가 아니면 가공원가처럼 가공정도에 비례적으로 투입되는가에 따라 구체적인 정상원가계산의 절차가 달라진다. 종합원가계산에서 설명한 바와 같이, 전자의 경우에는 직접재료원가와 가공원가를 분리해서 원가계산을 한다. 즉 직접재료원가는 단위당실제재료원가를 그리고 가공원가는 단위당정상가공원가를 적용하여 각각 원가계산을 한 다음, 그 두 가지 계산결과를 합하여 완성품정상원가와 기말재공품정상원가를 계산한다. 그러나 후자의 경우에는 그렇게 할 필요가 없다. 이 장에서는 설명의 편의를 위해 재료가 가공정도에 비례적으로 투입되는 후자의 경우에 한정하여 정상원가계산의 방법을 설명한다.

정상원가계산이란 본질적으로 실제조업도 1단위의 제조원가를 단위당정상원가로 측정하는 것이다. 이렇게 측정된 정상원가가 원가계산기간의 실제조업도에 걸쳐 누적되면, 그것은 실제조업도에 단위당정상원가를 곱한 값과 같아진다.

실제조업도 수준의 생산활동을 통해 만들어지는 산출물은 [완성품수량－기초재공품환산량] 부분과 기말재공품환산량으로 구성되어 있다. 따라서 정상원가계산의 방법으로 일정 기간의 완성품원가와 기말재공품원가를 계산할 때 단위당정상원가의 적용대상은 [완성품수량－기초재공품환산량] 부분과 기말재공품환산량이다. 완성품수량에 포함되어 있는 기초재공품환산량은 전기에 이미 측정된 기초재공품원가로 계산된다.

여기서 단위당정상원가란 생산량을 단위로 하여 설정된 실제조업도 1단위의 정상원가를 가리킨다. 그것은 단위당기본원가(실제원가)와 단위당제조간접원가예정액을 합계한 것이다. 완성품원가와 기말재공품원가를 계산할 때, 실제원가계산은 단위당실제제조원가를 이용하지만, 정상원가계산은 단위당정상원가를 이용한다. 선입선출법과 평균법에 따른 완성품정상원가 및 기말재공품정상원가의 계산방법은 각각 아래와 같다([표 4－1]의 재공품계정 참조).

표 4-1 재공품계정

<table>
<tr><td>기초재공품원가
(전기의 실제원가)</td><td>기초재공품원가(전기의 실제원가)</td><td rowspan="2">완성품
정상원가</td></tr>
<tr><td rowspan="2">당기정상제조원가
=직접재료원가+직접노무원가
+변동제조간접원가예정배분액
+고정제조간접원가예산</td><td>(완성품수량−기초재공품환산량)
×단위당정상원가</td></tr>
<tr><td>기말재공품환산량
×단위당정상원가</td><td>기말재공품
정상원가</td></tr>
</table>

* 단위당정상원가(실제조업도 1단위의 정상원가)＝단위당기본원가(실제원가)＋단위당제조간접원가예정액

(1) 선입선출법

선입선출법에 따라 계산되는 완성품정상원가에는 전기의 실제원가로 이미 측정된 기초재공품원가가 포함되어 있다는 점에 유의해야 한다.

> ① 완성품정상원가
> = 기초재공품원가(실제원가)＋[완성품수량－기초재공품환산량]×단위당정상원가
>
> ② 기말재공품정상원가 = 기말재공품환산량×단위당정상원가

(2) 평균법

평균법이 채택될 경우에는 기초재공품진척도가 0으로 가정되므로, 기초재공품환산량도 0이다. 따라서 완성품정상원가는 선입선출법의 경우와 다르게 계산된다. 그러나 기말재공품정상원가는 선입선출법의 경우와 동일하게 계산된다.

> ① 완성품정상원가 = 완성품수량×단위당정상원가
>
> ② 기말재공품정상원가 = 기말재공품환산량×단위당정상원가

정상원가계산의 대상, 즉 단위당정상원가의 적용대상은 바로 완성품과 기말재공품이다. 따라서 완성품정상원가와 기말재공품정상원가는 반드시 이와 같은 방법으로 계산해야 한다. 그렇게 하지 않고 실제원가계산의 경우처럼 재공품계정의 구조를 이용한 원가배분방식, 즉 실제조업도를 배분기준으로 이용하여 재공품계정의 차변에 기록되는 당기정상제조원가의 배분을 통해 기말재공품원가를 먼저 계산한 다음 그것을 재공품계정의 차변합계에서 차감하여 완성품원가를 계산하는 방식을 따르면 완성품정상원가의 계산이 왜곡된다. 그 결과, 그것을 이용하여 계산되는 정상매출원가와 기말제품정상원가도 정확하게 계산되지 않는다.

실제원가계산에서 재공품계정의 구조를 이용한 원가배분방식은 재공품계정의 차변합계와 대변합계가 일치되는 것을 전제로 하는 것인데, 정상원가계산을 채택하면 나중에 설명할 어떤 조정을 거치기 전까지는 이러한 대차균형이 성립되지 않는다. 그 이유는, 정상원가계산의 방법을 따르게 되면, 고정제조간접원가 요소에 관한 기록이 재공품계정의 차변과 대변에서 서로 다르게 이루어지기 때문이다. 차변의 당기정상제조원가의 범주에는 기준조업도에 대응되는 고정제조간접원가예산이 기록되고, 대변에는 실제조업도에 대응되는 고정제조간접원가예정배분액이 기록된다. 기준조업도와 실제조업도가 다른 경우에는 고정제조간접원가예산과 고정제조간접원가예정배분액도 일치되지 않는다. 따라서 실제원가계산의 경우처럼 재공품계정의 구조를 이용한 원가배분방식을 따르게 되면, 완성품정상원가는 고정제조간접원가예산과 고정제조간접원가예정배분액의 차이(즉 조업도차이)만큼 왜곡된다.

예제 4-4

명품공구㈜의 2010년 10월의 생산활동자료(재료는 가공과정에 평균적으로 소비됨)가 아래와 같이 집계되었다.

<2010년 10월의 생산활동자료>

기초재공품: 수량:1,000개, 진척도:0.4
  변동제조간접원가: ₩36,000, 고정제조간접원가: ₩44,000
당기제조간접원가 실제소비액:
  변동제조간접원가: ₩700,000, 고정제조간접원가: ₩930,000
완성품수량: 5,800개
기말재공품: 수량:2,000개, 진척도:0.3
기초제품수량: 1,200개(변동제조간접원가 ₩108,000, 고정제조간접원가 ₩126,000)
당기판매량: 5,000개, 기말제품수량: 2,000개

명품공구㈜는 정상원가계산을 위해 2010년의 기준조업도를 연간 120,000개로 예측하고, 고정제조간접원가예산을 ₩12,000,000, 변동제조간접원가예산을 ₩9,600,000으로 각각 추정한 바 있으며, 공구제품의 단위당 직접재료원가와 직접노무원가는 ₩200, ₩100으로 각각 결정되어 있다. 2010년 10월의 생산활동자료를 이용하여 (1) 제조간접원가예정배분율 (2) 단위당정상원가 (3) 기말재공품정상원가(선입선출법, 평균법) (4) 완성품정상원가(선입선출법, 평균법) 등을 계산하시오.

풀이 (1) 제조간접원가예정배분율 = (₩12,000,000 + ₩9,600,000)/120,000개
= ₩180

(2) 단위당정상원가 = ₩200 + ₩100 + ₩180 = ₩480

(3) 기말재공품정상원가(선입선출법과 평균법 간에 차이가 없음)
= 2,000개 × 0.3 × ₩480 = ₩288,000

(4) 완성품정상원가

① 선입선출법:
[1,000개 × 0.4 × ₩300 + (₩36,000 + ₩44,000)] + (5,800개 − 1,000개 × 0.4) × ₩480 = ₩2,792,000

② 평균법: 5,800개 × ₩480 = ₩2,784,000

예제 4-5

[예제 4-4]의 자료에서 재료가 공정시점에 전부 투입된다고 가정하고 (1) 제조간접원가예정배분율 (2) 단위당정상가공원가 (3) 기말재공품정상원가(선입선출법) (4) 완성품정상원가(선입선출법) 등을 계산하시오.

풀이 (1) 제조간접원가예정배분율 = (₩12,000,000+₩9,600,000)/120,000개 = ₩180

(2) 단위당정상가공원가 = ₩100+₩180 = ₩280

(3) 기말재공품정상원가

① 기말재공품재료원가 = 2,000개×1.0×₩200 = ₩400,000

② 기말재공품정상가공원가 = 2,000개×0.3×₩280 = ₩168,000

③ 기말재공품정상원가 = ①+② = ₩568,000

(4) 완성품정상원가

① 완성품재료원가 = 1,000개×₩200+(5,800개−1,000개)×₩200
= ₩1,160,000

② 완성품정상가공원가
= [1,000개×0.4×₩100+(₩36,000+₩44,000)]+(5,800개−1,000개×0.4)×₩280 = ₩1,632,000

③ 완성품정상원가 = ①+② = ₩2,792,000

05 기말제품정상원가와 정상매출원가의 계산

기말제품과 판매량은 정상원가계산의 대상이 아니다. 정상원가계산에서 기말제품정상원가와 정상매출원가가 계산되는 것은 완성품원가가 정상원가로 측정된 결과일 뿐이다. 그러므로, 선입선출법이 채택되는 경우를 전제로 하면, 정상원가계산이 채택된 경우에도 기말제품수량 또는 판매량에 단위당정상원가를 적용하는 방식으로 기말제품정상원가와 정상매출원가를 계산해서는 안 된다. 그것들은 반드시 제품계정의 차변에 기록되는 완성품정상원가의 배분절차를 이용하여 계산해야 한다. 즉 [표 4-2]의 제품계정의 구조에 따라, 제품계정의 차변으로 대체된 완성품정상원가를 배분하여 기말제품정상원가를 계산한 다음, 제품계정의 차변합계에서 그것을 차감하여 정상매출원가를 계산하는 것이다.

> ① 기말제품정상원가 = 완성품단위당정상원가×기말제품수량
> ② 정상매출원가 = (기초제품원가＋완성품정상원가)－기말제품정상원가

표 4-2 제품계정

<table>
<tr><td>기초제품원가
(전기의 실제원가)</td><td>기초제품원가(전기의 실제원가)</td><td rowspan="2">정상
매출원가</td></tr>
<tr><td rowspan="2">완성품정상원가</td><td>(판매량－기초제품수량)
×완성품단위당정상원가</td></tr>
<tr><td>기말제품수량
×완성품단위당정상원가</td><td>기말제품
정상원가</td></tr>
</table>

*완성품단위당정상원가(선입선출법)＝완성품정상원가/완성품수량

여기서 말하는 단위당정상원가는 실제조업도 1단위의 정상원가가 아니라 완성품 1단위의 정상원가이다. 그것은 기본적으로 완성품정상원가를 완성품수량으로 나눈 값인데, 선입선출법과 평균법의 경우에 각각 아래와 같이 계산된다.

> 완성품단위당정상원가(선입선출법) = 완성품정상원가/완성품수량
> 완성품단위당정상원가(평균법)
> = (기초제품원가＋완성품정상원가)/(기초제품수량＋완성품수량)

이와 같은 방식을 따르는 것이 가능하게 되는 이유는 정상원가계산이 채택되는 경우에도 제품계정의 차변과 대변의 각 구성항목들의 원가에 포함된 고정제조간접원가요소가 모두 예정배분액으로 측정된 것이어서 제품계정이 항상 대차균형을 유지하기 때문이다. 만일 이러한 상황에서 기말제품과 판매

량에 대해 실제조업도 단위당정상원가를 적용하여 기말제품정상원가와 정상매출원가를 계산하면 전기에 생산된 기초제품재고와 당기에 생산된 당기완성품의 단위당제조원가가 다른 경우에는 계산상의 오류를 피할 수 없다.

예제 4-6

[예제 4-4]에서 기말제품정상원가와 정상매출원가를 선입선출법과 평균법에 따라 각각 구하시오.

풀이 (1) 완성품단위당정상원가의 계산

① 완성품단위당정상원가(선입선출법)=₩2,792,000/5,800개=₩481.38/개

② 완성품단위당정상원가(평균법)

= [(1,200개×₩300+₩234,000)+₩2,784,000]/(1,200개+5,800개)

= ₩482.57/개

(2) 선입선출법에 의한 원가계산

① 기말제품정상원가 = ₩481.38×2,000개/5,800개) = ₩962,759

② 정상매출원가 = [1,200개×₩300+₩234,000]+₩2,792,000−₩962,759

=₩2,423,241

(3) 평균법에 의한 원가계산

① 기말제품정상원가 = 2,000개×₩482.57 = ₩965,143

② 정상매출원가 = [(1,200개×₩300+₩234,000)+₩2,784,000]−₩965,143

=₩2,412,857

06 재고자산정상원가와 정상매출원가의 조정

정상원가계산의 방법으로 계산된 완성품정상원가, 기말재공품정상원가, 기말제품정상원가, 정상매출원가 등에는 실제원가로 측정된 직접재료원가와 직접노무원가 그리고 변동제조간접원가예정배분액과 고정제조간접원가예정배분액이 포함되어 있다. 이러한 원가계산의 결과는 두 가지 측면에서 문제가

있다. 이러한 문제점들과 그것의 해결방법을 각각 설명하면 다음과 같다.

첫째 문제는 기준조업도에 맞추어 추정된 고정제조간접원가예산이 원가배분의 최종 종착지인 기말재공품, 기말제품, 판매량 등의 세 곳에 실제로 배분된 고정제조간접원가예정배분액과 일치되지 않을 수 있다는 것이다. 이러한 결과는 고정제조간접원가예정배분액을 결정하는 실제조업도가 기준조업도와 다르기 때문에 야기되는데, 이러한 원인으로 인해 생기는 고정제조간접원가예산과 고정제조간접원가예정배분액의 차이를 조업도차이(volume variance)라 한다. 따라서 실제조업도가 기준조업도와 달라서 조업도차이가 발생되면 원가계산기말 시점에 그것을 원가배분의 세 군데 최종 종착지들에 실제로 배분된 고정제조간접원가예정배분액에 가감하는 방식으로 조정해야 한다. 과소배분을 의미하는 조업도차이는 가산하고, 과대배분을 의미하는 조업도차이는 감산한다.

둘째 문제는 정상원가계산의 결과가 실제원가계산의 그것과 차이가 생긴다는 것이다. 정상원가계산을 채택하더라도 직접재료원가와 직접노무원가는 실제원가계산과 동일하게 계산되지만, 제조간접원가는 실제원가가 아닌 예정배부액으로 계산되기 때문에, 전체적으로 두 가지 원가계산방법에 따라 산출된 원가계산의 결과는 차이가 생기게 마련이다. 이러한 차이를 예정배분차이라 하는데, 특히 제조간접원가 요소에서만 이러한 차이가 생기므로, 그것을 제조간접원가예정배분차이라 한다. 그것은 제조간접원가실제액과 제조간접원가예정배분액의 차이이다. 따라서 정상원가계산의 결과를 실제원가계산의 결과와 일치되도록 만들기 위해서는 원가계산기말 시점에 이러한 예정배분차이를 정상원가계산 결과에 가감하는 방식으로 조정해야 한다. 과소배분을 의미하는 예정배분차이는 가산하고, 과대배분을 의미하는 예정배분차이는 감산한다.

이러한 두 가지 문제의 해결방법들은 각각 조업도차이를 이용한 조정, 예정배분차이를 이용한 조정이라 할 수 있다. 이어지는 설명에서 이 두 가지를 다루는데, 그것들이 비록 조정방법은 동일하지만 조정의 이유는 서로 다르다. 정상원가계산을 공부할 때에는 이 두 가지의 조정이 필요한 이유가 서로 어떻게 다른지를 명확하게 인식하는 것이 중요하다.

07 조업도차이를 이용한 조정: 수정후정상매출원가의 계산

정상원가계산에서 고정제조간접원가예산을 예정배분을 통해 재고자산원가와 매출원가에 배분하면 그것이 마치 변동원가요소처럼 실제조업도에 비례하여 배분되기 때문에, 실제조업도가 기준조업도보다 낮으면 고정제조간접원가예산의 일부가 적게 배분되고, 그 반대의 경우에는 더 많이 배분된다. 이와 같은 고정제조간접원가예산의 배분부족액 또는 배분초과액을 조업도차이(volume variance)라 한다.

조업도차이
= (기준조업도 − 실제조업도) × 고정제조간접원가예정배분율
= 고정제조간접원가예산 − 고정제조간접원가예정배분액

정상원가계산이 채택된 경우에는 원가계산기말 시점에 단위당정상원가로 측정된 재고자산원가와 매출원가를 이러한 조업도차이로 조정해야 한다. 즉 수정후정상매출원가, 수정후기말재공품정상원가, 수정후기말제품정상원가 등이 계산되어야 한다. 조업도차이의 계산식을 보면, 고정제조간접원가예정배분액으로 측정된 산출물들의 원가를 조업도차이로 조정하였을 때 그 결과가 고정제조간접원가예산과 일치된다는 사실을 알 수 있다.

수정후정상매출원가, 수정후기말재공품정상원가, 수정후기말제품정상원가 등은 조업도차이의 조정액이 각각 가감되어 계산되는데, 이렇게 세 가지 원가항목에 각각 안분하여 가감하는 방법(안분법)도 있고, 조업도차이를 오직 정상매출원가에만 가감하는 방법(매출원가조정법)도 있다. 이 중에서 일반적으로 널리 이용되는 것은 매출원가조정법이다. 이때는 수정후정상고정매출원가와 수정후정상매출원가가 각각 다음과 같이 조정된다(안분법에 대해서는 '예정배분차이를 이용한 조정'에서 설명한다).

수정후정상고정매출원가 = 정상고정매출원가 ± 조업도차이
수정후정상매출원가 = 정상매출원가 ± 조업도차이

조업도차이로 수정된 재고자산원가와 매출원가가 보고되어야 하기 때문에, 재공품계정과 제품계정 대변 구성항목들의 원가도 모두 조업도차이로 조정된 수정후원가로 기록해야 한다. 조업도차이의 조정이 이루어진 후의 재고자산계정의 구성은, 안분법의 경우에는 [표 4-3], 그리고 매출원가조정법의 경우에는 [표 4-4]와 같다.

표 4-3 재고자산계정(안분법)

차변	대변
기초재공품원가	수정후정상매출원가 = 정상매출원가±조업도차이안분액
기초제품원가	
당기정상제조원가 =직접재료원가+직접노무원가 +변동제조간접원가예정배분액 +고정제조간접원가예산	수정후기말재공품정상원가 = 기말재공품정상원가±조업도차이안분액
	수정후기말제품정상원가 = 기말제품정상원가±조업도차이안분액

표 4-4 재고자산계정(매출원가조정법)

차변	대변
기초재공품원가	수정후정상매출원가 =정상매출원가±조업도차이
기초제품원가	
당기정상제조원가 =직접재료원가+직접노무원가 +변동제조간접원가예정배분액 +고정제조간접원가예산	기말재공품정상원가
	기말제품정상원가

만일 정상원가로 측정된 재고자산원가와 매출원가를 조업도차이로 수정하지 않으면 재고자산계정의 차변합계와 대변합계가 조업도차이의 크기만큼 차이가 있어서 [표 4-3]과 [표 4-4]의 재고자산계정에서 대차균형이 성립되지 않는다. 물론, 재공품계정과 제품계정 각각의 대차균형을 확보하기 위해서는 완성품정상원가도 조업도차이로 수정되어야 한다. 그러나 굳이 이렇게 하지 않는 것은 완성품정상원가가 배분될 기말제품원가와 매출원가를 대상으로

조업도차이를 조정함으로써 결과적으로는 완성품정상원가를 조업도차이로 조정하는 효과가 생기기 때문이다.

예제 4-7

[예제 4-4]의 자료를 이용하여 (1)고정제조간접원가 예정배분율 (2)실제조업도 (3)고정제조간접원가 조업도차이 (4)매출원가조정법에 의한 수정후정상매출원가를 계산하고, (5)재고자산계정을 작성하여 대차균형 여부를 확인하시오.

풀이 (1) 고정제조간접원가예정배분율 = ₩12,000,000/120,000개 = ₩100

(2) 실제조업도 = (5,800개 − 1,000개 × 0.4) + 2,000개 × 0.3 = 6,000개

(3) 고정제조간접원가조업도차이 = (10,000개 − 6,000개) × ₩100

= ₩400,000(배부부족)

(4) 수정후정상매출원가 = ₩2,423,241 + ₩400,000 = ₩2,823,241

(5) 조업도차이로 조정된 재고자산계정의 기록

재고자산계정(매출원가조정법)

기초재공품원가	₩200,000	수정후정상매출원가 = 정상매출원가 ± 조업도차이 = ₩2,423,241 + ₩400,000 = ₩2,823,241	
기초제품원가	₩594,000		
당기정상제조원가 = 직접재료원가 + 직접노무원가 + 변동제조간접원가예정배분액 + 고정제조간접원가예산	₩3,280,000	기말재공품정상원가	₩288,000
		기말제품정상원가	₩962,759
합 계	₩4,074,000	합 계	₩4,074,000

08 예정배분차이를 이용한 조정: 수정후매출원가의 계산

정상원가로 측정된 정상매출원가, 기말제품정상원가, 기말재공품정상원가 등은 그 속에 제조간접원가예정배분액을 포함하고 있다. 그러나 실제원가로 측정된 재고자산원가와 매출원가가 재무제표에 보고되어야 한다면 이 원

가항목들에 포함된 제조간접원가예정배분액이 원가계산기말 시점에 집계된 제조간접원가실제소비액과 같아지도록 필요한 조정을 해야 한다. 조정방식은 예정배분차이를 분석하여 정상매출원가, 기말재공품정상원가, 기말제품정상원가 등에 그것을 가감하는 것이다.

제조간접원가의 예정배분차이는 제조간접원가의 예정배분액과 그것의 실제소비액의 차이로 측정된다. 그리고 제조간접원가를 원가행태를 기준으로 구분하면, 제조간접원가의 예정배분차이는 변동제조간접원가예정배분차이와 고정제조간접원가예정배분차이로 나눌 수 있다.

> 제조간접원가예정배분차이
> = 제조간접원가예정배분액 − 제조간접원가실제소비액
> = 변동제조간접원가예정배분차이 + 고정제조간접원가예정배분차이

대부분의 경우에, 예정배분차이는 변동제조간접원가예정배분차이와 고정제조간접원가예정배분차이를 분해하는 것으로 충분하다.

> ① 변동제조간접원가예정배분차이
> = 변동제조간접원가예정배분액 − 변동제조간접원가실제소비액
> ② 고정제조간접원가 예정배분차이
> = 고정제조간접원가예정배분액 − 고정제조간접원가실제소비액

예제 4-8

[예제 4-4]의 자료를 이용하여 (1)변동제조간접원가예정배분차이 (2)고정제조간접원가예정배분차이를 계산하시오.

풀이 (1) 변동제조간접원가예정배분차이 = ₩80×6,000개 − ₩700,000
= ₩220,000(배부부족)

(2) 고정제조간접원가예정배분차이 = ₩100×6,000개 − ₩930,000
= ₩330,000(배부부족)

예정배분차이의 회계처리란 정상원가계산에 따라 측정된 재고자산정상원가와 정상매출원가를 실제원가계산에 따라 측정된 경우와 같아지도록 수정하는 절차를 가리킨다. 외부보고용 재무제표에는 실제원가계산의 방법으로 측정되었을 때와 동일한 재고자산원가와 매출원가가 보고되어야 하기 때문에 이러한 절차를 반드시 거쳐야 한다.

수정의 방법은 간단하다. 배분초과액이 있다면 그것들의 원가에서 차감하고, 배분부족액이 있다면 그것들의 원가에 가산한다. 예정배분차이로 수정된 재고자산원가와 매출원가는 실제원가로 측정된 원가라고 할 수 있다.

예정배분차이의 회계처리방법에는 안분법과 매출원가조정법이 있다. 예정배분차이의 정확한 처리방법은 안분법이다. 제조원가의 흐름을 보면 당기제조원가는 일정한 원가계산기간 동안 결국 기말재공품원가, 기말제품원가, 매출원가 등의 세 곳으로 흐른다. 따라서 당기제조원가에 변화가 생기면 기말재공품원가, 기말제품원가, 매출원가 등을 모두 수정하는 것이 정확한 방법이다. 예정배분차이가 거액일 때는 이 방법을 이용하는 것이 바람직하다.

안분법에 적용되는 안분기준으로는 원가요소법과 총원가법의 두 가지가 있다. 원가요소법은 매출원가, 기말제품원가, 기말재공품원가의 각각에 포함되어 있는 제조간접원가 예정배분액을 기준으로 배분차이를 안분하는 것이고, 총원가법은 매출원가, 기말제품원가, 기말재공품원가를 기준으로 배분차이를 안분하는 것이다. 따라서 안분법이 적용될 경우에 기말재공품원가, 기말제품원가, 그리고 매출원가는 각각 다음과 같이 수정된다.

① 수정후기말재공품원가 = 수정전기말재공품정상원가±예정배분차이안분액
② 수정후기말제품원가 = 수정전기말제품정상원가±예정배분차이안분액
③ 수정후매출원가 = 수정전정상매출원가±예정배분차이안분액

예정배분차이가 소액일 때는, 안분계산에 시간이 많이 걸리고, 정확한 안분처리의 실익이 크지 않기 때문에, 그것을 매출원가에 가감하는 방식으로 처리하는 매출원가조정법이 널리 이용된다. 그것은 모든 예정배분차이를 매출원

가에만 가감하여 조정하는 것이다. 따라서 매출원가조정법이 적용될 경우에는 기말재공품원가와 기말제품원가는 수정되지 않고, 오직 매출원가만 다음과 같이 수정된다.

수정후매출원가 = 수정전정상매출원가±예정배분차이

예제 4-9

[예제 4-4]의 자료를 이용하여 매출원가조정법을 채택할 경우의 수정후매출원가를 구하고, 재고자산계정을 작성하여 대차균형이 성립되는지를 확인하시오.

풀이 (1) 제조간접원가예정배분차이 = ₩180×6,000개−₩1,630,000
= ₩550,000(배부부족)

(2) 수정후매출원가 = ₩2,423,241+₩550,000 = ₩2,973,241

(3) 예정배분차이로 조정된 재고자산계정의 기록

재고자산계정(매출원가조정법)

차변		대변	
기초재공품원가	₩200,000	수정후매출원가 =정상매출원가±예정배분차이 =₩2,423,241+₩550,000 =₩2,973,241	
기초제품원가	₩594,000		
당기제조원가 =직접재료원가+직접노무원가 +변동제조간접원가실제액 +고정제조간접원가실제액	₩3,430,000	기말재공품정상원가	₩288,000
		기말제품정상원가	₩962,759
합 계	₩4,224,000	합 계	₩4,224,000

예제 4-10

한국정공㈜은 2010년 6월 1일 현재 작업지시서 #301의 작업을 진행하고 있는데, 지금까지 이 작업에 투입된 원가는 ₩126,900이다. 2010년 6월 중에 작업지시서 #302와 #303의 작업에 착수하였으며, #301과 #302의 작업은 6월 중에 완료되었다. 그리고 #301의 주문품은 고객에게 인도되었다.

	#301	#302	#303	합계
직접재료원가	₩4,000	₩112,000	₩150,000	₩266,000
직접노무원가	₩8,500	₩76,000	₩130,000	₩214,500
제조간접원가	₩129,000			₩129,000

각 작업과 관련하여 6월 중에 소비된 원가는 주어진 자료와 같다. 제조간접원가예정배분율은 직접노무원가의 60%이다. 2010년 6월 30일에 한국정공㈜의 (1) 작업지시서별 원가를 계산하고, (2) 완성품정상원가, 기말재공품정상원가, 정상매출원가, 기말제품정상원가 등을 각각 계산하고, (3) 제조간접원가 예정배분차이를 계산하고, (4) 제조간접원가 예정배분차이를 총원가기준 안분법에 따라 회계처리하시오.

풀이 (1) 작업지시서별 정상원가계산

	#301	#302	#303	합계
기초재공품원가	₩126,900	–	–	₩126,900
직접재료원가	4,000	₩112,000	₩150,000	266,000
직접노무원가	8,500	76,000	130,000	214,500
제조간접원가예정배분액	5,100	45,600	78,000	128,700
정상제조원가	₩144,500	₩233,600	₩358,000	₩736,100

*제조간접원가예정배분액 = 직접노무원가×0.6

(2) 재고자산원가와 매출원가의 계산

① 완성품정상원가(#301과 #302의 원가) = ₩144,500+₩233,600 = ₩378,100

② 기말재공품정상원가(#303의 원가) = ₩358,000

③ 정상매출원가(#301의 원가) = ₩144,500

④ 기말제품정상원가(#302의 원가) = ₩233,600

(3) 제조간접원가 예정배분차이의 계산

① 제조간접원가 예정배분액 = ₩214,500×0.6 = ₩128,700

② 제조간접원가 실제소비액 = ₩129,000

③ 제조간접원가 예정배분차이 = ₩129,000 − ₩128,700 = ₩300(배분부족)

(4) 예정배분차이의 회계처리(총원가기준 안분법)

① 총원가법에 따른 안분비율(재공품 : 제품 : 매출원가)

= ₩358,000 : ₩233,600 : ₩144,500 = 0.5 : 0.3 : 0.2

② 수정후 기말재공품원가, 기말제품원가, 매출원가

수정후기말재공품원가 = ₩358,000 + ₩300 × 0.5 = ₩358,000 + ₩150

= ₩358,150

수정후기말제품원가 = ₩233,600 + ₩300 × 0.3 = ₩233,600 + ₩90

= ₩233,690

수정후매출원가 = ₩144,500 + ₩300 × 0.2 = ₩144,500 + ₩60

= ₩144,560

원가관리회계의 이해와 연습

Chapter 5

학습초점

1. 원가계산방법들 간의 당기비용(당기순이익) 차이의 원인이 되는 원가요소
   (1) 전부원가계산과 변동원가계산 간의 차이: 고정제조간접원가
   (2) 전부원가계산과 초변동원가계산 간의 차이:
   전부가공원가(=직접노무원가+변동제조간접원가+고정제조간접원가)
   (3) 변동원가계산과 초변동원가계산 간의 차이:
   변동가공원가(=직접노무원가+변동제조간접원가)
2. 실제원가계산과 정상원가계산의 각 경우별로, 고정제조간접원가만 기록되는 재공품계정과 제품계정 또는 재고자산계정의 작성
3. 실제원가계산과 정상원가계산의 각 경우별로, 전부가공원가만 기록되는 재공품계정과 제품계정 또는 재고자산계정의 작성
4. 실제원가계산과 정상원가계산의 각 경우별로, 변동가공원가만 기록되는 재공품계정과 제품계정 또는 재고자산계정의 작성

CHAPTER 5

원가계산목적에 적합한 제품원가계산의 방법

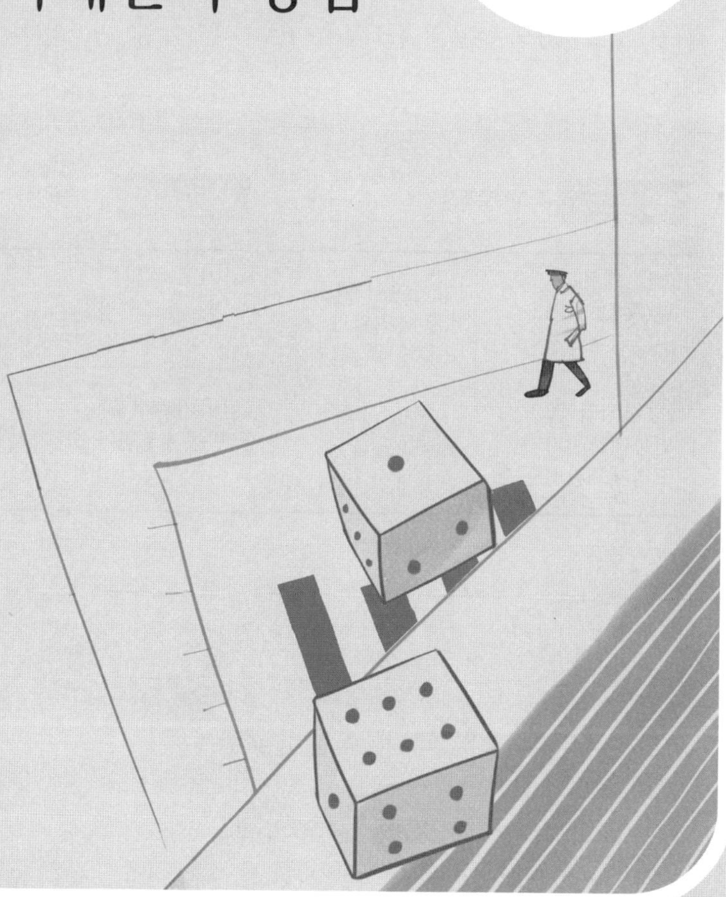

01 전부원가계산: 제조원가 = 변동제조원가+고정제조간접원가 = 전부제조원가

변동제조원가와 고정제조간접원가를 모두 포함한 전부제조원가를 제조원가로 인정하는 제품원가계산의 방법을 전부원가계산(full costing) 또는 전부흡수원가계산(full absorption costing)이라 한다. 제품원가계산의 목적이 재무제표에 보고될 재고자산원가와 매출원가 정보를 만들어 내는 것이라면, 이 방법이 적합하다.

전부원가계산이 채택되면 제조원가의 흐름을 추적할 때 작성되는 재공품계정과 제품계정에 변동제조원가와 고정제조간접원가가 모두 기록된다. 따라서 제조원가의 흐름은 [그림 5-1(A)] 및 [그림 5-1(B)]와 같이 나타낼 수 있다.

그림 5-1(A) 재공품계정

[기초재공품] 변동제조원가 고정제조간접원가	**[당기완성품]** 변동제조원가 고정제조간접원가
[당기투입품] 변동제조원가 **고정제조간접원가**	[기말재공품] 변동제조원가 고정제조간접원가

그림 5-1(B) 제품계정

[기초제품] 변동제조원가 고정제조간접원가	[당기판매량] 변동매출원가 **고정매출원가**
[당기완성품] 변동제조원가 고정제조간접원가	[기말제품] 변동제조원가 고정제조간접원가

예제 5-1

성산기업㈜은 10,000개를 생산하여 8,000개를 ₩15의 가격으로 판매하였다(변동판매관리비 ₩12,000, 고정판매관리비 ₩8,000). 2010년의 실제원가계산에 의한 원가정보는 아래와 같다(기초제품 1,000개).

제조원가	기초재공품원가	당기제조원가	완성품원가	기말재공품원가
직접재료원가	₩1,500	₩36,000	₩30,000	₩7,500
직접노무원가	2,000	48,000	40,000	10,000
변동제조간접원가	1,000	24,000	20,000	5,000
고정제조간접원가	1,500	36,000	30,000	7,500
수량(진척도)	1,000개(50%)	12,000개	10,000개	3,000개(83.33%)

전기와 당기의 단위당제조원가는 동일하며, 재고자산은 선입선출법으로 평가한다. 재공품계정과 제품계정을 통합한 재고자산계정을 작성하시오(원가요소 명시).

풀이

<재고자산계정>

차 변			대 변		
기초 재공품 원가	직접재료원가	₩1,500	매출 원가	매출재료원가	₩24,000
	직접노무원가	₩2,000		매출노무원가	₩32,000
	변동제조간접원가	₩1,000		매출변동간접원가	₩16,000
	고정제조간접원가	₩1,500		매출고정간접원가	₩24,000
기초 제품 원가	직접재료원가	₩3,000	기말 재공품 원가	직접재료원가	₩7,500
	직접노무원가	₩4,000		직접노무원가	₩10,000
	변동제조간접원가	₩2,000		변동제조간접원가	₩5,000
	고정제조간접원가	₩3,000		고정제조간접원가	₩7,500
당기 제조 원가	직접재료원가	₩36,000	기말 제품 원가	직접재료원가	₩9,000
	직접노무원가	₩48,000		직접노무원가	₩12,000
	변동제조간접원가	₩24,000		변동제조간접원가	₩6,000
	고정제조간접원가	₩36,000		고정제조간접원가	₩9,000
합 계		₩162,000	합 계		₩162,000

① 원가요소별 단위당제품원가의 계산

단위당직접재료원가 = 완성품재료원가/완성품수량

= ₩30,000/10,000개 = ₩3/개

단위당직접노무원가 = 완성품노무원가/완성품수량
= ₩40,000/10,000개 = ₩4/개
단위당변동간접원가 = 완성품변동간접원가/완성품수량
= ₩20,000/10,000개 = ₩2/개
단위당고정간접원가 = 완성품고정간접원가/완성품수량
= ₩30,000/10,000개 = ₩3/개

② 기초제품원가, 매출원가, 기말제품원가 등의 원가요소별 원가의 계산
기초제품(원가요소별)원가=기초제품수량×단위당(원가요소별)제품원가
매출(원가요소별)원가=판매량×단위당(원가요소별)제품원가
기말제품(원가요소별)원가=기말제품수량×단위당(원가요소별)제품원가

전부원가손익계산서에 보고되는 수익성지표는 매출총이익과 당기순이익이다. [표 5-1]은 [예제 5-1]의 자료를 이용하여 작성된 전부원가손익계산서이다. 여기서, 당기비용은 매출원가(₩96,000)와 기간원가(₩20,000)의 합계액(₩116,000)이고, 당기순이익은 매출액(₩120,000)에서 이러한 당기비용(₩116,000)을 차감한 것(₩4,000)이다.

표 5-1 전부원가손익계산서

매출액			₩120,000
매출원가	변동매출원가	₩72,000	
	고정매출원가	₩24,000	₩96,000
매출총이익			₩24,000
기간원가	변동판매관리비	₩12,000	
	고정판매관리비	₩8,000	₩20,000
당기순이익			₩4,000

02 변동원가계산: 제조원가=변동제조원가

변동원가계산(variable costing)은 변동제조원가(=직접재료원가+직접노무원가+변동제조간접원가)만 제조원가로 인정하는 원가계산의 방법이다. 따라서 제조원가의 흐름을 추적할 때 작성되는 재공품계정과 제품계정에는 변동제조원가만 기록된다. 제조원가의 흐름은 [그림 5-2(A)] 및 [그림 5-2(B)]와 같이 나타낼 수 있다.

그림 5-2(A) 재공품계정

[기초재공품] 변동제조원가	**[당기완성품]** 변동제조원가
[당기투입품] 변동제조원가	[기말재공품] 변동제조원가

그림 5-2(B) 제품계정

[기초제품] 변동제조원가	[당기판매량] 변동매출원가
[당기완성품] 변동제조원가	[기말제품] 변동제조원가

이러한 제조원가의 흐름에 포함되지 않는 고정제조간접원가와 판매관리비는 변동원가계산이 채택된 경우에는 모두 기간원가다. 단기적 의사결정에 필요한 원가와 수익성 정보를 제공하는 것이 원가계산의 목적이라면 변동원가계산을 채택하는 것이 적합하다. 그래서 계획수립 및 경영통제와 관련된 경영자의 의사결정을 지원하기 위해, 관리회계는 기본적으로 변동원가계산에 따라 작성된 원가정보를 이용한다.

예제 5-2

[예제 5-1]의 자료를 이용하여 변동원가계산이 채택된 경우의 재공품계정과 제품계정을 통합한 재고자산계정을 작성하시오.

풀이 변동원가계산에서는 고정제조간접원가를 제조원가가 아닌 기간원가로 간주하기 때문에, [예제 5-1]의 재고자산계정에서 고정제조간접원가 요소를 제거한다.

차 변			대 변		
기초 재공품 원가	직접재료원가	₩1,500	매출 원가	매출재료원가	₩24,000
	직접노무원가	₩2,000		매출노무원가	₩32,000
	변동제조간접원가	₩1,000		매출변동간접원가	₩16,000
기초 제품 원가	직접재료원가	₩3,000	기말 재공품 원가	직접재료원가	₩7,500
	직접노무원가	₩4,000		직접노무원가	₩10,000
	변동제조간접원가	₩2,000		변동제조간접원가	₩5,000
당기 제조 원가	직접재료원가	₩36,000	기말 제품 원가	직접재료원가	₩9,000
	직접노무원가	₩48,000		직접노무원가	₩12,000
	변동제조간접원가	₩24,000		변동제조간접원가	₩6,000
합 계		121,500	합 계		121,500

변동원가손익계산서에는 총공헌이익과 당기순이익이 수익성 지표로 보고된다. [예제 5-2]의 자료를 이용하여 변동원가손익계산서를 작성하면 [표 5-2]와 같다. 여기에 보고되는 총공헌이익은 매출액(₩120,000)에서 총변동비용(₩84,000)을 차감한 것(₩36,000)이고, 당기순이익은 총공헌이익(₩36,000)에서 총고정비용(₩44,000)을 차감한 것이다. 여기서, 총변동비용은 변동매출원가와 변동판매관리비를 합계한 것이고, 총고정비용은 고정제조간접원가와 고정판매관리비를 합계한 것이다.

표 5-2 변동원가손익계산서

매출액			₩120,000
총변동비용	변동매출원가	₩72,000	
	변동판매관리비	₩12,000	₩84,000
총공헌이익			₩36,000
총고정비용	**고정제조간접원가**	₩36,000	
	고정판매관리비	₩8,000	₩44,000
당기순이익			₩(8,000)

03 초변동원가계산: 제조원가=직접재료원가

초변동원가계산(super-variable costing)은 직접재료원가만 제조원가로 인정하는 제품원가계산의 방법이다. 따라서 제조원가의 흐름을 추적할 때 작성되는 재공품계정과 제품계정에는 직접재료원가만 기록된다. 이 방법은 경영자들의 재고감소노력을 고무하는 목적에 가장 적합한 것으로 평가되며, 의사결정의 시간적 지평이 아주 짧아서 직접재료원가만 변동원가행태를 나타내는 것으로 간주해도 좋은 단기적 의사결정을 지원하는 데 유용한 수익성 정보를 만들어 낸다.

예제 5-3

[예제 5-1]의 자료를 이용하여 초변동원가계산이 채택된 경우의 재고자산계정을 제조원가요소들을 명시하면서 작성하시오.

풀이 초변동원가계산에서는 직접재료원가 이외의 다른 제조원가요소들을 모두 기간원가로 간주하기 때문에, [예제 5-1]의 재고자산계정에 직접재료원가 요소만 포함시킨다.

차 변		대 변	
기초재공품원가(직접재료원가)	₩1,500	매출재료원가	₩24,000
기초제품원가(직접재료원가)	₩3,000	기말재공품원가(직접재료원가)	₩7,500
당기제조원가(직접재료원가)	₩36,000	기말제품원가(직접재료원가)	₩9,000
합 계	₩40,500	합 계	₩40,500

초변동원가계산에 따른 제조원가의 흐름은 [그림 5-3(A)] 및 [그림 5-3(B)]와 같이 나타낼 수 있다. 이러한 제조원가의 흐름에 포함되지 않는 전부가공원가(=직접노무원가+변동제조간접원가+고정제조간접원가)와 판매관리비는 모두 기간원가이다.

그림 5-3(A) 재공품계정

[기초재공품] 직접재료원가	**[당기완성품]** 직접재료원가
[당기투입품] 직접재료원가	[기말재공품] 직접재료원가

그림 5-3(B) 제품계정

[기초제품] 직접재료원가	[당기판매량] 매출재료원가
[당기완성품] 직접재료원가	[기말제품] 직접재료원가

초변동원가손익계산서에는 매출산출고와 당기순이익이 수익성 지표로 보고된다. [예제 5-3]의 자료를 이용하여 초변동원가손익계산서를 작성하면 [표 5-3]과 같다.

표 5-3 초변동원가손익계산서

매출액					₩120,000
매출재료원가					₩24,000
매출산출고					₩96,000
기간원가	전부가공원가	변동가공원가	직접노무원가	₩48,000	
			변동제조간접원가	₩24,000	
		고정가공원가	고정제조간접원가	₩36,000	
	판매관리비		변동판매관리비	₩12,000	
			고정판매관리비	₩8,000	₩128,000
당기순이익					₩(32,000)

초변동원가손익계산서에 보고되는 매출산출고는 매출액(₩120,000)에서 매출재료원가(₩24,000)를 차감한 것(₩96,000)이고, 당기순이익은 매출산출고(₩96,000)에서 기간원가(₩128,000)를 차감한 것이다. 여기서, 기간원가는 전부가공원가(₩108,000)와 판매관리비(₩20,000)를 합계한 것이다.

04 원가계산방법들 간의 당기비용차이(실제원가계산)

앞에서 살펴 본 세 가지 원가계산방법들의 특징을 간단히 요약하면, 직접재료원가는 세 가지 원가계산방법들에서 모두 제조원가로 간주되지만, 가공원가는 그렇지 않다. 다시 말해서, 전부원가계산은 직접재료원가와 전부가공원가를 제조원가로 간주하고, 변동원가계산은 직접재료원가와 변동가공원가를 제조원가로 간주하며, 초변동원가계산은 직접재료원가만 제조원가로 간주한다.

각각의 원가계산방법에서, 제조원가로 간주되는 원가요소는 판매량에 대응된 그것의 소멸액이 매출원가의 형태로 당기비용에 포함되지만, 제조원가로 간주되지 않는 원가요소는 당기소비액의 전부가 기간원가의 형태로 당기비용에 포함된다. 원가계산방법들 간의 당기비용차이는 바로 이러한 차이에서 비롯된다([표 5-4]). 판매관리비는 원가계산방법에 관계없이 항상 기간원가로 간주되기 때문에 원가계산방법들 간의 당기비용차이를 야기하지 않는다.

[표 5-4]를 보면, 전부원가계산과 변동원가계산 간에는 고정제조간접원가와 고정매출원가의 차이만큼, 전부원가계산과 초변동원가계산 간에는 전부

표 5-4 당기비용차이(실제원가계산)

		변동원가계산(B)	초변동원가계산(A)	전부원가계산(C)
당기비용	기간원가	변동판매관리비	변동판매관리비	변동판매관리비
		고정판매관리비	고정판매관리비	고정판매관리비
		고정제조간접원가	고정제조간접원가	
			변동제조간접원가	
			직접노무원가	
	매출원가	매출직접재료원가	매출직접재료원가	매출직접재료원가
		매출직접노무원가		매출직접노무원가
		매출변동간접원가		매출변동간접원가
				매출고정간접원가

가공원가(직접노무원가+변동제조간접원가+고정제조간접원가)와 매출전부가공원가의 차이만큼, 그리고 변동원가계산과 초변동원가계산 간에는 변동가공원가와 매출변동가공원가의 차이만큼, 각각 당기비용이 다르게 계산된다. 이러한 사정은 가공원가 요소들을 원가요소별로 구분하여 재고자산계정(가공원가)을 작성하면 한 눈에 파악할 수 있다(직접재료원가 요소는 원가계산방법들 간에 차이가 없으므로 당기비용차이를 파악하기 위해 작성되는 재고자산계정에 포함시킬 필요가 없다). [표 5-5]는 [예제 5-1]에서 작성된 재고자산계정을 이렇게 수정한 것이다.

이렇게 작성된 재고자산계정을 이용하면, 전기와 당기의 단위당제조원가가 서로 다를 수 있는 일반적인 상황에서 원가계산방법들 간의 당기비용차이(당기순이익차이)를 구할 수 있는 일반화된 계산식을 도출할 수 있다. 그리고 원가계산방법들 간의 당기비용차이가 근본적으로 재고자산의 변동에서 비롯되는 것이며, 설사 재고자산의 양적 변동이 전혀 없는 경우라도 전기와 당기의 단위당제조원가의 차이 때문에 그러한 차이가 생길 수 있다는 사실도 확인할 수 있다.

표 5-5 재고자산계정(가공원가)

차 변			대 변		
기초 재공품 원가	직접노무원가	₩2,000	매출 원가	매출노무원가	₩32,000
	변동제조간접원가	₩1,000		매출변동간접원가	₩16,000
	고정제조간접원가	₩1,500		매출고정간접원가	₩24,000
기초 제품 원가	직접노무원가	₩4.000	기말 재공품 원가	직접노무원가	₩10,000
	변동제조간접원가	₩2,000		변동제조간접원가	₩5,000
	고정제조간접원가	₩3,000		고정제조간접원가	₩7,500
당기 제조 원가	직접노무원가	₩48,000	기말 제품 원가	직접노무원가	₩12,000
	변동제조간접원가	₩24,000		변동제조간접원가	₩6,000
	고정제조간접원가	₩36,000		고정제조간접원가	₩9,000
합 계		₩121,500	합 계		₩121,500

(1) 전부원가계산과 변동원가계산 간의 당기비용차이

전부원가계산과 변동원가계산 간의 당기비용차이를 이해하는 데는 모든 제조원가가 오직 고정제조간접원가로만 구성되어 있다고 가정하여 작성된 [표 5-6]의 재고자산계정이 도움이 된다. 전부원가계산은 [표 5-6]의 대변에 기록되는 고정매출원가를 당기비용으로 간주하지만, 변동원가계산은 [표 5-6]의 차변에 기록되는 고정제조간접원가를 당기비용으로 간주한다. 따라서 당기비용차이는 고정제조간접원가와 고정매출원가의 차이로 나타낼 수 있다.

표 5-6 재고자산계정(고정제조간접원가)

차변		대변	
기초재공품고정제조간접원가	₩1,500	고정매출원가	₩24,000
기초제품고정제조간접원가	₩3,000		
고정제조간접원가	₩36,000	기말재공품고정제조간접원가	₩7,500
		기말제품고정제조간접원가	₩9,000
합 계	₩40,500	합 계	₩40,500

*고정제조간접원가실제배부율 = ₩36,000/12,000개 = ₩3/개

그리고 재고자산계정의 대차균형관계를 이용하면, 그것은 아래와 같이 재고자산(재료재고 제외)에 포함된 고정제조간접원가의 변화로 나타낼 수 있다.

당기비용차이(₩12,000)
= 당기비용(변동원가계산) − 당기비용(전부원가계산)
= 고정제조간접원가(₩36,000) − 고정매출원가(₩24,000)
= (기말재공품고정제조간접원가 + 기말제품고정제조간접원가)
− (기초재공품고정제조간접원가 + 기초제품고정제조간접원가)
= 기말재고자산고정제조간접원가 − 기초재고자산고정제조간접원가

전기와 당기의 단위당제조원가가 동일하면, 계산식은 다음과 같이 단순화된다.

> 당기비용차이(₩12,000)
> = 고정제조간접원가－고정매출원가
> = 실제조업도×고정제조간접원가실제배부율－판매량×고정제조간접원가실제배부율
> = (실제조업도－판매량)×고정제조간접원가실제배부율
> = (12,000개－8,000개)×₩3/개 = ₩12,000

(2) 전부원가계산과 초변동원가계산 간의 당기비용차이

전부원가계산과 변동원가계산 간의 당기비용차이를 이해하는 데는 모든 제조원가가 오직 전부가공원가로만 구성되어 있다고 가정하여 작성된 [표 5-7]의 재고자산계정이 도움이 된다. 전부원가계산은 [표 5-7]의 대변에 기록되는 매출전부가공원가를 당기비용으로 간주하지만, 변동원가계산은 [표 5-7]의 차변에 기록되는 전부가공원가를 당기비용으로 간주한다. 따라서 당기비용차이는 전부가공원가와 매출전부가공원가의 차이로 나타낼 수 있다.

표 5-7 재고자산계정(전부가공원가)

차변	금액	대변	금액
기초재공품전부가공원가	₩4,500	매출전부가공원가	₩72,000
기초제품전부가공원가	₩9,000		
전부가공원가	₩108,000	기말재공품전부가공원가	₩22,500
		기말제품전부가공원가	₩27,000
합 계	₩121,500	합 계	₩121,500

*전부가공원가 = 직접노무원가＋변동제조간접원가＋고정제조간접원가
*단위당전부가공원가 = 전부가공원가/실제조업도 = ₩108,000/12,000개 = ₩9/개

그리고 재고자산계정의 대차균형관계를 이용하면, 그것은 아래와 같이 재고자산(재료재고 제외)에 포함된 전부가공원가의 변화로 나타낼 수 있다.

> 당기비용차이(₩36,000)
> = 당기비용(초변동원가계산) − 당기비용(전부원가계산)
> = 전부가공원가(₩108,000) − 매출전부가공원가(₩72,000)
> = (기말재공품전부가공원가 + 기말제품전부가공원가)
> − (기초재공품전부가공원가 + 기초제품전부가공원가)
> = 기말재고자산전부가공원가 − 기초재고자산전부가공원가

전기와 당기의 단위당제조원가가 동일하면, 계산식은 다음과 같이 단순화된다.

> 당기비용차이(₩36,000)
> = 전부가공원가 − 매출전부가공원가
> = 실제조업도 × 단위당전부가공원가 − 판매량 × 단위당전부가공원가
> = (실제조업도 − 판매량) × 단위당전부가공원가
> = (12,000개 − 8,000개) × ₩9/개 = ₩36,000

(3) 변동원가계산과 초변동원가계산 간의 당기비용차이

전부원가계산과 변동원가계산 간의 당기비용차이를 이해하는 데는 모든 제조원가가 오직 변동가공원가로만 구성되어 있다고 가정하여 작성된 [표 5−8]의 재고자산계정이 도움이 된다. 전부원가계산은 [표 5−8]의 대변에 기록되는 매출변동가공원가를 당기비용으로 간주하지만, 변동원가계산은 [표 5−8]의 차변에 기록되는 변동가공원가를 당기비용으로 간주한다. 따라서 당기비용차이는 변동가공원가와 매출변동가공원가의 차이로 나타낼 수 있다.

표 5-8 재고자산계정(변동가공원가)

기초재공품변동가공원가	₩3,000	매출변동가공원가	₩48,000
기초제품변동가공원가	₩6,000		
변동가공원가	₩72,000	기말재공품변동가공원가	₩15,000
		기말제품변동가공원가	₩18,000
합 계	₩81,500	합 계	₩81,500

*변동가공원가 = 직접노무원가 + 변동제조간접원가
*단위당변동가공원가 = 변동가공원가/실제조업도 = ₩72,000/12,000개 = ₩6/개

그리고 재고자산계정의 대차균형관계를 이용하면, 그것은 아래와 같이 재고자산에 포함된 변동가공원가의 변화로 나타낼 수 있다.

당기비용차이(₩24,000)
= 당기비용(변동원가계산) − 당기비용(초변동원가계산)
= 변동가공원가(₩72,000) − 매출변동가공원가(₩48,000)
= (기말재공품변동가공원가 + 기말제품변동가공원가)
  −(기초재공품변동가공원가 + 기초제품변동가공원가)
= 기말재고자산변동가공원가 − 기초재고자산변동가공원가

전기와 당기의 단위당제조원가가 동일하면, 계산식은 다음과 같이 단순화된다.

당기비용차이(₩24,000)
= 변동가공원가 − 매출변동가공원가
= 실제조업도 × 단위당변동가공원가 − 판매량 × 단위당변동가공원가
= (실제조업도 − 판매량) × 단위당변동가공원가 = (12,000개 − 8,000개) × ₩6/개
= ₩24,000

예제 5-4

성산기업의 생산 및 판매 자료는 아래와 같다. 이 회사는 2010년 1월 완성품 200,000개와 기말재공품 100,000개(진척도 40%)를 생산하고 단위당 ₩20에 150,000개를 판매하였다. 기초재공품과 기초제품재고는 없었다.

단위당직접재료원가	₩4.00	고정제조간접원가	₩300,000(월간)
단위당직접노무원가	₩8.00	단위당변동판매관리비	₩2.00
단위당변동제조간접원가	₩3.00	고정판매관리비	₩20,000(월간)

(1) 실제조업도를 구하시오.
(2) 단위당제조원가와 단위당변동비용은 각각 얼마인가?
(3) 단위당변동가공원가와 단위당전부가공원가는 각각 얼마인가?
(4) 1월의 매출총이익, 공헌이익, 매출산출고는 각각 얼마인가?
(5) 전부원가계산과 변동원가계산 간의 당기비용차이는 얼마인가?
(6) 전부원가계산과 초변동원가계산 간의 당기비용차이는 얼마인가?
(7) 변동원가계산과 초변동원가계산 간의 당기비용차이는 얼마인가?
(8) 1월의 당기순이익을 전부원가계산, 변동원가계산, 그리고 초변동원가계산에 따라 각각 계산하시오.

풀이 (1) 실제조업도 = 200,000개 + 100,000개 × 0.4 = 240,000개

(2) 단위당제조원가 = ₩4 + ₩8 + ₩3 + (₩300,000/240,000개) = ₩16.25/개
단위당변동비용 = ₩4 + ₩8 + ₩3 + ₩2 = ₩17

(3) 단위당변동가공원가 = ₩8 + ₩3 = ₩11/개
단위당전부가공원가 = ₩8 + ₩3 + (₩300,000/240,000개) = ₩12.25/개

(4) 매출총이익 = (가격 − 단위당제조원가) × 판매량
= (₩20 − ₩16.25) × 150,000개 = ₩562,500
공헌이익 = (가격 − 단위당변동비용) × 판매량
= (₩20 − ₩17) × 150,000개 = ₩450,000
매출산출고 = (가격 − 단위당재료원가) × 판매량
= (₩20 − ₩4) × 150,000개 = ₩2,400,000

(5) 전부원가계산과 변동원가계산 간의 당기비용차이
= 고정제조간접원가 − 고정매출원가

= ₩300,000 − ₩1.25 × 150,000개 = ₩112,500

(6) 전부원가계산과 초변동원가계산 간의 당기비용차이
=(실제조업도 − 판매량) × 단위당전부가공원가
=(240,000개 − 150,000개) × ₩12.25 = ₩1,102,500

(7) 변동원가계산과 초변동원가계산 간의 당기비용차이
=(실제조업도 − 판매량) × 단위당변동가공원가
= (240,000개 − 150,000개) × ₩11 = ₩990,000

(8) 당기순이익(전부원가계산) = 매출총이익 − 판매관리비
= ₩562,500 − (₩20,000 + ₩2 × 150,000개) = ₩242,500
당기순이익(변동원가계산) = 당기순이익(전부원가계산) − (5)의 당기 비용차이
= ₩242,500 − ₩112,500 = ₩130,000
당기순이익(초변동원가계산) = 당기순이익(전부원가계산) − (6)의 당기 비용차이
= ₩242,500 − ₩1,102,500 = (₩860,000)

05 원가계산방법들 간의 당기비용차이(정상원가계산)

정상원가계산이 채택된 경우에 원가계산방법별로 당기비용에 포함되는 원가요소들을 정리하면 [표 5-9]와 같다.

[표 5-9]를 보면, 전부원가계산과 변동원가계산 간에는 고정제조간접원가예산과 정상고정매출원가(고정제조간접원가예정배분액)의 차이만큼, 전부원가계산과 초변동원가계산 간에는 정상전부가공원가(직접노무원가 + 변동제조간접원가예정배분액 + 고정제조간접원가예산)와 매출원가(정상전부가공원가)의 차이만큼, 그리고 변동원가계산과 초변동원가계산 간에는 정상변동가공원가와 매출원가(정상변동가공원가)의 차이만큼 각각 당기비용이 다르게 계산된다. 따라서 정상원가계산이 채택된 경우에도 가공원가에 속하는 원가요소들을 명시하면서 재고자산계정(가공원가)을 작성하는 것이 원가계산방법들 간의 당기비용차이를

계산하기 위한 출발점이 된다. 선입선출법이 채택된 정상원가계산의 방법에 따라 재고자산계정을 작성할 때에는 다음의 세 가지 사항에 유의해야 한다.

첫째로, 완성품원가와 기말재공품원가는 해당 산출물의 양에 각각 단위당 정상원가를 적용하는 방식으로 계산한다.

둘째로, 기말제품원가와 매출원가는 제품계정의 구조를 이용하여 계산한다.

마지막으로, 정상고정매출원가는 조업도차이를 이용하여 수정한다.

표 5-9 당기비용차이(정상원가계산)

		변동원가계산(B)	초변동원가계산(A)	전부원가계산(C)
당기비용	기간원가	변동판매관리비	변동판매관리비	변동판매관리비
		고정판매관리비	고정판매관리비	고정판매관리비
		고정제조간접원가예산	고정제조간접원가예산	
			변동제조간접원가 예정배분액	
			직접노무원가	
	매출원가	매출직접재료원가	매출직접재료원가	매출직접재료원가
		매출직접노무원가		매출직접노무원가
		매출변동제조 간접원가예정배분액		매출변동제조간접원가 예정배분액
				매출고정제조간접원가 예정배분액 =정상고정매출원가

예제 5-5

정상원가계산을 채택하고 있는 영성기업㈜은 2010년의 기준조업도를 15,000개, 변동제조간접원가예산은 ₩37,500, 고정제조간접원가예산은 ₩52,500으로 추정하였다. 직접재료원가와 직접노무원가 단위당 실제원가는 각각 ₩3, ₩4이다.

2010년 신제품 10,000개를 생산하여 8,000개를 판매하였다. 기초제품재고는 1,000개였고, 전기와 당기의 단위당제조원가는 동일하다. 선입선출법을 가정하여 (1) 실제조업도를 구하고 (2) 재공품계정과 제품계정을 통합한 재고자산계정(가공원가)을 가공원가 요소들을 명시하면서 작성하시오.

매출액	8,000개		₩120,000
제조원가	기초재공품	완성품	기말재공품
변동제조간접원가	₩1,000		
고정제조간접원가	₩1,500		
수량(진척도)	1,000개(1/2)	10,000개	3,000개(5/6)

풀이 (1) 실제조업도(선입선출법)

= 10,000개 − 1,000개 × (1/2) + 3,000개 × (5/6) = 12,000개

(2) 재고자산계정(가공원가)의 작성

<재고자산계정(가공원가)>

차 변			대 변		
기초재공품가공원가	직접노무원가	₩2,000	수정후정상매출가공원가	매출노무원가	₩32,000
	변동제조간접원가	₩1,000		매출변동제조간접원가 예정배분액	₩19,325
	고정제조간접원가	₩1,500		**수정후 정상고정매출원가**	₩37,825
기초제품가공원가	직접노무원가	₩4,000	기말재공품정상가공원가	직접노무원가	₩10,000
	변동제조간접원가	₩2,000		변동제조간접원가 예정배분액	₩6,250
	고정제조간접원가	₩3,000		고정제조간접원가 예정배분액	₩8,750
당기정상가공원가	직접노무원가	₩48,000	기말제품정상가공원가	직접노무원가	₩12,000
	변동제조간접원가 예정배분액	₩30,000		변동제조간접원가 예정배분액	₩7,425
	고정제조간접원가 예산	₩52,500		고정제조간접원가 예정배분액	₩10,425
합 계		₩144,500	합 계		₩144,500

① 기초재공품직접노무원가 = 1,000개 × 0.5 × ₩4 = ₩2,000

② 기초제품가공원가는 기초제품수량(1,000개)이 기초재공품환산량(500개)의

2배이므로 기초재공품원가의 2배임.

③ 당기정상가공원가

= 직접노무원가+변동제조간접원가예정배분액+고정제조간접원가예산

*변동제조간접원가예정배분율 = ₩37,500/15,000개=₩2.5/개
*직접노무원가 실제액 = ₩4×12,000개 = ₩48,000
*변동제조간접원가예정배분액 = ₩2.5×12,000개 = ₩30,000

④ 기말재공품정상가공원가와 완성품정상가공원가의 계산

원가요소	기말재공품 정상가공원가	완성품정상가공원가	
		완성품원가	단위당 원가
직접노무원가	₩4×2.500개 =₩10,000	₩2,000+₩4×(10,000−500) =₩40,000	₩4
변동제조간접원가 예정배분액	₩2.5×2.500개 =₩6,250	₩1,000+₩2.5×(10,000−500) =₩24,750	₩2.475
고정제조간접원가 예정배분액	₩3.5×2.500개 =₩8,750	₩1,500+₩3.5×(10,000−500) =₩34,750	₩3.475

*고정제조간접원가예정배분율 = ₩52,500/15,000개 = ₩3.5/개
*기말재공품정상가공원가 = 단위당정상가공원가× 기말재공품환산량
*완성품정상가공원가 = 기초재공품가공원가+단위당정상가공원가×(완성품수량 −기초재공품환산량)

⑤ 기말제품정상가공원가와 정상매출가공원가의 계산

원가요소	기말제품정상가공원가	정상매출가공원가
직접노무원가	₩4×3,000개 = ₩12,000	₩4,000+₩40,000−₩12,000 = ₩32,000
변동제조간접원가 예정배분액	₩2.475×3,000개 = ₩7,425	₩2,000+₩24,750−₩7,425 = ₩19,325
고정제조간접원가 예정배분액	₩3.475×3,000개 = ₩10,425	₩3,000+₩34,750−₩10,425 = ₩27,325
조업도차이		(15,000−12,000)×₩3.5 = ₩10,500(부족)
수정후정상고정매출원가		₩27,325+₩10,500 = ₩37.825

*기말제품수량 = (1,000+10,000)−8,000 = 3,000개
*기말제품정상가공원가 = 완성품단위당정상가공원가× 기말제품수량
*정상매출가공원가 = 기초제품가공원가+완성품정상가공원가− 기말제품정상가공원가
*조업도차이 = (기준조업도−실제조업도)×고정제조간접원가예정배분율
*수정후정상고정매출원가 = 정상고정매출원가+조업도차이(배분부족)

(1) 전부정상원가계산과 변동정상원가계산 간의 당기비용차이

모든 제조원가가 오직 고정제조간접원가로만 구성되어 있다고 가정하여 [예제 5-5]에서 작성된 재고자산계정(가공원가)을 수정하면 [표 5-10]의 재고자산계정을 작성할 수 있다.

표 5-10 재고자산계정(고정제조간접원가)

기초재공품고정제조간접원가	₩1,500	수정후정상고정매출원가	₩37,825
기초제품고정제조간접원가	₩3,000		
고정제조간접원가계산	₩52,500	기말재공품정상고정원가	₩8,750
		기말제품정상고정원가	₩10,425
합 계	₩57,000	합 계	₩57,000

그것을 보면, 전부정상원가계산과 변동정상원가계산 간의 당기비용차이는 고정제조간접원가예산과 수정후정상고정매출원가의 차이로 계산된다.

당기비용차이
= 고정제조간접원가예산 − 수정후정상고정매출원가
= ₩52,500 − ₩37,825 = ₩14,675
= (기말재공품정상고정원가 + 기말제품정상고정원가)
  − (기초재공품고정제조간접원가 + 기초제품고정제조간접원가)
= 기말재고자산정상고정원가 − 기초재고자산고정제조간접원가
= ₩19,175 − ₩4,500 = ₩14,675

(2) 전부정상원가계산과 초변동정상원가계산 간의 당기비용차이

모든 제조원가가 오직 전부가공원가로만 구성되어 있다고 가정하여 [예제 5-5]에서 작성된 재고자산계정을 수정하면 [표 5-11]의 재고자산계정을 작성할 수 있다.

표 5-11 재고자산계정(전부가공원가)

기초재공품전부가공원가	₩4,500	수정후정상매출전부가공원가[2]	₩89,150
기초제품전부가공원가	₩9,000		
정상전부가공원가[1]	₩130,500	기말재공품정상전부가공원가	₩25,000
		기말제품정상전부가공원가	₩29,850
합 계	₩144,000	합 계	₩144,000

1) 정상전부가공원가 = ₩48,000 + ₩30,000 + ₩52,500 = ₩130,500
2) 수정후정상매출전부가공원가 = ₩32,000 + ₩19,325 + ₩37,825 = ₩89,150

그것을 보면 전부정상원가계산과 초변동정상원가계산 간의 당기비용차이는 정상전부가공원가와 수정후정상매출전부가공원가의 차이로 계산된다.

당기비용차이
= 정상전부가공원가 − 수정후정상매출전부가공원가
= ₩130,500 − ₩89,150 = ₩41,350
= (기말재공품정상전부가공원가 + 기말제품정상전부가공원가)
 − (기초재공품전부가공원가 + 기초제품전부가공원가)
= 기말재고자산정상전부가공원가 − 기초재고자산전부가공원가
= ₩54,850 − ₩13,500 = ₩41,350

(3) 변동정상원가계산과 초변동정상원가계산 간의 당기비용차이

모든 제조원가가 오직 변동가공원가로만 구성되어 있다고 가정하여 [예제 5-5]에서 작성된 재고자산계정을 수정하면 [표 5-12]의 재고자산계정을 작성할 수 있다.

표 5-12 재고자산계정(변동가공원가)

기초재공품변동가공원가	₩3,000	정상매출변동가공원가[2]	₩51,325
기초제품변동가공원가	₩6,000		
정상변동가공원가[1]	₩78,000	기말재공품정상변동가공원가	₩16,250
		기말제품정상변동가공원가	₩19,425
합 계	₩87,000	합 계	₩87,000

1) 정상변동가공원가 = ₩48,000 + ₩30,000 = ₩78,000
2) 정상매출변동가공원가 = ₩32,000 + ₩19,325 = ₩51,325: 변동가공원가에는 고정제조간접원가가 포함되지 않으므로, 조업도차이로 수정할 필요가 없음.

그것을 보면 변동정상원가계산과 초변동정상원가계산 간의 당기비용차이는 정상변동가공원가와 정상매출변동가공원가의 차이로 계산된다.

당기비용차이
= 정상변동가공원가 − 정상매출변동가공원가
= ₩78,000 − ₩51,325 = ₩26,675
= (기말재공품정상변동가공원가 + 기말제품정상변동가공원가)
 − (기초재공품변동가공원가 + 기초제품변동가공원가)
= 기말재고자산정상변동가공원가 − 기초재고자산변동가공원가
= ₩37,675 − ₩9,000 = ₩26,675

예제 5-6

정상원가계산의 방법으로 제품원가를 계산하는 명품공구㈜의 2010년 10월의 생산활동자료(재료는 공정시점에 전부 투입됨)는 아래와 같다. 2010년의 기준조업도는 연간 120,000개, 그것에 대응되는 고정제조간접원가예산은 ₩12,000,000 변동제조간접원가예산은 ₩9,600,000으로 각각 추정되었다. 공구제품의 단위당 직접재료원가와 직접노무원가는 ₩200, ₩100으로 각각 결정되어 있다. 세 가지 원가계산방법들 사이의 당기비용차이를 각각 계산하시오.

<2010년 10월의 생산활동자료>

기초재공품: 수량:1,000개(진척도:0.4)
변동제조간접원가: ₩36,000, 고정제조간접원가: ₩44,000
당기제조간접원가 실제소비액:
변동제조간접원가: ₩700,000, 고정제조간접원가: ₩930,000
완성품수량: 5,800개, 기말재공품: 수량:2,000개(진척도:0.3)
기초제품수량: 1,200개(변동제조간접원가 ₩108,000, 고정제조간접원가 ₩126,000)
당기판매량: 5,000개, 기말제품수량: 2,000개

풀이

<재고자산계정(가공원가)>

차변			대변		
기초재공품가공원가	직접노무원가	₩40,000	수정후정상매출가공원가	매출노무원가	₩500,000
	변동제조간접원가	₩36,000		매출변동간접원가	₩414,600
	고정제조간접원가	₩44,000		**수정후 정상고정매출원가**	₩908,600
기초제품가공원가	직접노무원가	₩120,000	기말재공품정상가공원가	직접노무원가	₩60,000
	변동제조간접원가	₩108,000		변동제조간접원가 예정배분액	₩48,000
	고정제조간접원가	₩126,000		고정제조간접원가 예정배분액	₩60,000
당기정상가공원가	직접노무원가	₩600,000	기말제품정상가공원가	직접노무원가	₩200,000
	변동제조간접원가 예정배분액	₩480,000		변동제조간접원가 예정배분액	₩161,400
	고정제조간접원가 예산	₩1,000,000		고정제조간접원가 예정배분액	₩201,400
합계		₩2,554,000	합계		₩2,554,000

① 기초재공품직접노무원가 = ₩100×1,000개×0.4 = ₩40,000

② 기초제품직접노무원가 = ₩100×1,200개 = ₩120,000

③ 당기정상가공원가의 계산

직접노무원가=₩100×6,000개=₩600,000

변동제조간접원가예정배분액＝₩80×6,000개＝₩480,000

*실제조업도(가공원가)＝5,800－1,000×0.4＋2,000×0.3＝6,000개
*변동제조간접원가예정배분율＝₩80,

④ 기말재공품정상가공원가와 완성품정상가공원가의 계산

원가요소	기말재공품 정상가공원가	완성품정상가공원가	
		완성품원가	단위당 원가
직접노무원가	₩100×600개 ＝₩60,000	₩40,000＋₩100×(5,800－400) ＝₩580,000	₩100
변동제조간접원가 예정배분액	₩80×600개 ＝₩48,000	₩36,000＋₩80×(5,800－400) ＝₩468,000	₩80.7
고정제조간접원가 예정배분액	₩100×600개 ＝₩60,000	₩44,000＋₩100×(5,800－400) ＝₩584,000	₩100.7

*고정제조간접원가예정배분율＝₩1,000,000/10,000개＝₩100/개
*기말재공품정상가공원가＝단위당정상가공원가×기말재공품환산량
*완성품정상가공원가
＝기초재공품가공원가＋단위당정상가공원가×(완성품수량－기초재공품환산량)

⑤ 기말제품정상가공원가와 정상매출가공원가의 계산

원가요소	기말제품정상가공원가	정상매출가공원가
직접노무원가	₩100×2,000개＝₩200,000	₩120,000＋₩580,000－₩200,000 ＝₩500,000
변동제조간접원가 예정배분액	₩80.7×2,000개＝₩161,400	₩108,000＋₩468,000－₩161,400 ＝₩414,600
고정제조간접원가 예정배분액	₩100.7×2,000개＝₩201,400	₩126,000＋₩584,000－₩201,400 ＝₩508,600
조업도차이		(10,000－6,000)×₩100 ＝₩400,000(부족)
수정후정상고정매출원가		₩508,600＋₩400,000＝ ₩908,600

*기말제품정상가공원가 ＝ 완성품단위당정상가공원가×기말제품수량
*정상매출가공원가 ＝ 기초제품가공원가＋완성품정상가공원가－기말제품정상가공원가
* 조업도차이 ＝ (기준조업도－실제조업도)×고정제조간접원가예정배분율
* 수정후정상고정매출원가 ＝ 정상고정매출원가＋조업도차이(배분부족)

(1) 전부정상원가계산과 변동정상원가계산 간의 당기비용차이
= 고정제조간접원가예산(₩1,000,000) − 수정후정상고정매출원가(₩908,600)
= ₩91,400
(2) 전부정상원가계산과 초변동정상원가계산 간의 당기비용차이
= 정상전부가공원가(₩2,080,000) − 수정후정상매출전부가공원가(₩1,823,200)
= ₩256,800
(3) 변동정상원가계산과 초변동정상원가계산 간의 당기비용차이
= 정상변동가공원가(₩1,080,000) − 정상매출변동가공원가(₩914,600)
= ₩165,400

06 목적에 적합한 원가계산방법

지금까지 살펴본 세 가지 원가계산방법들은 원가계산의 목적에 따라 그 적합성이 각각 다르다.

첫째로, 재무제표에 보고될 재고자산원가와 매출원가 정보를 만들어 내어 재무회계를 지원하는 것이 원가계산의 목적이라면, 전부원가계산의 방법이 적합하다.

둘째로, 단기적 의사결정에 필요한 원가와 수익성 정보를 제공하는 것이 원가계산의 목적이라면 변동원가계산을 채택하는 것이 적합하다. 그래서 계획수립 및 경영통제와 관련된 경영자의 의사결정을 지원하기 위해, 원가관리회계는 기본적으로 변동원가계산에 따라 작성된 원가정보를 이용한다.

마지막으로, 초변동원가계산은 직접재료원가만 실질적으로 변동원가의 행태를 나타내는 초단기적 상황에서 의사결정을 지원하기 위한 수익성 정보를 만들어 낸다. 특히 초변동원가계산에 따라 작성된 수익성 정보는 경영자들에게 재고감소노력을 고무하는 목적에 가장 적합한 것으로 평가된다.

세 가지 원가계산방법들 간의 당기비용(당기순이익)차이는 근본적으로는 실제조업도와 판매량의 차이, 즉 재고자산(재공품과 완성품)의 변화에서 비롯되

는 것이다. 재고자산이 증가할 때 당기비용이 증가하는 정도(당기순이익이 감소하는 정도)와 재고자산이 감소할 때 당기비용이 감소하는 정도(당기순이익이 증가하는 정도)는 초변동원가계산, 변동원가계산, 전부원가계산의 순서로 더 크게 나타난다.

초변동원가계산은 전부원가계산에 비해 재고증가분의 전부가공원가만큼 당기비용이 더 크게 측정되고, 변동원가계산에 비해서도 재고증가분의 변동가공원가만큼 당기비용이 더 크게 측정된다. 그리고 변동원가계산은 전부원가계산에 비해 재고증가분의 고정제조간접원가만큼 당기비용이 더 크게 측정된다. 물론 재고가 감소하였을 때에는 그 반대의 결과가 나타난다. 재고가 증가(감소)할수록 수익성이 낮게(높게) 보고되는 것이 이치에 맞다면, 경영자들의 의사결정목적에는 전부원가계산보다는 변동원가계산 그리고 변동원가계산보다는 초변동원가계산을 통해 작성된 수익성 정보가 더 적합하다고 할 수 있다.

원가관리회계의 이해와 연습

Chapter 6

학습초점

1. 제조영역에서의 활동기준원가계산의 틀
2. 마케팅영역에서의 활동기준원가계산의 틀

CHAPTER 6

활동기준원가계산과 활동기준원가관리

01 전통적 원가계산방법의 실패

전통적 원가계산방법은 조업도지표를 배분기준으로 이용하여 제조간접원가를 제품별로 배분한다는 점이 그 특징이다. 그런데 이러한 원가계산방법으로는 진보된 제조기술을 도입하여 다품종소량생산방식으로 생산활동을 수행하는 현대화된 기업들의 제품별 원가를 정확하게 계산해 내지 못한다. 왜냐하면, 이러한 기업들에서 발생되는 제조간접원가의 상당한 부분이 실제조업도의 변동보다는 제품배합, 제조공정, 기술서비스와 지원서비스 등의 다양성과 복잡성에서 비롯되는 것이기 때문이다. 제품원가계산의 왜곡은 다시 제품관련 의사결정의 왜곡을 초래한다. 여기서는 이와 같은 전통적 원가계산방법의 실패가 야기하는 부정적인 결과와 이러한 실패의 징후에 대해 설명한다.

(1) 제품원가계산의 왜곡

제품배합 다양성의 정도가 높은 기업들은 일반적으로 자동화된 생산설비를 이용하여 한 공장에서 여러 가지 제품들을 동시에 생산한다. 발생되는 제조간접원가의 규모도 일반적으로 큰데, 그것의 상당한 부분이 제품배합의 다양성에 의해 결정된다. 제품배합의 다양성이 제품들 간에 생산량 차이, 제품구조와 공정의 복잡성 차이, 기술투자요구 및 지원서비스요구의 차이 등을 야기하고, 그것이 제조간접원가의 소비를 유발하기 때문이다.

따라서 실제조업도를 제조간접원가 배분기준으로 이용하는 전통적인 원가계산방법으로는 제품배합의 다양성이 존재하는 기업들의 제품별 원가를 정확하게 계산하지 못한다. 제품배합 다양성의 정도가 높은 기업에서 전통적인 원가계산방법이 채택되면, 복잡성·기술투자요구·지원서비스요구가 낮은 대량생산제품의 원가는 자신의 진실한 원가보다 약간 높게, 그러한 특성들에 대한 요구가 높게 나타나는 소량생산제품의 원가는 자신의 진실한 원가보다 훨씬 낮게 계산된다.

(2) 제품관련 의사결정의 왜곡

왜곡된 제품원가를 정확한 것으로 간주하여 그것을 기초로 가격을 결정하면, 대량생산제품들의 가격은 실제보다 높게 책정된다. 따라서 그것만 전문적으로 생산하는 경쟁기업에 비해 가격경쟁력이 떨어지게 되고, 극단적인 경우에는 규모가 큰 시장영역에서 철수해야 하는 상황에 처할 수도 있다. 이와 반대로, 소량생산제품들의 가격은 실제보다 현저하게 낮게 책정될 것이므로, 그것만 전문적으로 생산하는 경쟁기업들에 비추어 독보적인 가격경쟁력과 높은 수익성을 유지하게 될 것이다. 그렇지만, 실제 사정은 소량생산제품들의 판매를 통해서 오히려 손실을 입고 있는 것이며, 단지 왜곡된 원가계산 때문에 수익성이 좋은 것으로 나타나고 있을 뿐이다. 왜곡된 제품원가에서 비롯된 왜곡된 가격결정은 다시 제품별 수익성분석과 제품배합결정도 왜곡시킨다.

(3) 원가계산시스템 실패의 신호

전통적 원가시스템이 제품원가계산을 왜곡시키고 있음을 드러내는 현상에는 여러 가지가 있다: 어떤 품목의 수익성에 대한 회계부서의 평가와 마케팅 또는 설계부문 관리자들의 평가가 서로 대립적이다; 복잡성·기술투자요구·지원서비스요구가 상대적으로 높은 제품들이 오히려 막대한 이익을 보고한다; 우리 기업만 이익률이 유달리 높은 품목을 가지고 있다; 경쟁제품의 가격이 비현실적으로 낮다; 가격인상에 대해 고객들이 저항감을 드러내지 않는다; 내부의 제조원가보다 외부공급자의 가격이 예상보다 낮다.

이와 같은 현상들의 다수가 동시에 관찰되면, 그것은 새로운 원가시스템을 도입할 필요가 있음을 암시하는 신호로 간주된다. 이러한 필요성이 인식되었다면, 그렇게 하는 것이 경제성이 있는지를 먼저 검토한 다음, 특정 제품계열에 대해서만 한정하여 시험적으로 도입해 보는 것이 바람직하다. 이 단계에서 관찰된 기존 원가시스템의 왜곡정도가 심각한 수준이면 원가시스템을 전체적으로 다시 설계해야 한다. 제조환경이 지속적으로 변화하는 상황에서 원가시스템이 적합성을 유지하는 것이 중요하다고 인식한다면, 원가시스템은 적절한 간격을 두고 정기적으로 재평가될 필요가 있다.

02 활동기준원가계산의 의의

활동기준원가계산(Activity−Based Costing: ABC)은 제조간접원가의 비중과 제품배합 다양성의 수준이 높은 다품종 생산기업들이 제품별 원가를 보다 정확하게 계산할 수 있도록 하기 위해 고안된 원가계산방법이다. 전통적인 원가계산방법들은 제품이 직접 원가를 소비한다고 보는 사고에 바탕을 두고 있지만, 활동기준원가계산은 제품을 생산하기 위해 여러 가지 활동들이 수행되고, 그 활동들을 수행하는 데 자원이 소비된다고 본다. 이에 따라 활동기준원가계산은 소비된 자원의 원가를 먼저 활동별로 추적 또는 배분하고, 이렇게 하여 활동별로 집계된 각 활동의 활동원가를 제품들에 대해 추적 또는 배분하는 방식으로 제품별 원가를 계산한다.

활동기준원가계산은 원가부문들이 수행하는 활동들을 분석하여 그것을 중간단계의 원가대상으로 설정한다. 제조간접원가를 그 활동들에 배분하여 활동별로 활동원가를 측정하고, 각각의 활동원가를 제품별로 배분한다. 여기에 각 제품의 직접제조원가(기본원가)를 추적하여 할당하면 제품별로 당기제조원가가 계산된다. 특히, 활동들의 원가를 제품별로 배분할 때에는 인과관계기준에 따라 활동별로 정의된 다수의 원가동인들이 배분기준으로 이용된다.

활동기준원가계산의 구조적 특징은 이처럼 제조간접원가를 원가부문들에서 수행되는 활동들에 대해 배분하고, 활동들의 원가를 제품들에 배분할 때 인과관계기준에 따라 정의된 다수의 원가동인들을 배분기준으로 이용한다는 점이다. 이러한 특징이 전통적 원가시스템보다 더 정확한 제품별 원가계산을 가능하게 하는 원천이다. 제품별로 제품원가가 더 정확하게 계산되면 그것에 기반을 둔 제품관련 의사결정의 합리성도 개선될 것이다.

활동기준원가계산의 방법은 마케팅 영역에도 적용될 수 있다. 이렇게 하면 제품별 수익성분석과 결합된 주문별 수익성, 유통경로별 수익성, 고객별 수익성, 세분시장별 수익성 등을 체계적으로 분석할 수 있으며, 그 결과는 주문, 시장, 유통경로, 세분시장 등을 활동수준에서 전략적으로 관리하는 데 대단히 유용한 정보가 된다. 이러한 사정을 설명하고 있는 것이 [그림 6−1]의 ABC 모형이다. 이 그림을 보면, 활동기준원가계산의 전형적인 원가대상은 조직단위, 주문, 고객, 제품, 프로젝트, 기능영역, 사업과정 등이다. 어떠한 원가대상을 선택할 것인가는 의사결정의 종류에 달려 있는 문제이다.

그림 6-1 ABC 모형

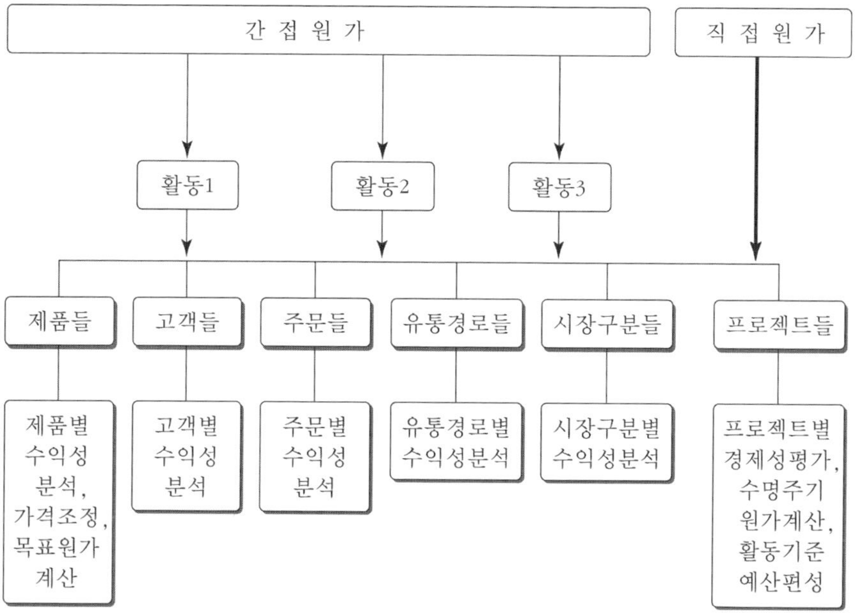

03 활동의 개념: 활동과 기능 및 활동과 과업의 차이

뿐만 아니라, 활동기준원가계산은 단순히 제품원가계산의 방법에 머무르지 않는다. 지금은 그것이 활동기준원가관리(ABCM) 또는 활동기준경영관리(ABM)을 지원하는 전략적 원가관리시스템으로 인식되고 있다. 실제로 활동기준원가계산은 전략적 원가절감을 지원한다. 활동들의 원가가 측정되면 각 활동별로 활동원가의 절대적 크기와 상대적 구성비율을 분석하여 어떤 활동을 집중적으로 관리하는 것이 총제조간접원가의 절감에 효과적인지를 파악할 수 있다. 그리고 제품별 원가보고서가 해당 제품이 소비한 활동들의 원가를 보고하는 방식으로 작성되면, 전략적으로 중요한 어떤 제품의 원가관련 문제점을 활동별로 진단하고, 그 제품의 제조원가를 절감하기 위해 집중적으로 관리해야 할 활동들을 파악할 수 있다.

기업이 수행하는 업무들은 그 범위를 기준으로 아주 넓게는 기능(function)별로 그리고 아주 좁게는 과업(task)별로 구분할 수 있다. 활동(activity)이란 그것의 업무범위가 기능과 과업의 중간에 위치하는 업무단위를 가리킨다. 즉 기능은 어떤 공통의 목적을 가진 활동들의 집합이고, 각 활동은 그것을 포괄하는 어떤 기능의 목표를 성취하기 위해 일련의 과업들을 체계적으로 결합한 것이라고 할 수 있다. 예를 들어, 구매기능에서 수행되는 납품업자방문, 가격협상, 납품업자조사, 납품업자선정, 납품독촉, 재료수령, 반입품검사, 재료이동 같은 업무들은 각각 하나의 활동으로 정의될 수 있을 것이다.

제품원가계산의 정확성을 높이기 위해 전통적인 원가계산시스템은 원가부문을 중간단계의 원가대상으로 설정한다. 그러나 이러한 목적에는 활동을 중간단계의 원가대상으로 설정하는 것이 더 적합하다. 자원을 직접 소비하는 것이 활동들이고, 그러한 활동들을 직접 소비하는 것이 제품들이라고 본다면, 부문별로 집계된 제조간접원가보다는 활동별로 집계된 제조간접원가가 제품들에 대해 인과적으로 추적될 수 있는 가능성이 더 크기 때문이다.

원가관리의 관점에서도 활동을 원가대상으로 설정하는 것이 더 적합하다. 기능을 원가대상으로 설정하면 그 범위가 너무 넓어서 원가소비의 원인을 정확하게 추적하기가 어렵고, 그렇다고 과업을 원가대상으로 설정하면 원가관리의 대상이 너무 상세하게 많이 식별되어 실질적인 원가관리가 불가능하기 때문이다.

활동기준원가계산을 도입할 때에는 기업전체를 의미 있는 활동들로 분해하는 일(활동분석)과 각 활동이 소비하는 원가의 변동을 인과적으로 설명해 주는 지표(원가동인)를 정의하는 일(원가동인분석)이 가장 중요하고 시간도 오래 걸린다. 활동분석과 원가동인분석은 동시적으로 진행하는 것이 효과적인데, [그림 6-2]와 같은 활동의 구조를 이해하면 그것을 제대로 수행하는 데 도움이 된다.

그림 6-2 활동의 구조

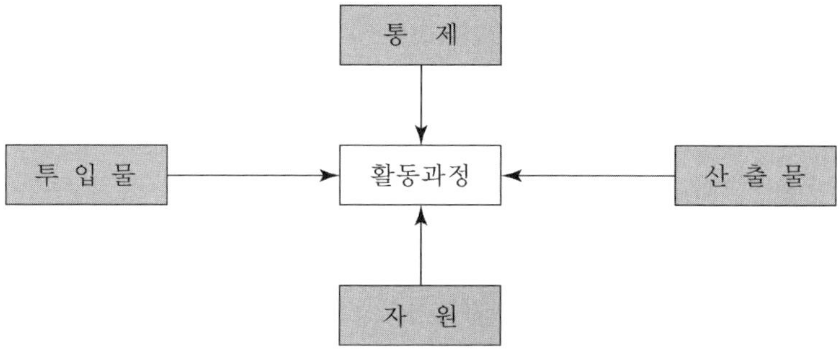

[그림 6-2]를 보면, 활동은 그 자체가 하나의 시스템이다. 따라서 투입물이 있고, 명시적인 절차와 규칙에 따라 다양한 종류의 경영자원을 소비하면서 투입물을 처리하는 활동의 과정이 있으며, 이러한 과정을 통해 만들어지는 산출물이 존재한다. 이러한 활동의 구성요소들이 활동성과를 규정한다. 그러므로 활동분석에서는 활동의 종류뿐만 아니라, 각 활동의 투입물, 업무수행과정, 산출물, 성과지표 등도 파악되어야 한다. 활동원가의 측정은 활동분석이 종료된 이후로 미루는 것이 좋다.

(1) 투입물

활동에의 투입물은 다른 선행활동들 또는 기업의 외부환경으로부터 들어온다. 그것을 파악하면 특정 활동이 어떤 선행활동들과 업무흐름관계로 연결되어 있는지를 찾아낼 수 있다. 특히 원가동인을 정의하는 데 도움이 된다. 실제로 어떤 활동에 대한 투입물의 투입빈도 또는 그것의 처리시간이 그 활동의 원가동인으로 정의되는 경우가 많다. 활동분석의 과정에서 업무흐름을 분석하거나 면담을 통해 어떤 활동에 시동을 거는 요인을 질문하면 투입물을 파악할 수 있다.

(2) 활동과정

활동은 다수의 과업들로 구성되어 있는데, 그것들은 어떤 명시적인 절차와 규칙에 따라 다양한 형태로 결합된다. 그것이 활동과정이다. 과업의 성과는 그것을 수행하는 노동이나 기계의 숙련도 또는 성능에 의해 좌우되지만, 활동의 성과는 그것을 구성하는 과업들의 결합방식에 의해서 주로 영향을 받는다. 이러한 특성은 활동 수준의 업무를 과업 수준의 업무와 구분하는 데 유용한 기준이 된다.

(3) 산출물

활동의 산출물은 어떤 활동이 자원을 소비하여 만들어 내는 결과물이다. 그것은 관찰 또는 측정이 가능한 일차적 산출물로서, 유형의 재화나 서류, 무형의 행위나 서비스, 아이디어, 개념 등의 형태로 나타난다(예 자동차판매활동－판매계약서, 광고활동－광고, 제품조립활동－완성품). 활동의 목적을 파악하면 그것이 곧 활동산출물인 경우가 많다. 어떤 활동의 산출물은 다른 어떤 후속활동의 투입요소가 되어 그 활동의 투입물로 투입된다. 따라서 활동의 산출물을 파악하면, 그 활동의 고객 또는 후속활동과의 연계를 찾아낼 수 있다.

산출물은 활동을 정의하기 위한 준거가 되기도 한다. 활동별로 하나씩의 산출물이 대응되도록 활동을 정의하는 것이 원칙이기 때문이다. 만일 어떤 활동이 여러 종류의 주요 산출물을 가지고 있다면, 하나의 산출물을 가진 다수의 세부 활동들로 그것을 분할해야 한다. 그리고 산출물 1단위에 소비되는 자원의 양이 비교적 일정한 경우에는 산출물의 양이 해당 활동의 원가동인으로 정의되기도 한다. 그래서 산출물이 파악되면 원가동인을 정의하는 일도 쉬워진다.

(4) 활동원가

개별 활동의 활동원가는 해당 활동의 수행 과정에서 소비된 인적자원과 물적자원 그리고 정보자원의 크기를 나타낸다. 일반적으로 개별 활동의 활동원가는 변동원가성분과 고정원가성분이 혼합되어 있는 혼합원가행태를 나타낸다. 해당 활동이 수행될 때 새로 조달하여 투입해야 하는 자원의 원가는 해당 원가동인의 변동에 정비례하여 변화한다고 가정되는 변동원가성분이고, 사용되기 전에 미리 공급되어 있는 자원의 원가는 해당 원가동인의 크기가 변화하여도 달라지지 않기 때문에 고정원가성분이다.

(5) 성과지표

활동성과는 시간, 원가, 품질, 고객만족 등의 차원으로 구성된다. 활동산출물을 보다 적은 양의 자원을 소비하여 만들어 내거나(원가), 보다 신속하게 만들어 내거나(시간), 정해진 사양에서 벗어나지 않도록 만들어 내거나(품질), 고객들의 만족도를 높일 수 있도록 만들어 내면(고객만족), 활동성과가 높게 평가된다.

04 활동들의 위계구조

활동들은 위계구조에 따라 구분할 수 있다. 활동들의 위계구조를 이해하면 활동분석과 원가동인분석에 도움이 된다.

(1) 단위수준활동

재료, 노동, 기계, 유틸리티 등의 일차적인 생산요소를 소비하여 제품 1단위를 직접적인 대상으로 하여 수행되는 활동들이다. 예를 들면, 제품 1단위마다 수행되는 용접활동이나 도장활동이 그것이다. 단위수준활동은 생산량의 변동에 비례적으로 자원을 소비하기 때문에 생산량을 반영하는 조업도지표로 원가동인을 정의할 수 있다.

(2) 뱃치수준활동

가공될 제품묶음(batch), 즉 뱃치가 바뀔 때마다 수행되는 활동이다. 작업준비, 생산일정계획수립, 재료운반, 제품검사 등이 그것이다. 뱃치는 제품의 종류별로 구성되므로, 뱃치수준활동의 활동원가는 제품별로 추적할 수 있다. 그것은 관련된 뱃치의 수에 따라 변화하지만, 하나의 뱃치를 구성하는 가공물의 양과는 관계가 없다.

(3) 제품수준활동

제품을 대상으로 수행되는 생산지원활동들이다. 제품설계, 공정설계, 설계변경, 재료명세서작성, 제품개선 등의 활동이 그것이다. 제품수준활동의 활동원가는 해당 제품의 생산량 및 가공된 뱃치의 수와는 관계가 없다.

(4) 공장수준활동

공장 전체를 관리하기 위해 수행되는 활동들이다. 일반관리, 공장부지관리, 난방, 건물 및 공장용지의 유지보수, 동력 및 용수의 공급 등과 같은 공장 전체의 하부구조 관리활동이 그것이다. 공장수준활동들의 활동원가는 제품별로 추적할 수 없다. 재무제표에 보고될 제품원가를 계산하는 것이 원가계산의 목적이라면 이러한 활동들의 활동원가도 임의적인 방식으로 제품별로 배분되어야 하지만, 제품원가정보의 용도가 수익성평가 또는 제품배합결정일 경우에는 제품별로 배분하지 않는다.

05 원가동인의 개념

원가동인은 활동별로 각각 정의되는데, 그것은 해당 활동을 수행하는 데 소비되는 자원의 크기(활동원가)에 영향을 미치는 요인이다. 어떤 활동의 활동원가가 실제조업도에 비례적으로 변화하는 것이라면 그것의 원가동인은 조업도지표로, 그리고 실제조업도의 변동과 무관하게 변화하는 것이라면 비조업도지표로 각각 정의된다. 가령, 납품업자방문 활동에 소비되는 원가의 크기가 방문횟수에 비례하여 증가한다면, 원가동인은 '방문횟수'라는 비조업도지표로 정의된다.

원가동인을 정의할 때에는 해당 활동의 투입물, 산출물, 속해 있는 활동의 위계 등을 파악하는 것이 도움이 된다. 원가동인은 해당 활동의 활동량의 지표가 되어 원가배분기준, 원가관리도구, 성과지표 등으로 이용된다.

(1) 원가배분기준

원가동인은 각 활동의 활동원가를 인과관계기준에 따라 제품들에 배분할 때의 배분기준으로 이용된다. 그래서 활동원가의 크기에 영향을 미치는 요인이 해당 활동의 원가동인으로 정의된다. 그것은 측정가능성 때문에 활동의 빈도(검사횟수, 작업준비횟수, 주문처리횟수, 출하횟수 등) 또는 시간(검사시간, 작업준비시간, 주문처리시간 등)으로 정의되는 경우가 많다. 이때는 매회의 활동에서 소비되는 자원의 크기가 동일하다거나 활동원가가 활동의 시간에 비례한다고 가정된다. 만일 이 가정이 비현실적이면 원가동인과 활동원가 간의 상관관계가 낮을 것이다.

(2) 원가관리도구

활동별로 원가능률성을 관리하기 위한 핵심 개념이 바로 원가동인이다. 즉 원가동인을 이용하면 해당 활동이 유발하는 원가의 크기와 그것의 변화양상을 설명하거나 예측할 수 있고, 그러한 지식을 기초로 그 활동의 원가능률성을 개선하기 위한 노력을 펼 수 있다. 특히 절대적 또는 상대적으로 활동원가를 많이 소비하는 활동들의 원가동인을 집중적으로 관리하면 모든 활동들을 대상으로 하는 전면적 원가삭감이 아니라 중요한 활동들을 대상으로 하는 전략적 원가관리가 가능해진다.

(3) 성과지표

원가동인은 활동성과를 평가하기 위한 성과지표로 이용된다. 특정 활동의 원가동인은 당기에 수행된 해당 활동의 빈도나 시간으로 정의되는 경우가 많은데, 이러한 원가동인의 크기가 작을수록 해당 활동의 능률성이 높게 평가된다. 원가동인이 해당 활동의 성과지표로 이용되면 어떠한 원가동인을 선택하느냐에 따라 그 활동을 수행하는 개인의 행동이 영향을 받는다. 특정 원가동인으로 어떤 활동의 성과지표를 정의하면, 그것이 해당 활동의 빈도나 시간을 감소시키는 행동을 이끌어내는 긍정적인 영향을 미칠 수 있다. 그렇지만, 다른 한편으로는 시장에서의 요구나 고객의 사용원가를 고려하지 않은 채 맹목적으로 그러한 행동을 선택하게 만드는 부정적인 영향을 미칠 수도 있다. 따라서 원가동인을 정의할 때에는 그것의 행동적 효과를 고려해야 한다.

06 활동분석의 방법론

활동분석을 할 때에는 현재 수행되고 있는 그대로의 활동들을 파악하는데 집중해야 한다. 파악된 활동들은 각각 명사와 동사를 이용하여 정의한다. 활동분석의 절차 또는 방법은 다음과 같다.

(1) 활동사전의 작성

활동들을 일관성 있게 정의하기 위한 한 가지 방법은 활동사전(activity dictionary)에 준거하여 면담을 실시하는 것이다. 활동사전이란 어떤 산업에 속하는 전형적인 기업이 기능별로 수행하는 본원적 활동들의 목록이다. 활동사전에는 각 활동들에 대한 표준 정의가 규정되어 있다. 만일 활동기준원가계산을 도입하는 기업 또는 사업부들이 모두 활동사전에 기반을 두고 활동분석을 실시한다면 비교가능성이 확보될 수 있으므로 벤치마킹에 큰 도움이 된다. 활동사전에 대해서는 나중에 자세하게 설명한다.

신중하게 작성된 활동사전의 사본을 피면담자에게 사전에 제공하여 충분히 검토하도록 한 다음에 면담을 실시하면, 면담과정에서의 시행착오와 시간을 크게 줄일 수 있다. 면담을 통해 활동사전에 포함된 활동목록을 고려중인 특정 기업의 사정에 맞게 조정한다. 활동사전에 나와 있는 어떤 본원적 활동이 고려중인 기업에 적합한지의 여부는 그 활동의 빈도, 원가, 시간 등에 근거하여 판단한다. 활동사전에 포함되어 있지 않지만 고려중인 기업에 특유한 어떤 활동들이 있다면, 그것들은 활동사전에 추가되어야 한다.

(2) 활동분석을 위한 면담

활동분석을 위한 면담은 중간관리자의 직위에 있는 사람들을 대상으로 진행된다. 그들은 부하 직원들이 어떤 과업을 수행하고 있는지를 잘 알고 있기 때문이다. 만일 어떤 개별 구성원이 특별한 지식을 가지고 있다면 그 구성원도 면담대상으로 선정할 필요가 있다. 면담대상이 선정되면 그 사실을 미리 알려주고 활동사전의 사본도 제공하여 그들로 하여금 사전에 면담에 응할 준비를 갖추도록 하는 것이 바람직하다. 활동분석을 위한 면담에서는 다음의 사항들을 파악한다.

첫째로, 활동들과 그것에 대응되는 원가동인들을 정의하고, 각 활동들이 어느 조직단위에 속하는 것인지를 파악한다. 활동분석을 위한 면담은 대상자들에게 활동사전을 참조하여 해당 부문의 구성원들이 시간을 주로 소비하는 5-10개의 활동들을 적어내도록 요청하는 것에서 시작된다.

둘째로, 각 활동이 활동위계구조의 어느 계층에 속하는 것인지, 부가가치성 및 필요성의 차원에서 어떠한 속성을 가진 활동인지를 파악한다.

셋째로, 활동의 발생패턴을 조사한다. 즉 활동의 투입물이 평균적으로 어떠한 시간간격을 두고 발생되는지를 조사하여, 각각의 활동을 '하루 몇회', '주당 몇회', '월 몇회', '분기당 몇회', '년간 몇회' 등으로 기록한다. 가장 능률적인 방법으로 활동을 수행할 경우에 1회의 활동에 걸리는 주기시간(cycle time)도 조사 또는 추정하여 기록한다. 그리고 각 활동의 투입물(선행활동의 산출물)과 산출물(후속활동에의 투입물)도 파악한다.

(3) 활동규모의 합리화: 활동의 분해와 통합

활동들의 초기목록이 파악된 후에는 활동의 규모가 합리적인 수준으로 형성되어 활동의 수가 지나치게 많아지지 않도록 활동을 정의해야 한다. 이 과정에서 어떤 활동들은 추가적으로 더욱 세분되고, 어떤 활동들은 서로 통합된다. 활동들의 수가 적을수록 그것을 관리하고 의사결정목적에 사용하기가 더 쉬워진다.

그렇다고 해서 활동들의 통합이 항상 바람직한 것은 아니다. 중요한 활동 또는 원가개선의 여지가 큰 활동들은 활동을 더 세부적으로 분할하여 정의하는 것이 바람직할 수 있으며, 경제적 특성이 서로 다른 활동들을 통합시키는 일은 반드시 피해야 한다. 예를 들어, 기업전체의 시장점유율과 관련된 광고활동과 특정 제품의 판촉활동은 분리시키는 것이 바람직하다. 실제로 활동기준원가계산의 유용성에 대한 한계점은 대부분 활동들의 분해가 아니라 활동들의 통합에서 비롯된다.

일반적으로, 어떤 활동의 원가와 성과를 아는 것이 어떤 의사결정을 수행하는 데 중요한 것이 아니거나, 하위수준의 조직단위에서 반복적으로 이루어지는 활동이거나, 더 이상 변화의 여지가 없는 활동이라면, 그 활동은 더 이상 세분될 필요가 없다. 그리고 이질적인 다수의 주요 산출물들을 만들어 내는 활동은 산출물별로 하나씩의 새로운 활동들로 분해되어야 하고, 투입물과 산출물이 동일한 활동들은 어떤 하나의 활동으로 통합되어야 한다. 이러한 조정을 거친 활동분석의 최종 결과는 [표 6-1]의 양식에 따라 문서화한다.

표 6-1 활동분석결과

활동		원가 동인	부가가치	필요성	발생 패턴	주기 시간	투입물	산출물
이름	소속 계층		(NVA) (VA)	(UN) (NE)				
			1 2 3 4 5	1 2 3 4 5				
			1 2 3 4 5	1 2 3 4 5				
			1 2 3 4 5	1 2 3 4 5				

*단위수준 1, 뱃치수준 2, 제품수준 3, 제품계열수준 4, 공정지원수준 5, 본사/공장유지수준 6, 고객/시장유지수준 7 등으로 기록
*발생패턴은 '하루 몇회', '주당 몇회', '월 몇회', '분기당 몇회', '연간 몇회' 등으로 기록
*NVA: 비부가가치활동, VA: 부가가치활동, UN: 불필요활동, NE: 필요활동

(4) 활동지도의 작성

활동분석이 완료되면 그 결과를 토대로 활동지도(activity map)를 작성한다. 활동지도는 기능들, 사업과정들, 그리고 활동들 간의 관계를 나타내는 것이다. 활동지도 최하단의 수평축에는 기능부문들이 나열되고, 최좌단의 수직축에는 사업과정들이 기록되며, 기능부문과 사업과정이 대응되는 지점에 구체적인 활동이름, 활동원가, 활동시간 등이 표시된다. 활동지도는 핵심구성원들에 의해 검정을 받고, 필요한 조정을 거쳐 최종적으로 완성된다.

이러한 과정은 면담을 통해 주로 이루어지는데, 면담과정에서는 이전에는 식별되지 않았던 활동들 간의 연계를 새로이 파악하게 되거나 불필요하게 연계들을 찾아내거나 할 수 있다. 따라서 활동지도는 핵심사업과정을 구성하는

활동들과 정보의 흐름을 검토하는 데 유용하다. 즉 그것은 단순화, 원가절감, 품질, 탄력성 등의 개선을 목적으로 하는 사업과정재설계(business process re-design: BPR)의 기초가 된다.

(5) 유의사항

활동분석에서는 모든 활동들을 빠짐없이 파악하려고 한다거나, 활동들을 너무 세분하여 정의하려고 하지 않는 것이 중요하다. 파레토의 '80/20' 규칙에 따라 전체원가의 80% 정도를 발생시키는 중요한 20%의 활동들만 집중적으로 파악하여도 목적에 적합한 활동기준원가계산을 설계할 수 있다. 활동들의 수 및 그것에 대응되는 원가동인의 수가 많다는 것은 활동분석이 과업수준으로까지 확대되었음을 나타내는 신호로 볼 수도 있다.

07 활동사전

활동사전을 작성하기 위한 한 가지 접근방법은 모든 제조기업들에서 공통적으로 수행되는 기능영역별로 전형적인 활동들을 정의하는 것이다. Porter (1985)에 의하면, 전형적인 제조기업이 수행하는 활동들은 크게 일차적 활동과 보조적 활동으로 분류할 수 있다. 일차적 활동은 기업목적을 달성하는 데 직접적으로 공헌하는 활동들로서, 내부 및 외부물류, 제조, 제조지원, 마케팅과 판매 등의 범주로 나눌 수 있다. 그리고 보조적 활동은 일차적 활동을 지원하는 활동들로서, 조달, 기술개발과 관리, 인적자원관리, 하부구조유지 등의 범주로 나눌 수 있다.

1) 내부물류활동

구매, 외주가공, 외주제작 등에 의해 내부로 반입된 재료, 부품, 반제품 등의 재고자산을 저장하고 생산현장으로 이동시키는 것과 관련된 것으로서, 자재수급계획 수립, 자재구매 요구, 저장 및 물리적 관리, 자재수령, 자재불출 및 자재이동, 외주가공품의 납입관리 등의 활동들이 있다.

2) 외부물류활동

가공 또는 조립을 거쳐 완성된 제품을 저장하고 고객들에게 인도하는 것과 관련된 것으로서, 완성품의 입고, 저장, 재고의 물리적 관리, 포장, 출하, 운송, 예비품공급, 운송장비유지 등의 활동들이 있다.

3) 제조활동

(1) 생산계획활동

장단기 생산계획수립 및 실적평가, 생산일정계획 수립과 작업명령서 발행 및 마감, 자재소요계획 수립(자재소요 일정계획 수립, 자재소요량 판단, 재고부족품·결품 관리, 자재납기결정), 장단기 부하판단(연간생산계획에 따른 부하판단, 공장별·공정별 부하판단, 잔업·특근 계획수립, 외주계획수립) 등.

(2) 생산통제활동

생산진도관리(생산회의 운영, 애로공정 해소방안 수립, 정체공정 원인분석, 여유공정 대책수립, 프로젝트별·공정별 생산진도 종합관리), 제품별 납기관리(제품별 납기관리, 관련부서들 간의 업무흐름 저해요인 관리), 제품별 생산성 관리(장비가동율 및 인원가동율 집계, 제품별 생산성분석), 생산관리시스템의 개선지원(생산관리 전산화, 공장합리화 추진) 등.

(3) 공정관리활동

보유기계·공기구·설비·현장소모품·자재·인원·현장환경의 일상점검·관리와 작업준비, 공기구·자재·현장소모품·전산용품 등의 구매청구·불출 및 대출청구·현품인수, 작업명령서의 접수·배부·취합, 시간외근무 신청 및 집계·출장 및 외근처리, 공정순서에 따른 가공 및 조립작업·감독·진도관리, 재공품 현황파악, 품질불량 현황집계·원인분석·처리 등.

4) 제조엔지니어링

(1) 산업엔지니어링

시간 및 동작연구, 최선의 작업방법 연구, 공수절감 및 가동율 향상방안

수립, 내부물류의 개선 검토 및 시행, 설비자동화 및 공장자동화의 검토 및 시행, 설비투자계획의 경제성 평가, 견적서 및 제안서의 작성 등.

(2) 생산엔지니어링

가공/조립작업의 공정계획서 작성, 표준공수 산출 및 갱신, 제조/구매결정 분석, 제조활동에 사용될 기계, 공정, 공구, 장치 등의 사용적합성 검토, NC 프로그래밍과 시험운용, 외주제작품에 대한 생산기술지원 등.

(3) 기계설계활동

특별한 기계, 공구, 장치 등의 설계 및 시험적용.

(4) 공장엔지니어링

기계와 작업공간 배치, 보유장비의 불용성검토 및 처분 품의, 공장환경관리, 건물과 공장부지의 유지 등.

5) 제조지원

설치, 수선, 동력공급 등과 같이 제품의 가치를 높이거나 유지하기 위한 제조지원 서비스를 제공하는 활동을 가리킨다. 그것은 기계보수, 전기보수, 변전실 및 수배전 관리, 용수관리, 설치 및 설비이전 관리, 위험물·보일러·고압가스 관리, 각종 공사의 진행·관리·감독 등을 포함한다. 이와 같은 제조지원 활동들은 보통 공무부서에서 총괄한다.

6) 마케팅과 판매

마케팅 기능은 고객 또는 사용자의 욕구를 판단하고, 기업이 생산하는 제품을 시장에 알리며, 고객들의 구매행동을 촉발시키는 역할을 한다. 판매기능은 거래를 완성시키는 역할을 한다. 판매기능은 제조부문에게 무엇을 만들 것인지 그리고 언제 어디로 출하를 할 것인지를 알려주고, 제품에 관한 문제들을 해결하기 위해 필요한 고객서비스를 제공한다.

(1) 시장조사활동

기존 제품에 대한 수요를 판단하고 제품수정·제품폐기·신제품도입의 필요성을 파악하는 업무.

(2) 광고 및 판촉활동

기업이 어떤 제품이나 용역을 제공해야 하는지 그리고 그것을 어떤 가격수준으로 공급해야 하는지를 잠재적인 고객들에게 알리는 업무들; 전시회, 언론매체광고, 판매관련 인쇄물의 제작 및 배포 등.

(3) 판매예측 및 판매계획활동

수요에 맞추기 위해 생산되어야 할 제품의 양을 예측하고 계획하는 것.

(4) 유통경로 유지활동

기존의 유통경로들에 대해 제품재고를 적기에 공급하기 위한 출하 및 배달일정 계획, 수익성분석, 할인정책결정, 특별주문에 대한 가격결정 등의 업무.

(5) 주문처리 및 판매활동

고객들의 주문처리 및 현장판매 업무.

(6) 고객서비스

보증범위결정, 서비스가격결정, 설치 및 수리를 위한 출장서비스, 고객들에 대한 기술지원 및 질문처리, 반품처리 등의 업무.

(7) 판매관리활동

판매활동 전반에 대한 기록유지, 지원서비스, 고객관리 등.

7) 조달

모든 종류의 활동에서 사용되는 투입요소들을 구매하는 기능을 가리킨다. 외부에서 구매되는 투입요소에는 기계, 실험/검사 장비, 사무장비, 건물 등의 유형자산과 경영자문, 관리기술, 정보시스템 등의 무형자산 뿐만 아니라 원재료, 공기구, 소모품, 기타 소비성 품목들이 포함된다.

이러한 조달활동은 구매부에서 집중적으로 수행되는 경우도 있지만, 여러 부서에서 분산적으로 수행되기도 한다. 보통, 전산소모품은 전산부서에서, 시설·비품·집기 등을 포함한 고정자산과 피복·사무용품·현장소모품·설계용품·잡용품·안전장구·인쇄물(정기간행물·명함·도서) 등의 구입은 재산관리와 안전관리 그리고 사무관리 등을 담당하는 총무부서에서, 그리고 경영자문·관리기술·정보시스템 등의 무형자산의 구입은 경영기획부서에서 담당하고, 구매부서는 오로지 원재료·부품·공기구의 구매와 외주가공품 및 외주제작품의 구매를 담당한다.

일반적으로 조달활동에는 조달계획수립, 구매품의 단가 조사를 위한 시장조사 및 정보수집, 납품(외주)업체의 평가·협상·선정·등록·관리, 구매주문(외주)발주, 납품(외주)업체 조정 및 주문이행독촉, 반입품의 검사·수령·입고 등의 활동이 수반되며, 다양한 납품(외주)업체 지원 및 육성 활동들도 포함된다.

8) 기술개발 및 관리

모든 가치활동은 기술을 사용한다. 기술은 노우-하우일 수도 있고, 절차일 수도 있으며, 공정설비에 구현되어 있는 기술일 수도 있다. 대부분의 기업들이 사용하고 있는 기술을 배열하면 대단히 광범위하여, 주문기록시스템을 위한 원격통신기술이나 회계부문을 위한 사무자동화 같은 서류작성과 상품수송에 사용되는 기술에서부터 제품과 공정에 구현되는 기술에까지 걸쳐 있다. 전자의 범주에 속하는 기술은 사용부서의 의뢰에 따라 전산부서에서, 후자의 범주에 속하는 기술은 연구개발부서에서 개발 및 관리된다.

연구개발부서에서 수행되는 기술개발 활동은 시장에서 파악된 고객들의 욕구를 근거로 하여 제품과 재료에 대한 새로운 아이디어 개발, 신제품 설계, 기존제품 수정 등의 역할을 수행함으로써 마케팅과 제조기능을 연결한다. 마케팅기능에 의해 지각된 고객의 욕구가 제품제조를 위해 제조기능에 의해 사용될 제품설계, 부품 수, 재료목록, 설계도, 사양 등으로 전환되기 때문이다. 그것은 기초연구, 응용연구, 제품엔지니어링, 검사용 실험, 기술관리 등의 활동을 포함한다.

(1) 기초연구

주력 사업과 관련된 첨단 기술의 개발, 제휴기술의 국산화 추진, 특별한 기술적 문제의 해결 등의 업무.

(2) 응용연구

기존제품의 개량 및 개선, 신제품개발 계획의 입안 및 추진, 신제품 및 신공정의 개발, 시제품개발·시험·평가·분석·보고, 개발품에 대한 부품의 확보, 외주제작품의 기술지원 및 도면승인, 시험장비 및 평가장비에 대한 투자소요 판단, 포장사양서 작성, 양산품의 조립 및 성능시험 관련 기술활동 등.

(3) 제품엔지니어링

원가·성능·제조가능성 등의 측면에서 인정된 기준에 부합되는 제품사양서의 작성, 제품사양에 따른 제품설계, 설계변경지시(ECO)에 따른 기존 제품의 설계개선, 제품설명서 및 설계 기술자료의 작성·배포 등의 업무: 엔지니어링 보고서, 제품사양서·재료목록·설계도 등이 이러한 활동의 산출물이다.

(4) 검사용 실험

연구개발 및 엔지니어링 과정의 이론적 활동들을 지원하기 위한 검사장비의 설계·개발, 검사설계와 자료수집, 검사의 실행 및 결과의 해석 등.

(5) 기술관리

연구개발 및 엔지니어링 기능 내에서 이루어지는 관리 및 서비스 활동: 장단기 기술개발계획의 수립 및 조정, 기술제휴계약의 추진, 기술관련 대외기관 창구업무, 기술의 표준화·공용화, 특허출원업무, 기술자료실 운영(연구용 S/W와 H/W, 설계도, 재료목록, 제품구조기록, 최종검사보고서, 각종 기술관련 매뉴얼, 가공경로표 등의 유지), 기술교육계획의 수립·조정·실시 등.

9) 인적자원관리

모든 유형의 인적자원을 선발, 고용, 훈련, 개발, 보상하는 데 수반되는 활동들로 구성되어 있다. 이 활동은 인사관리(인사정책·인력수급계획 수립, 인사고과, 채용·임면·휴복직·상벌에 관한 업무), 급여 및 임금관리(급여 및 임금 조정, 근태관리 및 당직관리, 건강/의료보험 관리, 저축·국민연금 업무, 사우회/경조금관리, 연말정산), 복리후생업무(주택융자금지원, 학자금지원), 노사관계업무, 보안관리업무(문서보안·인원보안·시설보안·통신보안), 기타 업무(예비군·민방위 자원의 관리 및 교육훈련) 등을 포함한다.

10) 하부구조의 유지

기본적인 하부구조운영은 경영관리, MIS, 재무, 품질업무, 기타의 일상업무관리 등을 포함하는 많은 활동들로 구성되어 있으며, 기획부, 전산부, 재무부, 품질관리부, 총무부 등에서 관장된다. 다각화 여부에 따라, 이러한 활동들은 집권적으로 이루어지거나 아니면 사업단위들과 본사에서 분산적으로 수행된다. 다각화된 기업에서는 전형적으로 하부구조운영과 관련된 활동들이 사업단위와 본사에서 따로 이루어진다(예 자금조달활동은 본사수준에서 수행되지만, 품질관리활동은 사업단위수준에서 수행된다). 그러나 대부분의 하부구조운영활동들은 사업단위수준에서도 일어나고 본사수준에서도 일어난다.

(1) 경영관리

보통 기획부에서 관장되는 경영관리업무는 크게 경영관리, 홍보/비서, 교육, 대외관계 등으로 구성된다.

① 경영관리: 전략계획 및 중장기 사업계획 수립, 예산관리(연간사업목표 설정, 종합예산 편성, 성과차이 및 원인분석), 기업환경변화에 관한 정보의 수집과 분석, 월별·분기별·반기별·연간 경영성과 분석, 경영자 업적평가·승진·이동·충원 및 인사, 새로운 경영사고와 합리적 경영방법의 도입 및 추진, 제품별·부문별·프로젝트별 원가분석, 조직구조·업무분장·업무흐름의 조정 및 개선, 업무표준화를 위한 제반 관리규정의 제정·개정·폐지·배포 등.

② 홍보/비서: 회사 이미지 홍보, 홍보용 인쇄물과 비디오의 기안·제작·배포·갱신, 회사현황 및 소개자료의 작성, 사보의 편집·제작·배포, 비서

업무 등.

③ **교육업무**: 연간교육계획 작성, 사내외 교육의 진행관리·실적평가·사후관리, 각종 교육훈련비의 집행 등.

④ **대외관계업무**: 기술제휴/업무제휴 계약의 체결 및 관리, 법률관계, 주주·규제기관·조세기관·금융기관·지역사회 등의 외부 이해관계자 집단과의 관계 등.

(2) MIS

보통 전산부에서 집중적으로 관리되는 MIS 업무는 전산업무관리, S/W 개발 및 수정, 전산교육 등의 업무를 수행한다.

① **전산업무관리**: 전산화 계획 수립, 소모품 조달 및 관리, 의뢰업무 처리 및 입출력 자료의 유지·관리, H/W와 S/W의 도입 및 유지 등.

② **S/W의 개발 및 수정**: 실무부서의 요구에 따른 새로운 업무처리시스템의 개발, 기존의 업무처리시스템의 수정 등.

③ **전산교육**: 전산교육계획 수립과 실행, 교육성과의 사후적 평가 등.

(3) 재무업무

재무업무는 크게 회계업무와 자금업무로 구성되며, 재무부에서 통합적으로 관장되거나, 회계부와 자금부에서 별도로 수행된다.

① **회계업무**: 예산통제·예산집행실적 집계, 회계장표의 기록·유지, 일계표 및 재무제표 작성, 결산 및 세무업무, 원가계산, 출납업무, 외상채권관리, 외상채무관리, 주식발행 및 관리 등.

② **자금업무**: 장단기 자금수급계획수립 및 실적분석, 자금의 조달·운용·상환 등.

(4) 품질업무

품질업무는 품질관리부에서 집중적으로 관장하지만, 일부 품질업무는 구매, 자재, 제조, 마케팅, 연구개발 등의 실무부서에서 직접 수행되기도 한다. 품질업무는 크게 품질관리, 품질검사, 그리고 품질보증 업무로 구성된다.

① 품질관리: 품질통계의 분석·보고, 품질정보의 수집 및 피드백, 정밀품질 측정 지원, 품질관련 인허가 및 사후관리, 품질검사계획의 수립, 납품(외주)업체에 대한 품질지도 등.

② 품질검사: 개발품 품질평가, 반입품검사·성능검사·출하검사, 수주품의 대외기관 검사의뢰 및 수탁검사 실시, 시험측정실 운영관리 및 계측기 수급관리, 시험설비 및 계측기의 교정검사 등.

③ 품질보증: A/S 및 클레임 처리 지원, 품질문제의 원인 분석 등.

(5) 총무관리

① 행사/의전관리: 각종행사·의식·의전 관장.

② 시설관리: 냉난방시설·기숙사 및 숙소·복리후생시설의 유지·관리.

③ 수선관리: 사무실의 수선업무와 조경 및 수목 관리.

④ 재산관리: 고정자산과 시설의 취득·임대차·사후관리, 비품·집기·피복 등의 구입 및 관리, 인허가취득 및 사후관리, 지방세 납부 업무, 인장관리, 고정자산·불용자산·작업폐물의 처분.

⑤ 환경 및 안전관리: 공해방지 관련업무, 대기·수질환경 관련업무, 안전교육과 무재해운동, 재해조사와 산재처리, 산재보험과 임원상해보험 관리, 소방관리 등.

⑥ 차량관리: 차량구입 및 임대차 관리, 차량운용 및 교통안전 관리, 차량관련시설 관리, 운반장비 관리 및 운용.

⑦ 총무구매: 사무용품·현장 소모품·설계용품·잡용품·안전장구 등의 구입, 도서·정기간행물·명함 등의 인쇄물의 제작·구입·배포.

⑧ 제증명업무: 제증명발급, 고무인 제작 및 사진현상의뢰 등.

⑨ 통신관리: 사내방송시설 관리, 통신설비 운용, 대외문서 및 우편물 수발 등.

⑩ 출장관리: 국내외 출장관리 및 부대업무, 여권발급 및 사후관리 등.

⑪ 급식관리: 식단 및 식수관리, 특근식사 및 간식관리 등.

⑫ 경비업무: 자재·시설물 경비업무, 물품 반출입 및 출입자·출입차량의 통제 등.

06 활동원가의 측정

활동들이 소비하는 자원의 원가에는 '사용량만큼 공급된 자원'의 원가와 '필요 이상으로 미리 공급된 자원'의 원가가 있다. 전자는 변동활동원가로 간주되는 것으로서, 시간급 간접노무원가, 소모품비, 기타 변동경비 등이 여기에 속한다. 후자는 고정활동원가로 간주되는 것으로서, 정액급 간접노무원가, 공간비용, 기술원가, 기타 고정경비 등이 여기에 속한다.

(1) 변동활동원가

① 시간급 간접노무원가: 시간급 간접노무원가란 임시직 및 시간급 직원 및 간접공들에 대한 급여와 간접노무원가 그리고 반복적이고 경상적인 업무활동에 소비된 초과시간급을 가리킨다. 긴급상황과 일회성 사건에 지출된 초과시간급은 제외시킨다. 왜냐하면 그것이 계속적인 업무활동의 원가를 실제보다 크게 측정되도록 만들 것이기 때문이다. 확정되었거나 추정되는 급여인상액은 반영해야 한다.

② 소모품비: 소모품비는 활동에 참여하는 종업원들의 등가인원수를 기준으로 각 활동들에 배분할 수 있다. 종업원수와 업무활동에 소비되는 소모품 간에는 자연스러운 관계가 있기 때문이다.

③ 기타 변동경비: 유틸리티와 수선유지비처럼, 활동의 실제조업수준에 따라 지출액이 변화하는 모든 변동경비가 여기에 포함된다. 금액이 크고 중요한 원가항목은 별도의 원가범주로 구분한다.

(2) 고정활동원가

① 정액급 간접노무원가: 정액급 직원 및 간접공들에 대한 급여와 간접노무원가로서, 간접임금, 급료, 상여금, 복리후생비 등이 여기에 포함된다. 확정되었거나 추정되는 급여인상액이 있으면 그것을 토대로 조정한다.

② 공간비용: 공장부지 임차료, 사무실 건물의 임차료 또는 감가상각비, 공장부지 및 사무실 건물에 투하된 자본의 비용 등을 가리킨다. 반복적인 경상업무에 사용되지 않는 일회성 임차공간의 임차료는 공간비용

에 포함시키지 않는다.

③ 기술원가: 컴퓨터의 H/W와 S/W를 포함하는 설비 및 장치의 감가상각비와 자본비용, 그것들에 대한 세금과 보험료, 기술사용료, 설비임차료 등을 가리킨다. 특히 기술원가와 관련해서는 감가상각방법의 선택이 문제가 된다. 건물, 비품, 컴퓨터의 H/W와 S/W, 기타 비공정설비 등의 원가에 대해서는 고정된 내용연수를 기준으로 한 감가상각법을 적용한다. 그러나 제품이나 공정과 관련된 기술자산에 대해서는 내용연수 대신에 '내용연수 동안의 추정기계시간 또는 계획생산량'을 감가상각기준으로 이용하는 '부가가치기준 감가상각법'을 적용한다. 전용기계설비의 경우에는 내용연수 동안의 계획생산량을, 범용기계설비의 경우에는 내용연수 동안의 추정기계시간을 각각 감가상각기준으로 이용하는 것이 바람직하다.

④ 기타 고정경비: 활동량에 관계없이 장기적으로 계속해서 일정한 금액이 지출되어야 하거나 제거할 수 없는 모든 고정경비가 여기에 포함된다. 금액이 크고 중요한 원가항목은 별도의 원가범주로 구분한다.

(3) 노동관련 원가의 활동별 추적

노동과 관련된 활동원가는 각 활동들에 관하여 종업원들이 소비한 시간을 기준으로 할당하는 것이 바람직하다. 특히 종업원들이 둘 이상의 활동들에 동시에 관여하고 있을 때 그렇다. 이때 각 종업원들의 활동별 소비시간은 그 부문의 관리책임을 지는 부서장을 면담하여 추정하거나, 종업원들을 직접 면담하여 추정되는 연간등가시간(AET)으로 측정할 수 있다. 연간등가시간을 추정하기 위해서는 [표 6-2]의 양식에 따라 자료를 수집한다. 이 표의 작성절차는 다음과 같다:

표 6-2 연간등가시간(AET) 비율의 조사

활동	발생패턴	종업원1					종업원2					--	종업원n				
		시간	횟수	가중치	AET	비율	시간	횟수	가중치	AET	비율		시간	횟수	가중치	AET	비율
A1																	
A2																	
--																	
An																	
계																	

*'발생패턴'은 '일', '주', '월', '분기', '년' 등으로 기록한다. '시간'은 1회의 활동에 걸리는 실제경과시간을 추정하여 기록한다. '횟수'는 주기당 활동횟수를 기록한다.

① 각 활동의 발생패턴을 조사한다. 즉 활동의 투입물이 평균적으로 어떠한 시간간격을 두고 발생되는지를 조사한다. 활동별 발생패턴의 조사 과정에서는 활동의 발생주기(매일, 매주, 매월 등) 이외에, 1회의 활동에 걸리는 실제경과시간 추정치, 주기당 활동횟수 등에 관한 자료도 동시에 수집한다.

② 개별 활동의 실제경과시간 추정치에 주기당 활동횟수 및 해당 활동의 발생주기에 대응되는 가중치를 곱하여 종업원별로 합계한다. 그것이 개별 종업원들이 활동별로 소비한 연간등가시간이다. 가중치는 발생주기를 1년 기준으로 환산하기 위한 수치로서, 연간근무일수, 연간근무주일수, 12(발생주기가 월단위), 4(발생주기가 분기단위), 1(발생주기가 1년 단위) 등으로 부여한다.

만일 부서장을 면담하여 추정된 활동별 시간투입비율이 연간등가시간의 상대적 비율과 현저한 차이가 있으면, 그것들이 서로 근사하게 일치될 때까지 상대적 비율추정치를 계속해서 수정하는 것이 바람직하다. 노무원가의 활동별 배분액은 [표 6-3]의 양식에 따라 정리한다.

표 6-3 노무원가의 활동별 배분액

종업원	노무원가	A1		A2		--		An	
		AET의 비율	금액	AET의 비율	금액	AET의 비율	금액	AET의 비율	금액
종업원1									
종업원2									
-									
종업원n									

(4) 노동 이외의 자원에 관련된 원가의 활동별 추적

노동 이외의 다른 생산요소들과 관련된 활동원가는 면담이나 관련기록을 검토하여 가급적 활동들에 대해 직접 추적한다. 직접 추적하기 어려운 자원의 원가는 그것의 자원동인(resource driver)을 기준으로 활동별로 배분한다. 가령, 기술원가와 설비임차료는 기계시간 또는 기술사용시간, 건물과 공장부지의 임차료 및 감가상각비는 면적, 유틸리티는 사용량 또는 사용시간이 각각 자원동인으로 정의된다. 자원동인을 정의하기 어려운 자원의 원가는 각 활동별로 추적된 노무원가, 종업원수, 또는 투입시간비율을 기준으로 활동별로 배분한다.

09 활동기준원가계산의 절차

활동기준원가계산은 2단계 배분절차로 이루어져 있다. [그림 6-3]을 보면, 활동기준원가계산은 활동분석과 원가동인분석, 활동원가의 측정(제1단계 배분: 소비된 자원→활동), 원가동인의 측정, 원가동인률(원가동인 단위당 활동원가)의 계산, 원가동인률을 이용한 활동원가의 제품별 배분(제2단계 배분: 활동→제품) 등의 순서로 진행되고, 제품별로 배분된 활동원가에 직접원가를 합계하여 제품원가를 계산한다.

그림 6-3 활동기준원가계산의 구조와 절차

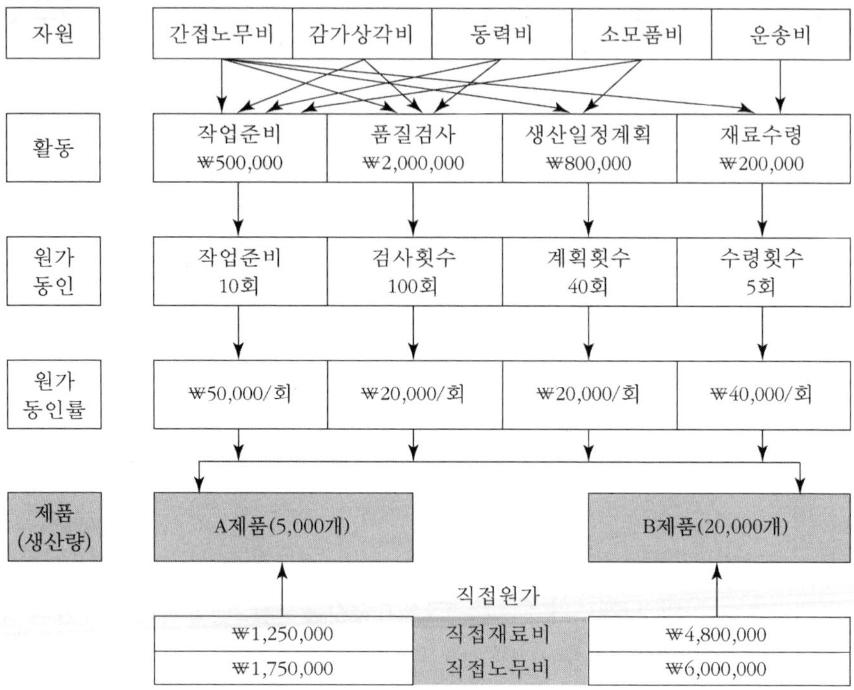

<제1단계 배분>에서는 소비된 자원들의 원가를 활동들에 배분한다. 다시 말해서, 각각의 원가부문을 다수의 활동들로 분해하고, 일반원장에 기록된 제조간접원가항목들의 원가 또는 원가부문별로 기록된 제조간접원가항목들의 원가를 그것을 소비한 활동들에 배분하여 각 활동의 활동원가를 측정한다. 활동이 자원을 사용함으로써 원가를 소비한다고 보기 때문이다. 그리고 <제2단계 배분>에서는 활동별로 정의된 원가동인을 배분기준으로 이용하여 각 활동의 활동원가를 제품들에 대해 배분한다. 제품들이 그러한 활동들을 소비한다고 보기 때문이다.

제2단계 배분을 실행할 때 만일 제품별 소비율이 동일하게 나타나는 원가동인들이 있다면, 그 원가동인들에 대응되는 활동들의 활동원가는 하나의 원가통제계정에 집계하여 한꺼번에 배분할 수 있다. 이때에는 그 원가동인들 중

에서 어느 하나를 선택하여 원가배분기준으로 사용하는데, 선택된 원가동인의 단위당활동원가를 통제계정률이라 한다. 물론, 이러한 상황에서도 개별적으로 분리하여 보고할 필요가 있는 중요한 활동의 활동원가는 해당 원가동인을 배분기준으로 하여 독립적으로 배분할 수 있다.

활동원가의 제품별 배분이 완료되면 직접제조원가(직접재료원가, 직접노무원가)를 제품별로 직접 추적하여 할당한다. 활동기준원가계산에서는 이렇게 추적된 기본원가와 배분된 활동들의 활동원가를 합하여 제품원가를 계산한다.

10 활동기준원가계산의 원가보고서

활동기준원가계산이 실행되면 [표 6-4]와 같은 제품원가보고서가 제품별로 작성된다. 그것은 제조간접원가를 원가항목별로 보고하는 방식이 아니라,

표 6-4 활동기준제품원가보고서

A제품(5,000개)				B제품(20,000개)		
원가	원가동인률	원가동인	항목	원가동인	원가동인률	원가
			직접원가			
₩1,250,000			직접재료원가			₩4,800,000
1,750,000			직접노무원가			6,000,000
			활동원가			
400,000	₩50,000	8회	작업준비	2회	₩50,000	100,000
1,400,000	₩20,000	70회	품질검사	30회	₩20,000	600,000
600,000	₩20,000	30회	일정계획	10회	₩20,000	200,000
80,000	₩40,000	2회	재료수령	3회	₩40,000	120,000
₩5,480,000			**제품원가**			₩11,820,000
₩1,096			**단위당원가**			₩591

전략적으로 중요한 어떤 제품의 원가관련 문제점을 활동별로 진단하고, 제품 제품이 소비한 활동들의 원가를 보고하는 방식으로 작성된다. 그것을 분석하면 원가를 절감하기 위해 집중적으로 관리해야 할 활동들을 파악할 수 있다.

예를 들어, A와 B 제품을 생산하여 판매하는 어떤 기업이 활동기준원가계산을 실행한 결과 제품별 활동원가의 크기와 구성비율이 [표 6-5]와 같이 분석되었다고 하자.

표 6-5 제품별 활동원가의 크기와 구성비율 분석

활동	합계		A제품		B제품	
	원가	비율	원가	비율	원가	비율
작업준비	**₩1,200,000**	**30.8%**	**₩200,000**	**8.3%**	₩1,000,000	66.7%
품질검사	**₩1,550,000**	**39.7%**	₩1,400,000	58.4%	**₩150,000**	**10%**
일정계획	₩850,000	21.8%	₩600,000	25%	₩250,000	16.6%
재료수령	₩300,000	7.7%	₩200,000	8.3%	₩100,000	6.7%
총제조간접원가	₩3,900,000	100%	₩2,400,000	100%	₩1,500,000	100%

이 기업은 전반적으로 모든 활동들을 관리하지 않더라도 총제조간접원가의 70.5%를 차지하는 작업준비 및 품질검사 활동을 집중적으로 관리하면 제조간접원가를 효과적으로 절감할 수 있을 것이다. 특히, 이 기업의 전략제품이 A 제품이라면 그 제품이 소비하는 제조간접원가의 58.4%를 차지하는 품질검사활동을 그리고 전략제품이 B제품이라면 그 제품이 소비하는 제조간접원가의 66.7%를 차지하는 작업준비활동을 각각 집중적으로 관리하는 것만으로도 제조간접원가를 효과적으로 절감할 수 있을 것이다.

예제 6-1

한일정기㈜는 생산량에서 큰 차이를 가지고 있는 A, B, C의 세 가지 자동차용 부품을 한 공장에서 자동화기계를 이용하여 생산하고 있다. 활동기준원가계산에 필요한 자료는 아래와 같이 수집되었다. 활동기준원가계산의 방법에 따라 각 제품의 단위당원가를 계산하시오.

활동	활동원가	원가동인	원가동인 측정치	A제품	B제품	C제품
재료처리	₩258,400	부품수	생산예산	10,000	5,000	800
생산계획	114,000	주문수	단위당직접재료원가	₩80	₩50	₩110
작업준비	160,000	준비횟수	단위당부품수	30	50	120
기계가공	3,510,000	기계시간	단위당노동시간	2	5	12
마무리	1,092,000	노동시간	단위당기계시간	7	7	15
포장/출하	190,000	출하횟수	주문수	300회	70회	200회
총계	₩5,324,400		작업준비횟수	100회	50회	50회
			선적횟수	1,000회	2,000회	800회

풀이

활동	활동원가	원가동인(크기)	원가동인율	제품 A	제품 B	제품 C
재료처리	₩258,400	부품수(200)	₩1,292	30가지	50가지	120가지
				₩38,760	₩64,600	₩155,040
생산계획	114,000	주문수(570)	₩200	300회	70회	200회
				₩60,000	₩14,000	₩40,000
작업준비	160,000	작업준비횟수(200)	₩800	100회	50회	50회
				₩80,000	₩40,000	₩40,000
기계가공	3,510,000	기계시간(106,200)	₩33.05	70,000시간	35,000시간	1,200시간
				₩2,313,500	₩1,156,750	₩39,750
마무리	1,092,000	직접노동시간(54,600)	₩20	20,000시간	25,000시간	9,600시간
				₩400,000	₩500,000	₩192,000
포장/출하	190,000	출하횟수(3,800)	₩50	1,000회	2,000회	800회
				₩50,000	₩100,000	₩40,000
제조간접원가합계	₩5,324,400			₩2,942,260	₩1,875,350	₩506,790
생산량				10,000개	5,000개	800개
단위당제조간접원가				₩294.23	₩375.07	₩633.49
단위당재료원가				₩80	₩50	₩110
단위당제품원가				₩374.23	₩425.07	₩743.49

11 마케팅 영역에서의 활동기준원가계산

활동기준원가계산은 마케팅 영역에도 적용할 수 있다. 마케팅영역에서도 활동분석과 원가동인분석을 하고, 마케팅원가를 활동별로 측정한 다음, 주문별, 고객(유통경로)별, 그리고 시장(세분시장)별로 그 활동들의 소비량을 파악하여, 각각의 원가대상들이 소비하는 마케팅원가를 활동별로 추적하는 것이다. 제조영역의 경우처럼, 활동의 위계구조를 이용하면 마케팅 영역에서도 활동분석과 원가동인분석을 용이하게 수행할 수 있다.

마케팅 활동들은, [그림 6-4]에서 보는 바와 같이, 마케팅원가를 소비하는 원가대상들의 위계구조에 맞추어 주문수준활동, 고객(유통경로)수준활동, 시장(세분시장)수준활동 등으로 구분하여 정의할 수 있다.

그림 6-4 마케팅영역의 원가대상들의 위계구조

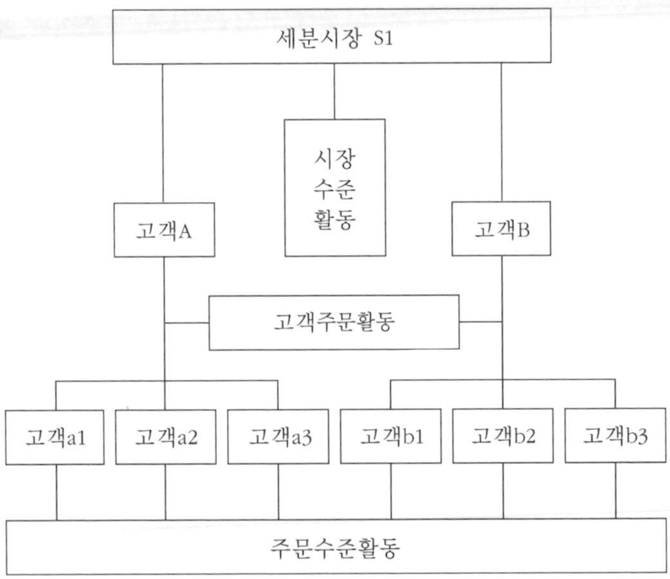

(1) 주문수준활동

주문수령에서부터 주문품인도까지의 업무활동이다. 예를 들면, 주문수령, 주문처리시스템에 대한 고객사항 및 주문사항의 투입, 주문이행지시서의 발행, 선별, 포장, 선적, 배달 등이 그것이다. 주문수준활동의 활동원가는 주문과 관련된 거래의 규모와는 독립적이다. 주문수준활동의 활동원가는 원가대상별로 직접 추적되거나(예 주문처리활동이나 물류활동의 활동원가), 각 주문들이 소비한 해당 활동의 원가동인의 크기에 따라 주문들에 대해 배분된다.

(2) 고객(유통경로)수준활동

개별 고객이나 유통경로에 대한 판매지원활동이다. 예를 들면, 판매 및 판촉활동, 조회처리활동, 기술지원활동, 리베이트 처리활동, 제품에 대한 특별시험, 기술지원활동 등이 그것이다. 고객(유통경로)수준활동의 활동원가는 원가대상별로 직접 추적되거나(예 기술지원활동이나 고객상담활동의 활동원가), 각 고객(유통경로)들이 소비한 해당 활동의 원가동인의 크기에 따라 고객(유통경로)들에 대해 배분된다.

(3) 시장(세분시장)수준활동

특정 세분시장 또는 특정 고객집단에 포함되어 있는 모든 고객들을 공통의 대상으로 하는 마케팅활동이다. 예를 들면, 마케팅 관리자들의 관리활동, 가격목록의 작성과 유지, 광고 및 판촉, 전시회, 마케팅지원 등이 그것이다. 시장수준활동의 활동원가는 원가대상별로 직접 추적되거나(예 운송장비 유지관리활동의 활동원가), 각 시장(세분시장)들이 소비한 해당 활동의 원가동인의 크기에 따라 시장(세분시장)들에 대해 배분된다.

12 마케팅원가의 원가대상별 추적

마케팅원가는 기업의 총원가에서 차지하는 비중이 매우 높고, 따라서 제조단계 이후에 기업의 수익성에 커다란 영향을 미친다. 특히 중요한 점은 물적유통원가를 포함한 마케팅원가의 크기가 주문별, 고객(유통경로)별, 그리고 세분시장별로 다르다는 것이다. 그 이유는 동일한 제품을 구매하는 고객들이라도 그들이 요구하는 서비스의 수준이 서로 다를 수 있고, 이에 따라 기업의 자원들도 고객별로 서로 다른 방식으로 사용되기 때문이다.

실제로 수량할인, 판매수수료, 판매지원, 재고 및 유통지원, 재고보유조건, 운송조건, 신용판매 및 대금회수지원, 주문기록 및 고객지원, 현장서비스 등과 관련된 요구는 고객별로 그 수준이 다르다. 일반적으로 대량구매고객들은 소량구매고객들에 비해 상대적으로 훨씬 더 높은 수준의 서비스를 요구하는 경향이 있다. 심지어는 이에 따른 증분원가가 그들이 기여한 증분매출수익을 상회하는 경우도 있다. 그 결과, 대량구매고객들보다는 오히려 소량구매고객들이 사업단위의 전체 수익성에 대해 실질적으로 더 큰 공헌을 하는 경우가 자주 있다. 소량구매고객들은 개별 거래에서는 매출수익증대에 크게 공헌하지 못한다. 그렇지만 고객서비스와 관련된 추가적인 증분원가를 유발시키지 않기 때문에, 전체 거래를 총계하면 대량구매고객들보다 더 중요한 수익성의 원천이 될 수 있다.

이처럼 고객별 수익성분석을 위해서는 마케팅원가의 고객별 차이를 제대로 파악하는 것이 중요하다. 마케팅원가가 고객(유통경로)별로 또는 시장(세분시장)별로 서로 다른 방식으로 발생된다면, 그것을 고려하지 않은 제품별 수익성분석의 결과만으로는 올바른 마케팅전략을 수립할 수 없기 때문이다. 활동기준원가계산을 마케팅영역에 도입하면 다음과 같이 주문, 고객(유통경로), 시장(세분시장) 등의 원가대상별로 마케팅원가를 더 정확하게 추적할 수 있다.

(1) 주문 수준의 마케팅원가

어떤 개별 주문이 소비한 마케팅원가의 크기는 그 주문에 대해 추적/배분된 모든 주문수준활동들의 활동원가를 총계하여 계산된다.

$$\text{주문 A의 마케팅원가} = \sum_{i}^{k}(\text{주문}A\text{가 소비한 주문수준활동}i\text{의 활동원가})$$

(2) 고객(유통경로) 수준의 마케팅원가

어떤 개별 고객(유통경로)이 소비한 마케팅원가의 크기는 그 고객과 관련된 모든 주문들의 마케팅원가를 총계하고, 여기에 그 고객에 대해 추적/배분된 모든 고객수준활동들의 활동원가를 추가하여 계산된다.

$$\text{고객 C의 마케팅원가} = \sum_{i}^{l}(\text{고객}C\text{가 소비한 주문}i\text{의 마케팅원가}) + \sum_{i}^{l}(\text{고객}C\text{가 소비한 고객수준활동}i\text{의 활동원가})$$

(3) 시장(세분시장) 수준의 마케팅원가

어떤 개별 시장(세분시장)이 소비한 마케팅원가의 크기는 그 시장(세분시장)과 관련된 모든 고객(유통경로)들의 마케팅원가를 총계하고, 여기에 그 시장(세분시장)에 대해 추적/배분된 모든 시장(세분시장)수준활동들의 활동원가를 추가하여 계산된다.

$$\text{시장 M의 마케팅원가} = \sum_{i}^{m}(\text{시장}M\text{이 소비한 고객}i\text{의 마케팅원가}) + \sum_{i}^{m}(\text{시장}M\text{이 소비한 시장수준활동}i\text{의 활동원가})$$

13 활동기준원가관리

제10장에서 설명할 표준원가계산과 차이분석은 복잡성과 다양성이 주요 원가동인이 아닌 제조기업들에서 보편적으로 이용되는 전통적인 원가관리기법이다. 그것은 활동수행의 결과인 원가를 원가항목별로 분석하고, 그것들이 일정한 표준을 초과하지 않도록 원가를 통제하는 것을 강조한다.

그런데 원가항목별 원가분석과 원가통제를 강조하면 단기적으로는 어느 정도의 원가절감이 가능하지만, 원가발생의 근본원인을 통제하는 것이 아니기 때문에 지속되기가 어렵다. 뿐만 아니라, 이때에는 금액이 크거나 상대적 비중이 높은 원가항목들이 주목을 받게 될 가능성이 많은데, 지금까지의 원가관리가 인건비 위주로 편향되어 온 것도 이에 따른 결과라고 할 수 있다. 그것은 원가능률성 측면에서는 즉각적인 효과가 있지만, 장기적으로는 효과성을 손상시킬 수 있다.

새로운 제조환경에서는 최저원가 생산자가 되는 것이 경쟁우위를 지속적으로 유지하는 데 필수적이므로, 원가절감에 초점을 맞춘 원가관리가 강조된다. 전통적인 원가관리는 제품단위당 원가를 직접적으로 절감할 수 있는 대안들—직접노무원가, 직접재료원가, 기계사용시간 등의 감축—에 관심을 기울여 왔지만, 대부분의 경우에 그러한 대안들에서는 개선의 여지가 거의 없다.

개선의 여지가 가장 많이 남아 있는 곳은 제조간접원가를 유발하는 활동들이다. 그래서 이러한 활동들을 대상으로 낭비와 비능률을 제거하기 위한 노력을 지속적으로 기울인다면, 원가를 큰 폭으로 절감할 수 있는 여지가 많다. 예를 들면, 작업준비시간의 단축, 공장배치의 개선, 원재료흐름의 개선, 공정엔지니어링의 개선, 부품수의 감소 및 공통부품사용비율의 증대를 위한 설계변경과 제품구조개선 등이 그것이다.

이러한 사정을 반영하여, 활동기준원가관리는 원가를 유발하는 활동을 대상으로 원가통제가 아닌 원가절감을 추구한다. 즉 원가절감의 표적이 될 중요한 활동들을 선정하여 그것들을 집중적으로 관리하는 것이다. 이렇게 하면 활동의 결과 또는 활동의 그림자라고 할 수 있는 원가는 저절로 감소될 것이고, 모든 활동들에 걸친 전면적인 원가삭감의 경우보다 원가절감의 효과도 훨씬 더 클 것이다.

특히 원가관리의 과정에서 능률성(efficiency)보다 효과성(effectiveness)에 우선적으로 관심을 기울인다. 수행될 가치가 있는 활동이라야 그것의 능률성을 개선하는 것이 의미가 있기 때문이다. 원가관리의 주요 방법으로는 낭비와 비능률을 포함하고 있는 활동들을 지속적으로 개선하여 궁극적으로 그것들을 완전히 제거할 것을 강조한다. 이상과 같은 특징들로 인해 활동기준원가관리는 전략적 원가절감에 적합한 원가관리시스템으로 평가되고 있다.

14 개선기회의 식별

활동기준원가관리를 위해서는 미시적 수준에서 식별되는 모든 활동들을 검토할 것이 아니라, 특별히 중요한 활동들에 대해 분석노력을 집중시키는 것이 바람직하다. 미시적 수준의 활동들은 그 수가 대단히 많아서 그것들을 전부 검토하기가 사실상 어렵고, 실제로 중요한 활동들 중에서 가장 큰 개선기회를 찾을 수 있기 때문이다.

활동기준원가관리의 요체는 중요한 활동들의 능률성을 평가하고, 비능률적이거나 개선되어야 할 활동들을 식별하여 지속적으로 개선해 나가며, 궁극적으로는 그것을 완전히 제거하는 것이다. 이것이 바로 지속적인 개선의 목표이다. 중요한 활동을 식별하는 방법으로는 활동유형분석과 활동속성분석이 있다.

(1) 활동유형분석

활동유형분석은 중요한 활동을 식별하기 위해 활동들을 핵심활동, 지원활동, 임의활동의 세 가지 유형으로 구분한다. 핵심활동이란 조직이 존속하기 위해 기본적으로 필요한 활동을 가리킨다. 핵심활동에 투입될 자원을 삭감하여 그것을 위축시키면 조직이 더 큰 위험에 처하게 된다. 매출액이 떨어지고 있는 기업이 판매원을 감원하는 것이 그 전형적인 예이다. 이러한 핵심활동들을 지원하는 활동들을 지원활동이라 한다. 그리고 임의활동(discretionary activity)은 핵심활동과 지원활동 이외의 모든 활동들을 가리킨다. 임의활동의 범주에는 ① 실수를 바로잡는데 시간을 소비하는 낭비적 활동, ② 사업에 전혀 손상을 주지 않고서도 제거할 수 있는 불필요한 활동, ③ 핵심활동이거나 지원활동이 아니지만 반드시 수행되어야 하는 필요한 활동 등이 포함된다.

활동기준원가관리에서는 이러한 임의활동들을 중요한 활동으로 간주한다. 왜냐하면, 임의활동들이 개선기회를 가장 많이 제공하고, 따라서 원가관리의 여지도 가장 크기 때문이다. 실제로 많은 기업들이 임의활동들에 비정상적으로 많은 시간을 소비하고 있다. 대규모 정유회사를 대상으로 수행된 어떤 연구에 의하면 주유소와 대량소비고객을 담당하는 판매관리자들이 시간의 70% 이상을 임의활동들에 소비하고 판매기회를 창출하는 일에는 17% 정도만 소비하는 것으로 분석되었다. 수익성이 매우 좋게 평가되어 있는 기업에서도 판매관리활동의 40%이상이 임의활동인 것으로 조사되었다.

(2) 활동속성분석

활동속성분석은, <활동의 가치>와 <활동의 효과성>을 평가하여 중요한 활동들을 식별하는 것이다. <활동의 가치>란 활동 자체의 가치 및 그것이 전략목표달성에 공헌하고 있는 정도를 가리키고, <활동의 효과성>이란 활동이 고객만족에 공헌하고 있는 정도를 가리킨다.

<활동의 가치>는 고객가치증대와 전략목표달성에 필요한 정도를 기준으로 ① 필수적이다, ② 필요하다, ③ 불필요하다 등의 세 등급으로 평정한다. 그리고 <활동의 효과성>은 활동성과가 고객들의 기대에 얼마나 잘 부응하고 있는지를 기준으로 ① 기대이상, ② 기대수준, ③ 기대이하 등의 세 등급으로 평정한다.

<활동의 가치>에 관한 평정결과를 이용하면, 활동들을 '비부가가치활동–필요한 활동–필수적이면서 중요한 활동'으로 이어지는 연속체 위의 어느 지점에 놓을 수 있고, <활동의 효과성>에 관한 평정결과를 이용하면, 그것들을 '기대이하의 활동–기대수준의 활동–기대이상의 활동'으로 이어지는 연속체 위의 어느 지점에 놓을 수 있다. 전자의 연속체를 수평축에 그리고 후자의 연속체를 수직축에 두면, 모든 활동들을 [그림 6–5]와 같은 이차원 평면 위에 나타낼 수 있다.

[제 I 사분면]은 능률적인 부가가치활동을 나타낸다. 이러한 속성의 활동들에서는 원가절감의 여지가 적다. 그러나 나머지 다른 사분면들에 놓이는 활동들은 모두 원가절감의 여지가 많이 남아있는 중요한 활동들이다.

[제 II 사분면]은 비부가가치활동이지만 조직의 존속 또는 고객서비스향상을 위해 단기간에 중단할 수 없는 활동을 나타낸다. 주문이행독촉, 고객불만처리, 사후지원서비스 등과 같은 소위 부정적 활동(negative activity)이 그것이다.

이러한 활동들에 대해서는 장기간에 걸쳐 사업과정을 지속적으로 개선함으로써 그 규모를 축소하거나 자원소비를 줄여 나가야 한다.

[제Ⅲ사분면]은 고객가치를 증대시키는 데 기여하지 못하는 비부가가치활동을 나타낸다. 여기에 속하는 활동들은 지속적 개선을 통해 궁극적으로 완전히 제거해야 한다.

[제Ⅳ사분면]은 비능률적으로 수행되는 부가가치활동을 나타낸다. 이 활동들에 대해서는 즉각적인 성과개선조치가 필요하다.

그림 6-5 활동분류행렬

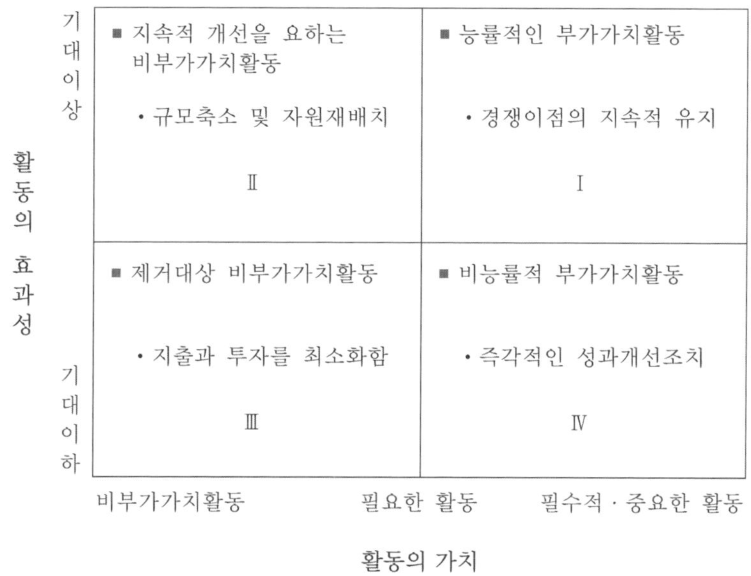

식별된 개선기회를 대상으로 하는 활동기준원가절감의 방법론에는 여러 가지가 있다. 원가동인의 통제, 비부가가치활동들의 지속적 개선, 미사용조업능력원가의 절감 등이 그것이다.

앞으로 설명할 이와 같은 활동기준원가관리의 방법들이 전략적 원가절감을 추구하는 데 적합한 점은 의심할 바가 없지만, 그렇다고 그것이 만병통치의 처방은 아니다. 엄격하게 본다면, 그것은 문제점의 근본원인을 드러내어 그것에 대한 경영자의 주의를 환기시키는 도구에 불과한 것일 수도 있다.

그러나 경영자의 적극적인 활용의지가 있다면, 활동기준 원가정보는 주의환기역할을 넘어서 문제해결을 이끄는 역할도 해 낼 수 있을 것으로 기대된다. 그래서 활동기준원가관리는 21세기 관리회계의 새로운 패러다임으로 간주되고 있다.

15 원가절감의 방법론 Ⅰ – 원가동인의 통제

활동기준원가관리에서 이용되는 원가절감의 기본적 방법론은 원가동인을 통제하는 것이다. 원가동인을 통제한다는 것은 활동수행에 걸리는 시간, 필요한 활동의 빈도, 1회의 활동에 소비되는 원가(원가동인률) 등을 감소시키는 것이다. 구체적인 방법으로는 다음의 네 가지를 들 수 있다.

(1) 제품과 공정의 재설계를 통한 활동빈도의 감소

부품 수의 감소 또는 공급자재의 규격변경이 가능하도록 제품을 재설계하거나 가공주기가 단축되도록 생산공정을 재설계하면, 부품, 원재료, 재공품 등의 재고가 줄어든다. 이에 따라 재고에 수반되는 균형업무의 빈도가 줄어든다. 균형업무란 생산요소와 생산능력 간에 수요와 공급이 일치되도록 조정하는 활동으로서, 인력관리, 판매예측, 생산계획과 일정계획 수립, 자재계획 및 통제 등의 업무를 가리킨다. 이러한 균형업무가 자재와 부품의 이동을 명령, 집행, 확인하고 이와 관련된 자료를 입력, 처리하는 물류업무들을 유발한다. 따라서 재고감소를 통해 균형업무의 빈도가 줄어들면 물류업무의 빈도도 줄어든다.

(2) 자료보고체계의 재정립을 통한 활동빈도 및 활동수행시간의 감소

필요한 자료를 정확하게, 필요한 정도의 횟수만 보고할 수 있도록 자료보고체계를 재정비함으로써 활동의 빈도와 활동수행에 걸리는 시간을 줄일 수 있다.

(3) 제조환경의 안정화를 통한 활동빈도의 감소

제품설계, 생산일정, 공정계획, 자재계획 등에 있어서의 변화를 처리하기 위한 업무를 변경업무라 한다. 그것은 물류업무, 균형업무, 품질업무 등을 유발하는데, 작업부하를 적절한 수준으로 유지하고 작업흐름이 균형을 이루어 제조환경이 안정되면 이러한 변경업무를 현저하게 줄일 수 있다. 제조환경을 안정화하는 방법은 '처음부터 일을 제대로 하는 것'이다. 이렇게 하면 갑작스런 기술적 변경지시가 자주 내려지거나, 일정계획이 지체되거나, 작업흐름의 불균형이 초래되거나, 품질문제가 야기되거나 하는 일이 없어질 것이다.

(4) 능률성개선 프로그램을 통한 활동원가와 활동시간의 절감

능률성개선 프로그램들을 개발하여 시행하면 활동의 능률성을 높여 활동원가를 감소시킬 수 있다. 예를 들어, TQC나 JIT같은 지속적 개선 프로그램이 성공적으로 실천되면 제품검사, 기계교체 및 작업준비, 재료이동 및 저장 등의 활동들에 소비되는 간접노무원가를 크게 절약할 수 있다. 진보된 정보기술과 생산기술을 도입하는 것도 이러한 목적에 매우 효과적이다. 예를 들어, CAD/CAE 장비를 이용하면 신제품의 설계와 기존제품의 설계변경에 소요되는 비용을 절약할 수 있으며, FMS와 CIM을 도입하면 일정계획수립, 재료이동, 검사, 공구정위화, 계측, 유지 등이 자동화되고 또한 즉각적인 작업교체가 가능해지므로 제거할 수 있는 활동들이 많아질 것이다.

16 원가절감의 방법론 Ⅱ – 비부가가치활동의 지속적 개선

활동기준원가관리의 또 다른 방법은 비부가가치활동 또는 비능률적인 부가가치활동을 지속적으로 개선하는 것이다. 구체적인 실행방법은 개선대상 활동들의 각각에 대해서 지속적 개선을 통해 제거해야 할 원가목표(절감원가목표)를 설정하고 그것을 지속적으로 추구해 나가는 것이다.

활동별로 절감원가목표를 설정하는 방법은 다음과 같다: ① 이상적 표준에 맞게 능률적으로 수행하였을 때의 원가동인의 허용수준을 추정한다; ② 변동활동원가예산을 원가동인의 허용수준으로 나누어 원가동인률표준을 설정한다; ③ 원가동인의 실제수준과 허용수준의 차이에 원가동인률표준을 곱한다. 이렇게 설정된 절감원가목표를 성공적으로 달성해 내고, 이와 동시에 다음 기간에 설정될 원가동인의 허용수준을 점진적으로 엄격하게 설정하는 노력을 계속하면, 궁극적으로 이상적 표준에 도달할 수 있다.

예를 들어, 2001년에 제품 50,000개를 생산한 대성기업의 각 활동별 원가동인의 허용수준과 실제수준 그리고 원가동인율표준 등이 주어졌을 때, 부가가치원가와 비부가가치원가를 분리시킨 원가보고서가 [표 6-6]과 같이 작성되었다고 하자. 여기서, 원가동인의 허용수준이 0으로 설정되어 있는 작업준비활동과 품질보증활동은 전혀 불필요한 비부가가치활동들이고, 나머지 다른 활동들은 필요하지만 비능률적이어서 개선의 여지가 있는 부가가치활동들이다.

표 6-6 활동원가(2001년도)의 분해

활동 (원가동인)	허용 수준 (1)	실제 수준 (2)	원가동인율 표준 (3)	부가가치 원가 (4)=(1)×(3)	비부가가치 원가 (5)=[(1)−(2)]×(3)
플라스틱 부품	50,000	55,000	₩8	₩400,000	₩40,000
전자부품	50,000	57,000	100	5,000,000	700,000
노동(시간)	25,000	30,000	10	250,000	50,000
동력(kwh)	9,000	10,000	3	27,000	3,000
수령(주문)	500	1,000	150	75,000	75,000
작업준비(시간)	0	2,000	15	0	30,000
재료취급(이동횟수)	50	500	200	10,000	90,000
유지(기계시간)	4,000	5,000	30	120,000	30,000
품질보증(불량품수)	0	2,500	120	0	300,000
계				₩5,882,000	₩1,318,000

이상적 표준이 원가동인의 허용수준으로 설정되면 그것을 기초로 하여 기간별로 달성가능표준을 설정할 수 있다. 즉 어떤 활동의 원가동인의 실제수

준과 허용수준과의 차이에 차기의 비부가가치원가의 목표절감률을 곱하고 당기의 원가동인의 실제수준에서 그것을 차감하면 차기에 달성가능한 그 활동의 개선목표를 설정할 수 있다.

> 차기의 달성가능 개선목표(달성가능 수량표준)
> = 당기의 실제원가동인수준 − (당기의 실제원가동인수준 − 이상적 표준) × 차기의 목표절감률

여기서, 차기의 비부가가치원가 목표절감률은 차기의 절감원가목표를 당기의 비부가가치원가 실제소비액으로 나눈 것이다. 그리고 달성가능표준은 궁극적으로 허용수준으로 제시된 이상적 표준을 성취하기 위해 특정 기간에 달성해야 할 목표를 가리킨다.

표 6-7 달성가능한 활동원가 표준(2002년도)

활동	실제 수준 (1)	허용 수준 (2)	차이 (3) =(1)−(2)	절감 목표 (4)=(3)× 목표 절감률	달성가능 수량표준 (5) =(1)−(4)	원가 동인율 표준 (6)	달성가능 원가표준 (7)=(5)×(6)
부품(플)	55,000	50,000	5,000	1,000	54,000	₩8	₩432,000
전자부품	57,000	50,000	7,000	1,400	55,600	100	5,560,000
노동	30,000	25,000	5,000	1,000	29,000	10	290,000
동력	10,000	9,000	1,000	200	9,800	3	29,400
수령	1,000	500	500	100	900	150	135,000
작업준비	2,000	0	2,000	400	1,600	15	24,000
재료취급	500	50	450	90	410	200	82,000
유지	5,000	4,000	1,000	200	4,800	30	144,000
품질보증	2,500	0	2,500	500	2,000	120	240,000
계							₩6,936,400

이러한 방식으로 매기마다 달성가능한 표준을 설정해 나간다면, 그것은 기간이 바뀔 때마다 이상적 표준을 향해 더욱 엄격한 수준으로 설정될 것이다. 가령, 2002년의 제품생산계획이 여전히 50,000대라 하고, 비부가가치원가의 목표절감율이 20%라고 하면, 달성가능표준은 [표 6-7]과 같이 계산된다.

이러한 달성가능표준이 계획대로 성취되었고, 2003년의 제품생산계획도 여전히 50,000대이며, 비부가가치원가 목표절감율이 10%라고 하면, 2003년의 달성가능표준은 [표 6-8]과 같이 2002년도보다 더 엄격하게 설정된다.

표 6-8 달성가능한 활동원가 표준(2003년도)

활동	실제 수준 (1)	허용 수준 (2)	차이 (3) =(1)−(2)	절감 목표 (4)=(3) ×목표 절감률	달성가능 수량표준 (5) =(1)−(4)	원가 동인율 표준 (6)	달성가능 원가표준 (7) =(5)×(6)
부품(플)	54,000	50,000	4,000	400	53,600	₩8	₩428,800
전자부품	55,600	50,000	5,600	560	55,040	100	5,504,000
노동	29,000	25,000	4,000	400	28,600	10	286,000
동력	9,800	9,000	800	80	9,720	3	29,160
수령	900	500	400	40	860	150	129,000
작업준비	1,600	0	1,600	160	1,440	15	21,600
재료취급	410	50	360	36	374	200	74,800
유지	4,800	4,000	800	80	4,720	30	141,600
품질보증	2,000	0	2,000	200	1,800	120	216,000
계							₩6,830,960

17 원가절감의 방법론 Ⅲ – 미사용조업능력원가의 절감

낭비와 비능률을 완전히 제거하고자 한다면 비부가가치원가와 함께 미사용조업능력원가(unused capacity cost)도 제거해야 한다. 미사용조업능력은 고정설비확장이나 시장수요감소 같은 구조적 요인에 의해 발생되는 것이므로, 미사용조업능력원가는 단기간에 감소시키거나 제거하기가 어려운 구조적 낭비이다. 정보기술과 진보된 제조기술의 도입이 확대되고 활동의 지속적개선이 성공적으로 이루어지면, 미사용 조업능력에서 비롯되는 낭비 또는 비능률 원가의 비중이 상대적으로 더 높아진다. 따라서 경쟁력 있는 수준의 제품원가를 유지하기 위해서는 특히 미사용조업능력원가에 주목할 필요가 있다. 미사용조업능력원가를 절감하는 방법에는 미사용조업능력의 제거와 자원재배치의 두 가지가 있다.

(1) 미사용조업능력의 제거

미사용조업능력원가를 절감하기 위한 가장 보편적인 방법은 미사용조업능력을 가지고 있는 활동들에 미리 공급되어 있는 자원을 제거하는 것이다. 여분의 기계나 건물 또는 불필요한 인원을 감소시키는 구조조정(BPR)이 바로 그것이다.

그러나 이러한 원가절감방법은 장기적인 관점에서 보면 문제가 있다. 설비를 감축하면 향후의 경제적 환경이 긍정적으로 변화할 경우에 그것을 시기적절하게 활용할 수 있는 기회를 놓치기 쉽고, 인원을 감축하면 과거에 여유조업능력의 창출기반이 되었던 지속적 개선 노력이 중단될 위험이 매우 높기 때문이다. 실제로 설비확장이란 그것의 필요성을 인식하였다고 해서 단기간에 가능한 것이 아니다. 그리고 인적구조조정은 본래의 의도와 다르게 오히려 유능한 구성원들을 퇴출시키는 방식으로 진행되는 경우가 많아서, 질적인 측면에서 인적자원의 최대조업능력을 손상시키기 쉽다. 뿐만 아니라, 구조조정과정에서 살아남은 구성원들은 동료들의 해고경험을 반추하면서 지속적 개선에 대한 몰입과 적극적인 관여를 의식적으로 회피하거나 약화시킬 가능성이 높다. 그래서 인적구조조정의 방식을 채택하는 구조조정은 실패할 가능성이 크다. 연구에 의하면, 인적구조조정의 성공확률은 15%를 밑도는 것으로 조사되었다.

따라서 미사용조업능력원가를 절감하기 위해서는 기존의 사업영역에서 시장을 확대하거나 수익성 있는 새로운 사업영역을 개척함으로써 실제조업수준을 증대시키는 것과 같은 보다 적극적인 방법이 권장되고 있다. 그것은 성공적인 지속적 개선 프로그램의 전제조건이라 할 수 있다.

(2) 자원재배치

자원재배치를 통해 실제조업수준을 증대시키는 것도 미사용조업능력원가를 관리하기 위한 적극적인 방법으로 권장될 수 있다. 사업과정 내에서의 자원재배치 노력은 제품원가를 절감하기 위해 대단히 중요하다. 사업과정을 구성하고 있는 활동들의 조업능력이 균형을 갖추고 있는 경우가 드물기 때문에, 실제조업도가 이론적 조업도에 미치지 못하고 있는 비장애활동은 언제나 미사용조업능력을 보유하게 된다. 이때 발생되는 미사용조업능력원가는 사업과정전체의 조업능력과 관련된 것이므로 제품원가에서 분리할 수 없다. 따라서 사업과정의 낭비에 기인하는 높은 원가가 그대로 제품가격에 반영되어서 제품의 시장경쟁력이 손상된다. 만일 비장애활동에 투입된 자원을 장애활동으로 재배치하여 실제조업요구가 이론적 조업도를 상회하고 있는 장애활동의 조업능력을 보충한다면, 비장애활동의 미사용조업능력이 감소됨은 물론이고, 사업과정전체의 실제조업수준도 향상될 것이다. 이에 따라 제품가격도 낮출 수 있을 것이다.

[그림 6-6]과 같은 막대그래프 형태의 조업능력모형을 작성하면 이러한 목적에 유용하게 이용할 수 있다. 그것은 사업과정을 구성하는 활동별로 미사용조업능력과 부족한 조업능력의 크기를 시각적으로 보여준다.

그림 6-6 조업능력모형

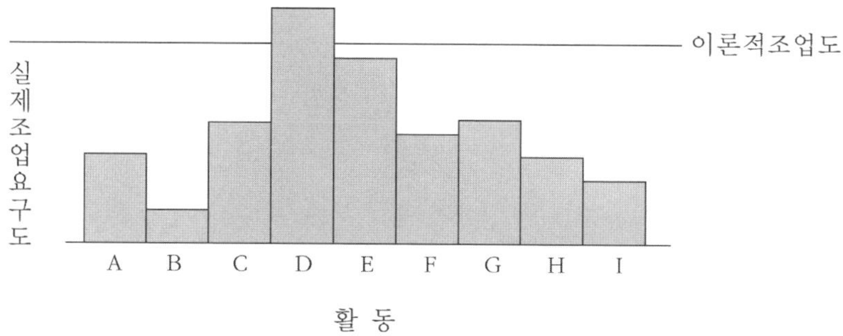

이 그림을 보면, 실제조업요구가 이론적 조업도를 상회하고 있는 활동D가 장애활동이고, 활동 B가 가장 큰 미사용조업능력을 보유하고 있는 비장애활동임을 알 수 있다. 만일 비장애활동 B에 배치된 자원의 일부를 장애활동 D에 투입하는 방식으로 자원을 재배치한다면, 장애활동 D의 부족한 조업능력이 보충될 수 있을 뿐만 아니라, 그것의 제약을 받고 있던 다른 비장애활동들의 실제조업도도 증가되어, 결과적으로 사업과정 전체의 실제조업수준이 향상될 것이다.

미사용조업능력원가는 단기적 관점에서 보면 고정원가이지만, 장기적 시각으로 보면, 장기간에 걸친 점진적인 변화를 통해 제조공정이나 업무구조를 재설계함으로써 감소시킬 수 있는 변동원가이다. 따라서 미사용조업능력원가를 절감하기 위해서는 장기적인 시각이 요구된다.

18 활동기준원가계산의 도입

지금까지 살펴본 바와 같이, 활동기준원가계산의 기본개념들과 구조는 실무에 익숙한 사람이라면 이해하기가 그렇게 어려운 것이 아니다. 일정한 교육과정과 약간의 시행착오를 거치면, 실무자들은 그것들과 쉽게 친숙해진다. 활동기준원가계산 자체가 이론적 추론의 산물이 아니라 실무를 통해 경험적으로 형성된 것이기 때문이다. 따라서 다양한 기능영역에서 오랜 실무경험을 쌓은 사람들로 구성된 프로젝트 팀이 활동기준원가계산의 도입 실무를 담당한다면, 그것의 도입에 수반되는 기술적 어려움은 문제가 되지 않을 것이다.

그것보다는 프로젝트 팀이 과업을 성공적으로 수행할 수 있는 여건을 갖추는 것이 실질적으로 더 중요한 문제이다. 이러한 여건이 갖추어진 기반위에서 프로젝트 팀을 적절하게 구성하면 활동기준원가계산의 도입을 위한 준비가 완료된다. 프로젝트 팀이 실제로 수행하게 될 업무는 활동분석, 원가동인의 정의, 활동원가와 원가동인의 측정, 시스템 설계 등이지만, 이러한 기술적인 업무들의 수행성과는 그 이전의 준비단계들이 얼마나 충실하게 진행되는가의 여부에 달려 있다. 다음에는 이와 같은 네 가지 준비단계들을 검토한다.

19 제1단계: 여건의 정비

조직에 새로운 변화를 도입할 때는 언제나 관리자들의 저항에 직면하기 마련이다. 일반적으로, 회계부문이 아닌 다른 부서의 관리자들은 활동기준원가계산에 대해 부정적인 태도를 가지기 쉽다. 특별히 변화에 몰입된 사람이 아니라면, 그들은 새로운 자료를 생산하는 데 따른 업무량의 증대, 원가동인에 기반을 둔 성과지표가 이용될 경우의 예산과 인원의 삭감 가능성, 그리고 원가발생의 원인이 가시화됨에 따른 기존 권력기반의 손상 가능성 등을 염려하기 때문이다.

이상과 같은 관리자들의 예상되는 저항을 극복하기 위해서는 교육을 통해 변화의 필요성에 대한 확신을 심어주는 일이 중요하고, 이러한 노력을 뒷받침하기 위한 최고경영자의 적극적인 태도와 지원이 결정적으로 중요하다. 이 교육에서는 그들의 참여와 몰입을 이끌어 내기 위해 다음의 내용들이 강조될 필요가 있다:

① 전통적 원가시스템에서 문제가 되는 측면들과 그로 인해 중요한 정보가 전혀 파악되지 못하고 있거나 부정확하고 오도된 정보가 산출되고 있다;

② 활동기준원가계산을 도입하면 원가왜곡과 부적절한 의사결정이 획기적으로 줄어들 수 있다; ③ 경쟁적 환경에서의 전략적 의사결정을 위해 관리자들이 필요로 하는 정보를 활동기준원가계산이 효과적으로 제공할 수 있다; ④ 활동기준원가계산의 도입은 원가효율적이다.

특히 활동기준원가계산의 도입이 원가효율적이라는 점을 강조할 필요가 있다. 그것에 대한 오해가 활동기준원가계산의 도입을 주저하게 만드는 주요 요인이기 때문이다. 다음의 내용을 설명하면 이러한 오해를 해소하는 데 도움이 될 것이다.

첫째로, 활동기준원가계산을 도입하고 그것을 운영하는 데 필요한 자료수집업무의 양은 관리가능한 범위를 넘지 않으며, 자료수집에 걸리는 시간도 그렇게 오래 걸리지 않는다. 활동기준원가계산을 처음으로 도입하는 경우에 조차도 각 기능부문에게 종업원들의 시간을 주로 소비하는 5-10개의 활동들을 적어내도록 요청하는 것만으로 활동들을 분석할 수 있으며, 파레토의 80/20 규칙에 따라 전체원가의 80% 정도를 발생시키는 중요한 20%의 활동들만 집중적으로 상세하게 분석하여도 목적에 적합한 활동기준원가계산을 설계할 수 있다. 그리고 각 활동을 수행하는 데 얼마나 많은 사람들과 얼마나 많은 시간이 투입되고 있는지를 추정하는 일도 기능영역별로 업무에 가장 가까이 접근해 있는 소수의 중간관리자들만 있으면 된다. 그들로부터 필요한 자료를 얻어내는 데는 시간이 그렇게 오래 걸리지 않는다.

둘째로, 활동기준원가계산이 만들어 내는 원가정보의 정확성에 대한 요구도 그러한 원가정보가 사용될 의사결정의 종류에 달려있다. 원가정보의 일차적 목적이 경영자들의 주의환기에 있다면 어느 정도의 오류는 허용된다. 경영자들이 제품별, 유통경로별, 시장구분별 수익성의 원천을 파악하기 위해 제품원가정보를 이용하는 경우에도 그나마 약간의 오류가 허용될 수 있다. 이와 대조적으로 고객별 또는 주문별로 견적가격을 추정하는 것과 같은 전술적인 용도에 제품원가정보가 사용될 경우에는 상당히 정확한 원가정보가 요구된다. 따라서 활동들과 원가동인들이 보다 상세하게 분석되어야 할 것이다.

셋째로, 활동기준원가계산이 도입되어도 기존의 전통적인 일반원장시스템은 계속 유지되어야 한다. 활동기준원가계산은 일반원장과 기타의 자료 내용을 더욱 명료하게 살펴보기 위한 교정용 광학렌즈처럼 사용될 뿐이다. 다시 말해서, 활동기준원가계산은 일반원장에 누적되어 있는 수많은 거래자료들을 보다 유용한 형태의 자료로 가공해 내는 것일 뿐이다.

마지막으로, 특별한 S/W가 없이도 활동기준원가계산을 운영할 수 있다. 실제로, 활동기준원가계산을 처음으로 도입하는 기업에서는 일반원장에 기록되어 있는 원가를 부문별로 분석된 각각의 활동들에 옮겨놓을 수 있기만 해도 만족스러운 것이 될 수 있는데, 이 정도의 작업은 익숙하게 사용하고 있는 계산서용 S/W만으로도 충분히 가능하다.

20 제2단계: 프로젝트 팀의 구성

기업의 업무흐름을 정확하게 반영할 수 있도록 활동기준원가계산을 설계하기 위해서는 서로 다른 여러 부문들에 소속되어 있는 구성원들로 프로젝트 팀을 구성해야 한다. 이 팀은 프로젝트만 전담하도록 해야 한다. 3−5명으로 구성되는 것이 바람직하며, 마케팅, 제조, MIS, 회계 등의 부서에서 선발해야 한다. 특히 개방적이고, 기업의 업무활동에 대해 잘 알고 있는 사람들이어야 할 것이며, 전통적인 원가회계에 대한 지식은 특별히 요구되지 않는다. 프로젝트 팀의 구성원들은 다음과 같은 요건을 갖추고 있어야 한다.

첫째로, 제조부문에서 선정된 구성원은 제품들이 공장에서 어떤 공정을 거쳐 생산되며, 생산계획이 어떻게 수립되는지를 이해하고 있어야 한다. 그는 제조관련부문들의 핵심구성원들이 누구인지, 공장에서 실제로 작업이 어떻게 이루어지고 있는지, 그것이 본래 의도된 방식과 어떻게 다르게 이루어지고 있는지 등을 알고 있어야 한다.

둘째로, 마케팅부문에서 선정된 구성원은 제품이 어떻게 판매되며, 어떻게 유통되고 있는지, 고객들이 누구이며, 그들의 구매특성이 어떻게 다른지 등을 파악하고 있어야 한다. 활동기준원가계산의 전략적 편익을 극대화하기 위해서는 마케팅부문 대표의 관여가 필수적이다. 활동기준원가계산은 어느 고객, 어느 제품이 실제로 수익성이 있는지를 알 수 있게 해 준다.

셋째로, 정보시스템은 활동기준원가계산이 필요로 하는 거의 모든 거래정보를 기록해 두고 있는데, MIS부문에서 선정된 구성원은 어떠한 유형의 정보가 수집되고 있는지, 그 자료가 시스템의 어디에 위치해 있는지, 얼마나 오랜 기간에 걸친 자료가 보유되어 있는지, 그 자료가 어떤 방법으로 수집되고 있는지, 그래서 그 자료가 얼마나 정확한 것인지 등을 알고 있어야 한다. 필요한 원가동인 정보의 대부분을 정보시스템에서 구할 수 있다면 그것이 가장 바람직할 것이다.

넷째로, 일반원장계정들에 기록되어 있는 원가에 관한 원가회계담당자의 상세한 지식도 중요하다. 그는 각 계정에 포함되어 있는 원가의 내용을 알고 있어야 한다. 예를 들어, 위험쓰레기 처분비용이 제조간접원가 속에 포함되어 있는지에 대해 그는 대답할 수 있어야 한다. 그리고 활동기준원가계산의 설계가 완료된 후 그것의 운영을 담당하기 위한 훈련을 쌓기 위해서도 원가회계담당자의 참여는 중요하다.

마지막으로, 설계기사와 산업공학기사의 참여도 필요하다. 설계기사는 제품원가의 중요한 유발요인을 정의하는 일을 도우며, 신제품개발원가가 어떻게 발생되는지를 파악하는 데 결정적인 역할을 한다. 따라서 팀 구성원들이 원가동인을 정의할 수 있는 능력을 갖추도록 하기 위해 그들의 참여가 필요하다고 하겠다. 산업공학기사는 공정에 대한 팀 구성원들의 이해를 증진시키는 데 기여하며, 정의된 원가동인의 정확성을 심사하는 역할도 담당할 수 있다.

대부분의 기업에서 활동기준원가계산 프로젝트의 진행을 가로막는 장애물은 보수적인 기업문화 및 업적평가와 관련된 기능부문들 간의 갈등이라 할 수 있다. 보수적인 관점에 물들어 있는 관리자들은 자신들에게 제공된 정보가 기존의 지식기반과 일치되지 않으면 그것을 의사결정이나 판단에 이용하지 않으며, 새로운 정보가 관련성이 높은 것일 경우에도 그것을 좀처럼 타당한 것으로 인정하려고 하지 않는 경향이 있다. 그리고 활동기준원가계산을 통해 만들어지는 자료가 업무활동의 원가와 제품원가를 이해하는 데 열쇠가 될 것이며 제품가격결정과 업무개선을 위한 신뢰성 있는 정보원천이 될 것이라고 믿는 관리자들이라 하더라도 오히려 그 점 때문에 자신들이 부정적인 영향을 받게 될 것을 걱정하기도 한다.

이러한 장애물을 극복하기 위해서는 프로젝트 팀이 최고경영자의 지휘를 받는 것이 중요하다. 기업 또는 사업부의 최고경영자는 활동기준원가계산으로부터 만들어지는 정보를 어떻게 이용할 것인지를 결정해야 한다. 그리고 최고경영자의 관여와 이해가 있어야만 활동기준원가계산이 성공할 수 있다. 이와 더불어, 관리회계책임자의 전폭적인 지원도 활동기준원가계산 프로젝트의 성공적인 실행에 반드시 필요하다. 그는 활동기준원가계산이 초점을 두어야 할 곳을 찾아낼 수 있는 적절한 배경지식을 가지고 있고, 적절한 분석단위(제품 또는 공정)를 설정하는 데 기여할 수 있는 통찰력을 가지고 있으며, 원가시스템 실패의 원인을 잘 알고 있다. 그는 시스템을 어느 정도의 수준으로 상세하게 연구해야 할 것인지를 판단하는 데 필요한 정보를 가지고 있고, 기업전체에 걸친 원가흐름을 가장 잘 파악하고 있다.

21 제3단계: 프로젝트 팀 구성원들의 교육

프로젝트 팀이 구성된 다음에는 활동분석과 활동원가추정을 담당하게 될 팀 구성원들을 교육시킨다. 프로젝트 팀 구성원들이 전통적인 원가회계에 대한 지식기반이 있느냐의 여부는 중요하지 않다. 백지 위에 그린 그림이 선명하듯이, 적절한 교육이 이루어지기만 하면 원가회계에 대한 배경지식을 가지고 있는 사람들보다 그렇지 못한 사람들이 오히려 활동기준원가계산의 원가흐름을 더 빠르게 이해할 수 있다.

교육내용에는 다음의 세 가지가 포함되는 것이 바람직하다. 첫째, 활동기준원가계산이 전통적인 원가배분시스템과 어떻게 다른지를 이해시키고, 활동기준원가계산의 기본개념들에 대한 정확한 이해를 갖추게 하는 것이다. 프로젝트를 실제로 수행할 책임을 지고 있는 구성원들이 활동기준원가계산 도입의 필요성과 활동 및 원가동인 개념을 제대로 이해하고 있어야 프로젝트 추진 과정에서의 불필요한 시행착오를 줄일 수 있기 때문이다.

둘째, 활동분석의 방법과 그 결과를 문서화하는 일에 익숙하게 하는 것이다. 기능부문들에서 수행되고 있는 활동들과 각 활동의 원가동인들에 관한 정보는 이미 문서화되어 있는 다양한 자료원들을 이용하거나 기능부문 관리자들과의 면담을 통해 얻을 수 있다. 프로젝트 팀 구성원들은 활동분석에 이용될 수 있는 문서화된 자료원들과 그 자료들을 읽어낼 수 있는 방법, 면담의 기술, 활동분석을 통해 얻어진 정보의 문서화 방법, 활동들을 업무흐름도로 작성하는 방법 등을 익혀야 한다.

셋째, 활동원가의 추정기법을 교육시키는 것이다. 일반원장의 계정항목들을 재료, 노동, 기계, 에너지 등과 같은 자연적인 자원분류체계와 연결시키고, 그것을 토대로 하여 일반원장 계정항목들의 활동별 추적가능성을 판단하며, 다수의 활동들과 공통적으로 관련되어 있는 계정항목들의 원가를 활동별로 배분할 때의 배분기준을 정의하는 것 등이 주된 교육내용을 구성하게 될 것이다.

22 제4단계: 시범조사 및 계획수립

프로젝트 팀이 제일 먼저 할 일은 시범조사(pilot study)이다. 중소기업이라면 곧장 전면적인 개발 단계로 들어갈 수 있을지 모르나, 대기업의 경우에는 사전에 1회 이상의 시범조사가 선행되는 것이 바람직하다. 시범조사에서는 조직의 일부 기능영역 또는 사업과정과 특정 기간 동안의 그것의 실제원가 또는 예산원가를 이용한다. 활동, 원가동인, 원가동인의 크기, 원가대상 등을 정의하고, 원가대상들의 원가를 계산한다.

시범조사는 프로젝트 팀 구성원들에 대한 훈련효과와 더불어, 전면적인 개발과정에서의 시행착오를 예방하여 시간과 자원을 절약시키는 효과도 있다. 그리고 시범조사의 결과를 이용하여 조직구성원들에 대한 교육을 실시함으로써, 관리자를 포함한 모든 구성원들에게 활동기준원가계산의 편익을 확신시키고, 프로젝트에 대한 협조와 지원을 확보할 수 있다.

전면적인 개발에 착수하기 전에 프로젝트 팀은 공식적인 계획을 수립해야 한다. 이 계획에는 일정계획, 예산, 프로젝트의 산출물, 수행될 과업, 각 과업별 소요시간 등이 포함될 것이다. 이러한 프로젝트 계획을 수립하기 위해서는 아래의 사항들이 결정되어야 한다.

(1) 활동기준원가계산의 목적이 설정되어야 한다. 목적을 명확히 규정하지 않으면 기업사정에 적합한 활동기준원가계산이 아닌 일반화된 활동기준원가계산이 설계되는 결과가 생기고, 이에 따라 기업의 필요성을 원가효율적으로 충족시킬 수 없게 된다. 그러므로 계획수립에 착수하면, 관리자들을 면담하여, 기업이 현재 직면해 있는 중요한 이슈와 관리자들이 곤란을 느끼는 전형적인 의사결정문제들을 파악해야 한다. 그리고 그것을 토대로 하여 활동기준원가계산의 목적을 명확하게 규정해야 한다.

활동기준원가계산의 도입을 위한 접근방법도 활동기준원가계산의 목적이 ① 가격결정에 이용될 원가정보의 개선인가 아니면 일상적인 업무활동성과의 측정을 위한 새로운 방법을 고안하는 것인가 그리고 ② 그것이 일부 사업과정에 적용하기 위한 것인가 아니면 기업 전반적으로 적용하기 위한 것인가에 따라 달라야 한다. 일부 사업과정을 대상으로 하는 활동기준원가계산 프로젝트에서는 적용대상에서 제외되어 있는 사업과정들에서 수행되는 활동들이 적용대상 사업과정에 미치는 영향을 간과하게 될 위험이 있다는 점을 염두에 두어야 한다.

(2) 활동기준원가계산의 산출물이 정의되어야 한다. 일반적으로 산출물에 포함되어야 하는 것은 활동별 원가, 사업과정별 원가, 제품을 포함한 다양한 원가대상들의 원가, 비부가가치원가, 그리고 생산성, 품질, 경과시간, 고객만족 등의 성과차원에 관련된 성과지표들의 측정치 등이다.

(3) 새로운 시스템에 대한 권한과 책임의 소재가 정해져야 한다. 그것은 활동기준원가계산의 목적과 일치되어야 한다. 대부분의 경우는 비회계부서의 사람이 운영권한과 책임을 담당하는 것이 바람직하다. 예를 들어, 업무성과개

선이 주목적이라면, 업무관리자가 활동기준원가계산 시스템을 통제하는 것이 최적일 것이다. 어떠한 경우라도, 활동기준원가계산이 회계담당자를 위해 창출된 회계시스템이 되어서는 안 될 것이다.

(4) 시스템의 복잡성과 세밀함의 정도가 결정되어야 한다. 이것도 시스템의 주목적과 일치되어야 한다. 업무개선노력의 지원에 사용될 경우에는 제품별 수익성분석에 사용될 경우보다 더 세밀하여야 할 것이다. 한번 설계된 시스템이 비교적 변하지 않은 채 유지되는 경우에는 그것이 유연하게 변화되어야 하는 경우에 비해 더 상세하게 설계될 수 있을 것이다. 시스템이 너무 단순하면 정확성이 손상되기 쉽고, 너무 복잡하면 편익보다 원가가 더 많이 들 것이다.

(5) 요구되는 정보의 정확성과 정밀성의 정도가 결정되어야 한다. 전략적 의사결정보다는 전술적 의사결정이나 일상적 업무의사결정에 이용될 경우에 더 정확하고 정밀한 정보를 만들어 낼 수 있도록 설계되어야 할 것이다.

(6) 공식적인 관리회계시스템과 통합할 것인지 아니면 별도의 시스템으로 유지할 것인지를 결정해야 한다. 별도 시스템으로 유지하면 기존의 정보시스템에 혼동을 야기하지 않고서도 원가정보를 상당히 개선시킬 수 있지만, 일상적인 거래기록에는 이용될 수 없다. 그래서 중소기업에서는 활동기준원가계산을 별도의 시스템으로 유지할 수 있으나, 대기업에서는 활동기준원가계산의 초기단계에서만 그렇게 하는 것이 효과적이다. 성숙한 이용단계에 접어들면 그것은 기업의 회계 및 관리시스템과 완전히 통합되어서, 사업과정개선, 계획수립, 비부가가치활동의 제거 등을 위한 일차적인 정보원천이 되어야 한다. 그리고 현장에서의 모든 보고활동이 활동기준원가계산의 요건에 맞게 이루어져야 한다. 계정조직, 원가중심점 구조, 원가회계의 절차, 성과보고 등도 활동기준원가계산의 요건에 맞게 조정되어야 한다.

(7) 원가계산을 위해 2단계 접근법 또는 다단계 접근법 중에서 어느 것을 따를 것인지를 결정해야 한다. 제품원가계산이 주된 목적이라면 2단계 접근법으로도 충분하다. 2단계 모형은 일반원장에 기록되어 있는 원가를 활동별로 추적하고, 활동별 원가를 제품별로 추적하는 단순한 구조로 되어 있다. 그러나

활동기준원가관리가 주된 목적이라면, 실제의 원가흐름을 더욱 세밀하게 반영하는 다단계 모형을 설계하는 것이 바람직할 것이다. 다단계 모형은 활동들과 원가대상 간의 관계와 더불어 활동들 상호간의 관계를 명확하게 반영하고 있어서, 원가가 활동들 간의 연계망을 통해 최종원가대상으로 이동하는 과정을 보여줄 수 있기 때문이다.

23 효과적인 운영방안

활동기준원가계산은 도입초기에는 공식적인 회계시스템과는 별도의 내부회계시스템으로 운영될 수 있다. 그러나 궁극적으로는 기업의 공식적인 재무시스템 및 성과측정시스템과 통합되어야 한다. 그 이유로는 다음의 세 가지를 들 수 있다.

첫째로, 활동기준원가계산을 관리자들의 핵심적인 정보기반으로 정착시키기 위해서이다. 관리자들은 활동기준원가계산에 익숙해지지 않거나 그것의 효과에 대해 회의가 생기면 다시 전통적인 원가시스템을 이용하려고 할 가능성이 있기 때문에, 활동기준원가계산의 도입과 동시에 전통적인 원가시스템을 완전히 제거할 필요가 있다.

둘째로, 한 가지 회계시스템을 유지하기도 쉬운 일이 아니기 때문에, 만일 활동기준원가계산이 기업의 공식적인 원가회계시스템과 성과측정시스템으로 통합되지 않은 채 별도의 시스템으로 운영된다면, 그것은 적극적으로 사용되지도 않을 뿐만 아니라 환경의 변화에 따라 급속도로 진부화될 것이다.

마지막으로, 동태적 환경의 변화에 맞추어 활동기준원가계산을 계속적으로 수정, 발전시키기 위해서이다. 활동기준원가계산은 조직개편에 따른 활동과 원가동인의 변화, 제조기술의 변화, 신제품 개발에 따른 작업방식의 변화 등과 같은 동태적 환경의 변화에 맞추어 지속적으로 진화되어야 하는 것이기 때문이다.

활동기준원가계산을 기업의 공식적인 재무시스템 및 성과측정시스템과 통합시킨다는 것은 그것을 공식적인 재무보고수치의 유일한 원천으로 만들고, 예산편성, 전략적 의사결정, 성과측정 등을 모두 활동기준원가계산에 기반을 두고 수행한다는 것을 의미한다. 이렇게 할 때에는 특히 새로 도입될 성과지표들이 관리자의 행동에 미치는 영향을 고려해야 한다. 그것을 고려하지 않은 채 기능적인 통합에 그친다면 얼마 지나지 않아 활동기준원가계산은 더 이상 운용되지 못하는 상황에 처하게 될 가능성이 크다는 점을 유념해야 한다.

원가관리회계의 이해와 연습

Chapter 7

학습초점

1. 기본적 *CVP* 모형의 일반형과 단순형
2. *CVP* 모형(단순형)의 민감도분석의 틀
3. 전부원가계산과 변동원가계산에서의 고정비용 구성의 차이
4. 세전 다기간 *CVP* 모형과 세후 다기간 *CVP* 모형

CHAPTER

7

공헌이익접근법과 *CVP* 분석

01 총공헌이익과 단위당공헌이익

이익극대화 목적의 단기적 의사결정에 이용되는 양적 정보는 공헌이익접근법에 따라 작성된다. 최대조업능력의 변화가 없는 상황을 가정하는 단기적 의사결정에서는 고정원가요소가 변하지 않는다고 보고 변동원가요소가 수익성에 미치는 영향에만 관심을 기울이기 때문이다. 공헌이익접근법의 기본개념은 총공헌이익과 단위당공헌이익이다.

총공헌이익은 매출액에서 총변동비용을 차감한 것이다. 그것은 일차적으로는 일정기간의 총고정비용을 회수하는 데 공헌하고, 그 이후에는 순이익의 증대 또는 목표이익의 획득에 공헌하는 부가가치로서, 단위당공헌이익($p-b$)과 판매량(X)의 함수로 나타낼 수 있다.

총공헌이익 = 매출액 − 총변동비용
= 가격×판매량 − 단위당변동비용×판매량
= (가격 − 단위당변동비용)×판매량
= $(p-b)X$

단위당공헌이익($p-b$)은 가격(p)에서 단위당변동비용(b)을 차감한 것으로서, 제품 1단위의 판매로부터 회수할 수 있는 총고정비용의 크기(판매량이 손익분기점에 이를 때까지), 또는 제품 1단위의 판매를 통해 증가시킬 수 있는 순이익의 크기(판매량이 손익분기점을 초과한 이후)를 나타낸다.

단위당공헌이익 = 가격 − 단위당변동비용 = $p-b$

이익을 창출하려면 단위당공헌이익이 반드시 0보다 커야 한다. 즉 가격(p)이 적어도 단위당변동비용(b)보다 크기만 하면 기본적인 이익창출요건이 충족된다. 이렇게 가격을 책정하면 단위당전부비용을 기준으로 가격을 책정하는 경우에 비해 가격경쟁력이 강화될 것이고, 이에 따라 판매량이 증대되면 당기의 총공헌이익이 그 기간의 총고정비용보다 커질 가능성도 높아진다. 그래서 이익계획에서는 단위당변동비용 정보가 중요하다.

공헌이익접근법의 특징은 총공헌이익의 극대화를 통해 이익극대화를 추구한다는 점이다. 총공헌이익의 극대화는 단위당공헌이익의 극대화와 구별되어야 한다. 단위당공헌이익의 극대화도 물론 중요하다. 단위당공헌이익이 클수록 총고정비용을 더 빠른 속도로 회수할 수 있고, 목표이익을 더 빠른 속도로 달성할 수 있기 때문이다. 그러나 그 반대급부로 판매량이 부정적인 영향을 받을 수도 있다. 경쟁력 있는 가격수준에서 단위당변동비용의 절감을 통해 단위당공헌이익을 높인 경우에는 그렇지 않겠지만, 그것이 오로지 높은 가격수준에 따른 결과일 때에는 가격경쟁에 밀려 판매량이 감소할 수 있기 때문이다. 따라서 공헌이익접근법에서는 단위당공헌이익이 아닌 총공헌이익의 극대화를 강조한다.

총공헌이익의 극대화는 단위당공헌이익과 판매량에 관한 계획을 통해 추구되는데, 그것은 제품의 전략적 속성에 따라 달라진다. 시장에서의 경쟁이 거의 전적으로 가격을 기반으로 이루어지는 제품이라면 단위당공헌이익을 낮추어 판매량을 획기적으로 증대시키는 방향으로, 그리고 차별화된 품질을 경쟁기반으로 하는 제품이라면 판매량의 증대보다 일정한 수준의 판매량을 유지할 수 있는 범위 내에서 단위당공헌이익을 높게 설정하는 방향으로 이익계획을 수립해야 할 것이다.

02 *CVP* 모형의 기본가정

CVP 모형은 변동원가계산의 채택을 전제로 하여 원가(Cost) – 조업도(Volume) – 이익(Profit)의 관계를 함수형태로 나타낸 이익계획모형이다. 이익계획은 불확실성 상황에서 이루어지고, 이익계획의 대상이 되는 제품들도 그 종류가 다수이며, 이익계획의 시간지평도 1년 이상의 장기로 설정된다. 그러나 설명의 복잡성을 제거하기 위해, 기본적 *CVP* 모형에서는 이러한 요소들에 관

하여 몇 가지 가정을 설정한다.

첫째로, 그것은 본래 미래지향적인 이익계획모형이고 그것의 구성요소들이 모두 불확실한 확률변수들이지만, 이러한 확률변수들이 모두 확실하게 알려져 있는 상수라고 가정한다.

둘째로, 제품의 종류가 한 가지 뿐이라고 가정한다. 만일 다품종 생산기업이라면 제품배합이 일정하게 유지된다고 가정한다. 이렇게 하면, 다품종 생산기업도 모든 종류의 제품들을 일정한 비율로 배합시킨 '제품패키지'라는 단일제품 생산기업으로 간주할 수 있기 때문이다.

셋째로, 그것은 계획기간이 최대조업능력의 변화가 없는 단기(1년 미만의 기간)라고 가정한다. 이렇게 하면 *CVP* 분석의 과정에서 최대조업능력의 변화에 따른 고정원가요소의 변동이나 화폐의 시간가치를 고려할 필요가 없기 때문이다.

03 기본적 *CVP* 모형(일반형)

공헌이익접근법에 따른 단기적 의사결정분석과 이익계획의 틀을 수학적 모형으로 공식화한 *CVP* 모형은 계획기간의 총공헌이익을 극대화하는 것이 이익극대화를 위한 합리적 접근방법이라는 점을 명시한다. 특히 확실성 상황을 가정하고 있는 점 때문에 기본적 *CVP* 모형은 마치 과거의 경영성과를 분석하는 도구처럼 보인다. 그렇지만, 실제로 그것은 이익계획모형이며, 총공헌이익은 예산공헌이익으로, 단위당공헌이익은 단위당예산공헌이익으로 각각 추정된다.

이익계획은 판매예산, 생산예산, 그리고 제조원가예산 등으로 구성된다. 판매예산에서는 예산판매량과 예산가격이 설정된다. 생산예산은 예산생산량을 설정하는데, 그것은 [예산판매량+예산기말제품수량−기초제품수량]의 방식으로 추정된다. 여기서 예산기말제품수량은 적정재고를 어떤 수준으로 보유할 것인지를 결정하는 재고정책에 의해 정해진다. 그리고 제조원가예산은 예산생산량에 표준제조원가를 적용하여 설정된다.

앞에서 설명한 예산생산량의 추정방법을 보면, 이익계획에서 설정되는 예산판매량이 두 부분으로 구성되어 있음을 알 수 있다. 하나는 전기의 기초제품수량이다. 이것은 전기의 실제제조원가로 생산된 것이다. 다른 하나는 당기(계획기간)의 예산생산량 중에서 판매될 부분인 [예산판매량 − 기초제품수량]이다. 이것은 당기의 표준제조원가로 생산될 예정이다. [표 7−1]의 제품계정의 구조를 보면 이것을 쉽게 이해할 수 있다.

표 7−1 제품계정

<table>
<tr><td>기초제품수량</td><td>기초제품수량</td><td rowspan="2">예산판매량</td></tr>
<tr><td rowspan="2">예산생산량</td><td>예산판매량 − 기초제품수량</td></tr>
<tr><td colspan="2">예산기말제품수량</td></tr>
</table>

그런데 전기의 단위당실제제조원가와 당기(계획기간)의 단위당표준제조원가는 일반적으로는 다르다고 보아야 할 것이다. 따라서 기초제품수량을 판매할 때의 단위당예산공헌이익과 [예산판매량 − 기초제품수량] 부분을 판매할 때의 단위당예산공헌이익은 서로 다를 것이고, 계획기간(당기)의 예산공헌이익도 이와 같이 서로 다른 두 가지의 단위당예산공헌이익을 이용하여 추정될 것이다.

예산공헌이익
$= (p - b_1) \times$ 기초제품수량 $+ (p - b_2) \times$ (예산판매량 − 기초제품수량)

① $(p - b_1)$
= 기초제품수량을 판매할 때의 단위당예산공헌이익
= 예산가격 − (전기단위당실제변동매출원가 + 당기단위당예산변동판매관리비)

② $(p-b_2)$
= [예산판매량－기초제품수량] 부분을 판매할 때의 단위당예산공헌이익
= 예산가격－(당기단위당표준변동매출원가＋당기단위당예산변동판매관리비)

이렇게 추정된 예산공헌이익에서 계획기간(당기)에 회수되어야 하는 예산고정비용을 차감하여 예산순이익이 추정된다. 따라서 기본적 *CVP* 모형은 다음의 공식으로 나타낼 수 있다.

예산순이익(π)
= 예산공헌이익－예산고정비용
= $(p-b_1)$×기초제품수량＋$(p-b_2)$×(예산판매량－기초제품수량)－예산고정비용(a)
= $(p-b_1)\times X_{BI}+(p-b_2)\times(X-X_{BI})-a$

p = 가격, X = 예상판매량, X_{BI} = 기초제품수량
b_1 = 전기의 단위당변동비용
= 전기단위당실제변동매출원가＋당기단위당예산변동판매관리비
b_2 = 당기의 단위당변동비용
= 당기단위당표준변동매출원가＋당기단위당예산변동판매관리비
a = 예산고정비용＝고정제조간접원가예산＋고정판매관리비예산＝예산고정원가

여기서 예산고정비용을 고정제조간접원가예산과 고정판매관리비예산의 합계로 정의한 것은 *CVP* 모형이 변동원가계산의 채택을 전제로 하고 있기 때문이다. 이러한 전제 위에서는 예산고정비용과 예산고정원가가 일치된다.

예제 7-1

당기의 어떤 기업의 생산계획 및 판매계획의 자료가 아래와 같다. 이 기업은 전기와 당기(계획기간)의 단위당제조원가가 다르게 형성되어 있다. 기초재공품은 없다고 가정하며, 기말재공품은 계획수립시점에서는 추정할 수 없다. 변동원가계산의 채택을 전제로 하여, 이 기업의 이익계획을 설명하는 *CVP* 모형을 구성하시오.

≪자료1≫

기초제품재고	1,000개
기초재고 고정제조간접원가	₩89,000
기초재고 변동제조원가(단위당 변동제조원가 ₩90)	₩90,000
당기완성품	10,000개
당기완성품 고정제조간접원가	₩1,000,000
당기완성품 변동제조원가(단위당 변동제조원가 ₩110)	₩1,100,000
당기판매량(단위당 가격 ₩350)	8,000개
고정판매·관리비	₩300,000
변동판매·관리비(단위당 변동판매·관리비 ₩50)	₩400,000
기말제품재고	3,000개

풀이 예산순이익$(\pi) = (p-b_1)\times X_{BI} + (p-b_2)\times(X-X_{BI})-a$

$= ₩[350-(90+50)]\times 1,000 + ₩[350-(110+50))\times(X-1,000)$

$-\ ₩(1,000,000^{*}+300,000)$

$= ₩(350-140)\times 1,000 + ₩(350-160)\times(X-1,000)\ -\ ₩1,300,000$

$= ₩210\times 1,000 + ₩190\times(X-1,000)\ -\ ₩1,300,000$

*기초재공품과 기말재공품이 없으므로 당기의 고정제조간접원가는 완성품에만 배분되며, 따라서 그것은 완성품의 고정제조간접원가와 일치됨.

지금까지 살펴본 기본적 *CVP* 모형은, 비록 이익계획모형이지만, 과거 기간의 영업실적을 분석하는 목적에도 유용한 틀이다. 과거 기간의 영업실적자료에서는 전기와 당기의 단위당제조원가가 일반적으로 서로 다를 것이고, 기초와 기말의 재공품재고 및 제품재고가 일반적으로 존재하기 때문에 실제조업도와 판매량이 일치하는 경우가 대단히 드물다. 이러한 상황에서는 총변동비용과 총변동원가, 총고정비용과 총고정원가, 총비용과 총원가를 각각 서로 엄격하게 구분해야 하고, 전기원가와 당기원가도 구분하여 적용해야 한다.

앞에서 제시된 *CVP* 모형은 이러한 자료를 이용할 수 있도록 정의된 일반화된 분석틀이라고 할 수 있다. 뿐만 아니라, 그것은 전부원가계산이 채택된 경우를 가정하여도 수정 없이 그대로 적용할 수 있다. 이에 관해서는 나중에 설명한다.

04 기본적 *CVP* 모형(단순형)

이익계획수립에서 표준변동제조원가를 전기의 실제변동제조원가와 동일하게 설정하여 전기와 당기의 단위당변동비용이 같아지게 하거나($b_1 = b_2$), 기초제품재고가 존재하지 않는 상황을 가정한다면($X_{BI} = 0$), 기본적 *CVP* 모형은 다음과 같이 단순화된다(b = 당기의 단위당변동비용($b = b_1 = b_2$)).

> 예산순이익(π)
> = $(p-b) \times$ 예산판매량(X) − 예산고정비용(a) = $(p-b)X - a$

예제 7-2

당기의 어떤 기업의 생산계획 및 판매계획의 자료가 아래와 같다. 이 기업은 전기와 당기(계획기간)의 단위당제조원가가 동일하게 형성되어 있다($b_1 = b_2$). 기초제품재고는 있지만 기초재공품은 없다고 가정하며, 기말재공품은 계획수립시점에서는 추정할 수 없다. 변동원가계산의 채택을 전제로 하여, 이 기업의 이익계획을 설명하는 *CVP* 모형을 구성하시오.

기초제품재고	1,000개
기초재고 고정제조간접원가	₩89,000
기초재고 변동제조원가(단위당 변동제조원가 ₩110)	₩110,000
당기완성품	10,000개
당기완성품 고정제조간접원가	₩1,000,000
당기완성품 변동제조원가(단위당 변동제조원가 ₩110)	₩1,100,000
당기판매량(단위당 가격 ₩350)	8,000개
고정판매·관리비	₩300,000
변동판매·관리비(단위당 변동판매·관리비 ₩50)	₩400,000
기말제품재고	3,000개

풀이 예산순이익(π)

$$= (p-b_1) \times X_{BI} + (p-b_2) \times (X - X_{BI}) - a$$

$$= (p-b_2) \times (X + X_{BI} - X_{BI}) - a \quad (\because b_1 = b_2)$$

$= (p-b_2)X-a=(p-b)X-a \quad (\because b=b_2)$

$= (350-160)X-₩1,300,000 \quad (\because b=b_1=b_2=₩110+₩50=₩160)$

$= 190X-₩1,300,000$

예제 7-3

당기의 어떤 기업의 생산계획 및 판매계획의 자료가 ≪자료1≫과 같다. 기초재공품과 기초제품재고는 없다($X_{BI}=0$)고 가정하며, 기말재공품은 계획수립시점에서는 추정할 수 없다. 변동원가계산의 채택을 전제로 하여, 이 기업의 이익계획을 설명하는 *CVP* 모형을 구성하시오.

≪자료1≫

당기완성품	10,000개
당기완성품 고정제조간접원가	₩1,000,000
당기완성품 변동제조원가(단위당 변동제조원가 ₩110)	₩1,100,000
당기판매량(단위당 가격 ₩350)	8,000개
고정판매·관리비	₩300,000
변동판매·관리비(단위당 변동판매·관리비 ₩50)	₩400,000
기말제품재고	3,000개

풀이 예산순이익(π)

$= (p-b_1)\times X_{BI}+(p-b_2)\times(X-X_{BI})-a$

$= (p-b_2)X-a \quad (\because X_{BI}=0)$

$= (p-b)X-a \quad (\because b=b_2)$

$= (350-160)X-₩1,300,000 \quad (\because b=b_2=₩110+₩50=₩160)$

$= 190X-₩1,300,000$

이와 같은 단순화된 *CVP* 모형은 몇 가지 특징이 있다.

첫째로, 이 모형에서는 단위당변동비용(b)이 단위당변동원가와 일치된다. 원가개념에 대해 설명할 때 이미 서술된 바와 같이, 전기와 당기의 단위당제조원가가 동일한 조건에서는 재고자산의 변화 여부에 관계없이 양자의 차이를 만들어 내는 단위당변동제조원가와 단위당변동매출원가가 같아지기 때문이다. 기초제품재고가 존재하지 않는 경우에도 사정은 마찬가지다. 이때에는 전기의 단위당 제조원가를 적용해야 할 대상이 존재하지 않으므로, 전기와 당기의 단위당제조원가의 차이 자체가 고려사항이 되지 않는다.

둘째로, 변동원가계산의 채택을 전제하고 있기 때문에 이미 총고정비용과 총고정원가가 일치되는데, 총변동비용마저 총변동원가와 일치되면, 총원가와 총비용도 일치된다. 따라서 총원가와 총비용은 호환적으로 사용할 수 있으며, 실제조업도가 관련범위 내에서 변동한다고 이미 가정되어 있으므로, 총원가함수 또는 총비용함수는 판매량을 조업도로 하는 일차함수로 나타낼 수 있다.

CVP 모형을 그것의 본래 의도에 맞게 이익계획에 이용할 경우에는 단순화된 기본적 *CVP* 모형을 이용하는 것이 더 적합할 수 있다. 왜냐하면, 총공헌이익과 단위당공헌이익을 추정하기 위해 미래 계획기간의 예상실적을 분석하는 상황에서는 전기의 제조원가를 고려할 필요가 없는 경우가 있을 수 있는데, 이때에는 당연히 전기와 당기의 단위당제조원가의 차이를 고려할 필요가 없기 때문이다.

CVP 모형에는 유용한 정보항목들이 포함되어 있다. 다음에 설명할 손익분기점, 목표이익분기점, 공헌이익률, 영업레버리지도, 안전여유율, 민감도분석 등이 그것이다. 이 책에서는 이와 같은 정보항목들을 설명할 때 단순화된 기본적 *CVP* 모형을 이용한다. 그렇지만 앞에서 제시된 기본적 *CVP* 모형의 일반형을 이용해야 하는 상황에서의 *CVP* 분석의 방법도 간단한 예제를 통해 설명한다.

05 손익분기점과 목표이익분기점

(1) 손익분기점(*BEP*)과 손익분기매출액(*BES*)

당기의 총공헌이익이 당기의 총고정비용과 같아져서 이익이 0이 되게 하는 판매량을 손익분기점(*BEP*)이라 한다. 손익분기점에서는 이익이 0이 되기 때문에, 그것은 총수익과 총비용이 일치되는 판매량이라고 할 수 있다(그림

7−1). 손익분기점에 단위당 가격을 곱하면 손익분기매출액(*BES*)이 계산된다. 예상판매량이 손익분기점에 이르게 되면 이익이 ₩0이 되므로, 단순화된 기본적 *CVP* 모형을 이용하면, 다음과 같이 간단하게 손익분기점과 손익분기매출액을 계산할 수 있다.

CVP 모형:	$\pi = (p-b)X - a$
$X = BEP$ 이면 $\pi = 0$이므로:	$\pi = (p-b) \times BEP - a = 0$
손익분기등식:	$(p-b) \times BEP = a$
손익분기점(*BEP*):	$BEP = a/(p-b)$
손익분기매출액(*BES*):	$BES = p \times BEP = a/[(p-b)/p]$
	*$[(p-b)/p]$는 공헌이익률

그림 7−1 손익분기점(*BEP*)

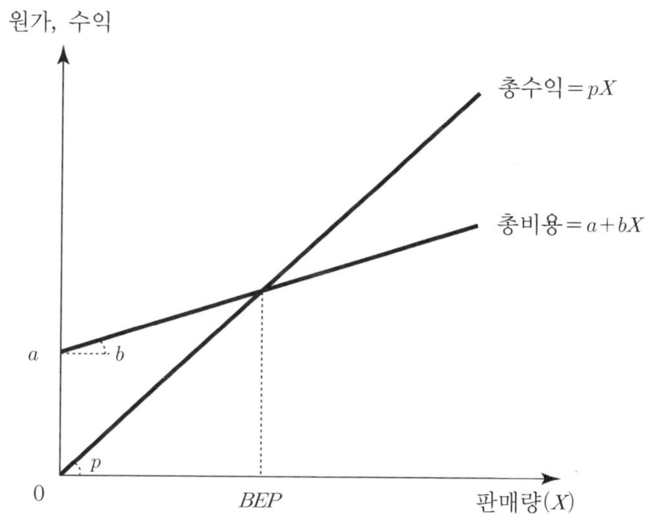

이처럼 손익분기점(BEP)은 손익분기등식을 성립시키는 판매량을 가리키며, 일정기간의 총고정비용을 단위당공헌이익으로 나누어 구한다. 법인세를 고려하더라도 손익분기점의 크기는 마찬가지이다. 손익분기점에서는 이익이 없으므로 법인세를 납부할 필요가 없기 때문이다. 손익분기매출액(BES)은 손익분기점에 가격을 곱한 것인데, 그것은 총고정비용을 공헌이익률($(p-b)/p$)로 나눈 값과 같다. 공헌이익률은 매출액 ₩1에 포함된 공헌이익의 크기를 가리키는데, 이에 대해서는 나중에 설명한다.

예제 7-4

앨범 판매사인 A사는 지난 8월 중에 45권의 앨범을 구입하여 권당 ₩1,500에 모두 판매하였다. 권당 변동비용은 ₩900(변동매출원가 ₩700, 변동판매관리비 ₩200)이고, 8월 중의 총고정비용은 ₩22,800(광고비 ₩9,000과 판매원급료 ₩5,000 포함)이었다. 세후목표이익은 ₩7,200이고, 법인세율(t)은 40%이다. 단위당공헌이익, 손익분기점, 손익분기매출액 등을 구하시오.

풀이 단위당공헌이익: $p-b$ = ₩1,500 − ₩900 = ₩600
손익분기점(BEP) = $a/(p-b)$ = ₩22,800/₩600 = 38권
손익분기매출액(BES) = ₩1,500×38권 = ₩57,000

손익분기등식의 좌변 $[(p-b)\times BEP]$는 손익분기점에서의 총공헌이익을 나타내고, 우변(a)은 당기의 총고정비용을 나타낸다. 따라서 손익분기점은 당기의 총고정비용을 완전히 회수하는 판매량이다. 이러한 손익분기등식을 기본적 CVP 모형에 대입하면 이익창출요건이 더욱 명백해진다.

$$\pi = (p-b)X - a = (p-b)X - (p-b) \cdot BEP = (p-b) \cdot (X - BEP)$$

이 식을 보면, 단위당공헌이익$(p-b)$이 0보다 클 때, 예상판매량이 손익분기점을 넘어서면$(X-BEP>0)$ 그때부터 판매량이 1단위 증가할 때마다 단위당공헌이익만큼 이익이 생기기 시작한다는 사실을 알 수 있다. 이것은 총공헌이익으로 총고정비용을 완전히 회수한 이후에야 순이익을 창출할 수 있음을 의미한다.

(2) 목표이익분기점과 목표이익분기매출액

목표이익분기점(BEP^*)은 당기의 총공헌이익이 당기의 총고정비용에 세후목표이익(π^*)을 합한 금액과 같아져서 이익이 목표이익만큼 되게 하는 판매량을 말한다. 세전목표이익은 $\pi^*/(1-t)$이므로$(t=$세율$)$, 목표이익분기점에서는 다음의 관계가 성립된다.

$$(p-b)\times BEP^*=a+\pi^*/(1-t),\ t=\text{세율}$$

따라서 목표이익분기점은 총고정비용과 세전목표이익의 합계액을 단위당공헌이익으로 나누어 구한다. 여기에 가격을 곱하면 목표이익분기매출액이 구해진다. 앞의 예에서 목표이익분기점과 목표이익분기매출액을 구하면 다음과 같다.

$$BEP^*=\frac{a+\pi^*/(1-r)}{(p-b)}=\frac{₩22{,}800+₩7{,}200/(1-0.4)}{(₩1{,}500-₩900)}=58\text{권}$$

$$BES^*=p\times BEP^*=₩1{,}500\times 58\text{권}=₩87{,}000$$

계획기간에 기초제품재고가 존재할 때 만일 계획기간의 단위당제조원가 또는 단위당매출원가가 전기의 그것들과 다르다면, 기본적 *CVP* 모형의 단순형으로는 손익분기점과 목표이익분기점을 정확하게 추정할 수 없다. 이러한 조건에서는 기본적 *CVP* 모형의 일반형을 이용해야 한다.

예제 7-5

[예제 7-4]의 자료를 다음과 같이 수정한다: 8월의 판매량 45권 중 10권은 7월에 권당 ₩600에 구입된 것이었고, 나머지는 모두 8월 중에 권당 ₩700에 구입된 것이며, 8월 중의 고정판매관리비는 ₩22,600이었다. 나머지 자료는 동일하다고 가정하고 손익분기점과 목표이익분기점을 각각 구하시오.

풀이 (1) 손익분기등식:

₩[1,500−(600+200)]×10+₩[1,500−(700+200)]×(BEP−10) = ₩22,600

손익분기점: ₩7,000+₩600×(BEP−10) = ₩22,600, ∴ BEP = 36권

(2) 목표이익분기등식:

₩[1,500−(600+200)]×10+₩[1,500−(700+200)]×(BEP−10)

= ₩22,600+₩7,200/(1−0.4)

목표이익분기점: ₩7,000+₩600×(BEP−10) = ₩34,600, ∴ BEP = 56권

06 공헌이익률과 손익분기매출액

공헌이익률이란 매출액 ₩1에 포함된 공헌이익을 가리킨다. 총고정비용을 공헌이익률로 나누면 손익분기매출액(BES)을 구할 수 있다. 앞의 예에서 공헌이익률과 손익분기매출액을 구하면 다음과 같다(예제 7−4).

$$\text{공헌이익률} = \frac{\text{공헌이익}}{\text{매출액}} = \frac{pX-bX}{pX} = \frac{p-b}{p} = 1 - \frac{b}{p} = 1 - \frac{₩900}{₩1{,}500} = 0.40$$

$$\text{손익분기매출액} = \text{가격} \times \text{손익분기점}$$

$$= p \times \frac{a}{p-b} = \frac{a}{1-b/p} = \frac{\text{총고정비용}}{\text{공헌이익률}} = \frac{₩22{,}800}{0.40} = ₩57{,}000$$

한편, 공헌이익률을 이용하여 기본적 *CVP* 모형을 나타내면 다음과 같다.

$$\pi = (p-b)X - a = (p-b) \cdot (X - BEP) = (1-b/p) \cdot p \cdot (X - BEP)$$
$$= (1-b/p) \cdot (pX - p \cdot BEP = \text{공헌이익률} \times (\text{매출액} - \text{손익분기매출액})$$

이 모형을 보면, 매출액(pX)이 손익분기매출액($p \cdot BEP$)을 넘어선 이후에는 매출액이 ₩1 증가할 때마다 공헌이익률($1-b/p$)만큼 이익이 생기기 시작한다는 사실을 알 수 있다. 만일 공헌이익률, 가격, 손익분기점 등이 일정한 상황에서 판매량이 증대되어 매출액이 일정한 크기($p\Delta X$)만큼 증가하면($p\Delta X=$ ₩15,000을 가정함), 앞의 예에서, 순이익증가액($\Delta\pi$)은 다음과 같이 될 것이다.

순이익증가액($\Delta\pi$)

$$= (1-b/p) \cdot (p \cdot \Delta X - p \cdot \Delta BEP)$$
$$= (1-b/p) \times (p \cdot \Delta X) \quad (\because \Delta BEP = 0)$$
$$= \text{공헌이익률} \times \text{매출액증가액} = 0.40 \times ₩15{,}000 = ₩6{,}000$$

즉 매출액이 증가하면 순이익은 그것에 공헌이익률을 곱한 금액만큼 증가한다. 그런데 공헌이익률은 원가구조와 밀접한 관계를 가지고 있다. 고정원가의 비중이 높은 기업은 상대적으로 변동원가의 비중이 낮을 것이므로 공헌이익률이 높고, 그 반대로 고정원가의 비중이 낮은 기업은 공헌이익률이 낮다. 따라서 위의 관계는 순이익에 미치는 원가구조의 영향을 나타낸다. 그것을 보면 총고정비용이 완전히 회수된 다음부터는 고정원가의 비중이 높아서 공헌이익률이 높은 기업일수록 매출액이 증가할 때 순이익이 더욱 빠르게 증가한다.

계획기간에 기초제품재고가 존재할 때 만일 계획기간의 단위당제조원가 또는 단위당매출원가가 전기의 그것들과 다르다면, 기본적 *CVP* 모형의 단순형으로는 공헌이익률을 정확하게 추정할 수 없다. 이러한 조건에서는 기본적 CVP 모형의 일반형을 이용해야 한다.

예제 7-6

앞의 [예제 7-5]의 지료를 이용하여 공헌이익률을 구하고, 매출액이 ₩15,000만큼 증가할 경우의 순이익증가액을 추정하시오.

풀이 공헌이익 = ₩[1,500 − (600 + 200)] × 10 + ₩[1,500 − (700 + 200)] × 35 = ₩28,000
공헌이익률 = ₩28,000/매출액 = ₩28,000/₩67,500 = 0.4148
매출액증가(₩15,000)에 따른 순이익증가액 = ₩15,000 × 0.4148 = ₩6,222

07 영업레버리지도

원가구조의 영향은 영업레버리지(operating leverage: OL)에 의해서도 파악할 수 있다. 영업레버리지란 일정한 조업도수준에서 고정원가요소가 만들어 내는 순손익 확대효과를 가리킨다. 일정한 조업도수준(X)에서의 영업레버리지도(OL_X)는 해당 조업도수준(X)에서의 총공헌이익을 순이익으로 나눈 것이다. [예제 7-4]의 자료를 이용하여 판매량 45권(X=45) 수준에서의 영업레버리지도를 계산하면 다음과 같다.

$$OL_X = \frac{(p-b)X}{(p-b)X-a} = \frac{\text{총공헌이익}}{\text{순이익}} = \frac{₩27,000}{₩4,200} = 6.43$$

단위당 가격(p), 단위당변동비용(b), 총고정비용(a) 등이 일정하다면, 영업레버리지도는 판매량(X) 또는 매출액(pX)에 따라 달라진다. 즉 매출액 수준마다 그것에 대응되는 영업레버리지도를 하나씩 구할 수 있다. 위의 공식을 보면 영업레버리지도의 몇 가지 성질을 읽어낼 수 있다.

첫째로, 총고정비용의 크기가 커짐에 따라 공식의 분모가 작아진다. 즉 일정한 조업도수준에서 총고정비용(a)이 클수록 영업레버리지도가 커진다. 따라서 매출액이 동일하다면 총고정비용이 상대적으로 더 큰 기업일수록 영업레버리지도가 더 크다.

둘째로, 분모가 0에 접근하면 영업레버리지도가 커진다. 분모가 0에 접근하는 경우란 조업도가 손익분기점에 가까워지는 경우이다. 따라서 영업레버리지도는 조업도가 손익분기점에 가까워질수록 커지고, 손익분기점에서 멀어질수록 작아진다.

한편, 영업레버리지도가 크다는 것은 조업도의 변동에 따른 순이익의 변동폭이 매우 크다는 것을 의미한다. 조업도가 ΔX만큼 증가하면 순이익의 변동액과 순이익변동률은 각각 다음과 같이 계산된다:

$$\text{순이익변동액} = [(p-b)(X+\Delta X)-a]-[(p-b)X-a]=(p-b)\Delta X$$

$$\text{순이익변동률} = \frac{(p-b) \cdot \Delta X}{(p-b)X-a} = \frac{(p-b)X}{(p-b)X-a} \times \frac{\Delta X}{X} = \frac{(p-b)X}{(p-b)X-a} \times \frac{p\Delta X}{pX}$$

$$= \text{영업레버리지도} \times \text{매출액변동률}$$

이 관계를 이용하면, 매출액변동률에 영업레버리지도를 곱하여 순이익변동률을 즉시 알 수 있다. [예제 7-4]에서 영업레버리지도를 이용하여 매출액이 현재보다 30% 증가할 때와 30% 감소할 때의 순이익을 각각 구하면 아래와 같다.

(1) 매출액이 현재수준보다 30% 증가할 때

① 이익증가율 = 영업레버리지도×매출액증가율 = 6.43×0.3 = 1.929
② 순이익 = ₩4,200×(1+1.929) = ₩12,300

(2) 매출액이 현재수준보다 30% 감소할 때

① 이익감소율 = 영업레버리지도×매출액감소율 = 6.43×0.3 = 1.929
② 순이익 = ₩4,200×(1−1.929) = (₩3,900)

앞의 관계는, 공헌이익률의 경우처럼, 순이익에 미치는 원가구조의 영향을 보여준다. 즉 총고정비용의 비중이 높아서 영업레버리지도가 높은 기업일수록 매출액증가율에 대응되는 순이익증가율이 더욱 높을 것이다.

계획기간에 기초제품재고가 존재할 때 만일 계획기간의 단위당제조원가 또는 단위당매출원가가 전기의 그것들과 다르다면, 기본적 *CVP* 모형의 단순형으로는 영업레버리지도를 정확하게 추정할 수 없다. 이러한 조건에서는 기본적 *CVP* 모형의 일반형을 이용해야 한다.

예제 7-7

[예제 7-5]를 이용하여 다음을 각각 구하시오: (1) 현재 매출수준에서의 영업레버리지도 (2) 매출액이 30% 증가할 때의 순이익, (3) 매출액이 30% 감소할 때의 순이익.

풀이 공헌이익 = ₩[1,500−(600+200)]×10+₩[1,500−(700+200)]×35 = ₩28,000

순이익 = 공헌이익−총고정비용 = ₩28,000−₩22,600 = ₩5,400

영업레버리지도 = 공헌이익/순이익 = ₩28,000/₩5,400 = 5.185

(1) 매출액이 현재수준보다 30% 증가할 때

① 이익증가율 = 영업레버리지도×매출액증가율 = 5.185×0.3 = 1.56

② 순이익 = ₩5,400×(1+1.56) = ₩13,824

(2) 매출액이 현재수준보다 30% 감소할 때

① 이익감소율 = 영업레버리지도×매출액감소율 = 5.185×0.3 = 1.56

② 순이익 = ₩5,400×(1−1.56) = (₩3,024)

08 안전여유율

기본적 *CVP* 모형을 보면, 일정기간의 판매량이 손익분기점에 도달하기만 하면 손실을 입지 않는다. 안전여유율이란 당기에 적어도 손실을 입지는 않을 안전성의 정도 또는 영업위험의 정도를 가리킨다. 그것은 기대판매량(기대매출액)이 손익분기점(손익분기매출액)을 초과한 정도를 기대판매량(기대매출액)으로 나누어 구한다. [예제 7−4]에서 안전여유율을 구하면 다음과 같다.

> 안전여유율 = (기대판매량−손익분기점)/기대판매량 = $(X-BEP)/X$
> = (45권−38권)/45권 = 0.156
> = (기대매출액−손익분기매출액)/기대매출액 = $(pX-BES)/pX$
> = (45세트×₩1,500−₩57,000)/₩67,500 = 0.156

계획기간에 기초제품재고가 존재할 때 만일 계획기간의 단위당제조원가 또는 단위당매출원가가 전기의 그것들과 다르다면, 기본적 *CVP* 모형의 단순형으로는 안전여유율을 정확하게 추정할 수 없다. 이러한 조건에서는 기본적 *CVP* 모형의 일반형을 이용해야 한다.

예제 7-8

앞의 [예제 7−5]의 지료를 이용하여 안전여유율을 추정하시오.

풀이 안전여유율 = (기대판매량−손익분기점)/기대판매량 = (45−36)/45 = 0.2

09 *CVP* 모형의 민감도분석

시간이 흐르면서 단위당 가격, 단위당변동비용, 총고정비용 등의 크기가 계획시점에서의 그것과 달라지면 이익도 계획시점에서 예상되었던 것과 달라진다. 이러한 요소들의 변화가 단위당공헌이익, 공헌이익률, 영업레버리지도, 일정기간에 회수되어야 할 총고정비용, 손익분기점 등의 크기를 변화시키기 때문이다.

기본적 *CVP* 모형을 이용하면 이러한 요소들의 변화에 따른 이익의 변화를 추정할 수 있다. 이것을 민감도분석(sensitivity analysis)이라 한다. 기본적

CVP 모형의 단순형을 이용하여 모든 의사결정변수들이 동시적으로 변화할 때의 증분이익($\Delta\pi$)을 유도하면, 다음과 같다.

$$\begin{aligned}
\pi+\Delta\pi &= [(p+\Delta p)-(b+\Delta b)](X+\Delta X)-(a+\Delta a) \\
&= [(p+\Delta p)-(b+\Delta b)](X)+[(p+\Delta p)-(b+\Delta b)](\Delta X)-(a+\Delta a)] \\
&= (p-b)\cdot X+(\Delta p-\Delta b)\cdot X+(p-b)\cdot\Delta X+(\Delta p-\Delta b)\cdot\Delta X-a-\Delta a \\
&= p-b)\cdot X-a+[(\Delta p-\Delta b)\cdot X+(p-b)\cdot\Delta X+(\Delta p-\Delta b)\cdot\Delta X-\Delta a] \\
\therefore \Delta\pi &= [(\Delta p-\Delta b)\cdot X+(p-b)\cdot\Delta X+(\Delta p-\Delta b)\cdot\Delta X-\Delta a]
\end{aligned}$$

이 공식을 보면, 의사결정변수들의 변화에 따른 증분이익의 변화는 다음의 네 가지 요소들로 구성된다: ① 판매량이 일정할 때 단위당공헌이익의 변화가 총공헌이익에 미치는 영향($(\Delta p-\Delta b)\cdot X$), ② 단위당공헌이익이 일정할 때 판매량의 변화가 총공헌이익에 미치는 영향($(p-b)\cdot\Delta X$), ③ 단위당공헌이익의 변화와 판매량의 변화가 총공헌이익에 미치는 영향($(\Delta p-\Delta b)\cdot X$), ④ 총고정비용의 변화가 영업이익에 미치는 영향(Δa).

이와 같은 민감도분석의 틀을 적용하면 증분이익의 변화를 초래하는 가능한 상황들의 각각에 대응되는 증분이익의 변화를 다음과 같이 분석할 수 있다.

① 판매량만 변화하는 경우: 이때는 $\Delta p=\Delta b=\Delta a=0$이므로, 증분이익의 변화액은 다음과 같이 나타낼 수 있다: $\Delta\pi=(p-b)\cdot\Delta X$

② 판매량과 총고정비용이 변화하는 경우: 이때는 $\Delta p=\Delta b=0$이므로, 증분이익의 변화액은 다음과 같이 나타낼 수 있다: $\Delta\pi=(p-b)\cdot\Delta X-\Delta a$

③ 판매량, 총고정비용, 단위당변동비용이 동시에 변화하는 경우: 이때는 $\Delta p=0$이므로, 증분이익의 변화액은 다음과 같이 나타낼 수 있다: $\Delta\pi=(-\Delta b\cdot X)+(p-b)\cdot\Delta X-\Delta b\cdot\Delta X-\Delta a=(p-b)\cdot\Delta X-\Delta b\cdot(X+\Delta X)-\Delta a$

④ 판매량, 총고정비용, 가격이 동시에 변화하는 경우: 이때는 $\Delta b=0$ 이므로, 증분이익의 변화액은 다음과 같이 나타낼 수 있다:

$\Delta\pi = (\Delta p \cdot X) + (p-b) \cdot \Delta X + \Delta p \cdot \Delta X - \Delta a = (p-b) \cdot \Delta X + \Delta p \cdot (X + \Delta X) - \Delta a$

예제 7-9

[예제 7-4]의 자료를 이용하여 아래와 같은 상황변화가 이익에 미치는 영향을 민감도분석의 틀에 따라 분석하시오.

<물음1> A사는 월광고비를 ₩7,000만큼 증액하면 월간 13권의 앨범을 더 판매할 수 있을 것으로 예상하고 있다. 이 예측이 정확한 것이라고 가정하면, 광고비를 증액하는 것이 유리한가?

<물음2> A사는 이 제품의 단위당변동비용을 ₩70만큼 감소시키는 방안을 검토하고 있는데, 이렇게 되면 앨범의 월 판매량이 41권으로 감소할 것으로 예상된다. 단위당변동비용을 감소시키는 것이 유리한가?

<물음3> 만일 권당 판매가격을 ₩120만큼 인하하고 광고비를 월 ₩2,000만큼 증액하면 앨범의 월 판매량이 62권으로 증가할 것으로 예상된다. 이 방안은 수익성이 있는가?

<물음4> A사는 현재 월 5,000원의 판매원급료(고정원가)를 없애고, 그 대신에 권당 ₩200씩의 판매수수료를 지급하는 방식을 검토하고 있다. 이렇게 하면 월 판매량이 40%만큼 증가할 것으로 예상된다. 이렇게 하는 것이 유리한가?

풀이 <물음1>

$\Delta\pi = (\Delta p - \Delta b) \cdot X + (p-b) \cdot \Delta X + (\Delta p - \Delta b) \cdot \Delta X - \Delta a$

$\Delta p = 0$, $\Delta b = 0$, $\Delta a =$ ₩7,000, $\Delta X = 13$권이므로,

$\Delta\pi = (p-b) \cdot \Delta X - \Delta a$

= (₩1,500 − ₩900) • (13세트) − (₩7,000) = ₩7,800 − ₩7,000

= ₩800(유리)

<물음2>

$\Delta\pi = (\Delta p - \Delta b) \cdot X + (p-b) \cdot \Delta X + (\Delta p - \Delta b) \cdot \Delta X - \Delta a$

$\Delta p = 0$, $\Delta b =$ (−₩70), $\Delta a = 0$, $\Delta X = (-4$권)이므로,

$\Delta\pi = (0-(-₩70)) \cdot (45권)+(₩1,500-₩900) \cdot (-4권)+(0-(-₩70)) \cdot (-4권)-0$

$= ₩70\times45권+(₩600) \cdot (-4권)+(₩70) \cdot (-4권)$

$= ₩3,150-₩2,400-₩280 = ₩470(유리)$

<물음3>

$\Delta\pi = (\Delta p-\Delta b) \cdot X+(p-b) \cdot \Delta X+(\Delta p-\Delta b) \cdot \Delta X-\Delta a$

$\Delta p=(-₩120)$, $\Delta b=0$, $\Delta a=₩2000$, $\Delta X=17$권이므로,

$\Delta\pi = (-₩120) \cdot (45권)+(₩1500-₩900) \cdot (17권)+(-₩120) \cdot (17권)-₩2,000$

$= ₩760(유리)$

<물음4>

$\Delta\pi = (\Delta p-\Delta b) \cdot X+(p-b) \cdot \Delta X+(\Delta p-\Delta b) \cdot \Delta X-\Delta a$

$\Delta p=0$, $\Delta b=₩200$, $\Delta a=(-₩5,000)$, $\Delta X=18$권이므로,

$\Delta\pi = (-₩200) \cdot (45권)+(₩1,500-₩900) \cdot (18권)+(-₩200) \cdot (18권)-(-₩5,000)$

$=(-₩9,000)+(₩600) \cdot (18권)+(-₩200) \cdot (18권)+₩5,000$

$=₩3200(유리)$

예제 7-10

경남제과㈜의 지난해 손익계산서는 다음과 같다. 판매수수료는 판매량이 아닌 매출액을 기준으로 지급되며, 고정제조간접원가는 ₩130,000이었는데, 공장의 최대조업능력은 연간 180,000개이다. 작년의 영업성과는 실망스러웠다. 사장은 영업성과를 높이기 위해 각각 독립적인 몇 가지 가능한 방법들을 검토 중에 있다. 아래의 각 물음에 답하시오.

매출액(90,000개 @₩4.00)			₩360,000
매출원가 :			
직접재료원가		₩90,000	
직접노무원가		90,000	
변동제조간접원가	₩18,000		

고정제조간접원가		80,000	98,000	278,000
매출총이익				₩82,000
판매수수료(변동원가)	₩18,000			
운송비(변동원가)	3,600	₩21,600		
광고비, 급료, 기타(고정원가)		40,000	₩61,600	
변동일반관리비		₩4,500		
고정일반관리비		20,400	24,900	86,500
영업이익(손실)				₩(4,500)

<물음1> 위의 손익계산서를 공헌이익계산서의 형식으로 다시 작성하시오.

<물음2> 검토 중에 있는 다음 두 가지 대안의 수익성을 분석하시오.

① 가격을 15% 인하하여, 공장을 최대조업능력 수준으로 완전히 가동한다.

② 가격을 25%인상하고서도, 광고비를 ₩150,000증가시키고, 판매수수료를 매출액의 10%로 증가시켜, 판매량을 50% 증가시킨다.

<물음3> 판매량을 130,000개로 증대시키고, 증대된 매출액의 5%만큼 이익증대를 달성하기 위해서는 광고비를 얼마까지 증액할 수 있는가?

<물음4> 어떤 우편주문회사가 "만일 가격이 적정하면" 60,000개를 구매하겠다는 제안을 하였다. 이 주문이 현재 ₩4의 가격으로 90,000개가 팔리고 있는 기존시장에 영향을 미치지는 않는다. 이 주문을 수락하면 판매수수료와 운송비(=18,000+3,600=₩21,600)는 들지 않지만, 판매촉진비 ₩24,000을 지급해야 한다. 그리고 이 주문품 60,000개에 대하여는 특수포장비가 단위당 ₩0.1 증가할 것이다. 경남제과㈜는 그 주문에 대해 최소한의 가격을 얼마로 책정해야 하겠는가?

<물음5> 새로운 포장방법의 도입이 판매증대를 이끌 수 있는 한 가지 대안으로 검토되고 있다. 현재의 단위당 포장비는 모두 변동원가이며, 직접재료원가 ₩0.05와 직접노무원가 ₩0.04로 구성되어있다. 새로운 포장비는 각각 ₩0.3, ₩0.13으로 구성될 것이다. 영업이익 ₩20,000을 위해서는 몇 개가 판매되어야 하는가?

풀이 <물음1>

매출액(90,000개 @₩4.00)		₩360,000
총변동비용 :		
직접재료원가	₩90,000	
직접노무원가	90,000	
변동제조간접원가	18,000	
판매수수료(변동비)	18,000	
운송비(변동비)	3,600	
변동일반관리비	4,500	₩224,100
공헌이익		₩135,900
총고정비용		
광고비, 급료, 기타(고정비)	₩40,000	
고정제조간접원가	130,000	
고정일반관리비	20,400	₩190,400
영업이익(손실)		₩(54,500)

<물음2>

b = ₩224,100/90,000개 = ₩2.49

[대안①] $\Delta p = -4 \times 0.15 = -0.6$, $\Delta X = 150{,}000$개 $- 90{,}000$개 $= 60{,}000$개

$\Delta\pi = (\Delta p - \Delta b) \cdot X + (p - b) \cdot \Delta X + (\Delta p - \Delta b) \cdot \Delta X - \Delta a$

$= (-0.6) \times 90{,}000$개 $+ (4 - 2.49) \times 60{,}000$개 $+ (-0.6) \times 60{,}000$개

= ₩600

[대안②] $\Delta p = 4 \times 0.25 = 1$, $\Delta b = 4 \times 0.10 - (18{,}000/90{,}000$개$) = 0.2$,

Δa = ₩150,000, $\Delta X = 90{,}000$개 $\times 0.5 = 45{,}000$개

$\Delta\pi = (\Delta p - \Delta b) \cdot X + (p - b) \cdot \Delta X + (\Delta p - \Delta b) \cdot \Delta X - \Delta a$

$= (1 - 0.2) \times 90{,}000$개 $+ (4 - 2.49) \times 45{,}000$개 $+ (1 - 0.2) \times 45{,}000$개

$- 150{,}000$ = ₩25,950

∴ [대안②]를 선택함.

<물음3>

b = ₩224,100/90,000개 = ₩2.49, ΔX=40,000개

$\Delta\pi$ =0.05×p • ΔX=0.05×₩4×40,000개 = ₩8,000,

ΔX=130,000개 − 90,000개 = 40,000개

$\Delta\pi$ = $(p-b)$ • $\Delta X - \Delta a$ = (4 − 2.49)×40,000개 − Δa = ₩8,000, ∴ Δa = ₩52,400

<물음4>

b = (224,100 − 21,600)/90,000개 + 0.1 = ₩2.35

Δa = ₩24,000, ΔX=60,000개

$\Delta\pi = (\Delta p - \Delta b) \cdot X + (p-b) \cdot \Delta X + (\Delta p - \Delta b) \cdot \Delta X - \Delta a$

(p는 특별주문품의 가격)

$= (p-b) \cdot \Delta X - \Delta a$ (∵특별주문이 기존시장 판매량(X)의 단위당공헌이익에 영향을 미치지 않으므로, $\Delta p - \Delta b = 0$)

= (p − 2.35)×60,000개 − 24,000 > 0, ∴ p > ₩2.75

<물음5>

b = ₩224,100/90,000개 = ₩2.49

Δb = (0.3 + 0.13) − (0.05 + 0.04) = ₩0.34, $\Delta\pi$ = ₩20,000 − (−54,500) = ₩74,500

$\Delta\pi = (\Delta p - \Delta b) \cdot X + (p-b) \cdot \Delta X + (\Delta p - \Delta b) \cdot \Delta X - \Delta a$

= (0 − 0.34)×90,000개 + (4 − 2.49)×ΔX + (0 − 0.34)×ΔX = ₩74,500

ΔX=89,830개, ∴ $X + \Delta X$ = 90,000 + 89,830 = 179,830개

예제 7-11

창원식품㈜은 청정조미료 제품을 생산하여 100g 단위로 포장한 후 판매한다. 유통경로는 도매상과 소매상을 순서대로 거치게 형성되어 있다. 이 제품은 소매가격이 ₩100인 제품이다. 이 제품의 소매상 이윤율은 23%인데, 도매상들에게는 10%의 이폭(mark−up)을 허용하고 있다(이윤율은 가격에 대비된 이윤의 비율이고, 이폭은 단위당전부원가에 대비된 이윤의 비율로서 원가가산율이라고도 함). 이 제품의 단위당 변동제조원가는 ₩10이고, 연간고정제조원가는 ₩80,000,000이다. 2010년에 이 제품과 그것의 경쟁제품들은 연간 총 20,000,000단위가 판매되었는데, 이 제품의 시장점유율은 25%이다.

이 제품의 광고비 예산은 ₩50,000,000이다. 판매관리자에게 지급되는 급여는 총 ₩35,000,000이다. 그리고 판매원들에게는 급여 대신 판매수수료가 지급되는데, 그것은 매출액의 10%이다. 운반비를 포함한 기타의 판매관리비는 단위당 ₩5이다. 2011년에 청정조미료 산업의 수요가 25,000,000단위로 증가할 것으로 예상됨에 따라 창원식품㈜은 광고비 예산을 ₩100,000,000으로 증액하는 방안(대안1)과 광고비 예산을 그대로 둔 채 도매상으로 하여금 소매상들에게 가격을 인하하여 공급하도록 함으로써 소매상들의 이윤율을 34%로 올려주는 판촉방안(대안2)을 검토하고 있다. 물론 이때에도 도매상들에게 허용되는 이폭은 현재의 10%가 그대로 유지된다. 따라서 각 대안이 채택되었을 경우에 [대안1]은 고정판매관리비의 변화를 초래하고, [대안2]는 단위당공헌이익의 변화를 초래한다. 유리한 대안을 선택하기 위한 아래의 각 물음에 답하시오.

<물음1> 2010년의 영업실적을 이용하여 이 제품의 (1) 단위당공헌이익 (2) 손익분기점 (3) 영업이익 등을 각각 구하시오.

<물음2> [대안1]을 채택할 경우의 이 제품의 (1) 손익분기점과 (2) 2010년도와 동일한 수준의 영업이익을 얻는 데 필요한 판매량, 시장점유율, 안전여유율 등을 각각 구하시오.

<물음3> [대안2]를 채택할 경우에 (1) 2010년도와 동일한 수준의 영업이익을 얻는 데 필요한 판매량과 (2) 손익분기점 그리고 (3) 영업이익유지에 필요한 시장점유율과 그 수준에서의 안전여유율을 각각 구하시오.

<물음4> 2011년도에 두 가지 대안들 중 어느 정책을 선택해야 하는가?

풀이 <물음1>

(1) 단위당공헌이익

소매상에게 부과되는 가격(소매상의 취득원가)

= ₩100 − ₩100 × 0.23 = ₩77

도매상에게 부과되는 가격(도매상의 취득원가)

= ₩77/(1+0,10) = ₩70

제조기업의 판매가격 = 도매상의 취득원가 = ₩70

단위당변동비용 = ₩10 + ₩70 × 0.10 + ₩5 = ₩22

단위당공헌이익 = ₩70 − ₩22 = ₩48

(2) 손익분기점

당기의 총고정비용 = ₩80,000,000 + ₩50,000,000 + ₩35,000,000

= ₩165,000,000

손익분기점: ₩165,000,000/₩48 = 3,437,500개

(3) 영업이익 = 단위당공헌이익×(판매량 − 손익분기점)

= ₩48×(5,000,000개 − 3,437,500개) = ₩75,000,000

<물음2>

(1) 손익분기점

당기의 총고정비용 = ₩80,000,000 + ₩100,000,000 + ₩35,000,000

= ₩215,000,000

손익분기점: ₩215,000,000/₩48 = 4,479,167개

(2) 2010년과 동일한 수준의 영업이익을 얻는 데 필요한 판매량(X)

(X − 4,479,167)×₩48 = ₩75,000,000, X = 6,041,667개

시장점유율 = 6,041,667개/25,000,000개 = 0.242

안전여유율 = (6,041,667개 − 4,479,167개)/6,041,667개 = 0.258

<물음3>

(1) 2010년과 동일한 수준의 영업이익을 얻는 데 필요한 판매량(X)

소매상에게 부과되는 가격(소매상의 취득원가)

= ₩100 − ₩100×0.34 = ₩66

도매상에게 부과되는 가격(도매상의 취득원가)

= ₩66/(1 + 0,10) = ₩60

제조기업의 판매가격 = 도매상의 취득원가 = ₩60

단위당변동비용 = ₩10 + ₩60×0.10 + ₩5 = ₩21

단위당공헌이익 = ₩60 − ₩21 = ₩39

₩39X − ₩165,000,000 = ₩75,000,000, X = 6,153,846개

(2) 손익분기점: ₩₩165,000,000/₩39 = 4,230,769개

(3) 영업이익유지에 필요한 시장점유율과 그 수준에서의 안전여유율

시장점유율 = 6,153,846개/25,000,000 = 0.246

안전여유율 = (6,153,846개 − 4,230,769개)/6,153,846개 = 0.312

<물음4>

항목	대안1	대안2
손익분기점	4,479,167개	4,230,769개
영업이익유지에 필요한 판매량	6,041,667개	6,153,846개
영업이익유지에 필요한 판매량에서의 안전여유율	0.258	0.312
영업이익유지에 필요한 시장점유율	0.242	0.246
영업이익(기존 시장점유율)	₩84,999,984	₩78,750,009
확대된 시장에서의 안전여유율	0.283	0.323

시장규모가 확대된 상황에서 기존의 시장점유율이 유지된다고 가정하면, 확대된 시장에서의 예상영업이익의 측면에서 [대안1]이 [대안2]보다 유리하다. 손익분기점의 크기와 안전여유율의 측면에서 보면 [대안2]가 [대안1]보다 안전성이 높지만, 기존의 영업이익을 유지하는 데 필요한 판매량과 시장점유율 측면에서 보면 [대안1]이 [대안2]보다 오히려 더 안전하다. 따라서 [대안1]을 선택하는 것이 최선이다.

10 불연속 총비용함수와 손익분기점

관련범위 내에서 총고정비용이 일정한 조업도범위마다 크기가 달라진다면 총비용함수도 그것에 대응하여 불연속적인 함수형태를 가지게 된다. 가령, 관련범위($X_1 \le X \le X_3$) 내에서 총비용함수가 다음과 같이 불연속함수로 나타났다고 하자.

$$X_1 < X \le X_2 \text{이면, } TC_1 = a_1 + bX$$
$$X_2 < X \le X_3 \text{이면, } TC_2 = a_2 + bX$$

이것은 총고정비용이 다음과 같이 일정한 조업도범위마다 크기가 다르기 때문에 나타나는 현상이다

$X_1 < X \leq X_2$이면 $a = a_1$, $X_2 < X \leq X_3$이면 $a = a_2$

이때에는 손익분기점이 총고정비용수준에 대응되는 조업도범위마다 하나씩 나타날 수 있다. 만일 계산된 손익분기점들이 각각 해당 조업도범위 내에 놓여 있다면, 그 중에서 일정기간의 계획조업도가 속해 있는 조업도범위에 대응되는 것이 그 기간의 손익분기점이다.

가령, 총고정비용 a_1을 회수하는 데 필요한 손익분기점(BEP_1)이 그것에 대응되는 조업도범위 $[X_1 < X \leq X_2]$에 놓여있고, 총고정비용 a2를 회수하는 데 필요한 손익분기점(BEP_2)이 그것에 대응되는 $[X_2 < X \leq X_3]$의 조업도범위에 놓여있다고 하자. 이때는 그 기간의 계획조업도가 속해 있는 조업도범위를 파악하여 회수되어야 할 총고정비용의 수준을 살펴보아야 할 것이다.

만일 계획조업도가 $[X_2 < X \leq X_3]$의 범위에 속하는 것이라면, 회수되어야 할 총고정비용도 그 조업도범위에 대응되는 a_2가 되어야 한다. 따라서 총고정비용 a_2를 회수하는 데 필요한 손익분기점 BEP_2가 그 기간의 손익분기점이 된다.

예제 7-12

콘덴서를 생산하여 판매하는 갑을㈜는 내년에 최고 5,000개까지 판매할 수 있을 것으로 추정하여 생산계획을 세워두고 있다. 갑을㈜의 단위당변동비용은 ₩250, 연간총고정비용은 실제조업도가 1,800개일 때까지는 ₩150,000, 1,800개를 넘어서면 ₩200,000이 될 것으로 각각 추정되었고, 콘덴서의 가격이 ₩350이라면, 손익분기판매량이 얼마나 되겠는가?

풀이 ① 단위당공헌이익 = ₩350 − ₩250 = ₩100

② 조업도가 1,800개일 때까지의 손익분기점(BEP_1):

₩150,000/₩100 = 1,500개

③ 조업도가 1,800개를 초과할 때의 손익분기점(BEP_2):

₩200,000/₩100 = 2,000개

④ BEP_1과 BEP_2는 모두 해당 총고정비용에 대응되는 조업도범위 내에 놓여 있기 때문에, 조업도가 1,800개일 때까지는 1,500개, 조업도가 1,800개를 넘어서면 2,000개가 손익분기점이다. 그러나 갑을 기업의 계획조업도는 5,000개이므로, 회수되어야 할 총고정비용도 ₩200,000이다. 따라서 손익분기점은 2,000개이다.

이와 다르게, 만일 가장 낮은 수준의 총고정비용에 대응되는 조업도범위에서 계산된 손익분기점이 해당 조업도범위를 벗어나 있다면, 그 조업도범위 내에서는 해당 총고정비용을 완전히 회수할 수 있는 조업도수준이 존재하지 않는다고 할 수 있다. 이때는 그 다음 수준의 총고정비용에 대응되는 조업도범위에서 해당 총고정비용을 회수하는 데 필요한 손익분기점을 찾아야 한다.

가령, [그림 7-2]에서 총고정비용 a_1을 회수하는 데 필요한 손익분기점(BEP_1)이 그것에 대응되는 조업도범위 $[X_1 < X \leq X_2]$를 벗어나 있다면, 이 조업도범위 내에서는 결코 총고정비용 a_1을 완전히 회수할 수 없게 될 것이다. 따라서 손익분기점은 총고정비용 a_2에 대응되는 조업도범위 $[X_2 < X \leq X_3]$에서 총고정비용 a_2를 회수하는 데 필요한 판매량(BEP_2)으로 측정되어야 할 것이다.

여기서 계산된 손익분기점이 해당 조업도범위 내에 속하는 것이라면 손익분기점의 계산은 여기서 멈출 수 있겠지만, 해당 조업도범위를 벗어나 있는 것이라면 손익분기점의 탐색은 다음 수준의 총고정비용에 대응되는 조업도범위로 옮겨지게 된다. 이 과정은 어떤 총고정비용을 회수하는 데 필요한 손익분기점을 그 총고정비용에 대응되는 조업도범위 내에서 찾을 수 있을 때까지 계속된다.

그림 7-2 조업도범위와 손익분기점의 대응

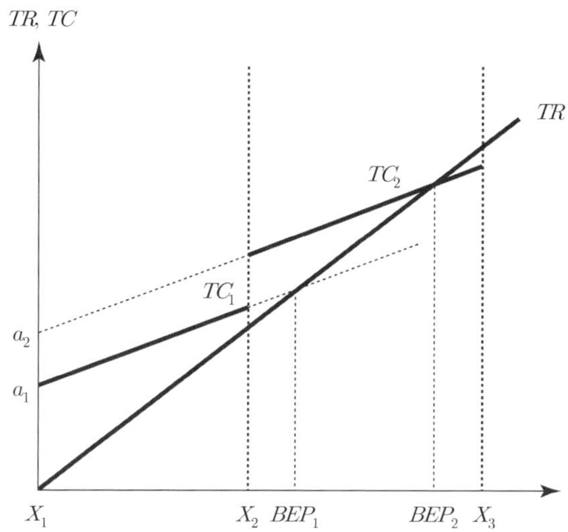

예제 7-13

[예제 7−12]에서 콘덴서의 가격을 ₩300으로 수정하여 손익분기점을 구하시오.

풀이 ① 단위당공헌이익 = ₩300 − ₩250 = ₩50

② 조업도가 1,800개일 때까지의 손익분기점(BEP_1):
₩150,000/₩50 = 3,000개

③ 조업도가 1,800개를 초과할 때의 손익분기점(BEP_2):
₩200,000/₩50 = 4,000개

④ BEP_1은 총고정비용 ₩150,000에 대응되는 조업도범위를 벗어나 있지만, BEP_2는 총고정비용 ₩200,000에 대응되는 조업도범위 내에 놓여 있다. 따라서 갑을기업의 손익분기점은 조업도범위에 대응되는 4,000개이다.

11 배합비율이 일정한 다품종 생산기업의 손익분기점

다품종 생산기업의 제품별 손익분기점은 제품별로 추적이 불가능한 제조간접원가가 존재하기 때문에 정확하게 계산할 수 없다. 변동제조간접원가를 어떠한 배분기준과 배분방법으로 배분하느냐에 따라 개별 제품의 단위당변동비용과 단위당공헌이익이 달라진다. 고정제조간접원가의 경우에도 그것이 어떠한 배분기준과 배분방법에 의해 제품별로 배분되느냐에 따라 제품별로 회수되어야 할 총고정비용의 크기가 달라진다.

그러나 변동제조간접원가의 배분은 비교적 정확하게 이루어져서 단위당변동비용과 단위당공헌이익이 제품별로 정확하게 추정될 수 있다고 가정하면, 제품배합비율의 변화에 따른 손익분기점의 가능한 범위를 알 수 있고, 제품배합비율을 적용하여 계산되는 가중평균공헌이익 또는 가중평균공헌이익률을 이용하여 제품별 손익분기점을 구할 수도 있다.

(1) 손익분기점의 범위

다품종 생산기업의 손익분기점은 제품배합에 따라 달라진다. 가장 극단적인 제품배합은 단위당공헌이익이 가장 큰 제품 또는 단위당공헌이익이 가장 낮은 제품의 생산에 집중하는 경우인데, 현실적으로는 이 양자의 사이에서 제품배합이 결정된다. 따라서 손익분기점도 이 양자의 극단적인 제품배합에서 형성될 손익분기점의 범위 내에 놓여 있다. 예를 들어, 어떤 기업이 단위당공헌이익이 각각 ₩100, ₩200, ₩300인 A, B, C의 세 가지 제품을 생산하고 있고, 연간총고정비용이 ₩300,000이라면, 이 기업의 손익분기점(*BEP*)은 단위당공헌이익이 가장 높은 제품C만 집중적으로 생산할 경우의 손익분기점 1,000개(=₩300,000/₩300)와 단위당공헌이익이 가장 낮은 제품A만 집중적으로 생산할 경우의 손익분기점 3,000개(=₩300,000/₩100) 사이에 놓여 있을 것이다.

(2) 가중평균공헌이익법과 제품별 손익분기점

가중평균공헌이익은 각 제품의 판매량 배합비율을 가중치로 이용하여 생산되는 모든 제품들의 단위당공헌이익을 가중평균한 단위당공헌이익이다. 예를 들어, A, B, C 세 가지 제품을 생산하는 어떤 기업의 판매량 배합비율이 3 : 4 : 3이고, 각 제품의 단위당공헌이익이 각각 ₩150, ₩125, ₩350이라면, 가중평균공헌이익은 다음과 같이 계산된다.

가중평균공헌이익 = ₩150×0.3+₩125×0.4+₩350×0.3 = ₩200

당기의 총고정비용이 ₩310,000이라면 3가지 제품을 생산하는 이 기업의 총손익분기점은 다음과 같다.

총손익분기점 = 총고정비용/가중평균공헌이익 = ₩310,000/₩200 = 1,550개

제품별 손익분기점은 총손익분기점에 가중치로 이용된 각 제품의 배합비율을 곱하여 구한다.

제품 A의 손익분기점 = 1,550개×0.3 = 465개
제품 B의 손익분기점 = 1,550개×0.4 = 620개
제품 C의 손익분기점 = 1,550개×0.3 = 465개

예제 7-14

창신제과㈜는 내년에 A, B C의 세 종류의 껌을 각각 3,000개, 5,000개, 7,000개씩 생산하여 판매할 계획이다. 종류별 가격과 단위당공헌이익 그리고 연간고정원가는 각각 아래와 같이 추정되었다.

	A	B	C	연간고정원가
가격	₩10	₩12	₩15	₩63,200
단위당공헌이익	4	5	6	

(1) 공헌이익과 영업이익을 구하시오.
(2) 손익분기점(*BEP*)과 손익분기매출액(*BES*)을 제품별로 구하시오.
(3) A에 대한 광고비를 ₩5,000 증액하면 다른 종류에는 영향을 미치지 않으

면서 오직 A의 매출액이 ₩10,000 증가할 것으로 예상된다. 광고비를 증액할 것인가?

(4) 현재의 매출배합을 유지하면서 전체 매출액을 10% 증가시키면 영업이익은 얼마가 되겠는지를 영업레버리지도를 이용하여 계산하시오.

풀이 (1) 공헌이익 = ₩4×3,000+₩5×5,000+₩6×7,000 = ₩79,000

영업이익 = ₩79,000−₩63,200 = ₩15,800

(2) 가중평균공헌이익 = ₩4×(3/15)+₩5×(5/15)+₩6×(7/15) = ₩5.266667

총손익분기점 = ₩63,200/₩5.266667 = 12,000개

A: BEP = 12,000개×(3/15) = 2,400개, BES = 2,400개×₩10 = ₩24,000

B: BEP = 12,000개×(5/15) = 4,000개, BES = 4,000개×₩12 = ₩48,000

C: BEP = 12,000개×(7/15) = 5,600개, BES = 5,600개×₩15 = ₩84,000

(3) $(p-b)$=₩4, ΔX=₩10,000/₩10=1,000개, Δa=₩5,000이므로

$\Delta\pi = (p-b) \cdot \Delta X - \Delta a$ = ₩4,000−₩5,000 = (₩1,000). ∴증액하지 않음.

(4) 영업레버리지도 = 공헌이익/영업이익 = ₩79,000/₩15,800 = 5

영업이익증가율 = 영업레버리지도×매출액증가율 = 5×10% = 50%

영업이익 = ₩15,800×(1+0.5) = ₩23,700

(3) 가중평균공헌이익률법과 제품별 손익분기매출액

가중평균공헌이익률은 각 제품의 매출액 배합비율을 가중치로 이용하여 생산되는 모든 제품들의 공헌이익률을 가중평균한 공헌이익률이다. 예를 들어, A, B, C 세 가지 제품을 생산하는 어떤 기업의 매출액 배합비율이 3 : 4 : 3이고, 각 제품의 공헌이익률이 각각 0.3, 0.25, 0.70이라면, 가중평균공헌이익률은 다음과 같이 계산된다.

$$\text{가중평균공헌이익률} = 0.3\times0.3+0.25\times0.4+0.7\times0.3 = 0.4$$

당기의 총고정비용이 ₩310,000이라면 3가지 제품을 생산하는 이 기업의 총손익분기매출액은 다음과 같다.

총손익분기매출액 = 총고정비용/가중평균공헌이익률
= ₩310,000/0.4 = ₩775,000

제품별 손익분기매출액은 기업전체의 손익분기매출액에 가중치로 이용된 각 제품의 매출액 배합비율을 곱하여 구한다.

제품 A의 손익분기매출액 = ₩775,000×0.3 = ₩232,500
제품 B의 손익분기매출액 = ₩775,000×0.4 = ₩210,000
제품 C의 손익분기매출액 = ₩775,000×0.3 = ₩232,500

예제 7-15

영신완구㈜는 올해 뽀로로 인형과 곰돌이 인형을 판매량 기준으로 3 : 2의 비율로 판매하였는데, 곰돌이 인형의 손익분기점은 4,000개였다. 내년에는 공주 인형을 추가할 계획인데, 이렇게 하면 고정원가가 ₩65,000 만큼 증가하고, 세 가지 제품의 매출액 기준 배합비율이 5 : 4 : 1로 될 것으로 예상된다. 인형별 가격과 단위당공헌이익은 각각 아래와 같이 추정되었다.

	뽀로로	곰돌이	공주
가격	₩100	₩200	₩400
단위당공헌이익	10	15	50

(1) 올해의 고정원가를 구하시오.
(2) 내년도의 손익분기점(*BEP*)과 손익분기매출액(*BES*)을 제품별로 구하시오.

풀이 (1) 가중평균공헌이익 = ₩10×(3/5)+₩15×(2/5) = ₩12
BEP(곰돌이) = 총손익분기점×(2/5) = (*a*/₩12)×(2/5) = 4,000개
∴*a* = 4,000개×(5/2)×₩12 = ₩120,000
(2) 가중평균공헌이익률
= (10/100)×(5/10)+(15/200)×(4/10)+(50/400)×(1/10) = 0.0925
총손익분기매출액 = ₩(120,000+65,000)/0.0925 = ₩2,000,000

뽀로로: BES = ₩2,000,000×(5/10) = ₩1,000,000

BEP = ₩1,000,000/₩100 = 10,000개

곰돌이: BES = ₩2,000,000×(4/10) = ₩800,000

BEP = ₩800,000/₩200 = 4,000개

공주 : BES = ₩2,000,000×(1/10) = ₩200,000

BEP = ₩200,000/₩400 = 500개

12 전부원가계산이 채택된 경우의 손익분기점

기본적 CVP 모형의 일반형을 이용하면, 전부원가계산이 채택된 경우의 손익분기점도 변동원가계산이 전제된 경우와 동일한 방식으로 추정할 수 있다. 단, 이때에는 당기에 회수되어야 할 총고정비용(a)이 고정매출원가와 고정판매관리비의 합계로 정의되는데, 그것은 총고정원가와 다르다. 손익분기점(BEP)이 기초제품수량(X_1)보다 크다고 가정할 때, 전부원가계산이 채택된 경우의 손익분기등식은 다음과 같다.

손익분기등식: $(p-b_1)\times X_{BI}+(p-b_2)\times(BEP-X_{BI})=a$

a = 총고정비용 = 고정매출원가+고정판매관리비
X_{BI} = 기초제품재고
$(p-b_1)$ = 기초제품재고 판매분의 단위당공헌이익
b_1 = 전기단위당변동매출원가+단위당변동판매관리비
$(p-b_2)$ = 당기완성품 판매분의 단위당공헌이익
b_2 = 당기단위당변동매출원가+단위당변동판매관리비

(1) 손익분기점에서의 공헌이익

이 모형에 따르면 당기판매량(X)이 손익분기점(BEP)에 이를 때의 공헌이익은 다음과 같이 계산된다.

$$\text{손익분기점에서의 공헌이익} = X_{BI} \times (p-b_1) + (BEP - X_{BI}) \times (p-b_2)$$

(2) 총고정비용

총고정비용(a)는 고정매출원가와 고정판매관리비를 합한 것이다. 이 중에서 고정판매관리비는 판매량의 변화에 관계없이 일정하지만, 고정매출원가는 판매량(X)에 비례하여 변화한다. 아래의 계산식을 보면 이러한 사정을 알 수 있다.

고정매출원가
= 기초제품고정제조간접원가 + 완성품고정제조간접원가 − 기말제품고정제조간접원가

여기서, 고정매출원가를 구성하고 있는 기말제품고정제조간접원가는 기말제품수량에 정비례하여 변화하는데, 그것은 곧 판매량(X)에 반비례하여 변화한다는 것을 의미한다. 이처럼 고정매출원가가 판매량(X)의 함수이기 때문에, 총고정비용도 판매량(X)의 수준마다 그 값이 달라진다.

(3) 특징

총고정비용이 판매량(X)의 함수라는 사실은 판매량(X) 수준마다 손익분기점(BEP)이 다르게 형성된다는 것을 의미한다. 판매량(X)이 증가할수록 고정매출원가가 증가하고, 이에 따라 당기에 회수되어야 할 총고정비용(a)도 커지며, 따라서 손익분기점(BEP)도 높아진다. 일반화하여 표현하면, 손익분기점(BEP)은 판매량(X)과 양(+)의 일차선형관계를 가지면서 변화한다.

결국, 전부원가계산이 채택될 경우에는 당기에 하나의 손익분기점이 존재하는 것이 아니라 판매량(X)의 수준에 대응되는 하나의 손익분기선이 형성된다. 바로 이 점이 변동원가계산이 채택된 경우와 특별히 다른 점이다.

그리고 판매량(X)이 실제조업도에 미치지 못하여 재고가 증가하는 한, 모든 판매량(X) 수준에서 손익분기점은 변동원가계산이 채택된 경우의 그것보

다 반드시 더 낮게 계산된다. 이러한 조건에서는 변동원가계산이 채택되는 경우의 총고정비용(a)이 항상 더 크기 때문이다.

예제 7-15

아래 자료는 [예제 7-1]의 그것과 같다. 전기와 당기의 단위당제조원가가 다르게 형성되어 있고, 기초재공품과 기말재공품은 없다. 변동원가계산을 채택한 경우와 전부원가계산을 채택한 경우의 손익분기점을 각각 구하고, 그 결과를 비교하시오.

≪자료1≫

기초제품재고	1,000개
기초재고 고정제조간접원가	₩89,000
기초재고 변동제조원가(단위당 변동제조원가 ₩90)	₩90,000
당기완성품	10,000개
당기완성품 고정제조간접원가	₩1,000,000
당기완성품 변동제조원가(단위당 변동제조원가 ₩110)	₩1,100,000
당기판매량(단위당 가격 ₩350)	8,000개
고정판매·관리비	₩300,000
변동판매·관리비(단위당 변동판매·관리비 ₩50)	₩400,000
기말제품재고	3,000개

풀이 (가) 손익분기점에서의 공헌이익

= 기초제품판매분의 공헌이익+당기완성품판매분의 공헌이익

= ₩210×1,000개+₩190×(BEP−1,000개)

(나) 총고정비용

① 고정매출원가

= 기초제품고정제조간접원가+당기완성품고정제조간접원가−기말제품고정제조간접원가

= ₩89,000+₩1,000,000−₩1,000,000×(3,000개/10,000개) = ₩789,000

② 총고정비용

= 고정매출원가+고정판매관리비 = ₩789,000+₩300,000

= ₩1,089,000

(다) 손익분기등식: ₩210,000+₩190×(*BEP*−1,000개) = ₩1,089,000

(라) 손익분기점(판매량 8,000개 수준)

₩190×*BEP* = ₩1,089,000−₩210,000+₩190×1,000개 = ₩1,069,000

∴ *BEP* = ₩1,069,000/₩190 = 5,626개

(마) 변동원가계산에 따른 손익분기점

① 손익분기점에서의 총공헌이익

= ₩210×1,000개+₩190×(*BEP*EP−1,000개)

② 총고정비용

= 정제조간접원가+고정판매관리비

= ₩1,000,000+₩300,000 = ₩1,300,000

*기초재공품과 기말재공품이 없으므로 당기의 고정제조간접원가는 완성품에만 배분되었고, 따라서 고정제조간접원가는 완성품의 고정제조간접원가와 일치됨.

③ 손익분기등식과 손익분기점

₩210,000+₩190×(*BEP*−1,000개) = ₩1,300,000

∴ *BEP* = ₩1,280,000/₩190 = 6,737개

④ 특징: 모든 판매량 수준에서 손익분기점은 항상 이 수준으로 일정하며, 판매량이 생산량보다 작으므로 전부원가계산이 채택된 경우보다 더 크다.

13 투자안의 경제성 평가를 위한 손익분기점

1년 이상의 장기간에 걸쳐 현금흐름의 변화를 발생시키는 투자의사결정에서는 손익분기점이 투자안의 경제성 평가기준으로 이용된다. 투자대안의 순현재가치(*NPV*)가 0이 되게 하는 연평균 손익분기점이 그것이다. 투자의 내용연수에 걸친 연평균손익분기점은 다기간(multi−period) *CVP* 모형을 이용하여 계산된다.

(1) 다기간 *CVP* 모형

다기간 *CVP* 모형은 화폐의 시간가치를 반영한 자본의 기회비용을 일정

기간에 회수되어야 할 총고정비용에 명시적으로 포함시키고 있다는 점에서 기본적 *CVP* 모형과 다르다. 세전 다기간 *CVP* 모형은 다음과 같이 나타낼 수 있다.

$$\pi = (p-b)X - (a_1 + AEC)$$

π = 판매량 X에서 예상되는 순현금유입의 현재가치(NPV)
a_1 = 현금지출을 수반하는 총고정비용:
총고정비용(a)에서 감가상각비(d)를 차감한 것: $a_1 = a - d$
AEC = 초기투자액(I)의 연간등가원가(annual equivalent cost)

초기투자액(I)의 연간등가원가(AEC)는 초기투자액이 내용년수(n) 동안 고정화됨으로써 발생되는 연평균 기회원가를 나타낸다. 내용년수 n년간 초기투자액(I)의 연간등가원가(AEC)는 다음과 같이 계산한다:

$$AEC = I/F$$

여기서 F는 '₩1의 n년 연금현가합계'이다. 그것은 미래의 n년에 걸쳐 해마다 ₩1씩의 현금유입이 있을 때 그것을 자본비용으로 할인한 현재가치의 합계로서, 현금유입의 지속기간(n)과 자본비용(r)이 정해지면 제12장 말미의 <이자요소표>의 $(P/A, i, N)$에서 즉시 알 수 있다. 자본비용이 0이 아닌 한, 그것은 항상 내용연수(n)보다 작으며, 다음과 같이 계산된다.

$$F = \sum_{i}^{n} \frac{1}{(1+r)^i}, \quad r = \text{자본비용}$$

설비의 감가상각비를 초기투자액의 기회원가에 대한 근사치로 사용할 수도 있다. 그러나 감가상각비는 화폐의 시간가치를 반영하지 못한다. 즉 화폐의 시간가치를 고려하여 초기투자액을 회수하려면 내용기간에 걸쳐 매년 감가상각비만큼 회수하는 것으로는 부족하다. 미회수된 초기투자액의 부가원가도 감가상각비와 더불어 매년 회수되어야 한다. 연간등가원가란 개념적으로는 감가상각비와 부가원가를 합한 금액과 근사한 것이라고 할 수 있다.

(2) 손익분기등식과 손익분기점

법인세를 고려하지 않는다면, 다기간 *CVP* 모형에서 유도된 손익분기등식은 다음과 같이 나타낼 수 있다.

$$\text{손익분기등식: } (p-b)BEP = a_1 + AEC$$

즉, 손익분기점에서의 공헌이익($(p-b)BEP$)은 회수되어야 할 현금지출고정원가와 초기투자액의 연간등가원가를 합한 금액(a_1+AEC)과 같다. 이것을 다르게 표현하면, 손익분기점에서의 연간순현금유입($(p-b)BEP-a_1$)은 초기투자액의 연간등가원가(AEC)와 같다고 할 수 있다. 따라서 손익분기점에서는 순현금유입의 현재가치(NPV)가 0이 된다. 손익분기등식을 이용하면 손익분기점은 다음과 같이 계산된다.

$$\text{손익분기점: } BEP = (a_1 + AEC)/(p-b)$$

다기간 *CVP* 분석에서 구해지는 손익분기점은 현금지출고정비용(a_1)과 초기투자액의 연간등가원가(AEC)를 완전히 회수하는 데 필요한 최소한의 연평균판매량을 의미한다. 이 손익분기점에서는 결국 투자안의 순현재가치(NPV)가 0이 되기 때문에, 신규투자안이나 생산방법의 교체가 경제성 측면에서 정당성을 가지려면 그 의사결정에 따른 연간기대판매량이 적어도 손익분기점보다는 커야 한다.

법인세를 고려한다면, 다기간 *CVP* 모형에서 유도된 손익분기등식은 아래와 같이 바뀐다.

$$\begin{aligned}\text{세후 다기간 } CVP \text{ 모형: } \pi &= (p-b)X-(a_1+AEC)-[(p-b)X-(a_1+d)]\cdot t \\ &= [(p-b)\cdot(1-t)X+d\cdot t]-[a_1\cdot(1-t)+AEC]\end{aligned}$$

> 여기서, π = 세후이익, d = 감가상각비, t = 세율,
> $(p-b)X-(a_1+d)$ = 회계이익
> $d \cdot t$ = 감가상각비의 법인세절약세

판매량 X가 손익분기점(BEP)에 이르면 세후이익(π)이 0이 되므로, 손익분기등식과 손익분기점은 다음과 같다.

> 손익분기등식: $(p-b) \cdot (1-t) \cdot BEP = a_1 \cdot (1-t) + AEC - d \cdot t$
> 손익분기점: $BEP = [a_1(1-t) + AEC - d \cdot t]/(p-b)(1-t)$

이와 같은 다기간 손익분기등식은 항상 성립되는 것이므로, 어느 한 변에 일정한 크기의 변화가 발생되면 다른 변에도 동일한 크기의 변화가 일어나게 된다. 따라서 다음과 같은 증분손익분기등식도 성립된다.

> 법인세가 없는 경우: $(\Delta p - \Delta b) \cdot BEP = \Delta a_1 + \Delta AEC$
> 법인세가 있는 경우: $(\Delta p - \Delta b) \cdot (1-t) \cdot BEP = \Delta a_1 \cdot (1-t) + \Delta AEC - \Delta d \cdot t$

여기서, $(\Delta p - \Delta b)$는 어떤 투자대안을 채택할 경우에 예상되는 단위당공헌이익의 변화액이고, Δa_1은 현금지출을 수반하는 총고정비용의 변화액이며, ΔAEC는 새로 발생되는 초기투자액의 연간등가원가이므로 AEC와 같고, $\Delta d \cdot t$는 신규투자에 따른 감가상각비 증가액이 만들어 내는 법인세절약액이다.

예제 7-17

서부기업은 단위당 ₩10의 가격으로 판매되는 A제품의 생산을 위하여 자동기계의 도입을 검토하고 있다. 그 기계의 구입가격은 ₩6,000이고, 내용연수는 4년이며, 잔존가치는 없는 것으로 추정되었다. 이 기계를 이용하면 A제품의 생산과 관련하여 단위당변동비용 ₩2, 연간 현금지출고정비용 ₩15,000이 발생된다.

감가상각은 정액법을 따르며, 자본비용은 연간 10%이다. 서부기업은 A제품에 대한 시장점유율이 20%인데, 이 기계의 도입을 검토할 당시 A제품에 대한 시장수요는 연간 10,000개로 추정되었다.

(1) 법인세가 없다고 가정하고, 손익분기점을 구하시오.

(2) 기계의 도입은 경제성이 있는가?

(3) 법인세가 40%일 때의 손익분기점을 구하시오.

풀이 (1) $\pi=(p-b)BEP-(a_1+AEC)=0$되게 하는 BEP의 계산

($p-b$=₩10−₩2=₩8, a_1=₩15,000, AEC=₩6,000/3.17=₩1,893)

$BEP=(a_1+AEC)/(p-b)$=(₩15,000+₩1,893)/₩8=2,112개

(2) 연간예상판매량이 2,000개(=10,000×20%)로서 손익분기점에 미치지 못하고 있으므로, 새로운 자동기계의 구입은 경제성이 없다.

(3) $\pi=(p-b)BEP-(a_1+AEC)-[(p-b)X-(a_1+d)]\cdot t=0$되게 하는 BEP의 계산

($p-b$=₩10−₩2=₩8, a_1=₩15,000, d=₩1,500, AEC=₩6,000/3.17=₩1,893, t=0.4)

$BEP=[a_1(1-t)+AEC-d\cdot t]/(p-b)(1-t)$

= [₩15,000×(1−0.4)+₩1,893−₩1,500×0.4]/₩8×(1−0.4)

= 2,145개

예제 7-18

현대정밀㈜은 3년전에 구입하여 사용하고 있는 구식기계를 신형기계로 대체하려고 한다. 각 기계의 이용에 관련된 원가자료는 아래와 같다.

	구식기계	신형기계
취득원가	₩80,000	₩120,000
감가상각목적의 잔존가액	₩10,000	₩20,000
내용년수(구입시점기산)	7년	4년
단위당변동비용	₩600	₩500
현금지출고정운영비	₩15,000	₩20,000
감가상각방법	정액법	정액법
현재처분가치	₩40,000	₩120,000
4년후 처분가치	₩7,000	₩20,000

제품의 가격은 ₩1,500이고, 현대정밀㈜의 시장점유율은 전체시장규모 연간 1,000개의 30%에 이른다. 현대정밀㈜의 자본비용은 10%이다(연이자율 10%에서, 미래 n년 1원의 현재가치: $n=1$: 0.909, $n=2$: 0.826, $n=3$: 0.751, $n=4$: 0.683).

(1) 법인세를 고려하지 않는다면, 현대정밀㈜이 신형기계를 구입하는 것은 경제적으로 타당성이 있는가?

(2) 법인세(40%)를 고려한다면 경제성 평가가 달라지는가?

풀이 (1) $\Delta\pi=(\Delta p-\Delta b)BEP-(\Delta a_1+AEC)=0$ 되게 하는 BEP의 계산

$(\Delta p=$₩0 , $\Delta b=-$₩100, $\Delta a_1=$₩$5{,}000$, $AEC=$₩$66{,}340/3.17=$₩$20{,}927)$

$BEP=(\Delta a_1+AEC)/(\Delta p-\Delta b)$ = (₩5,000+₩20,927)/₩100 = 260개.

∴ 현대정밀의 연간예상판매량 300개는 연평균손익분기점 260개보다 많기 때문에 신형기계의 구입은 경제성이 있다.

*[AEC의 계산]

(가) 초기투자액

₩120,000−신형기계구입시점에서의 구식기계처분에 따른 현금유입(₩40,000)−4년후 신형기계처분시의 현금유입의 현재가치(₩20,000×0.683) = ₩66,340

(나) 초기투자액의 연간등가원가 = ₩66,340/3.17 = ₩20,927

(2) $\pi=(\Delta p-\Delta b)BEP-(\Delta a_1+AEC)-[(\Delta p-\Delta b)X-(\Delta a_1+\Delta d)]\cdot t=0$되게 하는 BEP의 계산:

$(\Delta p=$₩0, $\Delta b=-$₩100, $\Delta a_1=$₩$5{,}000$, $AEC=$₩$66{,}340/3.17=$₩$20{,}927$, $t=0.4)$

$BEP=[\Delta a_1(1-t)+AEC-\Delta d\cdot t]/(\Delta p-\Delta b)(1-t)$

=(₩5,000×0.6+₩20,927−₩15,000×0.4)/₩100×0.6 = 299개

∴ 현대정밀의 연간예상판매량 300개는 연평균손익분기점 299개보다 많기 때문에 법인세를 고려하더라도 신형기계의 구입은 경제성이 있다.

예제 7-19

동명식품㈜은 어떤 공원에 매점을 설치하는 방안을 검토하고 있다. 매점운영계약은 5년간 유효하며, 연간 ₩5,000의 수수료를 공원관리소에 지급해야 한다. 매점운영을 위해 ₩10,000의 설비투자가 필요한데, 그 설비는 5년간만 사용될 것이고, 5년후의 처분가치는 없다. 동명식품㈜의 자본비용은 10%이다. 동명식품㈜의 관심사는 과연 이러한 투자의 경제성을 보장할 수 있을 정도로 충분한 매출을 만들어 낼 수 있는가 하는 것이다. 총변동비용은 매출액의 60%가 될 것으로 추정되었다(연이자율 10%에서, 미래 n년 1원의 현재가치: $n=1$: 0.909, $n=2$: 0.826, $n=3$: 0.751, $n=4$: 0.683, $n=5$: 0.621).

(1) 투자의 경제성을 확보하기 위한 최소한의 연간매출액을 구하시오.

(2) 만일 총변동비용이 매출액의 75%로 인상된다면 투자의 경제성을 확보하기 위한 최소한의 연간매출액은 얼마가 되어야 하는가?

풀이 (1) $\pi=(p-b)BEP-(a_1+AEC)=[(p-b)/p]BES-(a_1+AEC)=0$ 되게 하는 BES의 계산:

공헌이익률$=(p-b)/p=1-(bX/pX)=1-0.6=0.4$, $a_1=$₩5,000, $AEC=$₩10,000/3.79 =₩2,638.5이므로, $BES=$(₩5,000+₩2,638.5)/0.4=₩19,096

(2) 위 (1)에서 공헌이익률이 0.25(=1−0.75)로 바뀌므로,

$BES=$(₩5,000+₩2,638.5)/0.0.25=₩30,554

예제 7-20

경일문구㈜는 K−펜으로 불리는 새로운 볼펜에 관한 특허권을 구입하여 그 볼펜을 이용한 사업에 착수할 기회를 잡았다. 만일 그 특허권을 구입한다면, 상자당 ₩20의 가격으로 향후 5년간 매년 10,000상자를 판매할 수 있을 것으로 예상된다. 그 이후에는 경쟁업체들이 더 나은 디자인의 볼펜을 개발함에 따라 K−펜이 진부화될 것으로 예상된다. K−펜의 상자당 변동비용은 ₩10이고, 연간총고정비용은 ₩60,000으로 예상된다. 모든 매출수익과 원가는 현금으로 결제된다(연이자율 10%에서, 미래 n년 1원의 현재가치: n=1: 0.909, n=2: 0.826, n=3: 0.751, n=4: 0.683, n=5: 0.621).

(1) 손익분기점을 구하시오.

(2) 판매량 10,000 상자 수준에서 연간 ₩20,000의 순현금흐름을 만들어 낼 수 있는 최소한의 가격수준은 얼마인가?

(3) 모든 현금흐름이 연말에 발생되고, 최소한의 필수수익률이 10%라고 가정한다. 현재의 예상판매량, 가격, 원가추정치 등을 전제로 하여, 이 사업에 착수하기 위해 경일문구㈜가 기꺼이 지불하려고 하는 투자액을 구하시오.

풀이 (1) BEP = ₩60,000/(₩20 − ₩10) = 6,000상자

(2) (p − ₩10) × 10,000상자 − ₩60,000 > ₩20,000 ∴ p > ₩18

(3) (₩20 − ₩10)(10,000 − 6,000)($1/\sum(1+.10)^i$) = ₩40,000 × 3.79 = ₩151,600

예제 7-21

어떤 세탁소가 매물로 나왔다. 관련 정보는 다음과 같다:

① 세탁소는 호텔 내에 있고, 고객들은 대부분 호텔의 거주자들이다.
② 세탁소 주인은 호텔의 소유자로부터 공간을 임차하여 사용해 왔는데, 임차계약은 양도가능하고, 5년이 지나면 계약이 해지된다. 5년 후에 호텔 소유자는 그 공간에 주차장을 만들 계획을 가지고 있다.
③ 평균적으로 고객들은 양복 한 벌당 ₩2의 가격을 지불한다. 세탁설비를 운영하는 종업원은 한 벌당 ₩0.60의 급료를 받는다. 기타의 현금지출비용이 한 벌당 ₩0.20씩 들고, 다른 관리직원은 연간 ₩8,000의 급료를 받는다.
④ 임차료는 ₩6,000의 일시금과 매출액의 10%로 계약되어 있다.
⑤ 현재 주인은 연간 20,000벌의 매출을 수년간 올렸는데, 그는 이러한 매출수준이 향후 5년간 안정적으로 지속될 것이라고 추정하였다.
⑥ 세탁소 설비와 비품들의 처분가치는 미미하여 무시할 수 있는 정도이다.

(1) 현금흐름에 관한 추정치들이 현실적이고, 자본비용이 10%라고 가정할 때, 이 세탁소를 인수하기 위해 지불할 수 있는 최대금액을 구하시오.

(2) 현재 주인이 ₩20,000을 요구한다면, 이 세탁소를 인수하는 것이 경제성이 있으려면 연간판매량이 얼마나 되어야 하겠는가?

(연이자율 10%에서, 미래 n년 1원의 현재가치: $n=1$: 0.909, $n=2$: 0.826, $n=3$: 0.751, $n=4$: 0.683, $n=5$: 0.621)

풀이 $NPV = (p-b)X - (a_1 + AEC) = (p-b)X - (a_1 + \text{초기투자액}/3.79)$

(1) $NPV=0$ 되게 하는 초기투자액의 계산

$p=₩2$, $b=₩0.6+₩0.2+₩0.2(\text{임차료})=₩1.0$, $X=20,000$벌,

$a_1 = ₩8,000+[₩6,000\text{의 } AEC] = ₩8,000+₩6,000/3.79 = ₩9,583$이므로,

$\therefore$ $NPV=0$ 되게 하는 초기투자액

$= [(p-b)X-a_1]\times 3.79 = [(₩2-₩1)\times 20,000-₩9,583]\times 3.79 = ₩39,480$

(2) 초기투자액 20,000일 때 $NPV>0$ 되게 하는 판매량(X)의 계산

$NPV=(p-b)X-(a_1+\text{초기투자액}/3.79)=[(₩2-₩1)\times X-(₩9,583+ ₩20,000/3.79)] > 0$

$\therefore$ $X > 14,860$벌

14 불확실성 상황에서의 CVP 분석

이익계획을 수립하는 단계에서는 적어도 하나 이상의 이익결정요인들이 확실하게 알려져 있지 않은 경우가 일반적이다. 기본적 CVP 분석은 이러한 불확실성 상황에 적용될 수 있도록 확장될 수 있다.

불확실성 상황에서의 CVP 분석방법에는 여러 가지가 있다. 이 중에서 일반화 가능성이 가장 높은 것은 확률적 시뮬레이션을 이용하는 방법이다. 그것은 어떤 의사결정모형의 독립변수들에 대해 변수값을 무작위로 할당하는 일을 반복적으로 시행하고, 반복되는 매회의 시행단계에서 독립변수값에 대응되는 종속변수값을 계산하여, 종속변수의 확률분포를 만들어 내는 기법을 말한다. 이 기법은 특정 모형에 기술되어 있는 독립변수와 종속변수의 관계가 너무 복잡하여 분석적 방법으로는 종속변수의 확률분포를 유도해 낼 수 없을 때 이용된다.

이 방법을 CVP 분석에 적용하면, CVP 모형에 포함된 의사결정변수들의 확률분포를 추정하여 이익, 손익분기점, 손익분기확률 등에 관한 정보를 얻을 수 있다. 여기서는 가설 사례를 이용하여 이 방법을 이용한 불확실성하의 CVP

분석절차를 살펴본다.

(1) 독립변수들의 확률분포 추정

독립변수와 종속변수가 명시되어 있는 어떤 모형에 대해서 이 기법을 적용하기 위한 첫 단계는 경험 또는 주관적 판단에 의해 독립변수들의 확률분포를 추정하는 것이다. 확률적 시뮬레이션에서는 독립변수나 종속변수가 어떤 이론적 확률분포(예 정규분포)를 따를 것이라고 가정할 필요가 없다. 이것은 이 방법의 일반화가능성을 높여주는 중요한 특성이다. 설명을 위해, 판매량, 단위당공헌이익, 총고정비용 등에 관한 확률분포를 [표 7-1]과 같이 추정하였다고 가정한다.

표 7-1 확률변수들의 확률분포

판매량(단위: 개)		단위당공헌이익		총고정비용	
X	$P(X)$	$c=p-b$	$P(c)$	a	$P(a)$
150,000	0.3	₩5	0.4	₩400,000	0.2
100,000	0.5	₩4.5	0.6	₩450,000	0.5
60,000	0.2			₩480,000	0.3

(2) 난수추출 및 난수할당

두 번째 단계는 이러한 세 변수들의 확률적 조합을 구성하기 위해 난수를 무작위로 추출하고, 난수할당계획에 따라 각 변수들의 추정된 변수값에 대해 난수를 할당하는 것이다. 이 사례에서는 불확실한 이익결정변수가 3개이므로 각 변수에 대응되는 3개의 난수를 1조로 하는 n조의 난수를 추출하며, 확률이 소수점 아래 한 자리로 추정되어 있으므로 한 자리의 난수를 추출한다.

한 자리 난수는 무작위추출과정을 통해 서로 다른 10가지(0에서 9까지)가 추출될 수 있고, 각각의 난수는 추출될 확률이 10%로 동일하기 때문에, 가령 발생확률이 40%인 어떤 변수값에 대하여 10가지 중에서 4가지의 난수를 할당한다면, 그 변수값이 발생될 확률조건을 충족시킬 수 있다. 설명의 편의상 10

조의 난수를 추출하기로 하고, 각 조별로 X, c, a에 각각 대응되는 3개씩의 난수가 아래와 같이 추출되었다고 하자(총 30개의 난수): [4,3,9/ 4,9,5/ 1,2,7/ 8,6,4/ 5,6,8/ 4,3,8/ 9,5,6/ 1,0,6/ 0,1,7/ 2,9,1].

표 7-2 확률변수들에 대한 난수할당계획

판매량(단위: 개)			단위당공헌이익			총고정비용		
X	$P(X)$	RN	$c=p-b$	$P(c)$	RN	a	$P(a)$	RN
150,000	0.3	1−3	₩5	0.4	1−4	₩400,000	0.2	1−2
100,000	0.5	4−8	₩4.5	0.6	5−0	₩450,000	0.5	3−7
60,000	0.2	9−0				₩480,000	0.3	8−0

독립변수들에 대한 난수의 할당은 난수할당계획에 따라 이루어진다. 여기서는 난수할당계획이 [표 7−2]와 같이 설정되었다고 가정한다.

(3) 종속변수의 확률표본 구성

세 번째 단계는 난수할당계획에 따라 추출된 난수에 대응되는 변수값을 *CVP* 모형에 대입하여 종속변수인 이익(π)의 확률표본을 구성하는 것이다. 예를 들어, [표 7−2]의 난수할당계획에 따르면, 제 1조의 난수 '4, 3, 9'에 대응되는 변수값은 $X=100,000$, $c=$₩5, $a=$₩480,000이다. 이때의 이익은 *CVP* 모형에 의하면 ₩20,000(₩5×100,000−₩480,000)이 된다. 이러한 방식으로 10개조의 난수에 대응되는 이익을 계산하면, [표 7−3]과 같이 표본크기가 10이고 각각의 표본구성요소들이 동일한 확률로 표본에 포함되는, 이익과 손익분기점의 확률표본을 구성할 수 있다.

표 7-3 확률표본의 구성

시행	RN	X	RN	c	cX	RN	a	이익((π)	BEP
1	4	100,000	3	5	500,000	9	480,000	20,000	96,000
2	4	100,000	9	4.5	450,000	5	450,000	0	100,000
3	1	150,000	2	5	750,000	7	450,000	300,000	90,000
4	8	100,000	6	4.5	450,000	4	450,000	0	100,000
5	5	100,000	6	4.5	450,000	8	480,000	(30,000)	106,777
6	4	100,000	3	5	500,000	8	480,000	20,000	96,000
7	9	60,000	5	4.5	270,000	6	450,000	(180,000)	100,000
8	1	150,000	0	4.5	675,000	6	450,000	225,000	100,000
9	0	60,000	1	5	300,000	7	450,000	(150,000)	90,000
10	2	150,000	9	4.5	675,000	1	400,000	275,000	88,889

(4) 손익분기점과 손익분기확률

[표 7-3]의 확률표본을 구성하고 있는 요소들은 발생확률이 각각 동일하므로, 이익과 손익분기점의 기대값, 분산, 표준편차, 그리고 손익분기확률은 각각 아래와 같이 계산된다.

기대이익: $E(\pi) = \sum \pi/n = 480{,}000/10 = $ ₩48,000

이익의 분산: $var(\pi) = \sum (\pi - E(\pi))^2/(n-1) = $ ₩185,610(백만)

이익의 표준편차: $\sigma(\pi) = \sqrt{var(\pi)} = $ ₩430,825

기대손익분기점: $E(BEP) = \sum BEP/n = 967{,}556/10 = 96{,}756$개

손익분기점의 분산: $var(BEP) = \sum (BEP - 95{,}786)^2 \times$ (결합확률) $= 29{,}464{,}190$개

손익분기점의 표준편차: $\sigma(BEP) = \sqrt{var(BEP)} = 5{,}428$개

손익분기확률: $P(\pi \geq 0) = 0.70$(이익이 0이상 되는 경우의 수(7회)×0.1)

여기서 손익분기확률($P(\pi \geq 0)$)은 이익이 0 이상이 될 확률을 가리킨다. 그것은 확실성 상황에서의 *CVP* 분석을 통해 얻어지는 안전여유율에 해당되는 안전성 지표이다. 불확실성 상황의 의사결정에서는 특정 사건의 발생확률 자체를 판단기준으로 삼아 최선의 선택을 이끌어 낼 수도 있는데, 이러한 확률기준 의사결정에서 손익분기확률은 방어적 확률기준의 하나로 이용된다.

예제 7-22

주성문구의 단위당변동비용은 ₩15이고, 총고정비용은 ₩900,000이다. 제품수요와 단위당 판매가격은 불확실하다. 다음 자료는 경영자가 추정한 가능한 결과와 그 확률이다. 기대이익과 손익분기확률을 구하시오.

수 요		단위당 판매가격	
단위	확률	가격	확률
150,000	0.30	₩20	0.40
200,000	0.40	23	0.40
250,000	0.20	25	0.20
300,000	0.10		

단, 난수할당계획과 추출된 난수조합은 다음에 따르고, 시행회수는 10회로 한다.

수 요(X)			단위당 판매가격(p)		
단위	확률	난수	가격	확률	난수
150,000	0.30	1−3	₩20	0.40	1−4
200,000	0.40	4−7	23	0.40	5−8
250,000	0.20	8−9	25	0.20	9−0
300,000	0.10	0			

[추출된 난수조합(p, X)]: 3,7/0,1/1,9/5,2/8,1/6,0/2,6/5,7/2,3/4,5.

풀이

n	p		b	$p-b$	X		$(p-b)X$	a	이익
	난수	p			난수	X			
1	3	20	15	5	7	200,000	1,000,000	900,000	100,000
2	0	25	15	10	1	150,000	1,500,000	900,000	600,000
3	1	20	15	5	9	250,000	1,250,000	900,000	350,000
4	5	23	15	8	2	150,000	1,200,000	900,000	300,000
5	8	23	15	8	1	150,000	1,200,000	900,000	300,000
6	6	23	15	8	0	300,000	2,400,000	900,000	1,500,000
7	2	20	15	5	6	200,000	1,000,000	900,000	100,000
8	5	23	15	8	7	200,000	1,600,000	900,000	700,000
9	2	20	15	5	3	150,000	750,000	900,000	(150,000)
10	4	20	15	5	5	200,000	1,000,000	900,000	100,000
합계									3,900,000

(1) 기대이익 = 3,900,000/10 = ₩390,000

(2) 손익분기확률 = 0.9

15 활동기준 수익성분석

활동기준원가계산을 마케팅영역까지 확대하여 적용하면, 위계구조에 따라 분석된 마케팅활동들에 대해 마케팅원가를 추적할 수 있다. 그 결과를 제조영역에서의 활동기준원가계산과 결합하면 제품별수익성분석을 출발점으로 삼아 고객별수익성분석으로 나아갈 수 있다. 제조영역에서의 활동원가와 마케팅영역에서의 활동원가를 궁극적으로 마케팅영역의 원가대상들에 대해 다시 추적할 수 있기 때문이다.

마케팅 영역의 원가대상들의 위계구조는 마케팅활동들의 그것과 같다. 즉 하위계층에 개별 주문들이 있고, 관련 주문들을 통합하는 고객(유통경로)이 중간계층에 있으며, 관련 고객(유통경로)들을 통합하는 시장(세분시장)이 상위계층에 있는 형태로 정의할 수 있다.

제조영역과 마케팅영역에서 수행되는 각 활동의 활동원가가 제품, 주문, 고객(유통경로), 시장(세분시장) 등의 원가대상들에 대해 인과적으로 추적되어 있으면, 그것을 이용하여 위계구조에 따라 정의된 마케팅원가의 원가대상별로 공헌이익을 계산할 수 있다. 그것은 제품별 공헌이익의 계산에서 출발하여 주문별 공헌이익, 고객(유통경로)별 공헌이익, 시장(세분시장)별 공헌이익 등을 계산하는 순서로 진행된다.

(1) 제품별 제조공헌이익

제품원가가 활동별로 그리고 원가행태별로 측정되어 있으면, 제조영역에서의 제품별 공헌이익, 즉 제품별 제조공헌이익을 다음과 같이 계산할 수 있다.

> 제품i의 제조공헌이익
> = 제품i의 매출액−(제품i의 매출기본원가+제품i의 매출변동활동원가)

이렇게 계산된 제품별 제조공헌이익은 제조영역 이외의 다른 기능부문들(특히 마케팅영역)에서 발생된 변동비용을 반영하지 못한다. 그러나 제품별 수익성분석은 마케팅영역의 원가대상별 수익성분석으로 나아가기 위한 출발점에 불과하기 때문에, 이러한 한계점은 문제가 되지 않는다.

활동기준원가계산에 따른 제품별 제조공헌이익은 전통적인 원가계산시스템이 채택된 경우보다는 더 정확한 것이라고 할 수 있다. 개별 제품에 대해 추적된 변동활동원가는 단위수준, 뱃치수준, 그리고 제품수준의 활동들이 소비한 변동활동원가로 구성되어 있는데, 그것은 전통적 원가계산시스템에서 인식된 변동제조간접원가의 범위를 넘어서는 것이다.

(2) 주문별 공헌이익

주문별 공헌이익은 해당 주문에 포함되는 개별 제품들의 제조공헌이익을 합계하고 거기서 해당 주문에 대해 배분된 주문수준활동들의 마케팅원가를 차감하여 계산한다.

$$주문A의\ 공헌이익 = \sum_{i}^{k}(제품i의\ 제조공헌이익) - 주문A의\ 마케팅원가$$

(3) 고객(유통경로)별 공헌이익

고객(유통경로)별 공헌이익은 해당 고객(유통경로)이 발주한 모든 주문들의 공헌이익을 합계하고 거기서 해당 고객(유통경로)에 대해 배분된 고객수준활동들의 마케팅원가를 차감하여 계산한다.

$$고객C의\ 공헌이익 = \sum_{i}^{l}(주문i의\ 공헌이익) - 고객C의\ 마케팅원가$$

(4) 시장(세분시장)별 공헌이익

시장(세분시장)별 공헌이익은 해당 시장(세분시장)에 포함되어 있는 고객들의 공헌이익을 모두 합한 것에서 해당 시장(세분시장)에 대해 배분된 시장(세분시장)수준활동들의 마케팅원가를 차감하여 계산한다.

$$시장M의\ 공헌이익 = \sum_{i}^{m}(고객i의\ 공헌이익) - 시장M의\ 마케팅원가$$

이처럼 어떤 사업단위의 수익성분석은 제조영역에 한정된 제품별 수익성을 분석하는 것에서 출발하여 주문별 수익성분석, 고객(유통경로)별 수익성분석, 시장(세분시장)별 수익성분석으로 나아가는 방식으로 진행된다. 그 이유는 정확한 제품원가정보에 기초하여 평가된 제품별 수익성도 마케팅원가를 고려하게 되면 전혀 다른 모습으로 바뀔 수 있기 때문이다.

마케팅원가가 고객별로, 유통경로별로, 시장별로 서로 다른 방식으로 발생되는 것이 현실이라면, 제품관련 의사결정이 수익성에 미치는 효과를 분석할 때에도 궁극적으로 고객별 수익성에 초점을 맞추어야 한다. 실제로, 제품별 수익성분석은 수익성분석의 종점인 고객별 수익성분석의 출발점이라는 점에서 의미가 있다.

제품별 수익성분석의 결과만으로는 어떤 사업단위 전체의 수익성을 판단할 수 없으며, 그것을 향상시키기 위한 마케팅전략도 합리적으로 수립할 수 없을 것이다. 그렇지만 활동기준수익성분석의 틀을 적용하면 제조영역의 능률성이나 제품배합비율의 변화뿐만 아니라 마케팅영역에서 수행되는 각 위계수준의 다양한 활동들을 적절히 통제하는 방식으로 수익성을 향상시키기 위한 전략을 강구할 수 있다.

16 활동기준 수익성분석의 편익

고객별 수익성분석의 목표는 수익성의 원천 및 고객특성과 마케팅원가의 관계에 대한 정보를 얻는 것이다. 그것은 고객(유통경로)들과 시장(세분시장)들에 대한 합리적인 자원배분의 기초가 된다. 전통적인 원가시스템보다는 활동기준원가계산이 이러한 목적에 더 적합한 정보를 만들어 낸다. 활동기준 수익성분석을 활용하면 마케팅원가를 고객의 특성에 맞추어 전략적으로 통제할 수 있고, 고객별 수익성과 전체 마케팅 활동을 효율적으로 관리할 수 있으며, 고객서비스 및 유통경로정책의 합리성을 향상시킬 수 있고, 궁극적으로 합리적인 경쟁전략을 수립하여 경쟁우위를 확보할 수 있다.

(1) 마케팅원가의 전략적 통제

고객들이 시장에서 요구하는 서비스란 사업비용의 증대만 야기하고 그것에 상응하는 수익은 창출하지 못하는 경우가 많다. 대량구매고객들이 수익창출에 가장 큰 기여를 하고 있을 것이라는 상식적인 생각이 현실과 다른 경우가 많은 이유도 바로 여기에 있다.

고객별 수익성분석을 통해 제공되는 계량적 정보는 일정한 서비스 수준에 대응되는 마케팅원가의 발생을 최소화하는 데 기여한다. 마케팅 활동들(주문, 고객지원, 신용매출 등)에 소비된 비용을 고객별로 추적하면, 그것을 토대로 고객들에게 제공되는 서비스의 수준을 전략적으로 조정할 수 있기 때문이다. 그리고 특정 고객이 요구하는 서비스의 재무적 영향도 계량화할 수 있으므로, 고객서비스와 관련된 까다로운 어떤 협상을 상대적으로 유리한 위치에서 이끌어 감으로써 마케팅원가의 증대를 예방할 수 있다.

(2) 고객별 수익성 및 전체 마케팅 활동의 효율적 관리

활동기준 고객별 수익성분석을 실행하면 개별 고객들의 수익성 및 고객그룹들 간의 상대적 수익성의 차이를 파악할 수 있고, 이러한 차이의 원인을 활동 수준에서 분석할 수 있다. 고객그룹은 서비스의 제공방식이 수익공헌액의 감소보다 더 빠른 속도로 원가절약을 이끌어 내는 그룹과, 이와 반대로, 수익공헌액의 증대보다 더 빠른 속도로 원가증대를 야기하는 그룹으로 구분할 수 있는데, 수익성 측면에서는 전자의 고객그룹이 더 중요하다. 활동기준 고객별 수익성분석을 실행하면 이러한 두 가지 유형의 고객그룹들을 구분할 수 있고, 고객(유통경로)별 마케팅원가를 활동별로 파악할 수 있다.

전체 마케팅 활동의 관리 측면에서 보면, 고객별 수익성분석의 결과를 기초로 마케팅노력의 초점을 중요한 활동들에 맞추고, 활동 수준에서 고객별 자원배분계획을 수립할 수 있다. 이렇게 하면 수익성이 높은 고객그룹들을 지속적으로 유지하고 수익성이 낮은 고객그룹들에 대한 서비스 수준을 조정하는 일을 더욱 효과적으로 수행할 수 있다.

(3) 고객서비스 및 유통경로정책의 합리성 제고

활동기준 고객별 수익성분석은 경제적인 고객서비스의 방법을 강구하고 합리적인 유통경로정책을 수립하는 데 기여한다. 예를 들면, ① 주문접수비용을 줄이고 주문처리속도를 높이기 위해 주문접수방법을 바꾸거나, ② 고객들이 이용할 수 있는 서비스 대안들을 변경하거나, ③ 고객들의 서비스 이용 행태를 변화시킬 수 있도록 서비스 대안들에 대해 일정한 가격을 부과하거나, ④ 모든 고객들에게 일관성 있게 적용될 수 있도록 지원서비스 정책을 변경하

거나, ⑤ 거래규모가 대단히 작은 소규모 고객들을 직접적인 거래대상에서 제외시키고 독립적인 외부의 유통기관들이 그들을 담당하도록 만드는 방법을 검토하는 것 등이 그것이다.

(4) 경쟁전략수립의 지원

활동기준 고객수익성분석은 지속적인 경쟁우위를 창출하기 위한 경쟁전략수립의 토대가 된다. 경쟁전략이란 특정 시장에서 특정 제품에 관하여 지속적인 경쟁우위를 창출하고자 하는 목적에서 계획되는 행동방안들이다. 활동기준 수익성분석은 제품, 고객, 유통경로, 세분시장 등의 수준에서 마케팅 활동들에 관한 양적 정보를 제공한다. 그것을 경쟁기업과 비교해 보면, 제품, 고객, 유통경로, 세분시장 등의 각각에 관하여 경쟁우위와 취약점을 마케팅 활동들의 수준에서 평가할 수 있다. 그리고 새로운 고객을 창출하고 기존의 고객들을 유지하는 데 필요한 마케팅 활동들이 무엇인지도 파악할 수 있다. 따라서 활동기준 고객별 수익성분석은 고객과 시장 표적을 설정하고, 구체적인 경쟁전략을 성공적으로 개발하기 위한 도구가 된다.

원가관리회계의 이해와 연습

Chapter 8

학습초점

1. 관련원가개념들을 이용한 관련원가분석의 틀
2. *CVP* 모형(단순형)에서 유도된 관련원가분석의 틀

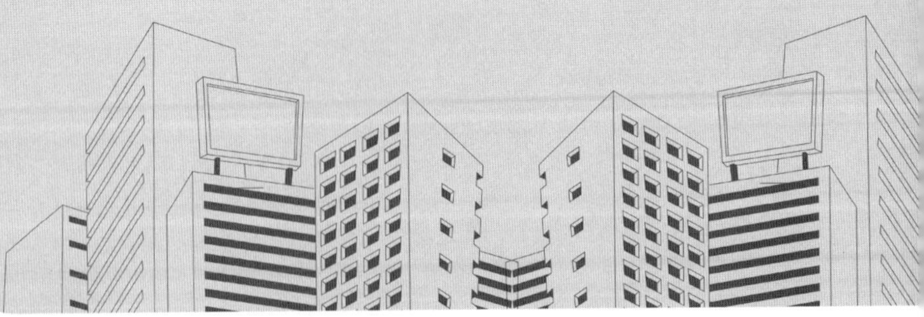

CHAPTER

8

공헌이익접근법과 관련원가분석

01 관련원가 매몰원가

의사결정에서 선택의 대상이 되는 각 대안들은 수익증대 또는 원가절약을 만들어 내거나 원가증대를 야기한다. 전자를 증분수익 또는 증분현금유입 그리고 후자를 증분원가 또는 증분현금유출이라 하며, 이 두 가지를 비교하여 계산되는 차액을 증분이익 또는 증분순현금유입이라 한다.

특정 대안을 선택할 때에는 기회원가 또는 부가원가가 추가로 발생되기도 한다. 그것들은 현금지출을 수반하는 것이 아니어서 장부에 기록되지는 않지만, 그 대안의 경제성을 평가하기 위해 반드시 증분순현금유입에서 차감되어야 한다.

이러한 증분원가, 기회원가, 부가원가 등을 관련원가(relevant cost)라 한다. 그것은 특정 대안의 선택에 따라 새로 발생될 것으로 예상되는 미래원가로서, 의사결정대안의 수익성 또는 경제성을 분석할 때 반드시 고려해야 한다. 가령, 신설비에 대한 투자의사결정에서 만일 화폐의 시간가치를 고려하지 않는다면 그 설비의 예상되는 연간감가상각비, 그리고 화폐의 시간가치를 고려한다면 그것에 대한 초기투자액의 연간등가원가(*AEC*) 추정치는 각각 관련원가이다 (신설비의 연간감가상각비는 화폐의 시간가치를 고려하지 않은 연간등가원가의 근사치이다).

대안의 선택에 아무런 영향을 미치지 않는 원가들도 있다. 투자가 완료된 설비의 감가상각비처럼 이미 지출이 이루어진 회수할 수 없는 과거원가와 장차 지출이 이루어지더라도 모든 대안들에서 동일한 크기의 원가가 발생될 것으로 예상되어 각 대안들에 대해 동일한 영향을 미칠 것으로 예상되는 미래원가가 그것이다. 이러한 원가는 비관련원가(irrelevant cost) 또는 매몰원가(sunk cost)라 한다. 가령, 설비대체 의사결정에서 구설비의 취득원가, 대체시점에서의 순장부가치, 비현금지출비용인 구설비의 감가상각비, 자본손실 또는 설비대체손실(=순장부가치−처분가치) 등은 전형적인 매몰원가이다.

매몰원가는 의사결정에 고려할 필요가 없다. 왜냐하면, 그것을 반영하여 대안들의 수익성 또는 경제성을 분석하더라도 대안들의 우선순위가 달라지는 것도 아니면서, 그렇게 하는 데는 많은 노력과 비용이 들기 때문이다.

그러나 이미 지출이 이루어져서 회수할 수 없는 과거원가의 크기가 매우 클 경우에는 의사결정자가 그것을 매몰원가라는 이유로 무시하기가 쉽지 않다. 예를 들어, 거액의 투자가 이루어진 기존의 어떤 사업을 중단할 것인지 여부에 관한 의사결정에서 지분율이 높은 최고경영자라면 심리적으로 매몰원가에 집착하지 않을 수 없을 것이다. 이러한 심리적 집착은 합리적 선택을 가로막을 수 있다. 그러므로 매몰원가는 의사결정에 고려해서는 안 된다.

02 관련원가분석의 틀

관련원가분석은 관련원가 개념을 이용하여 단기적 의사결정대안들의 수익성이나 경제성을 분석하는 방법이다. 즉 특정 대안의 선택에 따른 원가변화의 크기와 수익변화의 크기를 비교하여 그 대안의 선택이 이익에 미치는 영향을 분석하는 것이다. 만일 최적 대안의 선택을 과제로 하는 의사결정문제가 조업도 변동에 따른 원가와 이익의 변화를 야기하는 것이라면, 관련원가분석은 근본적으로 *CVP* 분석과 동일하다. 이러한 의미에서 그것은 관련원가의 개념을 이용한 공헌이익접근법이라 할 수 있다.

관련원가분석의 틀은 [표 8−1]과 같다. 관련원가분석에서는 각 대안별로 증분수익(증분현금유입), 증분원가(증분현금유출), 기회원가, 부가원가 등을 분석하고, 증분이익(또는 증분순현금유입) 또는 순이득(순손실)을 계산하며, 그것을 대안별로 비교하여 최선의 대안을 선택한다.

[표 8−1]에서, 증분이익은 기회원가를 반영하지 않은 회계이익의 성질을 가지고 있으며, 그것이 0보다 큰 대안은 수익성 있는 대안으로 평가된다. 순이득은 기회원가를 반영하여 측정되는 경제학적 이익의 성질을 가지고 있으며, 그것이 0보다 큰 대안은 수익성이 가장 좋다는 의미에서 경제성 있는 대안으로 평가된다.

표 8-1 관련원가분석의 틀

	대안1	대안2	---	대안k
증분수익(증분현금유입)	XXX	XXX		XXX
− 증분원가(증분현금유출)	XXX	XXX		XXX
증분이익(증분순현금유입)	XXX	XXX		XXX
− 기회원가	XX	XX		XX
− 부가원가	XX	XX		XX
순이득	XX	XX		XX

만일 최적 대안의 선택을 과제로 하는 의사결정문제가 조업도 변동에 따른 원가와 이익의 변화를 초래하는 것이라면, 조업도의 증가($\Delta X>0$)를 수반하는 대안을 가정할 때, 이와 같은 관련원가분석의 틀은 *CVP* 모형의 민감도분석 틀에 기회원가와 부가원가를 추가한 다음의 공식으로 나타낼 수 있다.

$$\begin{aligned}\Delta\pi &= (\Delta p-\Delta b)\cdot X+(p-b)\cdot \Delta X+(\Delta p-\Delta b)\cdot \Delta X-(\Delta a+OC+IC)\\ &=(\Delta p\cdot X+p\cdot \Delta X+\Delta p\cdot \Delta X)-(\Delta b\cdot X+b\cdot \Delta X+\Delta b\cdot \Delta X+\Delta a)-(OC+IC)\end{aligned}$$

이 공식의 첫 부분 $(\Delta p\cdot X+p\cdot \Delta X+\Delta p\cdot \Delta X)$은 수익증가에 따른 증분수익을 나타낸다. 두 번째 부분인 $(\Delta b\cdot X+b\cdot \Delta X+\Delta b\cdot \Delta X+\Delta a)$ 중에서 $b\cdot \Delta X$는 항상 증분원가를 나타내지만, $[\Delta b\cdot X+\Delta b\cdot \Delta X+\Delta a]$의 속성은 Δb와 Δa의 부호에 따라 다르다. 부호가 (+)일 때에는 증분원가를 나타내고, 부호가 (−)일 때에는 원가절약에 따른 증분수익을 나타낸다. 마지막 부분인 $(OC+IC)$는 각각 기회원가(OC)와 부가원가(IC)를 나타낸다. 이와 같은 내용을 정리한 것이 [표 8-2]이다(단, $\Delta X>0$). Δb와 Δa의 부호가 (−)일 때의 원가절약액이 증분수익에 포함되는 것임을 기억해야 한다.

표 8-2 *CVP* 모형을 이용한 관련원가분석의 틀

관련항목		$\Delta b>0,\ \Delta a>0$	$\Delta b<0,\ \Delta a<0$
증분수익	수익증가액	$\Delta p \cdot X + p \cdot \Delta X + \Delta p \cdot \Delta X$	$\Delta p \cdot X + p \cdot \Delta X + \Delta p \cdot \Delta X$
	원가절약액		$\Delta b \cdot X + \Delta b \cdot \Delta X$
			Δa
증분원가		$b \cdot \Delta X$	$b \cdot \Delta X$
		$\Delta b \cdot X + \Delta b \cdot \Delta X$	
		Δa	
기회원가		OC	OC
부가기회원가		IC	IC

예제 8-1

삼영기계㈜는 자동차부품을 제조하여 공급한다. 이 부품은 현재 시장에서 ₩158의 가격에 팔리고 있다. 이 기업은 시장요구에 부응하기 위해 감가상각이 완료된 기존설비를 새로운 *CNC* 설비로 대체하였다. 이 설비는 작업준비시간을 상당히 단축시켰지만, 거액의 감가상각비 때문에 제품원가가 증대되었다. 기존설비와 *CNC* 설비를 사용할 때의 제조원가를 비교하면 아래 자료와 같다.

	기존 기계	*CNC* 기계
취득원가(₩)	250,000	1,000,000
연간감가상각비(연 20%)	상각완료	200,000
사용가능시간(2교대)	1,920	1,920
작업준비시간	35%	5%
가동시간	65%	95%
사용가능가동시간	1,248	1,824
부품단위당 사용시간	0.5	0.35
조업능력(부품 수)	2,496	5,211
시장수요(부품 수)	–	2,500
단위당 감가상각비(₩)	0	80
단위당 재료원가(₩)	75	75
단위당 가공원가(₩)	30	20
단위당 제조원가(₩)	105	175

마케팅 담당자는 추가적인 거액의 감가상각비 때문에 *CNC* 설비로 생산되는 부품의 가격을 인상하지 않으면 수익성이 하락할 것이고, 감가상각비를 회수할 수 있는 수준으로 가격을 인상한다면 판매량이 크게 감소하여 수익성이 하락할 것이라고 심각한 우려를 표명하였다. 그러나 콘트롤러는 이러한 우려가 잘못된 것이라고 지적하였다. 그는 단위당 가공원가의 절감과 조업능력의 증대로 인해 오히려 가격을 인하할 수 있다고 주장하였다.

CNC 설비로 대체하였을 때의 수익성이 기존 설비를 이용하였을 때의 그것보다 낮아지지 않도록 하려면 *CNC* 설비로 생산되는 부품의 가격을 어느 수준으로 정하면 되는지를 분석하여 누구의 주장이 타당한 것인지를 판단하시오.

풀이 (1) 관련원가분석의 틀을 이용한 풀이

	기존 설비	*CNC* 설비
증분수익	₩158×2,496 = ₩394,368	p×2,500 = 2,500p
증분원가	₩105×2,496 = ₩262,080	₩95×2,500 = ₩237,500
증분이익	₩132,288	₩2,500p − ₩237,500

* *CNC* 설비투자가 이미 이루어졌으므로, 그것의 감가상각비는 매몰원가이다. 만일 *CNC* 설비투자가 투자안으로 제안된 것이라면 초기투자액의 연간등가원가(*AEC*) 또는 화폐의 시간가치를 고려하지 않은 그것의 근사치인 감가상각비는 관련원가이다.

[최소한의 가격수준]

2,500p − ₩237,500 = ₩132,288, p = ₩147.9152

∴ 콘트롤러의 주장이 타당함.

(2) *CVP* 모형을 이용한 풀이

$\Delta\pi = (\Delta p - \Delta b) \cdot X + (p - b) \cdot \Delta X + (\Delta p - \Delta b) \cdot \Delta X - \Delta a$

$\Delta b = 95 - 105 = -$₩10, $\Delta a = 0$, $\Delta X = 2{,}500 - 2{,}496 = 4$이므로,

$\Delta\pi = (\Delta p + 10) \cdot (2{,}496) + (158 - 105) \cdot (4) + (\Delta p + 10) \cdot (4) - 0$

$= (\Delta p + 10) \cdot (2500) + 212 = 0$

$\Delta p = -(212/2{,}500) - 10 = -10.0848$,

∴ 콘트롤러의 주장이 타당함.

03 증분수익의 추정

의사결정과 관련된 증분현금유입(증분수익)은 앞에서 설명한 *CVP* 모형의 민감도분석 틀을 이용하면 쉽게 파악될 수 있다. 유의할 점은, 앞에서 기술한 바와 같이, 가격이나 판매량의 증가에 따른 전형적인 증분수익($\Delta p \cdot X + p \cdot \Delta X + \Delta p \cdot \Delta X$)뿐만 아니라 어떤 대안의 채택에 따른 원가절약액도 증분수익의 중요한 원천임을 잊지 않는 것이다. 이러한 원가절약액은, 그 대안이 단위당변동비용의 감소($\Delta b < 0$)를 초래하는 것이면 [$\Delta b \cdot X + \Delta b \cdot \Delta X$], 회피가능고정비용의 감소($\Delta a < 0$)를 수반하는 것이면 Δa로 측정된다.

예제 8-2

M호텔은 연간 ₩40,000의 운영비를 소비하는 기존의 주방설비를 교체하는 방안을 검토하고 있는데, 만일 교체한다면 새로 확장된 주방설비를 사용함으로써 향후 5년간에 걸쳐 매년 ₩25,000의 증분운영수익을 창출해 낼 것으로 추정되며, 운영비도 연간 ₩30,000에 불과할 것으로 추정되었다. 증분수익은 얼마인가?

풀이 5년간 증분운영수익 ₩125,000(=5×25,000)은 전형적인 증분수익이다. 그리고 주방설비의 교체에 따른 5년간의 운영비절약액 ₩50,000(=5×(40,000−30,000))도 증분수익에 포함된다. 따라서 증분수익은 총 ₩175,000이다.

04 증분원가의 추정

증분원가(incremental cost)란 고려중에 있는 어떤 대안을 선택하기로 결정할 경우에 장차 그 만큼의 현금지출을 발생시킬 미래원가이다. 그것은 그 대안을 선택하지 않기로 결정할 경우에 그 만큼의 현금지출을 피할 수 있는 것이기 때문에 회피가능원가(avoidable cost)의 성질을 가진다.

증분원가가 회피가능원가라는 점을 인식하는 것은 매우 중요하다. 이것은 회피불가능원가는 증분원가가 될 수 없음을 강조하는 것이다. 회피불가능한 변동원가의 예로는 새로운 대안에 투입되는 잉여노동력의 노무원가를 들 수 있다. 새로운 대안이 채택되지 않았다고 하더라도 잉여노동력에 대한 노무원가는 계속해서 지급되어야 하기 때문이다.

조업도의 증가($\Delta X > 0$)를 수반하는 대안의 경우에는 일단 [$b \cdot \Delta X$]가 그 대안의 증분원가이다. 이때 단위당변동비용의 증가($\Delta b > 0$)가 있다면 [$\Delta b \cdot X$, $+ \Delta b \cdot \Delta X$], 회피가능고정비용의 증가($\Delta a > 0$)가 수반된다면 Δa도 각각 증분원가이다.

예제 8-3

전산서비스를 외주에 의존하고 있는 어떤 기업이 그것의 내부공급방안을 검토하고 있다. 이 방안을 실행하면 현재 월간 ₩50,000,000의 급여가 지급되고 있는 관리사원들의 여유조업능력을 활용할 수 있지만, 월간 ₩5,000,000의 사무용품비와 ₩20,000,000의 신규채용 전산인력의 노무원가 그리고 본부로부터 배분받는 ₩10,000,000의 전산설비 감가상각비를 추가로 부담해야 한다. 증분원가는 얼마인가?

풀이 잉여노동력인 기존사원들의 여유조업능력에 대해 지급되는 급여와 본부에서 배분받게 될 감가상각비는 내부공급방안이 채택된다고 해서 새롭게 발생되는 것이 아니고, 새로운 대안의 채택을 포기한다고 회피할 수 있는 것도 아니므로 증분원가가 아니다. 내부공급방안을 채택할 경우에 추가로 소비될 ₩5,000,000의 사무용품비와 ₩20,000,000의 노무원가만 증분원가이다. 따라서 월간 증분원가는 ₩25,000,000이다.

예제 8-4

어떤 공사주문을 수락할 경우 A재료 500kg과 B재료 1,000kg를 사용해야 하는데, A재료는 현재 재고가 전혀 없어서 500kg을 단위당 ₩10의 가격으로 구입해야 하고, B재료는 그 중 600kg을 과거에 단위당 ₩5의 가격으로 구입하여 재고로 보유하고 있다. 그런데 B재료는 정규적으로 사용되는 것이기 때문에 주문받은 공사에 사용되는 양만큼 구입되어야 하는 것이다. B재료의 현행대체원가는 ₩8이다. 증분원가는 얼마인가?

풀이 현행대체원가로 평가될 A재료 500kg의 구입액 ₩5,000은 증분원가이다. 그리고 B재료도, 비록 600kg을 재고로 보유하고 있지만 사용하고 나면 다시 보충되어야 하는 것이므로, 결국 1,000kg를 ₩8의 현행대체원가로 구입해야 한다. 따라서 A재료 구입액 ₩5,000과 B재료 구입액 ₩8,000은 증분원가이다.

예제 8-5

M호텔은 ₩150,000을 들여 연간 ₩40,000의 운영비를 소비하는 기존의 주방설비를 연간 ₩30,000의 운영비를 소비하는 신 주방설비로 교체하는 방안을 검토하고 있다. 교체하기로 하면 납품업체가 구 주방설비를 ₩25,000에 보상해 주겠다는 제안을 하였다. 증분원가는 얼마인가?

풀이 신주방설비 가격에서 구설비의 보상액을 차감한 잔액 ₩125,000(=150,000−25,000)은 증분원가이다. 한편, 신주방설비의 도입에 따른 운영비 절약액(5년간 ₩50,000의 원가절약액)은 증분수익이다. 따라서 신주방설비의 도입에 따른 5년간 운영비 ₩150,000 (=30,000×5)는 증분원가에 포함되지 않는다.

예제 8-6

세운전자㈜는 현재 세 가지의 전자부품을 생산하고 있다. 지난 해의 제품별 수익성 분석에 따르면, A부품은 10,000개가 단위당 ₩60의 가격으로 판매되었으나 적자를 나타내었는데, 그 결과 지난해의 기업전체의 당기순이익이 ₩200,000에 그쳤다. A부품은 단위당 변동제조원가가 ₩40, 고정제조간접원가배분액이 ₩150,000, 변동판매비가 ₩10, 고정판매비가 ₩50,000 이었다.

(1) A부품의 적자액은 얼마인가?

(2) A부품의 생산을 중단하였다면, 기업전체의 순이익은 얼마가 되었겠는가?

풀이 (1) 이익(손실)=매출액－매출원가－영업비용

= 10,000개×₩60－[10,000개×₩40＋₩150,000]－[10,000개×₩10＋₩50,000]=(₩100,000)

(2) 단위당공헌이익 = ₩60－₩40－₩10 = ₩10

총공헌이익 = 10,000×₩10 = ₩100,000

따라서 생산을 중단하면 ₩100,000만큼 순이익이 감소됨

∴ 순이익 = ₩200,000－₩100,000 = ₩100,000

예제 8-7

풍성유리㈜는 판매관리비를 포함한 전부비용에 15%의 이폭(원가에 대비된 이익의 비율)을 가산한 가격결정정책을 따르고 있다(가격=전부비용×(1+이폭)). 최근 어떤 도매점이 발주한 1,000개의 특별주문에 대하여 다음과 같이 가격을 결정하였다(이윤=전부비용×이폭, 이윤율=이윤/매출액=₩13,200/₩101,200=0.13).

매출원가(1,000개):	
직접재료원가	₩10,000
직접노무원가	50,000
제조간접원가	10,000
합　계	₩70,000
판매비 및 관리비	8,000
전부비용	₩78,000
이윤(₩78,000×15%)	11,700
매출액	₩89,700

이 도매점의 사장은 풍성유리의 생산 및 판매와 관련된 몇몇 정보를 다음과 같이 수집하였다.

① 풍성유리㈜는 여유설비가 있다.
② 제조간접원가는 직접노무원가를 기준으로 배분한다.
③ 당기의 제조간접원가예산은 ₩400,000이다(고정제조간접원가 ₩120,000).

④ 당기의 예산생산량 및 판매량은 40,000개이다.
⑤ 당기의 고정판매관리비는 ₩160,000이다. 변동판매관리비는 총판매량에 비례하여 변동한다.

이 정보를 분석한 후, 사장은 가격이 너무 높다는 이유로 거절하고 가격을 ₩80,000으로 할 것을 제안하였다. 풍성유리㈜는 이 제안을 수락해야 하는가?

풀이 증분원가가 ₩80,000보다 작게 발생된다면 이 주문을 수락하는 것이 유리함.

1,000개의 증분원가
= 직접재료원가+직접노무원가+변동제조간접원가+변동판매관리비

(1) 1,000개의 변동제조간접원가의 계산
① 40,000개의 변동제조간접원가 = ₩400,000−₩120,000 = ₩280,000
② 40,000개의 직접노무원가 = (40,000개/1,000개)×₩50,000 = ₩2,000,000
③ 직접노무원가 ₩1당 변동제조간접원가
= ₩280,000/₩2,000,000 = ₩0.14
④ 1,000개(직접노무원가 ₩50,000)의 변동제조간접원가
= ₩50,000×₩0.14 = ₩7,000

(2) 1,000개의 변동판매관리비의 계산
1,000개의 변동판매관리비
= 1,000개의 판매관리비−1,000개의 고정판매관리비
= ₩8,000−(₩160,000/40,000개)×1,000개 = ₩4,000

(3) 1,000개의 증분원가의 계산
= ₩10,000+₩50,000+₩7,000+₩4,000 = ₩71,000

(4) 의사결정: 증분원가가 ₩80,000보다 작게 발생되므로 이 주문을 수락함.

예제 8-8

세영정밀㈜은 여러 종류의 기계부품을 내부제조하고 있다. 그 중에서 A부품은 연간생산량이 100,000개일 때 단위당 제조원가가 다음과 같다. 그런데 어떤 공급업자가 A 부품을 단위당 ₩350의 가격으로 제공하겠다는 제안을 하였다.

직접재료원가	₩50
직접노무원가	100
변동제조간접원가	50
고정제조간접원가	200
합　　계	₩400

(1) 고정제조간접원가가 회피불가능한 고정원가라면, 세영정밀은 A부품을 계속 제조해야 하는가 아니면 공급업자로부터 구입해야 하는가? 만일 구입한다면 연간 이익이 얼마만큼 증가 또는 감소하는가?

(2) 고정제조간접원가가 전부 회피가능원가라면, 세영정밀은 A부품을 계속 제조해야 하는가 아니면 공급업자로부터 구입해야 하는가? 만일 구입한다면 연간 이익이 얼마만큼 증가 또는 감소하는가?

풀이 (1) 외부구입에 따른 원가절약액과 증분원가

원가절약 = 100,000개×(₩50+₩100+₩50) = ₩20,000,000

증분원가 = 100,000개×₩350 = ₩35,000,000

순현금유입 = ₩20,000,000−₩35,000,000 = ₩(15,000,000), ∴ 자가제조

(2) 외부구입에 따른 원가절약액과 증분원가

원가절약 = 100,000개×(₩50+₩100+₩50+₩200) = ₩40,000,000

증분원가 = 100,000개×₩350 = ₩35,000,000

순현금유입 = ₩40,000,000−₩35,000,000 = ₩5,000,000, ∴ 외부구입

05 기회원가의 추정

어떤 대안에 자금, 기술, 인력, 재료 같은 희소자원을 소비하면 그 자원을 다른 최선의 대안에 소비하여 편익을 얻을 수 있는 기회를 상실하게 된다. 이로 인해 포기해야 하는 순현금유입은 그 대안의 선택에 따른 기회원가(opportunity cost)이다. 기회원가는 다음과 같이 측정된다.

첫째로, 특정 대안의 선택에 따라 수익기회를 포기해야 하는데, 이때 그것에 대응된 원가의 소비를 절약할 수 있는 것이 아니라면, 수익상실액 자체가 기회원가이다.

둘째로, 특정 대안의 선택에 따라 수익기회를 포기해야 하는데, 이때 그것에 대응된 원가의 소비를 절약할 수 있다면, 수익상실액에서 그것에 대응된 원가절약액을 차감한 공헌이익상실액이 기회원가이다. 만일 포기해야 하는 수익보다 이에 대응된 원가절약액이 더 크다면 그 차액은 음(−)의 기회원가가 되어 순이득을 증가시키는 항목으로 인식될 것이다.

마지막으로, 특정 대안의 선택에 따라 원가절약기회만 상실된다면 상실된 원가절약액이 기회원가이다.

예제 8-9

소규모 경영컨설팅기업이 어떤 고객으로부터 시장조사 프로젝트를 제안받았다. 그 프로젝트를 위해 현재 정규업무에 완전히 활용되고 있는 관리자들의 근무시간 중 300시간을 투입해야 하는데, 그 결과 고객들이 발길을 다른 기업으로 돌리게 되면 시간당 ₩10,000의 매출손실이 발생될 것으로 예상된다. 정규업무에서 관리자들의 시간당 수당은 ₩6,000이다. 이 프로젝트를 수락하면 기회원가는 얼마인가?

풀이 기회원가(순현금유입상실액)

= 수익상실액(₩3,000,000)-원가절약액(₩1,800,000)

= 공헌이익상실액 = (₩10,000 − ₩6,000) × 300시간 = ₩1,200,000

예제 8-10

경동기업은 가정용 및 상업용 수영장 건설을 주요 사업으로 하고 있다. 그 이외에도 주택지의 도로포장과 인도포장 사업에도 참여하고 있다. 포장사업계열의 손익계산서는 아래와 같다:

수익			₩260,000
비용	재료원가	₩80,000	
	노무원가	100,000	
	감가상각비	50,000	
	기타간접원가	70,000	300,000
이익			(₩40,000)

이 사업계열이 현재 적자를 보이고 있기 때문에, 경동기업은 이 사업에서의 철수를 검토하고 있다. 만일 철수한다면 이 사업계열에서 사용하고 있는 설비를 다른 기업에게 5년 동안 연 ₩70,000의 수수료를 받고 임대할 수 있다. 그 설비의 미비용은 ₩250,000이며, 적절하게 유지관리가 이루어지면 앞으로 5년간 더 사용할 수 있을 것이다. 만일 이 사업계열을 계속 유지한다면 향후 5년간의 영업성과도 지금과 거의 같을 것이라고 경영자는 예상하고 있다. 만일 이 사업계열을 포기한다면 모든 재료원가와 노무원가를 회피할 수 있을 것이고, 기타간접원가 중의 ₩20,000도 회피할 수 있을 것이다. 그리고 모든 수익은 상실될 것이며, 고객과의 계약을 이행하지 못하게 되는 부분으로 인해 수영장 사업에서 창출되는 순현금유입 ₩30,000도 상실될 것이다. 이 사업계열에서 철수할 경우의 기회원가와 순이득(손실)을 구하시오.

풀이 (1) 기회원가의 계산

① 수익상실액 = ₩260,000 + ₩30,000 = ₩290,000

② 원가절약액 = 재료원가 + 노무원가 + 회피가능간접원가

= ₩80,000 + ₩100,000 + ₩20,000 = ₩200,000

③ 기회원가(순현금유입상실액) = ₩290,000 − ₩200,000 = ₩90,000

(2) 순이득의 계산

① 증분수익 = ₩70,000

② 순이득 = 증분수익 − 기회원가 = ₩70,000 − ₩90,000 = (₩20,000)

예제 8-11

단위당변동비용이 ₩45(=단위당변동제조원가(₩40)+단위당 변동판매관리비(₩5))인 부품 M을 제조하여 정규고객들에게 단위당 ₩60의 가격으로 연간 20,000개를 판매하는 어떤 기업(최대조업능력은 연간 20,000개)이 최근에 어떤 고객으로부터 2,000개를 구매하겠다는 주문을 받았다. 가격은 협상에 의해 정하기로 하였다. 이 주문을 수락하면 변동판매관리비는 들지 않는다. 이 주문을 수락할 경우의 기회원가는 얼마이며, 이 주문의 수락이 경제성이 있는 것이 되도록 하려면 가격을 어느 수준으로 책정해야 하겠는가?

풀이 (1) 기회원가의 계산

① 수익상실액 = ₩120,000

② 원가절약액 = 변동제조원가+변동판매비

= ₩80,000+₩10,000 = ₩90,000

③ 기회원가(순현금유입상실액) = ₩120,000−₩90,000 = ₩30,000

(2) 경제성 있는 가격수준(p)

① 증분수익 = 2,000 • p

② 증분원가 = 증분변동제조원가 = 2,000개×₩40 = ₩80,000

③ 관련원가 = 증분원가+기회원가 = ₩80,000+₩30,000 = ₩110,000

④ 증분수익>관련원가: 2,000·p>₩110,000, ∴p>₩55

예제 8-12

어떤 기업이 단위당 25시간의 직접노동시간과 ₩150의 단위당변동비용을 소비하고 단위당 ₩200의 가격으로 판매되는 어떤 제품을 생산하고 있는데, 이 제품에 들어가는 부품 X를 현재 단위당 ₩20의 가격으로 외부에서 구입하고 있지만, 그것을 내부에서 직접 제조하는 방안을 검토하고 있다. 이렇게 하는 데는 단위당 6시간의 직접노동시간과 단위당 ₩10의 변동제조원가를 투입해야 한다. 현재 여유조업능력이 전혀 없는 이 기업이 이 방안을 채택한다면 부품 X의 1단위를 내부에서 제조하는 데 따른 기회원가는 얼마인가?

풀이 (1) 제품 1단위의 생산 및 판매 기회의 상실에 따른 기회원가

= 순현금유입(수익상실액－원가절약액) 상실액 = ₩200－₩150 = ₩50

(2) 직접노동시간 1시간 당 기회원가 = ₩50/25시간 = ₩2/시간

(3) 부품 1단위의 내부제조에 소비되는 6시간의 기회원가
= ₩2×6시간 = ₩12

예제 8-13

세 가지 제품을 생산하여 판매하는 어떤 기업의 지난 5월의 매출총이익이 ₩3,000으로 측정되었는데, 이러한 저조한 실적은 특히 <제품3>의 적자에서 비롯된 것으로 분석되었다. <제품3>의 5월의 매출총이익은 ₩18,000의 적자를 기록하였는데, 매출액은 ₩130,000으로 가장 높았지만 매출원가가 ₩148,000(=변동매출원가 ₩118,000+고정매출원가 ₩30,000)으로 다른 제품들보다 현저하게 높았기 때문이다. 고정매출원가 ₩30,000은 <제품3>의 판매량에 배분된 고정제조간접원가 배분액으로서, 그 제품의 생산이 중단되더라도 계속해서 소비될 회피불가능원가이다. 적자를 이유로 경영자는 이 제품의 생산을 중단하는 방안을 검토하고 있다. 이 방안이 채택된다면 (1) 기회원가 (2) 기업전체의 매출총이익 (3) 고정제조간접원가 배분액 중에 회피가능원가가 ₩20,000 있을 때 생산중단의 기회원가와 전체매출총이익은 각각 얼마인가?

풀이 (1) 기회원가(순현금유입상실액)
= 수익상실액－원가절약액 = ₩130,000－₩118,000 = ₩12,000

(2) 기업전체의 매출총이익
₩12,000의 기회원가만큼 감소된 (₩9,000)의 적자로 전환됨.

(3) 고정제조간접원가배분액 중에 ₩20,000의 회피가능원가가 있는 경우
공헌이익상실액 = 수익상실액－원가절약액
= ₩130,000－₩138,000 = (₩8,000)
음(－)의 기회원가만큼 개선되어 매출총이익이 ₩11,000으로 증가함.

예제 8-14

어떤 공사주문을 수락할 경우 A재료 500kg과 B재료 1,000kg를 사용해야 하는데, A재료는 현재 500kg을 잉여재고로 보유하고 있지만, 다른 대안적 용도가 전혀 없는 것이다. 그것은 시장에서 단위당 ₩10의 가격으로 처분할 수 있다. B재료는 과거에 1,000kg을 단위당 ₩5의 가격으로 구입하여 잉여재고로 보유하고 있는데, 그것은 단위당 ₩6의 가격으로 처분할 수도 있고, 재료C의 대체재로 사용될 수도 있다. 재료C는 정규적으로 사용되는 것이고, 현재 단위당 구입가격이 ₩7이며, 재고로 보유하고 있지 않다. 공사주문의 수락에 따른 기회원가는 얼마인가?

풀이 (1) A재료 사용의 기회원가 = 처분수익상실액 = 500kg×₩10 = ₩5,000

(2) B재료 사용의 기회원가:

① 처분기회상실에 따른 수익상실액 = 1,000kg×₩6 = ₩6,000

② C재료의 대체재로 사용하지 못함으로써 상실된 원가절약액
= 1,000kg×₩7 = ₩7,000

③ 기회원가: 두 가지 순현금유입상실액 중에서 더 큰 금액 = ₩7,000

(3) 주문수락의 기회원가 = (1)+(2) = ₩5,000+₩7,000 = ₩12,000

예제 8-15

개당 ₩100에 판매되는 사무용 탁자를 제조하는 어느 가구회사가 어떤 고급가구 판매상으로부터 현재의 사무용 탁자를 약간 개조한 고급 탁자를 구매하겠다는 주문을 받았다. 가격은 협상하여 정하기로 하였다. 이 탁자는 직접재료인 목재를 투입하여 작업자들의 2시간의 직접노동으로 생산되는데, 1단위의 생산과 판매에 소비되는 단위당변동비용은 ₩90(=직접재료원가 ₩30+변동가공원가 ₩40+변동판매관리비 ₩20)이다. 주문대로 개조하는 데 걸리는 단위당 직접노동시간은 1시간으로 추정되고, 변동판매관리비는 추가로 지출되지 않는다. 그리고 직접재료원가는 ₩8이 추가로 소비된다. 이 주문을 수락한다면 (1) 수익상실액 (2) 원가절약액 (3) 기회원가 (4) 증분원가 (5) 적정가격수준은 각각 얼마인가?

풀이 (1) 수익상실액

① 이미 완성된 사무용 탁자 1개의 판매 포기에 따른 수익상실액
= ₩100

② 고급탁자로 개조하는 1시간 동안 다른 사무용 탁자 1/2개를 가공하지 못하게 되어 결국 사무용 탁자 1/2개를 판매하지 못하게 됨으로써 생기는 수익상실액 = ₩50(=₩100×0.5)

③ 수익상실액 = ₩100+₩50 = ₩150

(2) 원가절약액

① 이미 완성되어 고급 탁자로 추가가공될 사무용 탁자 1개를 판매하였더라면 발생되었을 변동판매관리비를 절약할 수 있게 된 부분 ₩20

② 고급탁자로 개조하는 1시간 동안 다른 사무용 탁자 1/2개를 생산하지 않음으로써 절약할 수 있게 된 변동제조원가: 탁자 1/2개분의 직접재료원가 ₩15(=₩30×0.5)와 탁자 1/2개분의 변동가공원가 ₩20 (=₩40×0.5)를 합계한 ₩35

③ 사무용 탁자 1/2개를 판매하였더라면 발생되었을 변동판매관리비의 절약액 = 탁자 1/2개분의 변동판매관리비 ₩10(=₩20×0.5)

④ 원가절약액 = ₩20+₩35+₩10 = ₩65

(3) 기회원가(순현금유입상실액) = 수익상실액−원가절약액
= ₩150−₩65 = ₩85

(4) 증분원가 = 직접재료원가(₩8)+탁자 1/2개분의 변동가공원가(₩20)
= ₩28

(5) 적정가격수준
적정가격(p) > 관련원가(=증분원가+기회원가) = ₩28+₩85 = ₩113

기회원가는 가치희생을 추정한 것이다. 증분원가와 다르게, 이러한 가치희생은 현금지출을 수반하는 것이 아니어서 회계기록의 대상도 아니다. 뿐만 아니라, 의사결정자의 한정합리성(bounded rationality)으로 인해 선택가능한 대안들을 완전히 열거하기도 쉬운 일이 아니어서, 선택된 대안을 제외한 나머지 대안들 중에서 최선의 대안을 식별하는 일이 언제나 가능한 것이 아니다. 따

라서 기회원가는 정확하게 추정하기가 매우 어렵다.

예를 들어, 선택가능한 상호배타적 대안들이 세 가지가 있고, <대안1>, <대안2>, <대안3>의 순현금유입이 각각 ₩1,000, ₩1,500, ₩2,000이라고 하자. 이때에는 각 대안의 선택에 따른 기회원가가 각각 ₩2,000, ₩2,000, ₩1,500으로 측정된다. 그러나 선택가능한 상호배타적 대안의 하나로서 의사결정자가 식별하지 못한 <대안4>가 실제로 존재하고, 그것의 순현금유입이 ₩3,000으로 추정된 것이라면, <대안1>에서 <대안3>까지의 각 대안들의 진실한 기회원가는 ₩3,000으로 측정되어야 한다. 식별하지 못한 <대안4>가 순현금유입이 가장 큰 최선의 대안이기 때문이다.

06 공헌이익접근법 비판

CVP 분석과 관련원가분석에 적용된 공헌이익접근법은 기본적으로 고정원가요소가 수익성에 미치는 영향을 고려하지 않는다. 단기적 관점에서 고정원가요소는 변하지 않는 것으로 간주하기 때문이다. 그러나 가격결정, 신제품도입, 제품폐기 같은 제품관련 의사결정의 장기적, 전략적 성질이 강조되면서, 고정원가요소를 포함한 전부원가가 의사결정분석에 이용되어야 한다는 소위 전부원가접근법이 설득력을 얻고 있다.

전략적 관점에서 제기되는 공헌이익접근법에 대한 이와 같은 비판은 기본적으로 그것의 단기적 관점을 문제로 삼는다. 조업도 이외의 다른 원가동인들이 원가행태에 미치는 영향을 파악하지 못하여 원가행태분석을 왜곡하고, 그것에 기반을 둔 원가관리와 전략적 의사결정을 왜곡하는 것은 모두 공헌이익접근법의 단기적 관점에서 비롯되는 문제점들이다.

(1) 단기적 관점

전통적인 공헌이익접근법은 이익계획이나 의사결정이 단기적 관점에서 이루어지는 것임을 전제로 한다. 그러나 대부분의 의사결정은 장기간에 걸쳐 기업의 경영성과에 대해 지속적으로 영향을 미친다. 관련원가분석의 적용사례로 자주 제시되고 있는 대부분의 제품관련 의사결정문제는 그 성질상 장기적 또는 전략적인 것이라고 보는 것이 더 현실적이다. 왜냐하면, 단기와 장기의 시간적 경계가 분명하지 않고, 설사 명확하게 단기적인 의사결정이라 하더라도, 그것의 효과가 누적되면 장기적으로 기업의 경쟁력과 경영성과에 대해 일정한 영향을 미칠 수 있기 때문이다.

그래서 공헌이익접근법에 대한 비판론자들은 소위 단기적 의사결정에 있어서 조차도 전부원가를 이용해야 한다고 주장한다. 전부원가를 이용함으로써 야기될 수 있는 단기적 전망의 왜곡보다는 변동원가만 이용할 경우에 야기될 수 있는 장기적 조망의 왜곡을 피하는 것이 훨씬 바람직하다는 이유에서다.

실제로 장기적으로는 모든 원가가 변동원가이고, 단위당전부원가는 어떤 제품의 장기적 변동원가에 대한 최선의 추정치라고 할 수 있다. 단기적 관점에서 변동원가 외에 의사결정에 영향을 미치는 주요 변수들이 변화하지 않는다고 가정하는 것은 비현실적이며, 이것을 전제로 하고 있다는 점이 바로 공헌이익접근법의 본질적인 한계라고 하겠다.

(2) 원가행태분석의 왜곡

공헌이익접근법은 조업도가 원가행태에 영향을 미치는 유일한 원가동인이라고 가정한다. 그렇지만, 조업도 외에도 원가행태에 영향을 미치는 다른 요인들이 많이 있다. 이러한 비조업도기준 원가동인들의 영향을 무시한 채 조업도만 유일한 원가동인으로 간주하여 원가행태를 분석하면 제조간접원가와 마케팅원가의 너무 많은 부분이 고정원가로 분류된다.

원가행태분석이 왜곡되면 그것에 기반을 둔 원가관리의 초점이 잘못 설정될 수 있다. 비조업도기준 원가동인들을 통제하여 업무활동을 지속적으로 개선하면 절약할 수 있는 소위 장기적 변동제조원가도 실제조업도를 기준으로 원가행태를 분석하는 경우에는 고정제조원가로 분류되는데, 경영자들은 이러한 고정제조원가를 원가관리의 대상으로 인식하지 않는다. 고정제조원가는 최대조업능력을 감소시키지 않고서는 변화시킬 수 없는 것이라고 보기 때문이다. 그렇지만 이러한 성질의 장기적 변동제조원가는 최근에 가장 급속도로 증대되고 있기 때문에, 만일 그것을 원가관리의 대상에서 제외한다면 원가관리의 효과성이 심각하게 손상될 것이다.

(3) 전략적 의사결정의 왜곡

원가행태분석이 왜곡되면 그것에 기반을 둔 경영의사결정도 합리성도 기대하기 어렵다. 비조업도기준 원가동인들에 의존적인 장기적 변동원가를 고정원가로 간주하는 것은 근본적으로 그것이 이미 공급되어 있는 자원의 조업능력범위 내에서 발생되는 것이라고 보기 때문이다. 그래서 이러한 원가는 관련원가분석에 따른 단기적 의사결정분석에서 매몰원가로 간주된다.

그렇지만 모든 제품관련 의사결정을 장기적인 것으로 인식한다면, 단기적인 관점에서 조업도의 변동을 기준으로 관련원가를 식별하는 것은 더 이상 타당하지 못하다. 어떤 의사결정이 조업도 외에 비조업도기준 원가동인들의 변화도 야기한다면, 그것에 따라 변화하는 원가도 그 의사결정이 창출하는 수익에 의해 보상되어야 한다. 단기적으로 증분현금지출을 유발하지 않는다는 이유로 그것을 매몰원가로 간주하면, 이미 공급되어 있는 자원에 투입된 원가를 장기적으로도 결코 회수할 수 없을 것이기 때문이다.

가격의사결정의 경우에도 마찬가지다. 공헌이익접근법의 가격결정규칙은 가격이 최소한 단위당변동비용보다 크기만 하면 공헌이익을 벌 수 있기 때문에 수익성이 있다는 것이다. 일정 기간의 총고정비용은 해당 기간의 총공헌이익으로 회수되어야 하는 것이므로, 가격을 결정할 때 단위당고정비용을 반영하는 것은 적절하지 못하다고 본다. 그러나 이러한 가격결정규칙이 일상화되면 장기적 성격의 총고정비용을 회수하는 데 필요한 충분한 현금흐름을 창출하지 못하게 되어 결국 도산에 이를 수 있다. Braniff 항공사의 사례가 그것을 뒷받침한다. 이 회사는 빈 좌석을 방치한 채 운항하기보다는 승객 1인당 변동원가를 초과하는 수준의 가격으로 탑승권을 판매하는 것이 공헌이익을 창출할 수 있게 하므로 회사 입장에서 유리할 것으로 판단하였으나 결과적으로는 충분한 현금흐름을 확보하는 데 실패하여 도산하였다.

07 활동기준관련원가분석

전통적 공헌이익접근법에 따른 관련원가분석의 한 가지 대안은 공헌이익접근법의 논리를 유지하면서 전부원가접근법의 이점을 반영할 수 있도록 그것을 수정하는 것인데, 활동기준관련원가분석이 바로 그것이다. 활동기준관련원가분석은 제조영역과 마케팅영역에서 발생되는 고정원가의 상당 부분을 장기적 변동원가로 인식하여 수익성분석에 반영하기 때문이다.

활동기준관련원가분석은 제7장에서 살펴본 활동기준수익성분석의 틀을 그 준거로 이용한다. 제시된 어떤 대안은 제조영역에서 단위수준, 뱃치수준, 제품수준 등에 속하는 활동들의 활동량에 변화를 초래할 수 있고, 마케팅영역에서 주문수준, 고객(유통경로)수준, 시장(세분시장)수준 등에 속하는 활동들의 활동량에도 변화를 초래할 수 있다. 활동기준수익성분석의 틀을 적용하면 어떤 대안과 관련하여 제조 및 마케팅영역에서 수행되는 다양한 활동들이 각각 어떤 영향을 받게 될 것인지를 추적할 수 있다.

이에 따라, 관련원가분석의 실행가능성이 높아진다. 전통적인 관련원가분석은 실행가능성 측면에서 문제가 있다. 제품다양성과 공정복잡성이 증대되면 관련원가 자체를 분석하기가 매우 곤란해진다. 수많은 종류의 제품, 고객, 설비 등을 보유하고 있는 현실에서, 제품배합이나 고객배합의 가능한 모든 경우들에 대하여 전통적인 관련원가분석을 적용하기란 쉬운 일이 아니기 때문이다. 그렇지만 활동기준수익성분석의 틀이 마련되어 있으면, 제조 및 마케팅영역에서 어떤 대안이 영향을 미치게 될 활동들을 파악하기란 그렇게 어려운 일이 아니다. 그 활동들의 원가동인들이 각각 얼마나 변화하게 되는지를 추정하면, 해당 원가동인율을 적용하여 그 대안의 증분원가를 활동별로 간단하게 계산할 수 있다.

뿐만 아니라, 활동기준관련원가분석은 전통적인 공헌이익접근법보다 더 현실적이고 정확하게 이루어질 수 있다. 일반적으로, 제시된 대안은 주문품의 설계, 생산일정계획, 재료구매, 제조, 출시, 판매, 인도, 사후서비스 같은 제품묶음수준 또는 제품수준의 활동들에 대해 경영자원을 추가적으로 소비할 필요를 만들어 낸다. 이러한 추가적인 자원소비액의 대부분은 조업도의 변동과 무관하게 발생되는 장기적 변동원가의 성질을 가지는 것이어서 전통적인 원가시스템에서는 그것을 증분원가로 파악하기가 어렵다. 그렇지만 활동기준원가계산을 도입하면 제조 및 마케팅영역에서의 추가적인 활동에 따른 변동활동원가의 증가액을 관련원가로 인식할 수 있다. 그 결과 전통적인 관련원가분석에서는 수익성이 있는 것으로 분석된 어떤 대안이 활동기준 관련원가분석에서는 수익성이 없는 것으로 분석될 수 있다.

나아가서, 어떤 대안의 수익성 여부를 단순히 현재의 여건에 비추어 판단하는 데 머무르지 않고, 그 대안을 채택하기 위해서 현재의 여건을 어떻게 조정하거나 변화시켜 나가야 할 것인지를 판단하는 데 필요한 정보도 제공할 수 있다. 그 대안을 채택할 경우에 관련된 활동에 대한 수요가 어떻게 변하게 되는지를 알면, 경영자들은 그 정보를 이용하여 가격, 인도조건, 제조기술, 제품설계 등에 관련된 필요한 조정을 하거나 활동원가의 절감 방안을 강구할 수 있다. 이러한 노력이 성공적으로 이루어지면 수익성이 없는 것으로 분석된 대안도 수익성 있는 대안으로 바뀔 수 있을 것이다.

예제 8-16

경성산업㈜은 최근에 어떤 유망한 고객(대규모 소매업자)으로부터 자신의 주문대로 제조되는 조건으로 100개 단위로 포장된 A제품 1,000개를 단위당 ₩68의 가격으로 구입하겠다는 제안을 받았다. 이 주문을 수락하여도 기존시장에는 영향을 미치지 않는 것으로 분석되었다.

이 특별주문품의 단위당 변동제조원가는 직접재료원가 ₩43, 직접노무원가 ₩7, 간접재료원가(포장재료원가) ₩10을 합한 ₩60이다. 이 기업의 연간총고정비용은 ₩550,000인데, 그 속에는 기계감가상각비 ₩200,000, 주문접수원가 ₩225,000, 포장활동원가 ₩125,000이 각각 포함되어 있다.

활동기준원가계산에 따라 제조간접원가를 활동별로 측정하면 주문접수원가 ₩225,000은 주문수령횟수를 원가동인으로 하는 변동활동원가이고, 그 원가동인률은 ₩3,000이다. 그리고 포장활동원가 ₩125,000은 포장횟수를 원가동인으로 하는 변동활동원가이고, 그 원가동인률은 ₩850이다. 이 주문을 수락한다면 1회의 주문수령활동과 10회의 포장횟수가 추가로 수행되어야 한다.
전통적 원가시스템에 기반을 둔 관련원가분석과 활동기준 관련원가분석으로 이 특별주문의 수익성을 각각 분석하고, 이 주문을 수익성 있는 주문으로 만들기 위한 가능한 노력의 방향을 제시하시오.

풀이 (1) 전통적 관련원가분석

전통적 공헌이익접근법으로 분석하면, 이 특별주문은 증분수익 ₩68,000과 증분원가 ₩60,000(직접재료원가 ₩43,000, 직접노무원가 ₩7,000, 포장재료원가 ₩10,000)을 발생시켜 순현금유입 ₩8,000을 창출하는 수익성 있는 제안이다.

(2) 활동기준 관련원가분석

활동기준원가계산에 의하면, 고정원가에 포함되어 있는 주문접수원가와 포장활동원가가 각각 주문수령회수와 포장회수를 원가동인으로 하는 변동활동원가이다. 이 특별주문은 음(−)의 순현금유입 ₩3,500을 창출하는 수익성 없는 제안이다. 활동기준 관련원가분석의 결과는 아래와 같다.

활동기준 관련원가분석(조정전)

증분수익		₩68,000
증분원가		71,500
직접재료원가	₩43,000	
직접노무원가	7,000	
간접재료원가	10,000	
주문접수원가	3,000(=₩3,000×1회)	
포장활동원가	8,500(=₩850×10회)	
순현금유입		(₩3,500)

*주문수령활동의 원가동인률 = ₩3,000/회, 증분주문수령회수 1회
*포장활동의 원가동인률 = ₩850/회, 증분포장회수 10회(=1,000개/100개)

(3) 수익성 확보를 위한 주문조건의 수정 방향

① 포장단위 변경

활동기준 관련원가분석(조정후)

증분수익		₩68,000
증분원가		64,700
직접재료원가	₩43,000	
직접노무원가	7,000	
간접재료원가	10,000	
주문접수원가	3,000(=₩3,000×1회)	
포장활동원가	1,700(=₩850×2회)	
순현금유입		₩3,300

현재 A제품은 100개 단위로 포장을 하게 되어 있는데, 고객과의 협상을 통해 500개 단위로 포장을 하기로 수정한다면, 포장회수는 10회에서 2회로 감소된다. 이렇게 조정하는 것만으로도 증분포장활동원가를 상당히 회피할 수 있으며, 이에 따라 이 주문은 수익성 있는 제안으로 바뀌게 될 것이다.

② 가격 인상

포장단위를 변경할 수 없다면, 특별주문의 가격을 수익성 있는 수준으로 인상하기 위해 협상하는 것도 한 가지 방안이다. 증분수익이 증분원가보다는 커야 수익성이 확보될 수 있으므로, 이 주문에서는 가격이 적어도 ₩71.5보다는 높아야 한다(1,000p>₩71,500). 따라서 협상을 통해 이 수준보다 높은 가격에 합의할 수 있다면, 이 주문은 수익성 있는 주문이 될 수 있을 것이다.

지금까지 살펴본 활동기준관련원가분석의 이점들을 보면, 그것이 전략적 원가분석의 속성을 가지고 있음을 알 수 있다. 이러한 사실은 다음의 여러 가지 측면에서 확인할 수 있다.

첫째로, 앞에서 살펴본 바와 같이, 활동기준관련원가분석에서는 수익성이 없는 것으로 분석된 대안을 수익성이 있는 대안으로 전환시킬 수 있는 방안을 찾을 때까지 전체 가치사슬의 관점에서 분석을 계속할 수 있다. 앞의 예에서 보면, 고객과의 협상을 통해 포장횟수를 감소시키거나 가격을 인상할 수 있으면 수익성이 없는 것으로 분석된 대안이 수익성이 있는 대안으로 바뀔 수 있기 때문이다. 이처럼 가치사슬의 관점에서 수익성을 분석할 수 있게 한다는 점에서, 활동기준관련원가분석은 전략적 원가분석의 속성을 가지고 있다고 할 수 있다.

둘째로, 활동기준관련원가분석은 활동기준수익성분석의 틀에 준거하기 때문에 제조원가를 지나치게 강조하지 않는다. 어떤 대안이 발생시키는 증분마케팅원가를 고려하면 제조원가에 초점을 관련원가분석과 상반된 결과가 나타날 수 있기 때문이다. 실제로 어떤 대안과 관련된 증분원가는 제조 이외의 다른 기능영역들(판매, 유통, 제품개발, 일반관리 등)에서도 발생되기 때문에, 제조원가 위주로 그 대안의 수익성을 평가하면 수익성평가가 왜곡될 수 있다. 이처럼 제조원가만 집중적으로 강조하지 않는다는 점에서, 활동기준관련원가분석은 전략적 원가분석의 속성을 가지고 있다고 할 수 있다.

셋째로, 전통적 원가시스템에서 고정원가로 분류된 제조간접원가 속에는 제품배합의 다양성과 생산의 복잡성에 기인하는 장기적 변동원가 성분이 많이 포함되어 있고, 고정원가로 분류된 마케팅원가 속에도 경제적인 고객서비스의 방법을 강구하거나 합리적인 유통경로정책을 수립하여 변화시킬 수 있는 장기적 변동원가 성분이 많이 포함되어 있는데, 활동기준관련원가분석은 어떤 대안이 이러한 장기적 변동원가에 미치는 영향도 추적하여 수익성분석에 반영할 수 있다. 이렇게 하면 제조영역과 마케팅영역에서 수행되는 다양한 활동들 중에서 특히 전략적으로 중요한 활동들을 대상으로 원가이점의 기회를 찾아낼 수 있다. 이처럼 원가항목이나 모든 활동들을 대상으로 하는 것이 아니라 전략적으로 중요한 소수의 활동에 집중하여 수익성 개선기회를 탐색할 수 있게 한다는 점에서, 활동기준관련원가분석은 전략적 원가분석의 속성을 가지고 있다고 할 수 있다.

Chapter 9

학습초점

1. 선형계획법(심플렉스법)의 민감도분석
2. 제약이론에 따른 의사결정의 틀

CHAPTER

9

제품배합의사결정: 공헌이익접근법과 제약이론접근법

01 제품배합의사결정: 공헌이익접근법과 제약이론접근법

제품배합의사결정은 두 가지 이상의 제품을 생산하는 기업이 이익을 극대화할 수 있는 제품배합을 계획하는 것이다. 공헌이익접근법은 이익극대화를 위해 공헌이익을 극대화시키는 제품배합을 추구한다. 이때의 의사결정규칙은 다음과 같다.

① 생산활동을 제약하는 조건이 전혀 없을 경우에는 단위당공헌이익이 가장 큰 제품만 집중적으로 생산한다.

② 어떤 한 가지 생산요소만 희소자원이라면, 그 희소자원의 단위당공헌이익이 가장 큰 제품을 집중적으로 생산한다.

③ 한 가지 생산요소와 시장수요가 희소자원인 경우에는, 그 생산요소의 단위당공헌이익이 가장 큰 제품을 시장수요의 제약 내에서 최대한 많이 생산하는 방식으로 제품배합을 결정한다.

예제 9-1

제약조건과 생산자료가 아래와 같이 주어져 있을 때 (1) 제약조건이 전혀 없는 경우 (2) 기계시간이 희소자원인 경우 (3) 기계시간과 시장수요가 희소자원인 경우의 각각에 대해서 공헌이익을 기준으로 최적제품배합을 결정하시오.

[제약조건 및 생산자료]

	제품		
	A	B	C
단위당가격	₩150	₩200	₩225
단위당변동비용	100	120	165
단위당공헌이익	50	80	60
단위당기계시간	2시간	4시간	5시간
최대생산가능량	5,000개	2,500개	2,000개
기계시간당공헌이익	₩25	₩20	₩12
추정시장수요	2,000개	1,800개	1,500개
이용가능기계시간(연간)	10,000시간		

풀이 (1) 제약조건이 전혀 없는 경우
단위당공헌이익이 ₩80으로 가장 큰 B제품을 집중적으로 생산함.

(2) 하나의 생산요소가 희소자원인 경우
기계시간당공헌이익이 ₩25으로 가장 큰 A제품을 집중적으로 생산함.

(3) 하나의 생산요소와 시장수요가 희소자원인 경우
각 제품의 시장수요는 이용가능한 기계시간으로 해당 제품만 집중적으로 생산할 경우의 최대생산가능량보다 작다. 공헌이익접근법을 채택하면, 희소자원인 기계시간당 공헌이익이 큰 순서대로 추정된 시장수요에 맞추어 제품배합을 결정한다. 기계시간당 공헌이익은 A, B, C의 순서로 크게 나타나고 있다. 따라서 공헌이익으로 측정되는 수익성을 극대화하기 위해서는 가급적 A를 많이 생산하는 데 기계시간을 우선적으로 소비하고, 남은 기계시간은 B를 생산하는 데 소비하며, 이렇게 하고도 남은 시간이 있으면 C를 생산한다.

① A제품 2,000개 생산
사용되는 기계시간 = 2,000개×2시간 = 4,000시간
공헌이익 = 2,000개×₩50 = 4,000시간×₩25 = ₩100,000
여유기계시간 = 10,000시간−4,000시간 = 6,000시간

② B제품의 생산가능량 = 6,000시간/4시간 = 1,500개

③ B제품의 공헌이익 = 1,500개×₩80 = 6,000시간×₩20 = ₩120,000

④ 여유기계시간 = 10,000시간−(4,000시간+6,000시간) = 0시간

⑤ 최적제품배합: A제품 2,000개, B제품 1,500개, C제품 0개

⑥ 최대공헌이익 = ₩100,000+₩120,000+₩0 = ₩220

02 선형계획법: 도표를 이용한 해법

복수의 생산제약조건을 포함한 다수의 제약조건이 존재하는 경우에 그것들을 동시에 만족시키면서 총공헌이익을 극대화하는 최적제품배합을 결정하고자 할 때에는 선형계획법(linear programming: LP)이 이용된다. 선형계획법을 이용한 문제해결과정은 경영과학 교과서에서 상세히 다루고 있으므로, 여기서

는 그 방법을 이용할 경우에 얻을 수 있게 될 정보의 내용을 설명하는 데 중점을 둔다.

설명을 위해, A와 B의 두 가지 제품을 생산하고, 단위당공헌이익이 각각 ₩3, ₩2이며, [표 9-1]과 같이, 생산과 판매 측면에서 각각 재료사용량과 시장수요의 제약을 가지고 있는 어떤 기업을 상정한다.

표 9-1 생산 및 시장제약조건

재료사용량	단위당 소비량(단위: 톤)		총사용가능량
	A	B	
재료1	1	2	6톤
재료2	2	1	8톤
시장수요	① B의 하루 최대수요량은 2개이다.		
	② B의 하루 수요량은 A의 하루 수요량을 1개 이상 초과할 수 없다.		

(1) 이익극대화 선형계획모형의 구성

이 제품배합문제는 A제품 판매량 X_a와 B제품 판매량 X_b를 의사결정변수로 하고 공헌이익 Z의 최대화를 목적으로 하는 수학적 모형으로 나타낼 수 있다:

$$Max \quad Z = 3X_a + 2X_b$$

subject to

$$\begin{aligned} X_a + 2X_b &\le 6 \\ 2X_a + X_b &\le 8 \end{aligned} \quad \text{재료사용량의 제약}$$

$$\begin{aligned} X_b - X_a &\le 1 \\ X_b &\le 2 \end{aligned} \quad \text{시장수요의 제약}$$

$$X_a,\ X_b \ge 0 \quad \text{— 비음(非陰)의 제약}$$

여기서 비음(非陰) 제약이란 의사결정변수가 0 이상의 값을 가짐으로써 실행가능한 최적해가 될 수 있도록 하기 위한 제약조건이다.

(2) 도표를 이용한 해법

제품이 2개(선형계획모형의 의사결정변수가 2개)일 경우에는 도표를 이용하여 최적해를 구할 수 있다. 이 해법은 제품이 3개 이상일 경우에는 적용할 수 없다는 한계가 있지만, 선형계획법의 기본적인 문제해결과정을 설명하기 위한 좋은 출발점이 될 수 있다.

각 제품의 생산량을 나타내는 두 개의 의사결정변수 X_a와 X_b를 각각 X축과 Y축으로 하는 2차원 평면에 위의 수학적 모형을 도표로 나타내면 [그림 9-1]과 같다. 4개의 직선들은 각각 제약조건식을 나타낸다. 그리고 비음(非陰) 제약(X_a, $X_b \geq 0$) 때문에, 의사결정변수들이 모두 0 이상의 값을 가지는 제1사분면만 도표에 제시되어 있다.

그림 9-1 도표를 이용한 해법

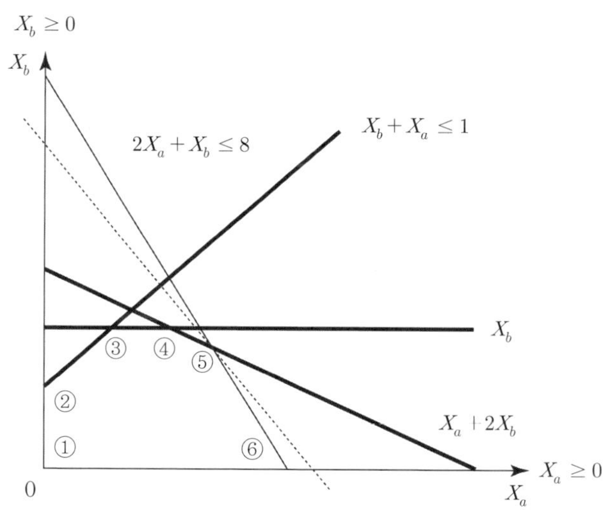

[그림 9-1]에는 비음제약을 포함한 제약조건식들이 교차하는 곳에서 모두 6개의 꼭지점들이 형성되어 있다. 이 꼭지점들로 둘러싸인 다각형이 모든 제약조건들을 동시에 만족시키는 실행가능한 제품배합영역이다. 관련된 두 개

의 제약조건식을 이용하여 꼭지점들의 좌표를 구하면 아래와 같다.

① 두 개의 비음 제약조건식을 이용함: $X_a=0$, $X_b=0$

② '$X_a=0$'의 등식과 '$Xb-X_a=1$'의 등식을 이용함: $X_a=0$, $X_b=1$

③ '$X_b=2$'의 등식과 '$Xb-X_a=1$'의 등식을 이용함: $X_a=1$, $X_b=2$

④ '$X_b=2$'의 등식과 '$X_a+2Xb=6$'의 등식을 이용함: $X_a=2$, $X_b=2$

⑤ '$X_a+2X_b=6$'의 등식과 '$2X_a+Xb=8$'의 등식을 이용함: $X_a=10/3$, $X_b=4/3$

⑥ '$2X_a+X_b=8$'의 등식과 '$Xb=0$'의 등식을 이용함: $X_a=4$, $X_b=0$

한편, 목적함수식을 X_a와 X_b축의 2차원 평면에 나타낼 수 있도록 음함수 형태로 바꾸면 다음과 같다: $X_b=-[3/2] \cdot X_a+[1/2] \cdot Z$. 이 목적함수식을 나타내는 것이 [그림 9-1]의 점선이다.

실행가능한 제품배합영역과 이 목적함수점선이 교차하는 수많은 지점들 중에서 공헌이익 Z가 최대가 되도록 하는 지점의 의사결정변수값이 실행가능한 최적해가 된다. 원점인 꼭지점 ①에서 출발하여 실행가능한 제품배합영역의 오른쪽으로 이 목적함수점선을 이동시킬수록 공헌이익 Z의 값이 증대된다. 이 문제에서는 꼭지점 ⑤에서 계산된 Z값이 최대값이다. 따라서 꼭지점 ⑤에서의 의사결정변수값, 즉 [$X_a=10/3$, $X_b=4/3$]이 최적제품배합이 되고, 이때의 공헌이익 ₩[38/3]이 다른 어떤 제품배합에서 얻을 수 있는 것보다 더 크다.

03 선형계획법: 심플렉스법

제품의 수에 구애받지 않고 적용할 수 있는 선형계획모형의 해법은 심플렉스법이다. 그것은 일정한 규칙에 따라 실행가능한 제품배합영역 내에서 목적함수의 공헌이익 Z가 최대값이 되는 꼭지점을 탐색해 나가는 절차로 이루어져 있다.

$$Max \quad Z = 3X_a + 2X_b$$

subject to							
X_a	$+ 2X_b$	$+$	S_1	$=$	6	재료사용량의 제약
$2X_a$	$+ X_b$	$+$	S_2	$=$	8	
X_b	$- X_a$	$+$	S_3	$=$	1	시장수요의 제약
	X_b	$+$	S_4	$=$	2	
X_a, X_b	S_1, S_2, S_3, S_4			$\geq$	0	비음(非陰)의 제약

(1) 선형계획모형의 표준형

심플렉스법을 실행하기 위한 첫 단계는 앞의 수학적 모형을 선형계획모형의 표준형으로 변환시키는 것이다. 선형계획모형의 표준형은 부등식을 포함하는 본래의 수학적 모형을 여유변수(slack variables)를 이용하여 위와 같은 등식관계로 전환시킨 것이다. 여기서 여유변수란 생산자원이나 시장수요의 미사용량을 가리킨다.

(2) 기저변수와 비기저변수

등식관계로 전환된 제약조건식을 보면, 미지수의 수가 6개인데 방정식의 수는 4개에 불과하다. 이러한 상황에서 미지수의 값을 알기 위해서는 부득이 2개의 변수들은 0의 값을 가진다고 가정해야 한다. 이렇게 변수값이 0으로 가정되는 변수를 비기저변수(non-basic variable), 그렇지 않은 변수를 기저변수(basic variable)라 한다.

심플렉스해법의 제1단계에서는 언제나 여유변수(S_1, S_2, S_3, S_4)를 기저변수로, 그리고 의사결정변수(X_a와 X_b)를 비기저변수로 선택한다. 이렇게 하면 공헌이익 Z가 0인 지점(의사결정변수들의 변수값이 모두 0인 꼭지점 ①)에서 심플렉스해법을 시작할 수 있기 때문이다. 심플렉스해법의 단계가 진행되면서 기저변수와 비기저변수는 일정한 규칙에 따라 서로 자리를 바꾼다. 즉 꼭지점들을 옮겨가면서 공헌이익 Z의 값이 최대가 되는 꼭지점을 탐색하는 과정이 계속된다.

(3) 관계식으로의 재정리

표준형으로 전환된 선형계획모형은 다시 양함수 형태의 관계식으로 표시되어야 한다. 즉 목적함수의 공헌이익 Z와 기저변수들은 모두 비기저변수들과의 관계식으로 표시되어야 한다. 심플렉스표를 작성하기 위해 이러한 관계식을 다시 상수(constant)가 우변에 나타나도록 정리한다.

$$1 \cdot Z - 3 \cdot X_a - 2 \cdot X_b + 0 \cdot S_1 + 0 \cdot S_2 + 0 \cdot S_3 + 0 \cdot S_4 = 0$$
$$0 \cdot Z + 1 \cdot X_a + 2 \cdot X_b + 1 \cdot S_1 + 0 \cdot S_2 + 0 \cdot S_3 + 0 \cdot S_4 = 6$$
$$0 \cdot Z + 2 \cdot X_a + 1 \cdot X_b + 0 \cdot S_1 + 1 \cdot S_2 + 0 \cdot S_3 + 0 \cdot S_4 = 8$$
$$0 \cdot Z - 1 \cdot X_a + 1 \cdot X_b + 0 \cdot S_1 + 0 \cdot S_2 + 1 \cdot S_3 + 0 \cdot S_4 = 1$$
$$0 \cdot Z + 0 \cdot X_a + 1 \cdot X_b + 0 \cdot S_1 + 0 \cdot S_2 + 0 \cdot S_3 + 1 \cdot S_4 = 2$$

(4) 제1단계 심플렉스표와 최적해단계의 심플렉스표

심플렉스해법의 제1단계는 위의 방정식에 나타나 있는 계수들과 우변상수(*RHS*)들을 [표 9-2]의 제1단계 심플렉스표의 해당 자리에 옮겨놓는 데서 시작된다. 그리고 심플렉스해법을 이용하여 구해진 최적해는 마지막 단계의 심플렉스표(표 9-3)에서 얻을 수 있다(심플렉스해법의 구체적인 절차는 경영과학 교과서를 참고하기 바란다). 어떤 단계의 심플렉스표에서 목적함수행의 계수들이 전부 0 이상의 값을 가지면, 그것이 심플렉스 해법의 마지막 단계이다.

표 9-2 제1단계 심플렉스표

단 계	기저 변수명	계 수							우변상수 (*RHS*)
		Z	X_a	X_b	S_1	S_2	S_3	S_4	
1	Z	1	−3	−2	0	0	0	0	0
	S_1	0	1	2	1	0	0	0	6
	S_2	0	2	1	0	1	0	0	8
	S_3	0	−1	1	0	0	1	0	1
	S_4	0	0	1	0	0	0	1	2

표 9-3 최적해 단계의 심플렉스표

단 계	기저 변수명	계 수							우변상수 (*RHS*)
		Z	X_a	X_b	S_1	S_2	S_3	S_4	
최적해	Z	1	0	0	1/3	4/3	0	0	38/3
	X_b	0	0	1	2/3	−1/3	0	0	4/3
	X_a	0	1	0	−1/3	2/3	0	0	10/3
	S_3	0	0	0	−1	1	1	0	3
	S_4	0	0	0	−2/3	1/3	0	1	2/3

(5) 최적제품배합

최종심플렉스표에 기저변수로 포함되어 있는 의사결정변수의 변수값(우변상수값)이 최적해이다. 최종심플렉스표의 우변상수열의 목적함수값과 기저변수값들이 모두 0이상이면, 그것은 최적제품배합이 비음(−)제약조건을 충족시키는 실행가능한 최적해라는 사실을 나타낸다. 즉 제품배합은 A제품 [10/3]개와 B제품 [4/3]개로 구성하는 것이 최적이며, 이때 각 제품의 생산량이 0 이상의 값을 가지므로, 이러한 제품배합은 실행가능하다.

최종심플렉스표의 우변상수(*RHS*)열에 나타나는 목적함수값은 이러한 최적제품배합에서의 공헌이익을 나타낸다. 즉 최적제품배합에서의 공헌이익은 ₩[38/3]이다. 심플렉스표의 기저변수열에 나타나지 않는 변수들(S_1, S_2)은 0의 값을 가진다. 따라서 최적해에서 여유변수들은 각각 다음과 같은 변수값을 가지게 된다:

$$S_1 = 0,\ S_2 = 0,\ S_3 = 3,\ S_4 = 2/3$$

04 선형계획법: 그림자 가격

어떤 여유변수의 변수값이 0보다 크다는 것은 그 변수가 대표하는 자원의 사용량이 최적조업규모에서 충분히 사용되고도 남아있음을 의미한다. 그러한 자원을 잉여자원(redundant resource)이라 한다. 최적해 단계에서 기저변수에 포함되어 있는 S_3와 S_4가 대표하는 자원(A와 B의 시장수요)은 모두 잉여자원이다.

반면에, 어떤 여유변수의 변수값이 0으로 나타나고 있다는 것은 그 변수가 대표하는 자원이 최적조업규모에서 완전히 소비되는 희소자원(scarce resource)임을 의미한다. 최적해 단계에서 비기저변수에 포함되어 그 변수값이 0이 되는 여유변수 S_1과 S_2가 대표하는 자원(재료1과 재료2)은 모두 희소자원이다.

희소자원의 경우에는, 그것의 사용가능량을 1단위 증가시킬 때마다 그것의 그림자가격(shadow price)만큼 목적함수값(Z), 즉 총공헌이익이 증가한다. 어떤 자원의 그림자가격은 해당 자원을 추가로 1단위 증가시킬 때 그것이 총공헌이익(목적함수값 Z)을 증가시킬 수 있는 정도를 나타낸다. 다르게 말하면, 해당 희소자원 1단위를 사용할 수 없을 때 상실되는 공헌이익, 즉 희소자원 1단위의 기회원가를 가리킨다. 각 여유변수들이 대표하는 자원의 그림자가격은 최종심플렉스표의 목적함수행에 여유변수들의 계수로 제시되어 있는데, 잉여자원의 그림자가격은 0의 값을, 희소자원의 그림자가격은 이익극대화 문제에서는 언제나 양의 값을 가진다.

이 예에서는 <재료1>과 <재료2>가 그림자가격이 각각 ₩[1/3], ₩[4/3]인 희소자원들이다. 사용가능량을 1단위 증가시킬 때마다 목적함수값, 즉 공헌이익을 <재료1>은 ₩[1/3]만큼씩, 그리고 <재료2>는 ₩[4/3]만큼씩 증가시킬 수 있다. 만일 희소자원의 사용가능량을 증대시키기 위해 한정된 자원을 투자하기로 한다면, 그림자가격이 가장 큰 희소자원인 <재료2>에 우선적으로 투자해야 할 것이다. 이처럼 그림자가격은 희소자원에 대한 투자우선순위를 결정할 때의 판단기준이다.

그림자가격의 의의와 역할은 최종심플렉스표의 목적함수행에 제시되어 있는 공헌이익과 여유변수들 간의 관계식을 통해서도 살펴볼 수 있다. 최종심플렉스표(표 9-3)를 보면, 그것은 다음과 같이 형성되어 있다.

$$Z = [1/3] \cdot S_1 + [4/3] \cdot S_2 + 0 \cdot S_3 + 0 \cdot S_4 = 38/3$$

이 식을 공헌이익 Z에 관하여 정리하면 다음과 같다.

$$Z = 38/3 - [1/3] \cdot S_1 - [4/3] \cdot S_2 - 0 \cdot S_3 - 0 \cdot S_4$$

앞에서 설명한 선형계획모형의 표준형에 제시되어 있는 제약조건등식을 보면, 어떤 자원의 사용량을 일정량 증가시킬 때 해당 자원의 여유변수가 그 만큼의 음수값을 가지게 된다는 점을 알 수 있을 것이다. 예를 들어, <재료1>의 사용량을 1단위 증가시키면 그것과 관련된 여유변수 S_1이 [-1]의 값을 가져야 그 자원에 관한 제약조건등식을 충족시킬 수 있다.

이러한 사정을 이해하고 위의 관계식을 보면, 자원사용량의 증대에 따라 여유변수값이 음수로 바뀌었을 때 공헌이익이 증가하는 경우는 여유변수 S_1과 S_2의 경우뿐이다. 가령, <재료1>의 사용량을 1단위 증가시키면 S_1이 [-1]이 되어 Z가 ₩[1/3]만큼 증가하고, <재료2>의 사용량을 1단위 증가시키면 S_2가 [-1]이 되어 Z가 ₩[4/3]만큼 증가한다. 이와 달리, 잉여자원을 대표하는 여유변수들(S_3과 S_4)은 설사 해당 자원의 사용량이 증가되어 그 값이 음수로 바뀌더라도 공헌이익 Z의 크기가 변화하지 않는다.

05 선형계획법: 민감도분석

계획단계에서 도출된 실행가능한 최적해가 계획실행 단계에서도 반드시 그대로 유지되는 것은 아니다. 상황이 변화하면 희소자원들의 사용가능량(우변상수)이 달라질 수 있고, 각 제품의 단위당공헌이익(목적함수의 계수)이 변할 수도 있기 때문이다. 시간이 흐름에 따라 이러한 조건들의 변화가 불가피한 것이라면, 선형계획법으로 최적해를 도출할 때에는 최적해의 크기 또는 그것의 실행가능성에 영향을 미치지 않으면서 그것들이 변화할 수 있는 범위도 반드시 함께 분석해야 한다.

(1) 희소자원의 사용가능량을 변화시킬 수 있는 범위

희소자원의 사용가능량을 증대시키면 최적해가 변화한다. 그러나 변화된 최적해가 실행가능성이 없는 것일 수도 있으므로, 최적해의 실행가능성을 유지한 채 희소자원의 사용가능량을 변화시킬 수 있는 범위를 알고 있을 필요가 있다.

최종심플렉스표의 우변상수 열에 기저변수들의 변수값들이 모두 0 이상의 값을 가지고 있다면, 그것은 실행가능성이 있는 최적해이다. 따라서 기저변수들의 변수값이 0이상의 값을 가지게 되는 범위 내에서 희소자원의 사용가능량을 변화시킨다면, 이에 따라 변화된 최적해도 여전히 실행가능성을 가지게 된다. 앞의 예에서 <재료1>의 사용가능량을 ΔM만큼 변화시켜도 최적해의 실행가능성에 영향을 미치지 않는 ΔM의 범위를 구하면 다음과 같다.

$$X_b = 4/3 + [2/3] \cdot \Delta M \geq 0$$
$$X_a = 10/3 - [1/3] \cdot \Delta M \geq 0$$
$$S_3 = 3 - \Delta M \geq 0$$
$$S_4 = 2/3 - [2/3] \cdot \Delta M \geq 0$$
$$\therefore\ -2 \leq \Delta M \leq 1$$

희소자원인 <재료1>의 사용가능량이 실제로 1톤이 감소하여(즉 $\Delta M = -1$) 5톤으로 된다면, 최적제품배합과 총공헌이익(Z)은 다음과 같이 계산된다.

$$B\text{제품} = 4/3 + [2/3] \times (-1) = 2/3\text{개}$$
$$A\text{제품} = 10/3 - [1/3] \times (-1) = 11/3\text{개}$$
$$Z = [2/3]\text{개} \times ₩2 + [11/3]\text{개} \times ₩3 = ₩[37/3]$$

마찬가지로, <재료1>의 사용가능량이 실제로 1톤이 증가하여(즉 $\Delta M=1$) 7톤으로 된다면, 최적제품배합과 총공헌이익(Z)은 다음과 같이 계산된다.

$$B\text{제품} = 4/3 + [2/3] \times (1) = 2\text{개}$$
$$A\text{제품} = 10/3 - [1/3] \times (1) = 3\text{개}$$
$$Z = 2\text{개} \times ₩2 + 3\text{개} \times ₩3 = ₩13$$

(2) 단위당공헌이익을 변화시킬 수 있는 범위

어떤 변동가능범위 내에서는 제품들의 단위당공헌이익이 변화하여도 현재의 최적해를 구성하고 있는 기저변수들의 변수값이 달라지지 않는다. 이와 같은 단위당공헌이익의 변동가능범위를 제품별로 알 수 있다면, 그것도 이익계획을 수립하는 데 중요한 정보가 된다. 여기서는 A제품의 단위당공헌이익을 δ만큼 변화시켜도 최적해에서 기저변수들의 변수값이 변하지 않게 될 δ의 범위를 계산해 보기로 한다. A제품의 단위당공헌이익이 δ만큼 변화하면, 목적함수는 다음과 같이 변화한다.

$$Z = (3+\delta) \cdot X_a + 2 \cdot X_b$$

그런데 최종심플렉스표를 보면, X_a 및 X_b와 희소자원들과의 관계는 다음과 같다:

$$X_a = [1/3] \cdot S_1 - [2/3] \cdot S_2 + 10/3$$
$$X_b = -[2/3] \cdot S_1 + [1/3] \cdot S_2 + 4/3$$

이 관계식을 목적함수에 대입하여 양함수 형태로 정리하면 다음과 같다.

$$Z + \{1/3 - [1/3] \cdot \delta\} \cdot S_1 + \{4/3 + [2/3] \cdot \delta\} \cdot S_2 = 38/3 + [10/3] \cdot \delta$$

이러한 목적함수가 최적해가 될 수 있으려면, 목적함수행의 계수들이 모두 0 이상의 값을 가지고 있어야 한다. 이러한 조건들을 동시에 충족시키는 단위당공헌이익의 변화가능범위를 구하면 다음과 같다.

$$1/3-[1/3] \cdot \delta \geq 0$$
$$4/3+[2/3] \cdot \delta \geq 0$$
$$\therefore -2 \leq \delta \leq 1$$

즉 A제품의 단위당공헌이익이 최고 ₩4(=3+1)에서 최저 ₩1(=3−2)까지 변화하더라도 최적해를 구성하고 있는 기저변수들의 변수값은 변하지 않는다.

위의 부등식 체계에서 δ의 계수들(−1/3, 2/3)은 최종심플렉스표에서 즉시 알 수 있다. [표 9−3]의 최종심플렉스표에서 희소자원을 대표하는 여유변수들(S_1과 S_2)에 대응되는 <제품A(X_a)>행의 계수들이 바로 그것이다.

예제 9-2

경성식품은 A, B, C을 생산하고 있다. 단위당공헌이익은 각각 ₩5, ₩4, ₩2이다. 그런데, 연간노동시간은 5,200시간을 넘을 수 없고, 연간기계시간은 4,400시간을 넘을 수 없다. 각 제품의 단위당 노동시간과 기계시간은 아래와 같다.

	A	B	C
단위당 노동시간	4시간	2시간	1시간
단위당 기계시간	2	13	2

이익극대화 제품배합을 결정하기 위한 심플렉스해법의 최적해가 다음의 행렬에 표시된 바와 같을 때 물음에 답하시오

단 계	기저 변수명	계 수						우변상수 (RHS)
		Z	X_a	X_b	X_c	S_1	S_2	
1	Z	1	0	26/3	0	1	1/2	7,400
	X_a	0	1	−2/3	0	1/3	−1/6	1,000
	X_c	0	0	8	1	−1/3	2/3	1,200

(1) 이익극대화 제품배합을 결정하기 위한 선형계획모형을 구성하시오.
(2) 여유변수를 이용하여 선형계획모형을 표준형으로 나타내시오.
(3) 최적제품배합을 제시하고, 이때의 공헌이익을 구하시오.
(4) 일정한 자금으로 노동시간을 1시간 확충하는 방안과 기계시간을 1시간 확충하는 방안이 있다면 어느 대안을 선택해야 하는가? 그 이유는?
(5) 기계시간을 2,400시간 추가로 확보할 수 있다면, 최적제품배합과 총공헌이익은 어떻게 되는가?
(6) 현재의 최적해를 변화시키지 않고서도 A제품의 단위당공헌이익을 변화시킬 수 있는 범위를 구하시오.
(7) 노동시간을 2,400시간 추가로 확보할 수 있다면, 최적제품배합과 총공헌이익은 어떻게 되는가?
(8) 현재의 최적해를 변화시키지 않고서도 C제품의 단위당공헌이익을 변화시킬 수 있는 범위를 구하시오.

풀이 (1) $MAX \quad Z = 5X_a + 4X_b + 2X_c$

Subject to $4X_a + 2X_b + 1X_c \leq 5{,}200$

$2X_a + 13X_b + 2X_c \leq 4{,}400$

$X_a,\ X_b,\ X_c \geq 0$

(2) $MAX \quad Z = 5X_a + 4X_b + 2X_c$

Subject to $4X_a + 2X_b + 1X_c + S_1 = 5{,}200$

$2X_a + 13X_b + 2X_c + S_2 = 4{,}400$

$X_a,\ X_b,\ X_c,\ S_1,\ S_2 \geq 0$

(3) A제품 1,000개, B제품 0개, C제품 1,200개; 총공헌이익 ₩7,400.

(4) 그림자가격이 더 큰 노동시간을 1시간 확충하는 방안을 선택함.

(5) 최적해의 실행가능성을 손상하지 않는 기계시간의 변동가능범위

$1{,}000 - (1/6) \times \Delta M \geq 0,\ 1{,}200 + (2/3) \times \Delta M \geq 0, \quad \therefore -1{,}800 \leq \Delta M \leq 6{,}000$

따라서 기계시간을 2,400시간 추가로 확보하여도 최적해는 실행가능하다. 이때의 최적해와 공헌이익은 다음과 같다.

A제품 = 1,000개 − (1/6) × 2,400시간 = 600개

C제품 = 1,200개 + (2/3) × 2,400시간 = 2,800개

공헌이익 = ₩7,400 + (1/2) × 2,400시간 = ₩8,600

(6) $(26/3)-(2/3)\delta \geqq 0$, $1+(1/3)\delta \geqq 0$, $1/2-(1/6)\delta \geqq 0$, $\therefore -3 \leqq \delta \leqq 3$

(7) 최적해의 실행가능성을 손상하지 않는 노동시간의 변동가능범위

$1{,}000+(1/3)\times \Delta L \geqq 0$, $1{,}200-(1/3)\times \Delta L \geqq 0$, $\therefore -3{,}000 \leqq \Delta L \leqq 3{,}600$

따라서 노동시간을 2,400시간 추가로 확보하여도 최적해는 실행가능하다. 이때의 최적해와 공헌이익은 다음과 같다.

A제품 = 1,000개+(1/3)×2,400시간 = 1,800개

C제품 = 1,200개−(1/3)×2,400시간 = 400개

공헌이익 = ₩7,400+(1)×2,400시간 = ₩9,800

(8) $(26/3)+8\delta \geqq 0$, $1-(1/3)\delta \geqq 0$, $1/2+(2/3)\delta \geqq 0$, $\therefore -3/4 \leqq \delta \leqq 3$

06 제약이론과 장애자원

기업은 상호의존적인 자원들의 집합으로 정의할 수 있다. 다시 말해서, 기업의 자원들은 상호의존적인 관계 속에서 사용되고 있다. 이러한 사실을 무시한 채 개별자원의 사용능률성 극대화만 강조한다면, 전체적인 자원사용의 능률성이 오히려 감소할 수 있다. 자원들 중에는 최대사용가능량이 사용요구량에 못미치는 장애자원(bottleneck resource)도 있기 때문이다.

제약이론(Theory of Constraints: TOC)은, 생산흐름이 이러한 장애자원의 최대조업능력에 의해 제약된다는 점을 인식하여, 장애자원에 대해 관리노력을 집중하는 것이 전체적인 자원사용의 능률성을 극대화하는 방법이라고 주장한다. 그리고 장애자원이 존재하는 상황에서는 제품배합을 결정하거나 이익증대 전략을 설계할 때 산출고(throughput) 극대화에 초점을 맞추어야 한다고 주장한다. 여기서는 먼저 제약이론의 출발점이 되는 장애자원의 개념을 설명한다.

공장에서 소비되는 자원들은 최대조업능력이 서로 다르다. 예를 들면, 종업원별로 업무수행속도가 다르고, 기계별로 시간당 생산량이 다르다. 장애자원이란 자신의 최대조업능력 이상으로 작업부하가 가해지는 자원을 가리키는 개념이다. 즉 어떤 자원에 대한 생산요구($D(r)$)가 그 자원의 최대조업능력

($C(r)$)과 같거나 그것보다 크다면($C(r) \le D(r)$) 그것은 장애자원이다. 설명을 위해 생산여건이 <자료 1>과 같이 주어져 있는 어떤 기업을 가정한다.

자료 1

제품	단위당가공시간		생산요구량	단위당가격	단위당재료원가
	A공정	B공정			
P	15분	15분	150개	₩900	₩450
Q	30분	20분	100개	₩1,000	₩400
최대조업능력	4,800분	4,800분			

[표 9-4]는 <자료 1>에 제시된 각 공정의 생산요구시간과 최대조업가능시간을 계산한 것이다. 이 표를 보면, 생산요구시간이 최대조업가능시간을 초과하는 자원은 공정A이다. 따라서 공정A가 장애자원이며, 시스템 전체의 생산흐름은 공정A의 지배를 받게 된다.

표 9-4 장애자원의 식별

공정	제품P (150개)	제품Q (100개)	생산요구시간 ($D(r)$)	최대조업가능시간 ($C(r)$)
공정A	15분×150개	30분×100개	5,250분	4,800분
공정B	15분×150개	20분×100개	4,250분	4,800분

장애자원이 존재하면 비록 그것이 최대조업능력 수준으로 완전히 가동되는 경우에도 비장애자원의 가동률은 항상 최대조업능력에 미치지 못하게 된다. 그렇지만, 비장애자원의 가동률을 높이려는 의도에서 장애자원에 대해 그것의 최대조업능력을 초과하는 작업량을 부과하면 장애자원 앞에 재공품재고가 형성되기 시작한다. 그러므로 최적제품배합을 결정할 때에는 고객들에게

인도되는 제품의 흐름이 감소되지 않는 한 비장애자원의 일부를 유휴상태로 내버려두고, 장애자원의 최대조업능력을 완전히 활용하는 데 관심을 집중시킬 필요가 있다.

이익증대전략을 설계할 때에도 이와 같다. 장애자원을 찾아내어 장애를 제거하거나 감소시키면 제품흐름이 유연하게 되어 재료의 반입에서부터 제품의 출하까지 걸리는 속도를 증대시킬 수 있다. 그 결과는 산출고증대, 재고감소, 재고감소에 따른 재고투자 및 재고유지비용의 감소 등으로 나타난다. 이와 같은 재고의 감소 및 재고자산회전율의 증대는 수익성을 향상시키는 결정적인 요소이다.

07 제약이론에 의한 제품배합결정

장애자원의 관리를 강조하는 제약이론은 제품배합을 결정하거나 이익증대전략을 설계할 때 산출고(throughput)를 수익성 지표로 사용한다. 그것은 다음과 같이 당기에 소비한 직접재료를 당기의 매출수익으로 변형시킴으로써 창출한 가치를 가리킨다.

산출고(throughput) = 매출액 − 직접재료원가

산출고는 재료원가의 지출이 매출액의 증대에 기여할 수 있어야 비로소 증가한다. 생산흐름이 능률적이고 재고자산회전율이 높아져서 재공품재고와 제품재고가 감소하면 재료원가의 지출이 매출액의 증대에 기여하는 정도가 커진다. 따라서 산출고증대를 위해서는 재고수준을 감소시키는 것이 무엇보다 중요하다. 재고자산에 묶여 있는 재료원가는 매출액증대에 기여하지 못하면서 재료원가지출만 증대시키기 때문에, 재공품재고와 제품재고의 증대는 산출고를 감소시킨다. 실제로 수익성은 재고자산회전율에 의존적이며, 재고는 수익성에 중요한 영향을 미친다. 이것을 설명하기 위해, 매출액이 판매량의 함수이

고 직접재료원가가 실제조업도의 함수라는 점을 명시하여 앞의 공식을 다시 쓰면 아래와 같다.

> 산출고(throughput)
> = 매출액 − 직접재료원가
> = 가격 × 판매량 − 단위당재료원가 × 실제조업도
> = 가격 × 판매량 − 단위당재료원가 × (판매량 + 재고변화)
> = (가격 − 단위당재료원가) × 판매량 − 단위당재료원가 × 재고변화
> = 단위당산출고 × 판매량 − 단위당재료원가 × 재고변화

여기서, 단위당재료원가는 기간별로 다를 수 있으며, 재고변화는 아래와 같이 계산된다.

> 재고변화
> = (기말재공품재료원가환산량 + 기말제품수량) − (기초재공품재료원가환산량 + 기초제품수량)

이것을 대입하여 산출고의 계산공식을 세밀하게 표시하면 다음과 같다.

> 산출고(throughput)
> = 단위당산출고 × 판매량 − 단위당재료원가 × 재고변화
> = 단위당산출고 × 판매량
> − [당기단위당재료원가 × (기말재공품재료원가환산량 + 기말제품수량)
> − 전기단위당재료원가 × (기초재공품재료원가환산량 + 기초제품수량)]

공식에 나타나 있는 바와 같이, 생산흐름이 능률적이고 재고자산회전률이 높아져서 재공품재고와 제품재고가 감소하면 산출고가 증대된다. 따라서 산출고증대를 위해서는 재고수준을 감소시키는 것이 무엇보다 중요하다. 실제로 재고수준과 수익성은 밀접한 관계가 있다. 산출고는 비교적 쉽게 파악할 수

있는 직접재료원가를 이용하여 추정할 수 있다. 그래서 산출고는 생산제약요소를 관리하기 위한 실용적인 출발점이 될 수 있다.

예제 9-3

한국전기㈜의 생산·원가 및 판매에 대한 자료는 아래와 같다. 이 회사는 2003년 1월 완성품 200,000개와 기말재공품 100,000개(진척도 40%)를 생산하였는데, 단위당 가격은 ₩20이다. 기초재공품은 40,000개(진척도 20%, 직접재료원가 ₩200,000)였고, 기초제품재고는 30,000개(직접재료원가 ₩150,000)였다. 재료는 공정시점에 전부 투입하고, 재고자산은 선입선출법에 따라 평가한다.

직접재료원가	₩4.00(단위당)
직접노무원가	₩8.00(단위당)
변동제조간접원가	₩3.00(단위당)
고정제조간접원가	₩300,000(월간)
변동판매관리비	₩2.00(판매단위당)
고정판매관리비	₩20,000(월간)

1월의 판매량이 180,000개, 200,000개, 220,000개일 때의 산출고를 각각 구하시오.

풀이

	1월 판매량		
	180,000개	200,000개	220,000개
기초재공품재료원가환산량	40,000개	40,000개	40,000개
기말재공품재료원가환산량	100,000개	100,000개	100,000개
기초제품수량	30,000개	30,000개	30,000개
기말제품수량	50,000개	30,000개	10,000개
단위당가격	₩20	₩20	₩20
전기단위당재료원가	₩5	₩5	₩5
당기단위당재료원가	₩4	₩4	₩4
단위당산출고	20－4＝₩16	20－4＝₩16	20－4＝₩16

(1) 판매량 180,000개

산출고 = ₩16×180,000－₩4×(100,000＋50,000)＋₩5×(40,000＋30,000)
= ₩2,630,000

(2) 판매량 200,000개

산출고 = ₩16×200,000－₩4×(100,000＋30,000)＋₩5×(40,000＋30,000)
= ₩3,030,000

(3) 판매량 220,000개

산출고 = ₩16×220,000－₩4×(100,000＋10,000)＋₩5×(40,000＋30,000)
= ₩3,430,000

제약이론에 따른 의사결정규칙의 핵심은 영업이익을 극대화하기 위해 특히 장애자원의 산출고를 극대화해야 한다는 것이다. 그것은 최대조업수준을 장애자원의 최대조업능력 수준에서 결정할 때 실현될 수 있다. 장애자원의 최대조업능력을 넘어서서 비장애자원이 계속 가동되면, 매출액이 더 이상 증대될 여지가 없는데도 불구하고 장애자원 앞에 쌓이는 원재료와 재공품재고의 직접재료원가는 늘어나며, 그 결과로 산출고가 감소되기 때문이다. 장애자원의 산출고를 극대화할 수 있도록 제품배합이 결정되면 재고증대의 여지가 최소화된다.

만일 최적제품배합에서 장애자원의 최대조업능력이 완전히 활용된다면 재고변화가 일어나지 않고, 따라서 직접재료원가와 매출재료원가가 같아진다. 즉 '재고변화=0'일 때, 산출고의 계산공식은 다음과 같이 전환된다.

산출고(throughput)
= 매출액－직접재료원가
= 가격×판매량－단위당재료원가×(판매량＋재고변화)
= (가격－단위당재료원가)×판매량 (∵재고변화=0)
= 단위당산출고×판매량

제약이론에 따른 산출고 극대화를 위한 제품배합 의사결정은 각 제품의 단위당 산출고가 아니라 장애자원의 가공시간당 산출고에 준거하여 이루어진다. 즉 장애자원의 가공시간당 산출고가 가장 큰 제품을 식별하고, 일단 그 제품을 우선적으로 가급적 최대한도까지 생산하며, 이렇게 하고 남은 시간에 가공시간당 산출고가 그 다음으로 큰 다른 제품을 생산하는 것으로 요약할 수 있다. <자료 1>에서 장애자원은 A공정이고, A공정에서 가공시간당 산출고가 가장 높은 제품은 *P*이다. 따라서 제품 *P*를 A공정의 최대조업능력 범위 내에서 가급적 최대한도로 생산하고, A공정의 여유조업능력 범위 내에서 제품*Q*를 생산하는 것이 최적이다.

① 제약자원당 산출고

	제품*P*	제품*Q*
단위당 판매가격	₩900	₩1,000
직접재료원가	450	400
단위당 산출고	₩450	₩600
A공정 소요시간	÷ 15분	÷ 30분
제약자원당 산출고	₩30/분	₩20/분

② 최적제품배합 및 그것에 대응되는 최적가동수준과 산출고

시간당 산출고가 가장 큰 제품*P*를 우선적으로 생산하고, A공정의 남는 시간에 *Q*를 생산한다.

제품*P*: 150개(생산시간 = 150개×15분 = 2,250분)
제품*Q*: (4,800분−2,250분)÷30분 = 85개
최적가동수준: 150개×15분+85개×30분 = 4,800분
산출고: 150개×₩450+85개×₩600
= 2,250분×₩30+(4,800분−2,250분)×₩20 = ₩118,500

③ 이익증대전략

장애자원의 시간당 산출고가 큰 제품P의 시장수요를 확대하려는 노력은 이익증대를 위해 의미가 있지만, 장애자원의 제약 때문에 현재의 시장요구량도 제대로 생산할 수 없는 제품Q에 대해서는 그러한 노력이 불필요하다.

한편, 비장애자원인 B공정의 가동수준은 장애자원인 A공정의 최적제품배합과 그것에 따른 최적가동수준에 의해 결정된다. 그 결과, B공정은 여유조업능력을 보유하게 되는데, 그것을 활용하거나 최대조업능력을 확장하기 위한 어떤 조치를 취하더라도 그것은 산출고 증대에 아무런 도움이 되지 않는다. [표 9-5]에는 B공정의 여유조업능력이 계산되어 있다.

표 9-5 B공정(비장애자원)의 가동수준

B공정의 최대조업능력		4,800분
B공정의 실제가동시간		
제품P: 150개(A공정생산량)×15분(B공정가공시간)	= 2,250분	
제품Q: 85개(A공정생산량)×20분(B공정가공시간)	= 1,700분	3,950분
B공정의 여유조업능력		850분

예제 9-4

다음은 세운정공의 공정별 생산자료이다.

	A공정	B공정
연간최대조업능력(6,000시간)	120,000개	90,000개
시간당 생산능력	20개	15개
생산요구량	90,000개	90,000개
단위당변동가공원가	₩8	₩12
연간고정제조간접원가	₩720,000	₩1,080,000

세운정공은 A공정과 B공정을 순서대로 거쳐 자동차부품을 생산하여 전량을 완성차업체에 납품하고 있는데, 이 제품의 단위당 납품가격은 ₩100이고, 단위당 직접재료원가는 ₩40이다. 물음에 답하시오.

(1) B공정이 장애공정이다. 그 이유를 설명하시오.
(2) B공정의 낭비요인을 개선하여 최대조업능력을 연간 1,000개 증가시키는데 ₩48,000의 추가적인 원가가 소비된다. 이렇게 하는 것은 수익성이 있는가?
(3) B공정의 가공작업을 단위당 ₩15으로 1,500개만큼 처리해 주겠다는 외부협력업체의 제안이 있었다. 이 제안을 수락해야 하는가?
(4) A공정의 가공작업을 ₩6으로 2,000개만큼 처리해 주겠다는 외부협력업체의 제안이 있었다. 이 제안을 수락해야 하는가?

풀이 (1) B공정: 생산요구량≥최대조업능력

(2) 1,000개의 추가적인 가공수량이 비장애공정인 A공정의 여유조업능력 내에 있으므로, 그것에 따른 증분산출고와 증분원가를 비교하여 판단함:

증분산출고 = 1,000개×(₩100 − ₩40) = ₩60,000
증분원가 = ₩48,000
증분이익 = ₩12,000 ∴수익성이 있음.

(3) 1,500개의 추가적인 가공수량이 비장애공정인 A공정의 여유조업능력 내에 있으므로, 그것에 따른 증분산출고와 증분원가를 비교하여 판단함:

증분산출고 = 1,500개×(₩100 − ₩40) = ₩90,000
증분원가 = 1,500개×₩15 = ₩22,500
증분이익 = ₩67,500 ∴수익성이 있음.

(4) A공정은 비장애공정이며, 그것의 조업능력이 증가하여도 장애공정인 B공정의 제약 때문에 산출고는 더 이상 증가하지 않으므로, 기각함.

원가관리회계의 이해와 연습

Chapter 10

학습초점

1. 실제성과의 측정기준: 통제가능성과 추적가능성
2. 제조부문의 통제가능원가차이
   = 제조원가변동예산-제조부문이 통제가능한 제조원가실제소비액
3. 판매부문의 통제가능공헌이익차이
   = 통제가능예산공헌이익-통제가능실제공헌이익
4. 매출차이의 분해 및 통제불가능한 시장규모차이의 조정
5. 사업부의 추적가능순이익차이
   = 추적가능예산순이익-추적가능실제순이익

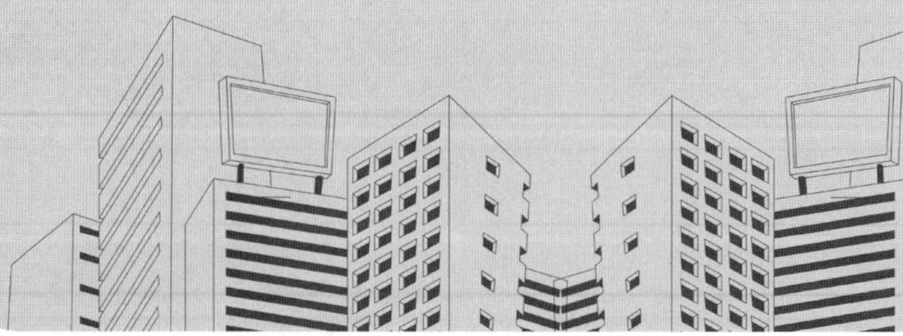

CHAPTER

10

관리적 의사결정을 위한 성과차이분석

01 제조부문의 차이분석: 통제가능원가차이

제조부문의 업적평가기준은 제조원가변동예산이다. 그것은 실제조업도에 표준원가를 적용하여 설정된 예산으로서, 다음과 같이 계산된다.

> 제조원가변동예산 = 실제조업도×표준원가

이 식을 보면, 표준원가는 제품 1단위의 예산제조원가이고, 제조원가변동예산은 실제조업도 전체에 걸쳐 총계된 표준원가임을 알 수 있다. 표준원가(standard cost)란 제품 1단위의 제조원가를 과학적 방법으로 설정한 것이다. 그것은, 원가요소별로, 생산능률성에 관한 기대수준을 반영하는 수량표준과 가격표준으로 나뉘어 설정된다. 어떤 원가요소의 수량표준에 가격표준을 곱하면 해당 원가요소의 표준원가가 계산된다. 이러한 표준원가를 모든 원가요소들에 걸쳐 총계하면 제품의 단위당표준원가가 계산된다. [표 10-1]은 단위당표준원가의 구성을 예시하고 있다.

표 10-1 단위당표준원가

원가항목	수량표준	가격표준	표준원가
직접재료원가	3kg	₩100	₩ 300
직접노무원가	2시간	₩1,500	₩3,000
변동제조간접원가	2시간	₩1,501	₩300
고정제조간접원가	2시간	₩2,002	₩400
표준원가			₩4,000

1) 변동제조간접원가 표준배분율
= 연간변동제조간접원가예산(₩300,000)/연간정상조업도(2,000시간) = ₩150

2) 고정제조간접원가 표준배분율
= 연간고정제조간접원가(₩400,000)/연간정상조업도(2,000시간) = ₩200

표준원가의 수준은 기대하는 능률성 수준에 따라 달라진다. 가장 엄격한 기대수준에 맞추어 설정된 표준원가를 이상적 표준원가라 한다. 그것은 현실적으로 달성할 수 없는 수준이어서 작업자들의 노력을 좌절시킬 수 있지만, 장기간에 걸친 지속적 개선을 통해 도달해야 할 고정된 표적을 제시하는 것이라면 효과적인 학습을 이끄는 이정표가 될 수 있다.

그러나 단기적 관점에서는 달성가능한 수준으로 설정된 표준원가가 행동적 측면에서 가장 바람직하다. 그것은 정상적인 수준의 낭비와 비능률을 허용하여 설정된 것이어서 최선의 노력을 기울이면 달성가능한 목표이며, 작업자들의 동기유발을 제고하는 데 효과적인 수준의 목표라고 할 수 있기 때문이다. 달성가능한 범위 내에서는 표준원가가 가급적 높게 설정될수록 바람직하다. 특별한 노력을 기울이지 않아도 달성될 수 있을 정도로 낮게 설정되면, 노력을 이끌어내는 목표로서의 의미를 가질 수 없기 때문이다.

표준원가는 본래 원가관리를 위해 고안된 것이다. 표준원가는 능률성 목표가 되고, 표준원가와 실제원가의 차이는 원가관리의 표적을 제시해 준다. 그래서 차이분석을 이용한 원가관리의 주요 과제는 실제원가를 표준원가에 근접한 수준으로 유지하는 것이다. 이러한 과제를 담당하는 원가관리를 특히 원가통제(cost control)이라 한다.

표준원가를 이용한 원가통제의 집중적인 관리대상은 변동원가요소들이다. 그 중에서 가장 주목을 받아 온 것은 직접재료원가와 직접노무원가이다. 이러한 직접제조원가는 어느 제품에서 얼마나 소비되었는지를 직접 파악할 수 있는 것이고, 제조원가에서 차지하는 비중이 가장 높은 기본원가(prime cost)여서 원가관리의 효과가 가장 클 것으로 기대되기 때문이다.

직접원가 중에서도 일차적인 관리대상은 직접노무원가이다. 그 이유는, 생산과정의 능률성이 주로 노동능률성에 의해 좌우되는데, 노동능률성은 경영관리의 방식에 따라 변동가능성이 매우 크기 때문이다. 제품원가를 계산할 때 직접노무원가를 제조간접원가 배분기준으로 이용하거나, 표준원가계산에 기반을 둔 차이분석체계가 실질적으로는 직접노무원가를 관리하는 데 적합하도록 설계되어 있는 것은 모두 이러한 사정을 반영하고 있다.

제조부문은 이러한 표준원가를 달성할 책임을 지는 조직단위로서, 표준원가중심점(standard cost center)으로 간주된다. 따라서 제조부문의 성과지표는 표준원가를 이용하여 편성된 제조원가변동예산에서 제조부문이 통제가능한 제조원가실제소비액을 차감하여 측정되는 통제가능원가차이로 측정된다. 통제가능원가차이는 제조부문이 통제가능한 제조원가실제소비액이 제조원가변동예산보다 작으면 유리한 차이, 그것보다 크면 불리한 차이로 평가된다.

> 통제가능원가차이
> = 제조원가변동예산 − 제조부문이 통제가능한 제조원가실제소비액

여기서 주목할 것은 제조부문이 소비한 제조원가실제소비액이 통제가능성 기준에 따라 측정된다는 점이다. 통제가능성이란 특정 책임중심점이 실제로 소비된 원가의 크기를 변화시킬 수 있는 권한이나 영향력을 가지고 있음을 가리키는 속성이다. 예를 들어, 제조부문이 재료의 실제구입가격을 협상하는 주체였다면, 실제구입가격으로 측정된 재료원가 실제소비액은 제조부문이 통제가능한 재료원가라고 할 수 있다. 그리고 제조부문이 노동임률을 결정하는 권한을 가지고 있다면, 실제임률을 적용하여 측정된 노무원가 실제소비액은 제조부문이 통제가능한 노무원가라고 할 수 있다.

앞의 예에서, 만일 제조부문과 독립된 조직으로 존재하는 구매부문이 재료의 실제구입가격을 협상하는 주체였다면 실제구입가격으로 측정된 재료원가 실제소비액은 제조부문이 통제가능한 재료원가라고 할 수 없다. 제조부문은 실제구입가격을 변화시킬 수 있는 권한이나 영향력을 전혀 가지고 있지 않았기 때문이다. 제조부문은 오직 실제소비량의 크기를 변화시킬 수 있었을 뿐이다. 따라서 이때에는 실제구입가격이 아닌 표준구입가격을 실제소비량에 적용하여 제조부문이 통제가능한 재료원가실제소비액을 측정해야 한다.

마찬가지로, 앞의 예에서, 만일 노동의 실제임률이 제조부문보다 상위의 조직계층에서 결정되었다면, 실제임률을 적용하여 측정된 노무원가 실제소비액은 제조부문이 통제가능한 노무원가라고 할 수 없다. 제조부문은 실제임률

을 변화시킬 수 있는 권한이나 영향력을 전혀 가지고 있지 않았기 때문이다. 제조부문은 오직 실제노동시간의 크기를 변화시킬 수 있었을 뿐이다. 따라서 이때에는 실제임률이 아닌 표준임률을 실제노동시간에 적용하여 제조부문이 통제가능한 노무원가실제소비액을 측정해야 한다.

02 제조원가변동예산

제조원가예산은 보통 정상조업도 수준으로 계획된 기준조업도에 준거하여 작성된다. 이것을 제조원가고정예산(fixed budget)이라 한다. 제조원가고정예산은 기준조업도에 준거하여 작성된 것이기 때문에, 실제조업도 수준의 생산활동에 소비된 제조원가 실제소비액의 능률성을 평가하는 기준이 될 수 없다.

고정예산이 의미가 있는 원가요소는 제조간접원가이다. 제조간접원가의 고정예산을 기준조업도로 나누면 제조간접원가표준배분율을 설정할 수 있기 때문이다. 제조간접원가예산을 변동제조간접원가예산과 고정제조간접원가예산으로 구분하여 추정하면 변동제조간접원가표준배분율과 고정제조간접원가표준배분율을 각각 설정할 수 있다. 제조간접원가고정예산의 유일한 용도는 바로 이러한 제조간접원가표준배분율을 설정하는 것이다.

$$\text{변동제조간접원가표준배분율} = \frac{\text{변동제조간접원가고정예산}}{\text{기준조업도}}$$

$$\text{고정제조간접원가표준배분율} = \frac{\text{고정제조간접원가고정예산}}{\text{기준조업도}}$$

실제조업도 수준의 생산활동에 실제로 소비된 제조원가의 능률성을 평가하는 기준은 실제조업도에 대응되는 제조원가예산, 즉 제조원가변동예산(flexible budget)이다. 그것은 실제조업도에 단위당표준원가를 적용하여 작성된 제조원가예산으로서, 제조원가고정예산을 실제조업도 수준에 맞추어 조정한 것이다.

제조원가변동예산은 고정제조간접원가변동예산과 변동제조원가변동예산으로 구성된다. 여기서 고정제조간접원가변동예산은 모든 실제조업도 수준에서 그 크기가 항상 일정하다. 고정원가란 실제조업도의 변동과 무관한 것이기 때문이다. 즉 모든 조업도 수준에서 고정제조간접원가변동예산은 고정제조간접원가고정예산과 항상 일치된다. 그러나 변동제조원가변동예산은 실제조업도에 단위당표준변동제조원가를 곱하여 작성되므로, 실제조업도에 비례하여 크기가 변하게 된다. 따라서 제조원가변동예산은 다음의 공식으로 나타낼 수 있다.

제조원가변동예산(Y)
= 고정제조간접원가변동예산 + 변동제조원가변동예산
= 고정제조간접원가변동예산(a) + 단위당표준변동제조원가(b) × 실제조업도(X)

*고정제조간접원가변동예산 = 고정제조간접원가고정예산

여기서 단위당표준변동제조원가는 제품단위당 생산요소의 수량표준(또는 시간표준)에 생산요소의 가격표준(표준가격, 표준임률, 표준배분율 등)을 곱한 것이다. 위의 제조원가변동예산 공식을 원가요소별로 나타내면 [표 10-2]와 같다.

표 10-2 원가요소별 변동예산

제조원가변동예산 = 실제조업도×단위당표준원가
직접재료원가변동예산 = 실제조업도×수량표준×표준가격
직접노무원가변동예산 = 실제조업도×시간표준×표준임률
변동제조간접원가변동예산 = 실제조업도×시간표준×변동제조간접원가표준배분율
고정제조간접원가변동예산 = 기준조업도×시간표준×고정제조간접원가표준배분율
= 고정제조간접원가고정예산
*제조간접원가는 직접노동시간을 기준으로 배분된다고 가정함

제조원가변동예산의 작성은 그것의 수량기준변동예산을 작성하는 것에서 시작된다. [표 10-2]에서 실제조업도에 수량표준(또는 시간표준)을 곱한 값이

해당 원가요소의 수량기준변동예산이다. 그것은 실제조업도에 대응되는 표준수량으로서, 실제조업도 수준의 생산활동에 허용된 표준소비량 또는 표준노동시간이다. 이것을 기준으로 실제조업도 수준에서 실제로 소비된 자원의 능률성을 평가한다.

수량기준변동예산 = 실제조업도×수량표준(또는 시간표준)

금액기준변동예산은 수량기준변동예산에 투입요소의 가격표준(표준가격, 표준임률, 표준배분율 등)을 곱한 것이다.

금액기준변동예산 = 수량기준변동예산×가격표준(표준가격, 표준임률, 표준배분율 등)

예제 10-1

2004년의 정상조업도 수준으로 추정된 기준조업도가 20,000개, 재료의 수량표준이 2kg(표준가격은 ₩5,000/kg), 시간표준이 3시간(표준임율은 ₩2,000/시간)으로 설정되었고, 이러한 기준조업도에 대응되는 변동제조간접원가예산과 고정제조간접원가예산은 각각 ₩60,000,000, ₩100,000,000으로 추정되었다. 2004년의 실제조업도가 15,000개일 때, 실제조업도에 대응되는 제조원가변동예산(수량기준변동예산과 금액기준변동예산)을 원가요소별로 작성하시오.

풀이

<제조원가변동예산>

제조원가	수량기준변동예산	금액기준변동예산
직접재료원가	15,000개×2= 30,000kg	30,000kg × ₩5,000 =₩150,000,000
직접노무원가	15,000개×3= 45,000시간	45,000시간 × ₩2,000 =₩90,000,000
변동간접원가	15,000개×3= 45,000시간	45,000시간 × ₩1,000[1] =₩45,000,00
고정간접원가		₩100,000,000[2]

1) 변동제조간접원가표준배분율
=변동제조간접원가고정예산/기준조업도=₩60,000,000/(20,000개×3시간)
=₩1,000/시간

2) 고정제조간접원가는 조업도의 변동과 무관하므로 고정예산과 변동예산이 일치됨.

03 통제가능원가차이의 분해: 능률차이와 지출차이

제조원가는 직접재료원가, 직접노무원가, 제조간접원가 등으로 구성되는데, 각 원가요소의 원가차이란 해당 원가요소의 변동예산과 실제소비액의 차이를 가리킨다. 그것은 [수량기준변동예산과 실제소비량의 차이] 및 [가격표준과 실제가격의 차이]로 분해할 수 있다. 전자의 수량차이는 능률차이를 나타내고, 후자의 가격차이는 지출차이를 나타낸다.

(1) 능률차이

실제조업도 수준의 생산활동에 투입된 생산요소의 수량차이는 생산요소의 수량기준변동예산(=실제조업도×수량표준)과 실제소비량(=실제조업도×단위당실제수량)의 차이로서, 수량기준능률차이를 나타낸다.

수량기준능률차이
= 수량기준변동예산－실제소비량
= 실제조업도×수량표준－실제조업도×단위당실제수량

능률성은 일정한 양의 산출물에 대응되는 투입물의 크기로 측정되는데, 실제조업도에 대응되는 투입물의 실제소비량이 수량기준변동예산보다 적으면 능률성표준을 초과하는 것이기 때문에 유리한 차이로, 반대의 경우는 능률성표준에 미달되는 것이기 때문에 불리한 차이로 평가된다. 능률차이의 분석대상은 직접재료원가, 직접노무원가, 변동제조간접원가 등의 변동제조원가요소들이다. 고정제조간접원가는 능률차이의 분석대상이 아니다.

수량기준능률차이에 생산요소의 가격표준을 곱하면 금액으로 환산된 능률차이가 계산된다.

금액기준능률차이 = 수량기준능률차이×생산요소의 단위당가격표준실제가격이 아닌 가격표준을 곱하는 이유는 투입요소의 실제가격의 변동이 금액으로 평가된 능률성에 미치는 영향을 차단하기 위한 것이다.

(2) 지출차이

생산요소 1단위의 지출차이는 생산요소 1단위의 가격표준과 실제가격의 차이이다. 실제가격이 가격표준보다 낮으면 유리한 지출차이로, 그 반대의 경우는 불리한 지출차이로 평가된다.

생산요소 1단위의 지출차이 = 가격표준 − 단위당실제가격

생산요소 1단위의 지출차이에 실제조업도 수준의 생산활동에 소비된 생산요소의 실제소비량을 곱하면 실제조업도 수준에서의 지출차이가 계산된다.

지출차이 = 생산요소 1단위의 지출차이 × 생산요소의 실제소비량

지출차이의 분석대상은 모든 제조원가요소들이다. 그렇지만 계산방법은 원가행태별로 다르다. 변동제조원가요소들의 경우에는 이러한 계산방법이 그대로 적용된다. 그러나 고정제조간접원가는 그것의 변동예산이 고정예산과 금액이 같기 때문에 그것의 고정예산에서 실제발생액을 차감하여 지출차이를 계산한다.

(3) 통제가능원가차이

통제가능원가차이는 능률차이와 지출차이를 합계한 것이다. 이 중에서 능률차이는 언제나 통제가능원가차이지만, 지출차이는 제조부문의 권한에 따라 통제가능성 여부가 달라진다. 특히 문제가 되는 것은 직접재료원가의 지출차이와 직접노무원가의 지출차이이다. 통제가능성 기준에 따라 제조부문의 성과보고서를 작성할 때에는 항상 직접재료원가와 직접노무원가의 지출차이가 제조부문이 통제가능한 것인지를 잘 살펴야 한다.

만일 재료 1단위의 실제가격이나 노동 1단위의 실제임률을 결정할 수 있는 권한이 제조부문에 있다면 직접재료원가의 지출차이와 직접노무원가의 지출차이는 각각 통제가능원가차이에 포함된다. 이때에는 능률차이와 지출차이를 합계한 총차이가 통제가능원가차이이다. 따라서 제조부문의 성과보고서에 보고되는 직접재료원가차이와 직접노무원가차이는 능률차이와 지출차이를 모두 포함하는 해당원가요소의 총차이로 보고되어야 한다.

그러나 재료 1단위의 실제가격이 제조부문과 독립된 구매부문에서 결정되거나 노동 1단위의 실제임률이 제조부문보다 상위의 조직단위에서 결정된다면, 직접재료원가의 지출차이와 직접노무원가의 지출차이는 각각 통제가능원가차이에 포함되지 않는다. 이때에는 능률차이만 통제가능원가차이라고 할 수 있다. 따라서 제조부문의 성과보고서에 보고되는 직접재료원가차이와 직접노무원가차이는 해당원가요소의 능률차이로 보고되어야 한다.

이 장에서는 제조원가요소별 원가차이분석의 방법과 그것에 관한 성과보고서 작성방법을 설명한다. 이를 위해 아래의 자료를 이용한다.

자 료

[단위당표준원가]

원가항목	표준수량	표준가격	단위당 표준원가
직접재료원가	50kg	₩0.40/kg	₩20
직접노무원가	3시간	₩10 /시간	₩30
변동제조간접원가	3시간	₩5 /시간	₩15
고정제조간접원가	3시간	₩10 /시간	₩30*
표준제조원가			₩95

*고정제조간접원가예산 = 월 ₩30,000; 월간기준조업도 = 3,000시간

[실제원가자료](실제조업도 1,100개)

재료구입량: 50,000 kg, 실제구입가격: ₩0.39/kg
재료사용량: 56,000 kg
직접노동시간: 3,100시간, 실제임률: ₩10.50/시간
변동제조간접원가 실제소비액: ₩15,500
고정제조간접원가 실제소비액: ₩29,000

04 직접재료원가 차이분석

직접재료원가차이는 직접재료원가변동예산에서 그것의 실제소비액을 차감하여 계산하는데, 능률차이(수량차이)와 지출차이(가격차이)로 분해된다. 재료의 종류가 두 가지 이상이면, 능률차이는 다시 순수수량차이와 재료배합차이로 분해된다. 직접재료원가차이의 분해체계는 [그림 10-1]과 같다.

그림 10-1 직접재료원가차이의 분해체계

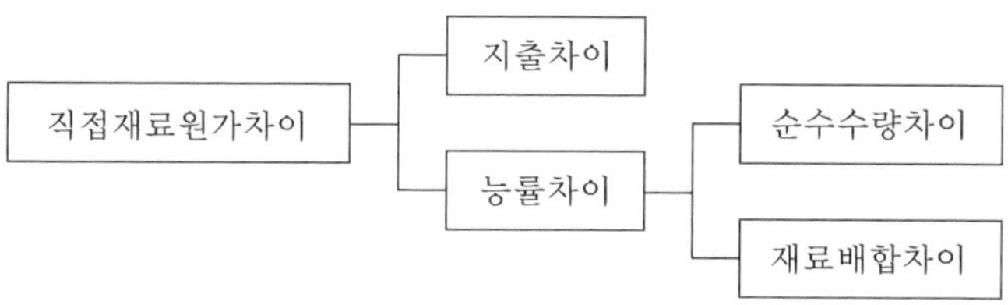

(1) 직접재료원가지출차이(가격차이)

직접재료원가지출차이(가격차이)는 재료 1단위의 지출차이에 실제구입량(AQ_P) 또는 실제사용량(AQ_U)을 곱한 것이다.

> 직접재료원가지출차이(가격차이)
> = 재료 1단위의 지출차이×실제구입량(AQ_P) 또는 실제사용량(AQ_U)
> = [표준가격(SP) − 실제가격(AP))]×AQ_P 또는 AQ_U

재료 1단위의 지출차이는 표준가격(SP)에서 실제가격(AP)을 차감한 것이다($SP-AP$). 여기에 실제구입량(AQ_P) 또는 실제사용량(AQ_U)의 어느 것을 곱할 것인가는 가격결정의 책임이 제조부문과 독립적으로 존재하는 구매부문에게 있느냐 아니면 구매기능을 포함하고 있는 제조부문에게 있느냐에 따라 결정된다.

① 실제구입량(AQ_P)으로 계산되는 지출차이

만일 제조부문과 독립적으로 존재하는 구매부문이 가격차이에 대한 책임을 지는 조직구조라면 재료의 구입시점에서부터 표준가격으로 기록하여 재료구입시점에서 지출차이를 분리하고 그것에 대한 책임을 구매부문에게 부여하는 것이 책임회계의 통제가능성 기준에 부합된다. 그러므로 실제구입량(AQ_P)에 대응된 지출차이가 계산되어야 한다. 이렇게 계산된 재료지출차이는 제조부문이 통제가능한 원가차이가 아니며, 따라서 제조부문의 성과보고서에 보고되어서는 안 된다. 그것에 대한 책임이 구매부문에게 있기 때문이다.

직접재료원가지출차이(가격차이)
= $(SP-AP)\times$실제구입량(AQ_P)
= $(₩0.4-₩0.39)\times$50,000kg = ₩500(유리)

② 실제사용량(AQ_U)으로 계산되는 지출차이

만일 제조부문이 구매기능을 포함하고 있으면서 가격결정에 대한 책임을 지는 조직구조라면, 제조부문이 구입한 재료가 결국에는 제조부문에서 소비될 것이므로, 실제사용량(AQ_U)에 대응된 지출차이를 계산하여도 크게 문제가 되지 않는다. 이러한 조직구조에서는 일반적으로 실제원가로 재료구입원가를 기록하고, 생산공정에 투입된 재료원가는 표준가격으로 기록한다. 이에 따라 재료지출차이는 재료가 생산공정에 투입되는 시점에서부터 발생된다. 그러므로 실제사용량(AQ_U)에 대응된 가격차이가 계산되고, 이렇게 계산된 재료지출차이는 제조부문의 통제가능원가차이이므로 성과보고서에도 보고되어야 한다.

직접재료원가지출차이(가격차이)
= $(SP-AP)\times$실제구입량(AQ_U)
= $(₩0.4-₩0.39)\times$56,000kg = ₩560(유리)

(2) 직접재료원가능률차이(수량차이)

직접재료원가능률차이(수량차이)는 직접재료원가의 수량기준능률차이에 재료의 표준가격(SP)을 곱한 것이다. 직접재료원가의 수량기준능률차이는 실제조업도 수준의 생산활동에 허용된 표준재료소비량, 즉 직접재료원가의 수량기준변동예산(SQ_A)에서 실제사용량(AQ_U)을 차감한 것이다($SQ_A - AQ_U$).

> 직접재료원가능률차이(수량차이)
> = 수량기준능률차이 × 재료표준가격(SP)
> = [수량기준변동예산(SQ_A) − 실제재료소비량(AQ_U)] × 재료표준가격(SP)
> = (1,100개 × 50kg − 56,000kg) × ₩0.40/kg = ₩400(불리)

예제 10-2

안성공구㈜는 A제품을 생산하고 있다. 이 제품은 공정시점에 재료를 전부 투입하여 제조된다. 단위당 표준원가와 11월의 실제 생산자료는 아래와 같다. 실제로 생산활동이 선입선출법의 가정대로 이루어진다고 할 때, 직접재료원가의 능률차이와 지출차이를 계산하시오(재료지출차이는 구입시점에서 분리함).

<표준원가>

직접재료원가(1kg, @₩2)	₩2.00
직접노무원가(0.6시간, @₩10)	₩6.00

<생산자료>

기초재공품	500개(진척도 20%)
당기생산량	5,100개
기말재공품	400개(진척도 50%)
직접재료구입량(@2.10)	5,200kg
직접재료사용량	5,300kg
직접노동시간(@10.20)	3,200시간

풀이 (1) 실제조업도 = 5,100 − 500 + 400 = 5,000개

(2) 직접재료원가지출차이 = $(AP - SP) \times AQ_P$
= (2.10 − 2) × 5,200kg = ₩520(불)

(3) 직접재료원가능률차이 = $(AQ_U - SQ_A) \times SP$
= (5,300 − 5,000 × 1kg) × 2 = ₩600(불)

(3) 순수수량차이와 재료배합차이

재료의 종류가 두 가지 이상일 경우에는 재료종류별로 위의 계산과정을 반복하여 모든 재료에 걸쳐서 합계하면 직접재료원가 능률차이(수량차이)와 지출차이(가격차이)를 구할 수 있다. 이 중에서 직접재료원가능률차이는 그 원천에 따라 순수수량차이와 재료배합차이로 다시 분해된다.

① 순수수량차이

순수수량차이는 재료배합이 표준배합비율대로 유지된다고 하더라도 실제 조업도 수준에 대응되는 표준재료사용량(수량기준 변동예산)과 실제사용량이 다르기 때문에 나타나는 능률차이이다. 그것은 표준배합비율대로 배합되었을 때의 실제조업도 수준에 대응되는 표준재료사용량(수량기준 변동예산)과 실제사용량의 차이를 재료 종류별로 구한 다음, 여기에 해당 재료의 표준가격을 곱하고, 그 결과를 모든 재료에 걸쳐서 합계한 것이다.

> 순수수량차이
>
> $$= \sum_{i}^{n}(\text{표준배합} \cdot \text{표준사용량} - \text{표준배합} \cdot \text{실제사용량})i \times (\text{표준가격})i$$

② 재료배합차이

재료배합차이는 실제조업도 수준에서의 각 재료의 실제사용량이 표준배합비율과 다른 비율로 배합되어 사용되었기 때문에 발생되는 능률차이이다. 그것은 표준배합비율대로 배합되었을 경우의 실제사용량과 실제배합비율에 따른 실제사용량의 차이를 각 재료별로 구한 다음, 여기에 해당 재료의 표준가격을 곱하고, 그 결과를 모든 재료에 걸쳐서 합계한 것이다.

> 재료배합차이
>
> $$= \sum_{i}^{n}(\text{표준배합} \cdot \text{실제사용량} - \text{실제배합} \cdot \text{실제사용량})i \times (\text{표준가격})i$$

예제 10-3

아래 자료를 이용하여 직접재료원가능률차이를 계산하고, 그것을 순수수량차이와 재료배합차이로 분해하시오(실제조업도는 100단위)..

재료원가표준	A재료: 1톤×₩400 = ₩400,	B재료: 1.5톤×₩300 = ₩450
실제사용량	A재료: 120톤,	B재료: 140톤

풀이 (1) 직접재료원가능률차이

A 재료:	(1.0톤×100단위－120톤)×₩400	=	₩8,000(불리)
B 재료:	(1.5톤×100단위－140톤)×₩300	=	₩3,000(유리)
직접재료원가능률차이			₩5,000(불리)

(2) 직접재료원가능률차이의 분해

① 순수수량차이(표준배합비율 = 1 : 1.5)

재 료	표준배합· 표준사용량	표준배합· 실제사용량	차 이	표준가격	순수수량차이
A	100	104	4톤	₩400	₩1,600(불리)
B	150	156	6톤	₩300	₩1,800(불리)
합 계	250톤	260톤			₩3,400(불리)

② 재료배합차이

재 료	표준배합· 실제사용량	실제배합· 실제사용량	차 이	표준가격	재료배합차이
A	104	120	16톤	₩400	₩6,400(불리)
B	156	140	16톤	₩300	₩4,800(유리)
합 계	260톤	260톤			₩1,600(불리)

예제 10-4

아래 자료를 이용하여 직접재료원가능률차이를 계산하고, 그것을 배합차이와 수율차이(순수수량차이)로 분해하시오.

(1) 월간 기준조업도 140,000톤에 대한 재료예산

재료	톤당 원가	총투입량(톤)	재료원가고정예산
재료A	₩70	120,000	₩8,400,000
재료B	50	80,000	4,000,000
			₩12,400,000

(2) 최근 1달 동안의 실제조업도 112,000톤에 사용된 재료

재료	톤당 원가	총투입량(톤)	실제재료원가
재료A	₩80	90,000	₩7,200,000
재료B	50	90,000	4,500,000
			₩11,700,000

풀이 (1) 112,000톤에 대응되는 재료원가변동예산[(112/140)×100% = 80%]

재 료	톤당원가	총투입량(톤)	재료원가변동예산
재료A	₩70	120,000×0.8=96,000	₩ 6,720,000
재료B	50	80,000×0.8=64,000	3,200,000
			₩ 9,920,000

(2) 직접재료원가능률차이

재료A :	(96,000−90,000)×70 =	₩ 420,000(유)
재료B :	(64,000−90,000)×50 =	₩1,300,000(불)
재료능률차이		₩ 880,000(불)

(3) 직접재료원가능률차이의 분해

① 순수수량차이(표준배합비율 = 1 : 1.5)

재 료	표준배합·표준사용량	표준배합·실제사용량	차 이	표준가격	순수수량차이
A	96,000	108,000	12,000	₩70	840,000(불)
B	64,000	72,000	8,000	₩50	400,000(불)
합 계	160,000	180,000			₩1,24,,000(불)

② 재료배합차이

재 료	표준배합 · 실제사용량	표준배합 · 실제사용량	차 이	표준가격	재료배합차이
A	108,000	90,000	180,000	₩70	1,260,000(유)
B	72,000	90,000	180,000	₩50	900,000(불)
합 계	180,000	260			₩360,000(유)

05 직접노무원가차이분석

직접노무원가차이는 직접노무원가변동예산에서 그것의 실제소비액을 차감하여 계산하는데, 직접노무원가능률차이(시간차이)와 직접노무원가지출차이(임률차이)로 분해된다. 노동의 등급이 두 종류 이상이면, 능률차이는 다시 순수시간차이와 노동배합차이로 분해된다. 직접노무원가차이의 분해체계는 [그림 10-2]와 같다.

그림 10-2 직접노무원가차이의 분해체계

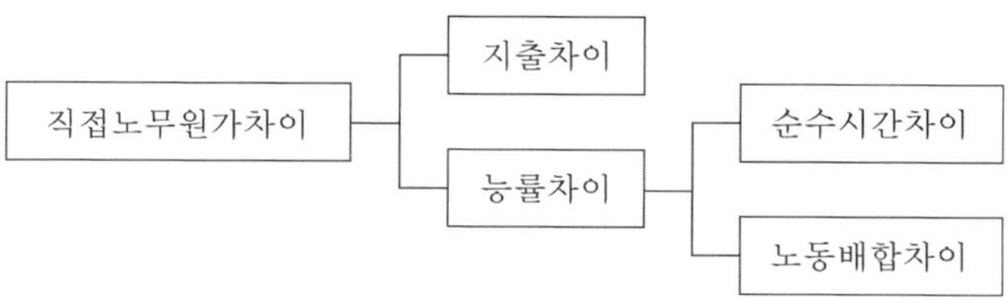

(1) 직접노무원가지출차이(임률차이)

직접노무원가지출차이(임률차이)는 표준임률(SR)에서 실제임률(AR)을 차감한 시간당 임률차이($SR-AR$)에 실제조업도를 수행하는 데 소비된 실제작업시간(AH)을 곱한 것이다. 실제임률이 제조부문에서 결정된다면 임률차이도 제조부문이 통제가능한 원가차이이므로 성과보고서에 보고되어야 한다. 그러나 임률결정권한이 제조부문에 없을 때에는 통제가능원가차이가 아니며, 따라서 성과보고서에 보고되어서도 안 된다.

> 직접노무원가지출차이(임률차이)
> = [표준임률(SR) − 실제임률(AR)] × 실제작업시간(AH)
> = (₩10 − ₩10.50) × 3,100시간 = ₩1,550(불리)

(2) 직접노무원가능률차이(시간차이)

직접노무원가능률차이(시간차이)는 직접노무원가의 시간기준능률차이에 노동의 표준임률(SR)을 곱한 것이다. 직접노무원가의 시간기준능률차이는 실제조업도 수준의 생산활동에 허용된 표준작업시간, 즉 직접노무원가의 시간기준 변동예산(SH_A)에서 실제작업시간(AH)을 차감한 것이다($SH_A - AH$).

> 직접노무원가능률차이(시간차이)
> = 시간기준능률차이 × 표준임률(SR)
> = [시간기준 변동예산(SH_A) − 실제작업시간(AH)] × 표준임률(SR)
> = (1,100개 × 3시간 − 3,100시간) × ₩10/시간 = ₩2,000(유리)

예제 10-5

[예제 10-2]의 자료를 이용하여 직접노무원가의 능률차이와 지출차이를 계산하시오.

풀이 (1) 실제조업도 = 5,100 − 500 × 0.2 + 400 × 0.5 = 5,200개

(2) 직접노무원가지출차이 = ($AR - SR$) × AH = (10.20 − 10) × 3,200
= ₩640(불)

(3) 직접노무원가능률차이 = ($AH - SH_a$) × SR = (3,200 − 5,200 × 0.6) × 10
= ₩800(불)

(3) 순수시간차이와 노동배합차이

노동의 등급이 두 가지 이상일 경우에는 노동등급별로 위의 계산과정을 반복하여 모든 노동등급에 대해서 합계하면 직접노무원가능률차이와 지출차이를 구할 수 있다. 이 중에서 직접노무원가능률차이는 그 원천에 따라 순수시간차이와 노동배합차이로 다시 분해된다.

① 순수시간차이

순수시간차이는 노동배합이 표준배합비율대로 유지된다고 하더라도 실제조업도 수준에 대응되는 표준작업시간과 실제작업시간이 다르기 때문에 나타나는 능률차이이다. 그것은 표준배합비율대로 배합되었을 때의 실제조업도 수준에 대응되는 표준작업시간(시간기준변동예산)과 실제작업시간의 차이를 노동등급별로 구한 다음, 여기에 해당 노동의 표준임률을 곱하고, 그 결과를 모든 노동등급에 걸쳐서 합계한 것이다.

순수시간차이

$$= \sum_{i}^{n}(\text{표준배합}\cdot\text{표준작업시간} - \text{표준배합}\cdot\text{실제작업시간})i \times (\text{표준임률})i$$

② 노동배합차이

노동배합차이는 실제조업도 수준에서의 각 노동등급의 실제작업시간이 표준배합비율과 다른 배합비율로 사용되었기 때문에 발생되는 능률차이이다. 그것은 표준배합비율대로 배합되었을 경우의 실제작업시간과 실제배합비율에 따른 실제작업시간의 차이를 노동등급별로 구한 다음, 여기에 해당 노동등급의 표준임률을 곱하고, 그 결과를 모든 노동등급에 걸쳐서 합계한 것이다.

노동배합차이

$$= \sum_{i}^{n}(\text{표준배합}\cdot\text{실제작업시간} - \text{실제배합}\cdot\text{실제작업시간})i \times (\text{표준임률})i$$

예제 10-6

동명산업㈜에서는 숙련공 2명과 반숙련공 3명이 함께 작업을 하여 책상을 제조하고 있다. 책상 1단위 생산에 걸리는 표준작업시간은 2시간인데, 지난달에는 200단위를 생산하였고, 실제작업시간은 420시간이었다. 숙련공은 1인당 60시간씩, 반숙련공은 1인당 100시간씩 작업을 한 것으로 집계되었다. 시간당 표준임률은 숙련공은 ₩3,000, 반숙련공은 ₩2,500이다. 직접노무원가능률차이를 계산하고, 그것을 순수시간차이와 노동배합차이로 분해하시오.

풀이 (1) 표준작업시간과 실제작업시간의 계산

- 실제조업도에 허용된 표준작업시간(SH_A) = 200개×2시간 = 400시간
- 표준배합비율 = 숙련공 : 반숙련공 = 2 : 3
- 노동등급별 표준작업시간과 실제작업시간의 계산

숙련공	SH_A = 400시간×0.4 = 160시간	AH = 60시간×2 = 120시간
반숙련공	SH_A = 400시간×0.6 = 240시간	AH = 100시간×3 = 300시간
	표준작업시간 400시간	실제작업시간 420시간

(2) 직접노무원가능률차이의 계산

숙련공	(160시간−120시간)×₩3,000 =	₩120,000(유리)
반숙련공	(240시간−300시간)×₩2,500 =	₩150,000(불리)
노동시간차이		₩ 30,000(불리)

(3) 직접노무원가능률차이의 분해

① 순수시간차이(표준배합비율 = 2 : 3)

노 동	표준배합·표준시간	표준배합·실제시간	차 이	표준임률	순수시간차이
숙련공	160	168	8시간	₩3,000	₩24,000(불리)
반숙련공	240	252	12시간	₩2,500	₩30,000(불리)
합 계	400시간	420시간			₩54,000(불리)

② 노동배합차이

노 동	표준배합·표준시간	표준배합·실제시간	차 이	표준임률	순수시간차이
숙련공	168	120	48시간	₩3,000	₩144,000(유리)
반숙련공	252	300	48시간	₩2,500	₩120,000(불리)
합 계	420시간	420시간			₩24,000(유리)

예제 10-7

주어진 자료를 이용하여 직접노무원가능률차이를 계산하고, 그것을 노동배합차이와 노동수율차이(순수시간차이)로 각각 분해하시오.

(1) 생수 1,000리터 생산에 필요한 표준노무원가

노동등급	표준시간	표준임율	표준노무원가
A	10	₩12	₩120
B	0	10	0
C	50	8	400
D	40	6	240
			₩760

(2) 100,000리터를 실제로 생산하는 데 투입된 작업량과 원가

노동등급	실제시간	실제임율	실제노무원가
A	0	₩15	₩0
B	200	11	2,200
C	6,000	9	54,000
D	4,000	7	28,000
			₩84,200

풀이 (1) 100,000리터에 대응되는 노무원가 변동예산

노 동	임 률	시 간	노무원가 변동예산
A	₩12	1,000	₩12,000
B	10	0	0
C	8	5,000	40,000
D	6	4,000	24,000
			₩76,000

(2) 직접노무원가능률차이

A	(0−1,000)	×	₩12	=	₩12,000(유)
B	(200−0)	×	₩10	=	₩2,000(불)
C	(6,000−5,000)	×	₩8	=	₩8,000(불)
D	(4,000−4,000)	×	₩6	=	₩0
직접노무원가능률차이					₩2,000(유)

(3) 노동시간차이의 분해

① 순수시간차이

노 동	표준배합·표준작업시간	표준배합·실제작업시간	차 이	표준임률	순수시간차이
A	1,000	1,020	20	₩12	240(불)
B	0	0	0	₩10	0
C	5,000	5,100	100	₩8	800(불)
D	4,000	4,080	800	₩6	480(불)
합 계	10,000	10,200			₩1,520(불)

② 노동배합차이

노 동	표준배합·표준작업시간	표준배합·실제작업시간	차 이	표준임률	순수시간차이
A	1,020	0	1,020	₩12	12,240(유)
B	0	200	200	₩10	2,000(불)
C	5,100	6,000	900	₩8	7,200(불)
D	4,080	4,000	80	₩6	480(유)
합 계	10,200	10,200			₩3,520(유)

06 제조간접원가차이분석: 4분법

제조간접원가차이는 제조간접원가변동예산에서 그것의 실제소비액을 차감하여 계산하는데, 원가행태에 따라 변동제조간접원가차이와 고정제조간접원가차이로 분해된다. 변동제조간접원가차이는 변동제조간접원가의 변동예산과 실제소비액의 차이로서, 능률차이(시간차이)와 지출차이(배분율차이)로 분해된다. 고정제조간접원가차이는 오직 지출차이로 계산된다. 즉 능률차이는 존재하지 않는다. 그 대신에 고정제조간접원가의 경우에는 조업도차이를 분석할 필요가 있다. 그것은 통제가능원가차이에 포함되는 것은 아니지만, 표준원가계산에 따라 계산된 당기순이익을 정당하게 표시하기 위한 표준매출원가의 수정항목이기 때문이다.

이렇게 하면 제조간접원가차이는 모두 네 가지 차이로 분해된다. 이러한 분해체계를 4분법이라 하는데, 그것은 제조간접원가실제소비액이 변동제조간접원가실제소비액과 고정제조간접원가실제소비액으로 분리되어 있어야 적용할 수 있는 체계이다. 제조간접원가실제소비액이 원가행태별로 분리되어 있지 않을 때에는 3분법 또는 2분법 체계를 적용해야 한다. 이러한 제조간접원가차이의 분해체계는 [그림 10-3]과 같다. 이 절에서는 먼저 4분법 체계를 설명한다.

그림 10-3 제조간접원가차이분석의 분해체계

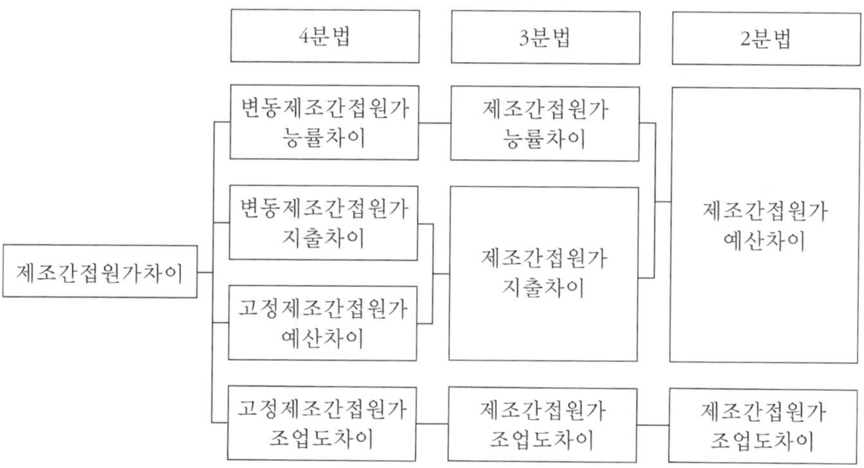

(1) 변동제조간접원가능률차이(시간차이)

변동제조간접원가의 시간기준능률차이는 그것의 시간기준 변동예산(SH_A)과 실제작업시간(AH)의 차이이다($SH_A - AH$). 여기에 노동시간당 변동제조간접원가 표준배분율(SVR)을 곱하면 금액으로 환산된 변동제조간접원가능률차이가 계산된다.

> 변동제조간접원가능률차이(시간차이)
> = 시간기준능률차이×표준배분율(*SVR*)
> = [시간기준변동예산(SH_A) − 실제작업시간(*AH*)]×변동제조간접원가표준배분율(*SVR*)
> = (1,100개×3시간−3,100시간)×₩5/시간 = ₩1,000(유리)

(2) 변동제조간접원가지출차이(배분율차이)

노동시간당 지출차이는 변동제조간접원가표준배분율(*SVR*)에서 실제배분율(*AVR*)을 차감한 것이다(*SVR*− *AVR*). 이것은 노동시간당 지출차이이므로, 변동제조간접원가지출차이를 구하려면 여기에 실제작업시간(*AH*)을 곱해야 한다.

> 변동제조간접원가지출차이(배분율차이)
> = (*SVR*− *AVR*)×실제작업시간(*AH*)
> = *SVR*× *AH*− <u>*AVR*× *AH*</u>(변동제조간접원가 실제소비액)
> = ₩5/시간×3,100시간−₩15,500 = ₩ 0

(3) 고정제조간접원가예산차이

고정제조간접원가예산차이는 그것의 변동예산과 실제소비액의 차이이다. 그 성질은 지출차이로 규정할 수 있다. 고정원가는 실제조업도의 변동에 관계없이 일정하기 때문에, 실제조업도에 대응되는 고정제조간접원가변동예산과 기준조업도에 대응되는 고정제조간접원가(고정)예산은 금액이 같다.

> 고정제조간접원가예산차이
> = 고정제조간접원가변동예산(*SF*)−고정제조간접원가실제소비액(*AF*)
> = ₩30,000−₩29,000 = ₩1,000(유리)

(4) 고정제조간접원가조업도차이

전부원가계산제도 아래에서 표준원가계산이 시행되면, 실제조업도(Q_a)가 기준조업도(Q_n)와 일치되지 않는 한, 실제조업도에 대해 배분되는 고정제조간접원가 표준배분액과 기준조업도에 대응되는 고정제조간접원가(고정)예산은 차이가 나기 마련이다. 그 차이를 고정제조간접원가 조업도차이라 한다.

조업도차이
= 고정제조간접원가예산(SF) − 고정제조간접원가표준배부액(SF_A)
= $SH \times SFR - SH_A \times SFR = (SH - SH_A) \times SFR$
= (3,000시간 − 3,300시간) × ₩10/시간 = ₩3,000(유리)

변동예산과 실제소비액을 비교하여 차이가 계산되는 변동제조원가의 경우에는 이러한 조업도차이가 계산될 여지가 없다. 따라서 조업도차이는 오직 고정제조간접원가에서만 발생된다. 그것은 비록 '유리 또는 불리'로 평가되지만 표준원가중심점의 업적평가와는 관계가 없다. 조업도차이는 시장상황을 잘못 예측하여 기준조업도가 정확하게 추정되지 못하였거나 그것이 정확하게 추정되었더라도 시장상황이 전혀 예상할 수 없었던 방식으로 변동하여 실제조업도가 그것과 달라진 결과이므로, 제조부문이 통제할 수 있는 원가차이가 아니다. 따라서 조업도차이는 제조부문의 성과보고서에 보고되지 않는다.

매출원가조정법이 사용되는 경우를 가정하면, 조업도차이는 표준매출원가에 가감된다. 배분부족의 경우에 발생되는 조업도차이는 표준매출원가에 가산되는데, 그 결과 당기순이익이 감소되기 때문에 그것을 불리한 조업도차이라고 한다. 초과배분의 경우에 발생되는 조업도차이는 표준매출원가에서 차감되는데, 그 결과 당기순이익이 증가하기 때문에 그것을 유리한 조업도차이라고 한다. 이처럼 조업도차이는 단지 표준원가계산에 따라 작성된 손익계산서에 당기순이익을 정당하게 표시하기 위하여 표준매출원가를 수정하는 데 이용되는 조정항목일 뿐이다.

예제 10-8

삼신기공㈜은 표준원가시스템을 사용하고 있다. 연간 기준조업도 40,000단위에 근거한 자동차부품의 표준원가는 변동제조간접원가가 기계시간당 ₩8씩 0.6시간, 고정제조간접원가가 기계시간당 ₩15씩 0.6시간으로 설정되었다. 완성품수량은 44,000개였고, 기초재공품이 2,000개(진척도 40%), 기말재공품이 4,000개(진척도 25%)였다. 실제변동제조간접원가는 ₩245,000, 실제고정제조간접원가는 ₩373,000이었다. 실제기계시간은 28,400시간이었다. 선입선출법에 따라 제조활동이 이루어진다고 가정하고, 제조간접원가차이를 4분법, 3분법, 2분법으로 분석하시오.

풀이 (1) 실제조업도 = 44,000 − 2,000×0.4 + 4,000×0.25 = 44,200개

(2) 시간기준 변동예산(SH_A) = 44,200×0.6시간 = 26,520시간

(3) 4분법

① 변동제조간접원가능률차이

= $(SH_A - AH) \times SVR$ = (26,520 − 28,400)×8 = ₩15,040(불)

② 변동제조간접원가지출차이

= $(SVR - AVR) \times AH$ = 8×28,400 − 245,000 = ₩17,800(불)

③ 고정제조간접원가예산차이

= 고정제조간접원가변동예산 − 고정제조간접원가실제액

= 40,000×0.6×15 − 373,000 = ₩13,000(불)

④ 고정제조간접원가조업도차이

= $(SH - SH_A) \times SFR$ = (40,000×0.6 − 26,520)×15 = ₩37,800(유)

(4) 3분법

⑤ 제조간접원가능률차이 = ① = ₩15,040(불)

⑥ 제조간접원가지출차이 = ②+③

= 17,800(불) + 13,000(불) = ₩30,800(불)

⑦ 제조간접원가조업도차이 = ④ = ₩37,800(유)

(5) 2분법

⑧ 제조간접원가예산차이 = ①+②+③ = ⑤+⑥

= 15,040(불) + 30,800(불) = ₩45,840(불)

⑨ 제조간접원가조업도차이 = ④ = ⑦ = ₩37,800(유)

07 제조간접원가차이분석: 3분법과 2분법

앞에서 살펴본 제조간접원가차이분석을 위한 4분법 체계는 제조간접원가 실제소비액이 변동원가와 고정원가로 구분되어 있는 경우에만 이용할 수 있다. 그렇지 않은 경우에는 3분법이나 2분법 체계를 이용해야 한다.

(1) 3분법

제조간접원가실제소비액이 변동제조간접원가와 고정제조간접원가로 분리되어 있지 않으면 4분법 체계에 따른 제조간접원가 차이분석이 불가능하다. 이때에는 4분법에 따라 분류된 차이들을 성질이 유사한 것끼리 서로 통합하여 새로운 분석절차를 구성할 수 있다. 4분법 체계에서 변동제조간접원가지출차이와 고정제조간접원가예산차이는 모두 지출차이이므로, [그림 10-3]에서처럼 이 두 가지 차이를 결합하여 제조간접원가지출차이라고 부른다. 제조간접원가지출차이의 계산방법은 [표 10-3]에 제시되어 있다.

표 10-3 제조간접원가지출차이의 계산

제조간접원가지출차이

= 변동제조간접원가지출차이(₩0) + 고정제조간접원가예산차이(₩1000(유리))

= $(SVR - AVR) \times AH + (SF - AF)$

= $(SVR \times AH + SF) - (AVR \times AH + AF)$

= $(SVR \times AH + SF)$ − 제조간접원가실제소비액

= (₩5/시간×3,100시간 + ₩30,000) − (₩15,500 + ₩29,000)

= ₩1,000(유리)

여기서, 제조간접원가지출차이의 평가기준인 $[SVR \times AH + SF]$는 실제작업시간으로 측정된 실제조업도에 대응되는 제조간접원가변동예산이다. 그것은 실제조업도가 표준작업시간으로 능률성 있게 수행되는 것을 전제하지 않는 변동예산이므로, 순수하게 지출성과의 판단기준으로 이용된다.

3분법(三分法) 체계는 4분법 체계를 변동제조간접원가능률차이, 제조간접

원가지출차이, 고정제조간접원가조업도차이 등의 세 가지 차이로 재구성한 것이다. 그것은 제조간접원가실제소비액을 고정원가성분과 변동원가성분으로 분해할 수 없는 경우를 전제로 하기 때문에, 3분법을 구성하는 차이의 명칭도 각각 제조간접원가능률차이, 제조간접원가지출차이, 제조간접원가조업도차이 등으로 붙일 수 있다. 3분법(三分法) 체계는 다음과 같다:

① 제조간접원가능률차이
= 변동제조간접원가능률차이
= $(SH_A - AH) \times SVR$ = (3,300시간−3,100시간)×₩5/시간 = ₩1,000(유리)
= 기초제품변동제조원가+당기완성품변동제조원가−기말제품변동제조원가

② 제조간접원가지출차이
= 변동제조간접원가지출차이+고정제조간접원가예산차이
= $(SVR \times AH + SF)$ − 제조간접원가실제소비액
= (₩5/시간×3,100시간+₩30,000)−(₩15,500+₩29,000) = ₩1,000(유리)

③ 제조간접원가조업도차이
= 고정제조간접원가조업도차이
= $(SH - SH_A) \times SFR$ = (3,000시간−3,300시간)×₩10/시간 = ₩3,000(유리)

(2) 2분법

지금까지 일관되게 예산차이란 무릇 변동예산과 실제소비액의 차이이며, 그것은 능률차이와 지출차이로 구성된다고 강조하였다. 제조간접원가의 경우도 예외가 아니다. 따라서 제조간접원가예산차이는 제조간접원가변동예산에서 제조간접원가실제소비액을 차감하여 구하며, 그것은 [그림 10−3]에서처럼 제조간접원가능률차이와 제조간접원가지출차이를 합한 것과 같다. 이러한 관계를 공식으로 나타내면 다음과 같다:

제조간접원가예산차이

= 제조간접원가지출차이(₩1,000(유리)) + 제조간접원가능률차이(₩1,000(유리))

= $(SVR \times AH + SF)$ − 제조간접원가실제소비액 + $(SH_A - AH) \times SVR$

= $\underline{(SVR \times AH + SF) + (SH_A - AH) \times SVR}$ − 제조간접원가실제소비액

= $\boldsymbol{(SF + SH_A \times SVR)}$ **− 제조간접원가실제소비액**

= <u>고정제조간접원가변동예산 + 변동제조간접원가변동예산</u> − 제조간접원가실제소비액

= **<u>제조간접원가변동예산</u> − 제조간접원가실제소비액**

= (₩30,000 + 3,300시간 × ₩5/시간) − (₩15,500 + ₩29,000) = ₩2,000(유리)

2분법(二分法)은 이렇게 계산되는 제조간접원가예산차이와 제조간접원가조업도차이의 두 가지로 제조간접원가차이를 분석한다. 제조간접원가예산차이의 평가기준인 $[SVR \times SH_A + SF]$는 표준작업시간으로 측정된 실제조업도에 대응되는 제조간접원가변동예산이다. 그것은 실제조업도가 표준작업시간으로 능률성 있게 수행되는 것을 전제로 하는 변동예산이므로, 능률성과와 지출성과를 모두 포함하는 성과판단기준으로 이용된다.

① 제조간접원가예산차이

= 제조간접원가변동예산 − 제조간접원가실제소비액

= $(SF + SH_A \times SVR)$ − 제조간접원가실제소비액

= (₩30,000 + 3,300시간 × ₩5/시간) − (₩15,500 + ₩29,000) = ₩2,000(유리)

② 제조간접원가조업도차이

= 고정제조간접원가조업도차이

= $(SH - SH_A) \times SFR$ = (3,000시간 − 3,300시간) × ₩10/시간 = ₩3,000(유리)

예제 10-9

지난 10월중에 160,000파운드의 원재료가 구입되어 사용되었는데 재료구입원가는 ₩1,650,000이다. 또한 실제 직접작업시간은 70,000시간이며 직접노무원가는 ₩770,000이다. 10월의 제조간접원가는 ₩1,200,000이다. 10월 1일의 기초재공품은

7,000단위인데 재료원가는 완성되고 가공원가는 2/7가 완성되었다. 10월 31일의 재공품은 3,000단위인데 재료원가는 완성되고 가공원가는 1/3이 완성되었다. 10월중에 34,000단위가 제품으로 대체되었다. 단위당 표준원가가 다음과 같다. 제조간접원가에 대한 표준원가는 월간 직접작업시간 80,000시간을 기준으로 결정하였다. 변동제조간접원가는 직접작업시간당 ₩5으로 추정되었다.

직접재료원가(5파운드, 파운드당 ₩10)	₩50
직접노무원가(2시간, 시간당 ₩10)	20
제조간접원가(직접작업시간 : 2시간, 시간당 ₩15)	30
합　계	₩100

이 자료를 이용하여 모든 제조원가차이를 가급적 상세하게 분석하시오. 단, 제조간접원가차이는 3분법과 2분법으로 각각 분석하시오.

풀이 (1) 직접재료원가차이분석

① 실제조업도 = 34,000 − 7,000 + 3,000 = 30,000개

② 지출차이 = $(AP-SP)\times AQ_p$ = 1,650,000 − 10 × 160,000 = ₩50,000(불)

③ 능률차이 = $(AQ_u - SQ_a)\times SP$ = (160,000 − 30,000 × 5) × 10 = ₩100,000(불)

(2) 직접노무원가 차이분석

① 실제조업도 = 34,000 − 7,000 × (2/7) + 3,000 × (1/3) = 33,000개

② 지출차이 = $(AR-SR)\times AH$ = 770,000 − 10 × 70,000 = ₩70,000(불)

③ 능률차이 = $(AH-SH_a)\times SR$ = (70,000 − 33,000 × 2) × 10 = ₩40,000(불)

(3) 제조간접원가차이분석−3분법

① 제조간접원가능률차이

= $(SH_A - AH)\times SVR$ = (66,000 − 70,000) × 5 = ₩20,000(불)

② 제조간접원가지출차이

= $(SVR-AVR)\times AH$ + 고정제조간접원가변동예산 − 고정제조간접원가실제액

= 5 × 70,000 − 변동제조간접원가실제액 + 10 × 80,000 − 고정제조간접원가실제액

= 1,150,000 − 제조간접원가실제발생액 = 1,150,000 − 1,200,000

= ₩50,000(불)

③ 제조간접원가조업도차이

$= (SH - SH_A) \times SFR = (80{,}000 - 66{,}000) \times 10 =$ ₩140,000(불)

(4) 제조간접원가차이분석-2분법

① 제조간접원가예산차이

= 제조간접원가능률차이+제조간접원가지출차이

= 20,000(불)+50,000(불) = ₩70,000(불)

② 제조간접원가조업도차이 = ₩140,000(불)

08 통제가능원가차이의 보고

제조간접원가차이의 분석결과는 제조부문의 성과보고서에 요약된다. 지금까지 본문에 제시된 차이분석결과를 성과보고서로 작성하면 [표 10-4]와 같다.

표 10-4 제조원가명세서

원가항목	변동예산		실제소비액		차이(유,불)
직접재료원가	$SQ_A \times SP$ =55,000kg×₩0.4	₩22,000	$AQ_U \times SP$ =56,000kg×₩0.4	₩22,400	재료능률차이 ₩400(불리)
직접노무원가	$SH_A \times SR$ =3,300시간×₩10	₩33,000	$AH \times AR$ =3,100시간×₩10.5	₩32,550	노무원가총차이 ₩450(유리)
제조간접원가	$(SH_A \times SVR)$+고정간접원가변동예산 =3,300시간×₩5 +₩30,000	₩46,500	제조간접원가실제소비액 =₩15,500+₩29,000	₩44,500	제조간접원가예산차이 ₩2,000(유리)
통제가능원가	제조원가변동예산	₩101,500	제조원가실제액	₩99,450	₩2,050(유리)

*재료가격차이는 구매부문의 책임이고, 임률차이는 제조부문의 책임이라고 가정함.

[표 10−4]의 직접재료원가차이에 재료능률차이만 보고되어 있는 것처럼, 모든 원가차이가 제조부문의 성과보고서에 보고되는 것은 아니다. 제조부문이 통제가능한 원가차이들만 해당 책임중심점의 성과보고서에 보고된다. 따라서 제조부문의 성과보고서를 작성할 때에는 다음의 세 가지 사항에 유의할 필요가 있다:

첫째로, 제조부문이 재료구입가격에 대한 책임을 지지 않는다면, 성과보고서에 보고되는 직접재료원가 실제소비액은 실제구입가격(AP)이 아닌 표준구입가격(SP)으로 평가되어야 하므로, 직접재료원가차이는 다음과 같이 계산된다:

$$SQ_A \times SP - AQ_U \times SP = (SQ_A - AQ_U) \times SP$$

이렇게 계산된 차이는 직접재료원가 능률차이이다. 따라서 제조부문이 재료구입가격에 대한 책임을 지지 않는다면, 성과보고서에 보고되는 직접재료원가차이는 능률차이에 한정된다.

둘째로, 제조부문이 임률결정에 대한 권한이 없다면, 제조부문의 성과보고서에 보고되는 직접노무원가 실제소비액은 실제임률(AR)이 아닌 표준임률(SR)로 평가되어야 하므로, 직접노무원가차이는 다음과 같이 계산된다:

$$SH_A \times SR - AH \times SR = (SH_A - AH) \times SR$$

이렇게 계산된 차이는 직접노무원가 능률차이이다. 따라서 제조부문이 임률결정에 대한 권한이 없다면, 성과보고서에 보고되는 직접노무원가차이는 능률차이에 한정된다. 그러나 [표 10−4]에는 직접노무원가 총차이가 보고되어 있다. 왜냐하면 임률차이가 제조부문의 책임이기 때문이다. 이러한 이유로, 직접노무원가 실제소비액이 실제임률(AR)로 평가되어 있다.

마지막으로, 고정제조간접원가 조업도차이는 성과보고서에 보고하지 않는다. 그것은 제조부문의 경영자가 통제할 수 없는 외부환경의 변화나 기준조업도의 예측오류에서 비롯된 것이어서 제조부문이 통제할 수 있는 것이 아니기 때문이다. 따라서 제조간접원가차이의 경우에는 2분법에서 계산된 제조간접원가 예산차이만 성과보고서에 보고된다.

예제 10-10

정원기계㈜는 2005년 1월 1일에 아래와 같은 표준을 설정하였다(재료원가는 구입시점부터 표준원가로 기록함).

직접재료원가	3파운드 @₩2.50/파운드	₩ 7.50
직접노무원가	5시간@₩7.50/시간	37.50
제조간접원가		
변동원가	₩3.00/직접노동시간	15.00
고정원가	₩4.00/직접노동시간	20.00
단위당표준원가		₩80.00

1월의 정상조업도는 40,000시간으로 추정되었는데, 실제조업도는 7,800단위이고, 생산자료는 직접재료구입량 25,000파운드(@₩2,60); 직접재료사용량 23,100파운드; 실제노동시간 40,100시간(@₩7.30); 실제제조간접원가소비액 ₩300,000이었다. (1) 재료원가차이, 노무원가차이, 제조간접원가차이 등을 각각 상세하게 분석하고 (2) 재료구매에 대한 책임은 구매부문에게 있고 임률결정권한은 제조부문에게 있을 때 제조부문의 성과보고서를 작성하시오.

풀이 (1) 직접재료원가 차이분석

① 지출차이 = $(AP-SP)\times AQ_p$ = (2.60−2.50)×25,000kg = ₩2,500(불)

② 능률차이 = $(AQ_u-SQ_a)\times SP$ = (23,100−7,800×3)×2.50 = ₩750(유)

(2) 직접노무원가 차이분석

① 지출차이 = $(AR-SR)\times AH$ = (7.30−7.50)×40,100 = ₩8,020(유)

② 능률차이 = $(AH-SH_a)\times SR$ = (40,100−7,800×5)×7.50 = ₩8,250(불)

(3) 제조간접원가차이분석(3분법)

① 제조간접원가능률차이

= $(SH_A-AH)\times SVR$ = (7,800×5−40,100)×3 = ₩3,300(불)

② 제조간접원가지출차이

= $(SVR-AVR)\times AH+$ 고정제조간접원가변동예산 − 고정제조간접원가실제액

= $3\times 40{,}100$ − 변동제조간접원가실제액 + $40{,}000\times 4$ − 고정제조간접원가실제액

= 280,300 − 제조간접원가실제발생액 = 280,300 − 300,000 = ₩19,700(불)

③ 제조간접원가조업도차이

= $(SH-SH_A)\times SFR$ = $(40{,}000-7{,}800\times 5)\times 4$ = ₩4,000(불)

(4) 성과보고서

	변동예산	실제원가	차이
직접재료원가	$SQ_a\times SP$ = 7,800×3×2.50 = ₩58,500	$AQ_u\times SP$ = 23,100×2.50 = ₩57,750	₩750(유): 능률차이
직접노무원가	$SH_a\times SR$ = 39,000×7.5 = ₩292,500	$AH\times AR$ = 40,100×7.3 = ₩292,730	₩230(불): 총차이
제조간접원가	제조간접원가 변동예산 = 40,000×4+39,000×3 = ₩277,000	제조간접원가 실제발생액 = ₩300,000	₩23,000(불): 예산차이
통제가능원가	₩628,000	₩650,480	₩22,480

09 판매부문의 차이분석: 통제가능공헌이익차이

만일 매출액을 성과지표로 이용하여 판매부문 경영자들의 성과를 평가한다면, 그들은 과연 어떻게 행동할 것으로 예상되는가? 아마도 그들은 기업전체의 수익성보다는 자신의 성과지표인 매출액의 증대에만 관심을 기울일 것이고, 이에 따라 잦은 가격할인, 무분별한 광고비 및 판촉비의 지출, 이익률이

낮은 제품의 집중적인 판매 등의 역기능적 행동을 선택할 가능성이 높다.

그래서 수익중심점(revenue center)인 판매부문의 성과는 단순한 매출액의 차이로 평가되지 않는다. 판매부문의 성과는 통제가능공헌이익의 차이로 측정된다. 여기서 유의할 점은 통제가능공헌이익의 개념이다. 일반적인 공헌이익과 통제가능공헌이익은 어떻게 다른가? 공헌이익은 매출액에서 총변동비용을 차감한 것이고, 통제가능공헌이익은 이렇게 구해진 공헌이익에서 통제가능고정원가까지 차감한 것이다. 즉 통제가능공헌이익은 통제가능고정원가도 변동비용으로 간주하여 계산된 공헌이익이다. 판매부문의 통제가능고정원가는 판매부문이 그 크기를 변화시킬 수 있는 고정판매비를 가리킨다. 따라서 통제가능공헌이익은 다음과 같이 측정된다.

통제가능공헌이익 = 공헌이익 − 통제가능고정원가(고정판매비)

판매부문의 성과지표인 통제가능공헌이익차이는 통제가능예산공헌이익과 통제가능실제공헌이익을 비교한 것이다.

통제가능공헌이익차이 = 통제가능예산공헌이익 − 통제가능실제공헌이익

[그림 10−4]는 이와 같은 통제가능공헌이익차이의 분석체계를 정리한 것이다.

(1) 통제가능예산공헌이익

통제가능예산공헌이익은 예산공헌이익에서 판매부문의 통제가능예산고정원가, 즉 예산고정판매비를 차감한 것이다. 여기서, 예산공헌이익은 예산판매량에 단위당예산공헌이익을 곱한 것이다. 통제가능예산공헌이익의 계산식은 다음과 같다.

그림 10-4 통제가능공헌이익차이의 분석체계

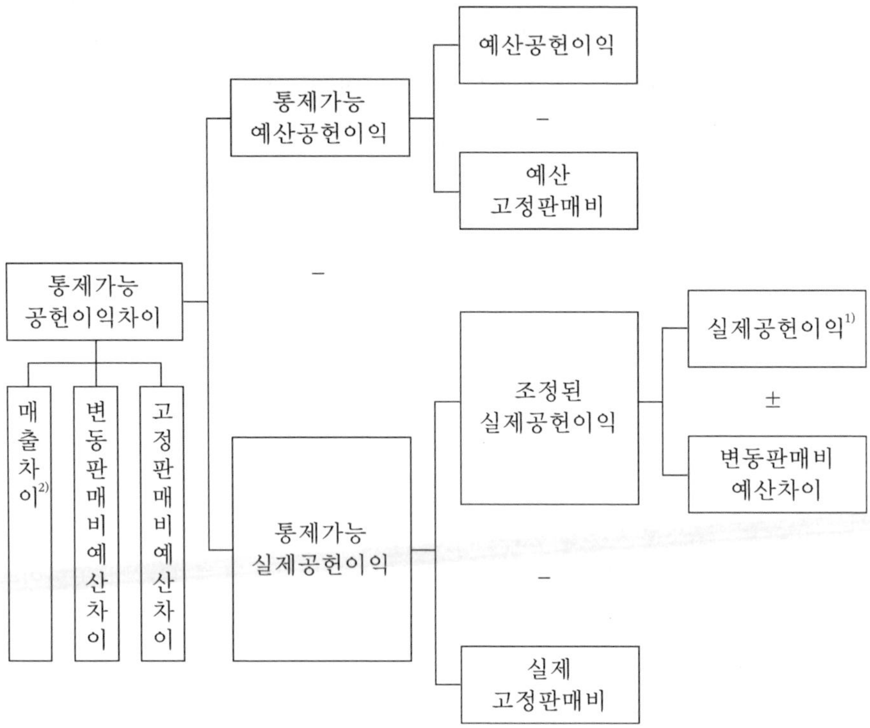

1) 단위당표준변동비용으로 측정됨
2) 예산공헌이익과 실제공헌이익의 차이

통제가능예산공헌이익

= 예산공헌이익 − 통제가능예산고정원가(예산고정판매비)

= 예산판매량 × (예산가격 − 단위당표준변동비용) − 예산고정판매비

= 예산판매량 × 단위당예산공헌이익 − 예산고정판매비

*단위당표준변동비용 = 단위당표준변동매출원가 + 단위당표준변동판매비

예제 10-11

동원제과㈜의 창원사업부는 제품 A와 B를 생산·판매하고 있다. 10월 중의 두 제품의 생산·판매와 관련된 원가정보는 자료와 같다.

	실제		예산	
	A	B	A	B
판매량	2,700개	3,300개	3,600개	2,400개
가격	₩210	₩140	₩200	₩150
직접재료원가	₩300,000	₩150,000	₩360,000	₩120,000
직접노무원가	100,000	150,000	144,000	96,000
변동제조간접원가	50,000	100,000	72,000	72,000
변동판매비	30,000	35,000	36,000	24,000
총변동비용	₩480,000	₩435,000	₩612,000	₩312,000
단위당변동비용	₩177.78	₩131.82	₩170	₩130
고정제조간접원가		₩55,000		₩50,000
고정판매비		₩14,000		₩15,000
고정일반관리비		₩20,000		₩25,000

이 기업은 창원사업부를 이익중심점으로, 판매부문을 수익중심점으로, 그리고 생산부문을 원가중심점으로 운영하고 있다. 따라서 판매비는 판매부문이, 일반관리비는 창원사업부가 각각 통제권한을 가지고 있고, 그것에 상응하는 책임을 진다. (1) 제품별로 단위당표준변동비용과 단위당예산공헌이익 (2) 예산공헌이익 (3) 판매부문의 통제가능예산공헌이익을 각각 구하시오.

풀이 (1) 단위당표준변동비용 = 단위당표준변동매출원가+단위당표준변동판매비

A: [(₩360,000+₩144,000+₩72,000)/3,600개]+(₩36,000/3,600개) = ₩170

B: [(₩120,000+₩96,000+₩72,000)/2,400개]+(₩24,000/2,400개) = ₩130

(2) 단위당예산공헌이익

A: ₩200−₩170 = ₩30, B: ₩150−₩130 = ₩20,

(3) 예산공헌이익

= 예산매출액−예산변동비용

= 예산판매량×(예산가격−단위당예산변동비용)

A: ₩200×3,600개 − ₩612,000 = 3,600개×(₩200 − ₩170) = ₩108,000

B: ₩150×2,400개 − ₩312,000 = 2,400개×(₩150 − ₩130) = ₩48,000

예산공헌이익 = ₩108,000 + ₩48,000 = ₩156,000

(4) 판매부문의 통제가능예산공헌이익

= 예산공헌이익 − 예산고정판매비 = ₩156,000 − ₩15,000 = ₩141,000

(2) 통제가능실제공헌이익

통제가능실제공헌이익은 실제공헌이익에서 판매부문의 통제가능실제고정원가, 즉 실제고정판매비를 차감한 것이다. 여기서, 실제공헌이익은 실제판매량에 단위당실제공헌이익을 곱한 것인데, 단위당실제공헌이익은 실제가격에서 단위당표준변동비용을 차감한 것이라는 점에 유의해야 한다.

실제공헌이익 = 실제판매량×(실제가격 − **단위당표준변동비용**)

단위당실제공헌이익을 이렇게 계산하는 이유는 판매부문의 성과에 대해 제조부문이 미치는 영향을 차단하기 위함이다. 그런데 이렇게 하면 변동제조원가의 소멸액인 변동매출원가가 제조부문에 의해 달라지더라도 그것이 판매부문의 실제공헌이익에 미치는 영향을 차단할 수 있지만, 판매부문이 통제가능한 변동판매비마저 표준원가가 적용됨으로써 실제공헌이익이 왜곡되는 문제가 생긴다. 따라서 판매부문의 통제가능실제공헌이익을 측정할 때에는 표준원가가 아닌 실제원가로 측정된 변동판매비가 반영되도록 이 부분을 조정해야 한다. 조정의 방법은 단위당표준변동비용으로 측정된 실제공헌이익에 변동판매비예산차이를 가산하는 것이다. 이렇게 하면 실제공헌이익을 측정할 때 표준원가로 측정되어 반영된 변동판매비(변동판매비변동예산)가 변동판매비실제발생액으로 대체되는 효과가 생긴다.

조정된 실제공헌이익
= 실제공헌이익 + 변동판매비예산차이
= 실제공헌이익 + 실제판매량×(단위당표준변동판매비 − 단위당실제변동판매비)

통제가능실제공헌이익은 이렇게 조정된 실제공헌이익에서 판매부문이 통제가능한 실제고정판매비를 차감하여 구한다.

통제가능실제공헌이익
= 조정된 실제공헌이익 − 실제고정판매비
= 실제공헌이익 + 실제판매량×(단위당표준변동판매비 − 단위당실제변동판매비)
 − 실제고정판매비

예제 10-12

[예제 10-11]에서 판매부문의 통제가능실제공헌이익을 구하시오.

풀이 통제가능실제공헌이익이 세 부분으로 구성되어 있는데, 앞의 두 부분을 제품별로 계산하여 합계한 다음 그것에서 판매부문이 통제가능한 실제고정판매비를 차감하여 구한다.

(1) 실제공헌이익 = 실제판매량×(실제가격 − 단위당표준변동비용)

A: 2,700개×(₩210 − ₩170) = ₩108,000

B: 3,300개×(₩140 − ₩130) = ₩33,000

합계 = ₩108,000 + ₩33,000 = ₩141,000

(2) 변동판매비예산차이 = 실제판매량×(단위당표준변동판매비 − 단위당실제변동판매비)

A: 2,700개×[(₩36,000/3,600개) − (₩30,000/2,700개)] = −₩3,000

B: 3,300개×[(₩24,000/2,400개) − (₩35,000/3,300개)] = −₩2,000

합계 = (−₩3,000) + (−₩2,000) = −₩5,000

(3) 통제가능실제공헌이익

= (1) + (2) − 실제고정판매비 = ₩141,000 − ₩5,000 − ₩14,000 = ₩122,000

(3) 통제가능공헌이익차이의 분해

앞에서 제시된 통제가능예산공헌이익과 통제가능실제공헌이익의 계산식을 비교하면 [표 10-5]와 같다.

표 10-5 통제가능예산공헌이익과 통제가능실제공헌이익의 비교

통제가능예산공헌이익 (A)		통제가능실제공헌이익 (B)		차 이 (A－B)	
	예산공헌이익: (예산판매량×단위당예산공헌이익)		실제공헌이익: (실제판매량×단위당실제공헌이익)		예산공헌이익－실제공헌이익: (예산판매량×단위당예산공헌이익)－(실제판매량×단위당실제공헌이익)	①
		+	실제판매량×(단위당표준변동판매비－단위당실제변동판매비)	－	실제판매량×(단위당표준변동판매비 － 단위당실제변동판매비)	②
－	예산고정판매비	－	실제고정판매비	－	(예산고정판매비－ 실제고정판매비)	③

*단위당실제공헌이익＝실제가격－단위당표준변동비용
*①은 매출차이, ②는 변동판매비예산차이, ③은 고정판매비예산차이

[표 10-5]를 보면 통제가능공헌이익차이(A－B)가 다음과 같이 세 가지 종류의 차이로 구성되어 있음을 알 수 있다.

> 통제가능공헌이익차이
> ＝통제가능예산공헌이익－통제가능실제공헌이익
> ＝①(예산판매량×단위당예산공헌이익－실제판매량×단위당실제공헌이익)
> 　－②실제판매량×(단위당표준변동판매비－단위당실제변동판매비)
> 　－③(예산고정판매비－실제고정판매비)
>
> *단위당실제공헌이익＝실제가격－단위당표준변동비용

①의 차이를 매출차이라 한다. 계산식을 보면 그것은 단순히 예산매출액과 실제매출액의 차이가 아니라 예산공헌이익과 실제공헌이익의 차이다. 그리고 그 값이 (−)이면 유리한 차이, (+)이면 불리한 차이로 평가되어야 한다. 매출차이에 관해서는 다음에 자세히 설명한다.

> 매출차이
> = 예산판매량×단위당예산공헌이익 − 실제판매량×단위당실제공헌이익
> = 예산공헌이익 − 실제공헌이익
> *단위당실제공헌이익 = 실제가격 − 단위당표준변동비용

②의 차이를 통제가능변동원가차이라 한다. 그것은 통제가능변동원가의 변동예산과 그것의 실제원가와의 차이로 계산된다. 그 값이 (+)이면 유리한 차이, (−)이면 불리한 차이로 평가된다.

> 통제가능변동원가차이
> = 실제판매량×(단위당표준변동판매비 − 단위당실제변동판매비)
> = 실제판매량×단위당표준변동판매비 − 실제변동판매비
> = 변동판매비변동예산 − 변동판매비실제발생액

③의 차이를 통제가능고정원가차이라 한다. 그것은 통제가능고정원가의 변동예산과 그것의 실제원가와의 차이로 계산된다. 그 값이 (+)이면 유리한 차이, (−)이면 불리한 차이로 평가된다. 단, 통제가능고정원가의 변동예산은 그것의 고정예산과 금액이 같다. 고성원가는 조업도의 변동과 무관하기 때문이다.

> 통제가능고정원가차이
> = 예산고정판매비 − 실제고정판매비
> = 고정판매비변동예산 − 고정판매비실제발생액

이처럼 판매부문의 성과지표인 통제가능공헌이익차이는 매출차이, 통제가능 변동원가차이, 통제가능 고정원가차이의 세 가지로 구성되어 있다.

> 통제가능공헌이익차이
> = 통제가능예산공헌이익 − 통제가능실제공헌이익
> = 매출차이 + 통제가능변동원가차이 + 통제가능고정원가차이

통제가능예산공헌이익에 이 세 가지 차이의 유리한 차이를 모두 가산하고 불리한 차이를 그것에서 모두 차감하면 통제가능실제공헌이익과 일치된다.

> 통제가능실제공헌이익
> = 통제가능예산공헌이익 ± 매출차이 ± 통제가능변동원가차이 ± 통제가능고정원가차이

예제 10-13

[예제 10-11]의 자료를 이용하여 판매부문에 관한 (1) 제품별 단위당예산공헌이익 (2) 제품별 단위당실제공헌이익 (3) 통제가능공헌이익차이 (4) 매출차이 (5) 통제가능변동원가차이 (6) 통제가능고정원가차이를 구하고, (7) 통제가능예산공헌이익을 이러한 차이들로 조정하여 통제가능실제공헌이익을 구하시오.

풀이 (1) 제품별 단위당예산공헌이익 = 예산가격 − 단위당표준변동비용

A: ₩200 − ₩170 = ₩30, B: ₩150 − ₩130 = ₩20

(2) 제품별 단위당실제공헌이익 = 실제가격 − 단위당표준변동비용

A: ₩210 − ₩170 = ₩40, B: ₩140 − ₩130 = ₩10

(3) 통제가능공헌이익차이 = 통제가능예산공헌이익 − 통제가능실제공헌이익
= ₩141,000 − ₩122,000 = ₩19,000(불리)

(4) 매출차이 = 예산판매량 × 단위당예산공헌이익 − 실제판매량 × 단위당실제공헌이익

A: 3,600개 × ₩30 − 2,700개 × ₩40 = ₩0

B: 2,400개 × ₩20 − 3,300개 × ₩10 = ₩15,000(불리)

매출차이 = ₩0+₩15,000(불리) = ₩15,000(불리)

(5) 통제가능변동원가차이 = 실제판매량×단위당표준변동판매비 −실제변동판매비

A: 2,700개×(₩36,000/3,600개)−₩30,000 = ₩3,000(불리)

B: 3,300개×(₩24,000/2,400개)−₩35,000 = ₩2,000(불리)

통제가능변동원가차이 = ₩3,000(불리)+₩2,000(불리) = ₩5,000(불리)

(6) 통제가능고정원가차이 = 예산고정판매비−실제고정판매비
= ₩15,000−₩14,000 = ₩1,000(유리)

(7) 차이조정을 통한 통제가능실제공헌이익의 계산

통제가능실제공헌이익 = 통제가능예산공헌이익±매출차이±통제가능변동원가차이±통제가능고정원가차이
= ₩141,000−₩15,000−₩5,000+₩1,000
= ₩122,000

10 매출차이의 분해

매출차이는 통제가능공헌이익차이 중에서 판매부문이 통제할 수 있는 가격, 판매량, 제품배합 등의 변동에 의해서 발생되는 부분이다. 그러므로 매출차이는 단순한 매출액의 차이가 아닌 예산공헌이익과 실제공헌이익의 차이로 측정된다. 이때 단위당예산공헌이익은 물론이고, 단위당실제공헌이익도 제조부문의 능률성이 미치는 영향을 차단하기 위해 단위당표준변동비용을 적용하여 계산된다.

매출차이의 계산식에서 예산판매량을 BQ, 실제판매량을 AQ, 예산가격을 BP, 실제가격을 AP, 그리고 단위당표준변동비용을 SVC라 하면, 그것은 다음과 같이 간단하게 나타낼 수 있다.

매출차이
= 예산공헌이익 − 실제공헌이익
= 예산판매량 × 단위당예산공헌이익 − 실제판매량 × 단위당실제공헌이익
= $BQ \times (BP - SVC) - AQ \times (AP - SVC)$

매출차이의 계산공식을 보면, 그것이 예산판매량(BQ)과 실제판매량(AQ)의 차이 및 예산판매가격(BP)과 실제판매가격(AP)의 차이에서 비롯되는 통제가능공헌이익차이의 일부라는 점을 알 수 있다. 여기서 '통제가능'이라는 수식어가 붙는 이유는 특히 단위당실제공헌이익이 단위당실제변동비용이 아닌 단위당표준변동비용(SVC)를 적용하여 계산된 것이기 때문이다.

매출차이는 차이의 원인과 그것에 따른 책임소재를 분명히 하기 위해 [그림 10−5]에 나타나 있는 바와 같이 3단계로 분해된다.

그림 10−5 매출차이의 분해체계

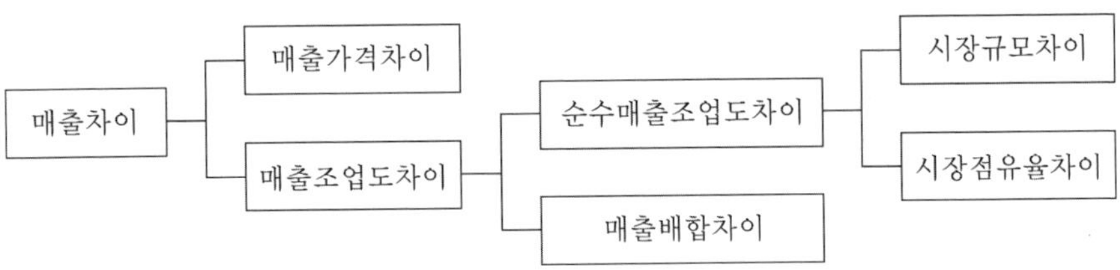

*시장규모차이는 수익중심점이 통제불가능한 차이

제1단계에서는 매출가격차이와 매출조업도차이의 두 가지 유형으로 분해된다. 제품이 두 가지 이상일 때에는 제품배합에 따른 차이를 분석하기 위해 제2단계 분해가 이루어지는데, 여기서는 매출조업도차이가 매출배합차이와 순수매출조업도차이로 분해된다. 마지막으로, 판매부문이 통제할 수 없는 시장규모차이를 분해하기 위해 제3단계 분해가 이루어지는데, 여기서는 순수매출조업도차이가 시장점유율차이와 시장규모차이로 분해된다. 시장규모차이가 분해되면 그것을 이용하여 통제가능공헌이익차이를 조정해야 한다.

(1) 매출가격차이와 매출조업도차이

매출가격차이는 실제판매량(AQ) 수준에서 실제가격(AP)이 예산가격(BP)과 다르기 때문에 야기되는 공헌이익차이다. 즉 실제판매량이 예산가격으로 판매되었을 경우의 예산공헌이익($AQ \times (BP - SVC)$)과 그것이 실제가격으로 판매되었을 경우의 실제공헌이익($AQ \times (AQ - SVC)$)의 차이가 매출가격차이다. 물론, 두 가지 공헌이익은 모두 표준변동비용으로 측정된 것이다.

$$\text{매출가격차이} = AQ \times (BP - SVC) - AQ \times (AP - SVC) = AQ \times (BP - AP)$$

매출조업도차이는 실제판매량(AQ)이 예산판매량(BQ)과 다르기 때문에 생기는 공헌이익차이다. 즉 실제판매량에서의 공헌이익과 예산판매량에서의 공헌이익의 차이가 매출조업도차이이다. 그것은 예산판매량과 실제판매량의 차이($BQ - AQ$)에 단위당공헌이익을 곱하여 구하는데, 이때 판매가격의 차이로 인한 공헌이익차이가 매출조업도차이에 혼합되는 것을 막기 위하여 단위당공헌이익은 단위당예산공헌이익($BP - SVC$)을 적용해야 한다.

$$\text{매출조업도차이} = (BQ - AQ) \times (BP - SVC)$$

(2) 매출배합차이와 순수매출조업도차이

매출배합차이는 실제판매량 수준에서 각 제품의 실제매출배합이 예산배합비율과 다르게 구성되어 있었기 때문에 발생되는 통제가능공헌이익차이이다. 그것은 예산배합비율대로 배합되었을 경우의 실제판매량과 실제배합비율에 따른 실제판매량의 차이를 각 제품별로 구한 다음, 여기에 해당 제품의 단위당예산공헌이익을 곱하고, 그 결과를 모든 제품에 걸쳐서 합계한 것이다.

$$\begin{aligned}&\text{매출배합차이}\\&= \sum_{i}^{n} (\text{예산배합}\cdot\text{실제판매량} - \text{실제배합}\cdot\text{실제판매량})i \times (\text{단위당예산공헌이익})i\end{aligned}$$

순수매출조업도차이는 각 제품의 실제판매량과 예산판매량이 각각 예산배합비율대로 유지된다고 하더라도 각 제품별로 실제판매량과 예산판매량이 다르기 때문에 나타나는 통제가능공헌이익차이이다. 그것은 예산배합비율대로 제품들을 배합하였을 경우의 실제판매량과 예산판매량의 차이를 각 제품별로 구한 다음, 여기에 해당 제품의 단위당예산공헌이익을 곱하고, 그 결과를 모든 제품에 걸쳐서 합계한 것이다.

순수매출조업도차이

$$= \sum_{i}^{n} (\text{예산배합}\cdot\text{예산판매량} - \text{예산배합}\cdot\text{실제판매량})i \times (\text{단위당예산공헌이익})i$$

예제 10-14

동우상사㈜의 2002년 6월의 영업활동 자료가 다음과 같다.

	제품 A	제품 B
예산판매량	16,000개	24,000개
단위당 예산판매가격	₩4.25	₩4.00
단위당 표준변동비용	₩2.00	₩2.00
실제판매량	12,000개	36,000개
단위당 실제판매가격	₩3.75	₩4.25

(1) 각 제품의 매출가격차이와 매출조업도차이를 구하시오.

(2) 전체의 매출가격차이, 매출배합차이 및 순수매출조업도차이를 구하시오.

풀이 (1) 제품별 매출가격차이와 매출조업도차이

① 매출가격차이

제품A: (4.25−3.75)×12,000 = ₩6,000(불)

제품B: (4−4.25)×36,000 = ₩9,000(유)

② 매출조업도차이

제품A: (16,000−12,000)×(4.25−2) = ₩9,000(불)

제품B: (24,000−36,000)×(4−2) = ₩24,000(유)

(2) 매출가격차이, 매출배합차이 및 순수매출조업도차이

매출가격차이 = 6,000(불)+9,000(유) = ₩3,000(유)

매출조업도차이 = 9,000(불)+24,000(유) = ₩15,000(유)

매출조업도차이의 분해(표준배합비율: A : B = 2 : 3)

① 순수매출조업도차이

제 품	표준배합/ 표준판매량	표준배합/ 실제판매량	차 이	예산공헌이익	수량차이
A	16,000	19,200	3,200	₩2.25	₩7,200(유)
B	24,000	28,800	4,800	₩2	₩9,600(유)
합 계	36,000	48,000			₩16,800(유)

② 매출배합차이

제 품	표준배합/ 표준판매량	표준배합/ 실제판매량	차 이	예산공헌이익	수량차이
A	19,200	12,000	7,200	₩2.25	₩16,200(불)
B	28,800	36,000	7,200	₩2	₩14,400(유)
합 계	48,000	48,000			₩1,800(불)

(3) 시장점유율차이와 시장규모차이

시장점유율차이(market-share variance)는 실제시장규모를 전제로 하였을 때 실제시장점유율이 예산시장점유율과 다름으로써 야기된 예산공헌이익의 차이로서, 판매부문이 통제가능한 차이라고 할 수 있다. 시장점유율은 판매부문이 통제할 수 있는 요소이기 때문이다. 시장점유율차이의 계산식은 아래와 같다.

시장점유율차이
= 실제시장규모×(예산시장점유율－실제시장점유율)×예산평균공헌이익

여기서, 예산평균공헌이익이란 판매부문이 판매하고 있는 제품들의 예산공헌이익들을 가중평균한 것이다. 이때 가중치로는 각 제품의 해당 산업 내에서의 예산매출배합비율이 이용된다.

예제 10-15

[예제 10-11]의 자료를 이용하여 시장점유율차이를 계산하시오. 단, A와 B 두 가지 제품을 합한 시장규모와 시장점유율 자료는 아래와 같다.

[시장규모 및 시장점유율]

	두 제품 합계		두 제품 합계
예산시장규모	30,000개	실제시장규모	60,000개
예산시장점유율 (6,000/30,000)	20%	실제시장점유율 (6,000/60,000)	10%

풀이 예산평균공헌이익 = ₩30×(3,600/6,000)+₩20×(2,400/6,000) = ₩26

시장점유율차이

= 실제시장규모×(예산시장점유율−실제시장점유율)×예산평균공헌이익

= 60,000개×(0.2−0.1)×₩26 = ₩156,000(불리)

시장규모차이(market−size variance)는 예산시장점유율이 그대로 유지된다고 가정하였을 때 실제시장규모가 예산시장규모와 달라짐으로써 야기된 통제가능 예산공헌이익의 차이로서, 판매부문이 통제불가능한 차이라고 할 수 있다. 시장규모는 판매부문이 통제할 수 있는 요소가 아니기 때문이다. 유리한 시장규모차이는 유리한 통제가능 공헌이익차이를 그만큼 감소시키거나 불리한 통제가능 공헌이익차이를 그만큼 증가시키는 방식으로 조정한다. 그리고 불리한 시장규모차이는 유리한 통제가능 공헌이익차이를 가만큼 증가시키거나 불리한 통제가능 공헌이익차이를 그만큼 감소시키는 방식으로 조정한다.

> 시장규모차이
> = 예산시장점유율×(예산시장규모−실제시장규모)×예산평균공헌이익

예제 10-16

[예제 10-15]의 자료를 이용하여 시장규모차이를 계산하고, 그것을 이용하여 통제가능공헌이익차이를 조정하시오. 단, 통제가능공헌이익차이는 ₩19,000 (불리)으로 분석되어 있다.

풀이 예산평균공헌이익 = ₩30×(3,600/6,000)+₩20×(2,400/6,000) = ₩26

시장규모차이

= 예산시장점유율×(예산시장규모−실제시장규모)×예산평균공헌이익

= 0.20×(30,000개−60,000개)×₩26 = ₩156,000(유리)

조정된 통제가능공헌이익차이: ₩19,000(불리)을 ₩156,000(유리)만큼 증가시키는 방식으로 조정함

= ₩19,000+₩156,000 = ₩175,000(불리)

11 통제가능공헌이익차이의 보고

[예제 10-11]에서 [예제 10-16]까지의 매출차이의 계산 및 분해 결과를 종합하면 [표 10-6]과 같다. 유의할 점은 매출차이에 포함되어 있는 시장규모차이가 판매부문이 통제불가능한 차이라는 사실이다.

표 10-6 매출차이의 분해

매출가격차이			₩6,000(불리)
매출조업도차이			9,000(불리)
순수조업도차이		₩0	
시장규모차이	₩156,000(유리)		
시장점유율차이	156,000(불리)		
매출배합차이		9,000(불리)	
매출차이			₩15,000(불리)

통제가능공헌이익차이는 매출차이, 통제가능변동원가차이, 통제가능고정원가차이 등을 구분하여 보고한다. 이때 판매부문이 통제불가능한 시장규모차이는 통제가능공헌이익차이에 포함되어서는 안 된다. 따라서 통제가능공헌이익차이 보고서에는 시장규모차이만큼 조정된 통제가능공헌이익차이가 보고되어야 한다.

이러한 조정은 중요하다. [예제 10−16]을 보면, 창원사업부의 판매부문이 본래 ₩19,000의 불리한 통제가능공헌이익차이를 기록한 것으로 성과가 분석되었지만, 시장규모차이로 그것을 조정한 결과, 불리한 통제가능공헌이익차이가 ₩175,000 만큼이나 크다는 사실이 드러나게 되었다. 지금까지 예제들을 통해 수행된 차이분석결과를 종합하여 통제가능공헌이익차이 보고서를 작성하면 [표 10−7]과 같다.

표 10-7 통제가능공헌이익차이 보고서

항 목	예 산	실 제	차 이
공헌이익	₩156,000	₩141,000	₩15,000(불리)
통제가능변동원가(변동판매비)	60,000	65,000	5,000(불리)
통제가능고정원가(고정판매비)	15,000	14,000	1,000(유리)
통제가능공헌이익	₩141,000[1)]	₩122,000[2)]	₩19,000(불리)
통제불가능시장규모차이			156,000(유리)
조정된 통제가능공헌이익차이			₩175,000(불리)

1) 통제가능예산공헌이익
= 예산공헌이익(₩156,000) − 예산고정판매비(₩15,000) = ₩141,000
2) 통제가능실제공헌이익
= 실제공헌이익(₩141,000) − 변동판매비예산차이(₩5,000(불리))
− 실제고정판매비(₩14,000) = ₩122,000

12 제품별 사업부의 차이분석: 추적가능순이익차이

제품별 사업부는 그 내부에 제조부문, 판매부문, 그리고 일반관리부문을 모두 포함하고 있는 조직단위로서, 사업부에서 창출된 이익성과에 대한 책임을 지는 이익중심점(profit center)이다. 따라서 제품별 사업부의 성과평가를 위해서는 사업부의 예산순이익과 실제순이익의 차이를 분석해야 한다.

순이익차이를 측정할 때에는 추적가능성 기준에 따른다. 즉 순이익의 결정요소들(매출액, 매출원가, 판매비, 일반관리비 등)이 발생된 공간이 어느 사업부인지를 추적하여 각 사업부의 예산순이익과 실제순이익의 차이를 분석한다. 그러므로 제품별 사업부의 성과지표는 추적가능순이익차이로 정의되며, 그것은 다음과 같이 측정된다.

추적가능순이익차이 = 추적가능예산순이익 − 추적가능실제순이익

제품별 사업부의 성과도 규범적으로는 통제가능성 기준을 적용하여 측정해야 한다. 하지만 고정원가의 경우 각 사업부별로 통제가능고정원가와 통제불가능고정원가를 구별하기가 어렵고, 따라서 제품별 사업부의 순이익차이를 통제가능성 기준에 의해 측정하기가 쉽지 않기 때문에, 차선책으로 추적가능성 기준을 적용하는 것이다. 추적가능성 기준에 따라 순이익차이를 측정하면 통제가능성기준을 적용할 때보다 사업부들 간의 성과를 상대적으로 더 명쾌하게 구분할 수 있다. [그림 10-6]은 이 장에서 설명할 추적가능순이익차이의 분석체계를 정리한 것이다.

(1) 추적가능예산순이익

순이익이란 공헌이익에서 총고정비용을 차감한 것이다. 따라서 제품별 사업부의 추적가능예산순이익은 그 사업부의 통제가능예산공헌이익에서 그 사업부의 추적가능예산고정비용을 차감하여 구한다.

그림 10-6 추적가능순이익차이의 분석체계

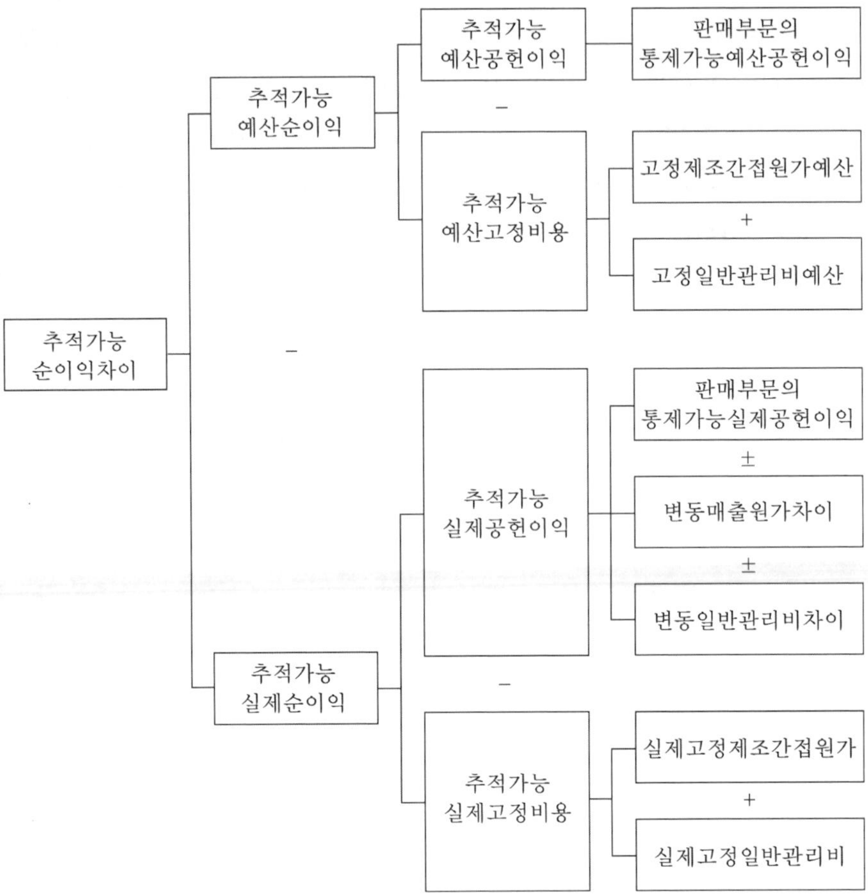

추적가능예산순이익
= 사업부의 추적가능예산공헌이익 − 사업부의 추적가능예산고정비용

여기서, 사업부의 추적가능예산공헌이익은 소속된 판매부문들의 통제가능예산공헌이익을 총계한 금액이다.

> 사업부의 추적가능예산공헌이익
> $= \sum_{i}^{\text{판매부문수}}$ (판매부문i의 통제가능예산공헌이익)

사업부의 추적가능예산고정비용은 판매부문들은 통제할 수 없는 것이지만 해당 사업부로의 추적가능성은 있는 고정비용항목들의 예산(고정제조간접원가예산과 고정일반관리비예산)을 가리킨다.

> 사업부의 추적가능예산고정비용
> = 고정제조간접원가예산 + 고정일반관리비예산

따라서 추적가능예산순이익은 다음과 같이 계산된다.

> 추적가능예산순이익
> = 사업부의 추적가능예산공헌이익 − 사업부의 추적가능예산고정비용
> = 판매부문의 통제가능예산공헌이익 − (고정제조간접원가예산 + 고정일반관리비예산)

(2) 추적가능실제순이익

사업부의 추적가능실제순이익은 사업부의 추적가능실제공헌이익에서 사업부의 추적가능실제고정비용을 차감한 것이다.

> 추적가능실제순이익
> = 사업부의 추적가능실제공헌이익 − 사업부의 추적가능실제고정비용

여기서, 사업부의 추적가능실제공헌이익은 판매부문들의 통제가능실제공헌이익을 총계한 것이다. 그런데 판매부문의 통제가능실제공헌이익은 판매부문이 통제불가능한 변동매출원가와 변동일반관리비에 대해 표준원가를 적용

하여 측정된 것인데, 제조부문과 일반관리부문을 포괄하고 있는 사업부에게는 이 두 가지 비용항목들이 더 이상 통제불가능한 것이 아니기 때문에 이 두 가지 비용항목들은 실제변동비용으로 대체되어야 한다. 따라서, 사업부의 추적가능실제공헌이익은 판매부문들의 통제가능실제공헌이익의 총계액을 판매부문들이 통제불가능한 변동원가차이(변동매출원가차이와 변동일반관리비차이)로 조정하는 방식으로 측정된다. 불리한 차이는 차감하고, 유리한 차이는 가산한다.

사업부의 추적가능실제공헌이익

$$= \sum_{i}^{\text{판매부문수}} (\text{판매부문}i\text{의 통제가능실제공헌이익}) \pm \text{변동매출원가차이}$$

± 변동일반관리비차이

그리고 사업부의 추적가능실제고정비용은 판매부문들은 통제할 수 없는 것이지만 해당 사업부로의 추적가능성은 있는 고정비용항목들의 실제발생액이다. 고정제조간접원가실제발생액과 고정일반관리비실제발생액이 그것이다.

사업부의 추적가능실제고정비용
= 고정제조간접원가실제액 + 고정일반관리비실제액

따라서 추적가능실제순이익은 다음과 같이 계산된다.

추적가능실제순이익
= 사업부의 추적가능실제공헌이익 − 사업부의 추적가능실제고정비용
= (판매부문의 통제가능실제공헌이익 ± 변동매출원가차이 ± 변동일반관리비차이)
− (고정제조간접원가실제액 + 고정일반관리비실제액)

(3) 추적가능순이익차이의 책임중심점별 분해

추적가능순이익차이에는 이익중심점에 속해 있는 제조부문, 판매부문, 일반관리부문 같은 모든 조직단위들의 성과가 포함되어 있다. 즉 판매부문이 통

제가능한 공헌이익차이, 제조부문이 통제가능한 변동매출원가차이와 고정제조간접원가예산차이, 그리고 일반관리부문이 통제가능한 변동일반관리비차이와 고정일반관리비차이 등이 그것이다. 추적가능순이익차이를 사업부 내의 책임중심점별로 분해하면 다음과 같다. 여기서, 제품별 사업부의 성과인 순이익차이는 통제가능성이 아닌 추적가능성 기준에 따라 측정되기 때문에, 판매부문의 통제가능공헌이익차이를 시장규모차이로 조정할 필요가 없다는 점에 유의해야 한다.

추적가능순이익차이
= 추적가능예산순이익 − 추적가능실제순이익
= 통제가능공헌이익차이(판매부문)*
±변동매출원가차이와 고정제조간접원가예산차이(제조부문)
±변동일반관리비차이와 고정일반관리비예산차이(일반관리부문)

*시장규모차이로 조정되기 전의 통제가능공헌이익차이(판매부문)

여기서 제조부문과 일반관리부문이 책임을 지는 모든 원가차이는 해당 원가항목의 변동예산에서 그것의 실제원가를 차감하여 계산한다.

① 변동매출원가차이
= 변동매출원가변동예산 − 변동매출원가실제액
= 실제판매량×단위당표준변동제조원가 − 실제판매량×단위당실제변동제조원가

② 변동일반관리비차이
= 변동일반관리비변동예산 − 변동일반관리비실제액
= 실제판매량×단위당표준변동일반관리비 − 실제판매량×단위당실제변동일반관리비

③ 고정제조간접원가예산차이
= 고정제조간접원가변동예산 − 고정제조간접원가실제액

④ 고정일반관리비예산차이
= 고정일반관리비변동예산 − 고정일반관리비실제액

예제 10-17

[예제 10-11]의 자료를 이용하여 추적가능예산순이익, 추적가능실제순이익, 추적가능순이익차이를 각각 구하시오.

풀이 1) 추적가능예산순이익의 계산

(1) 추적가능예산공헌이익
= 판매부문의 통제가능예산공헌이익 = ₩141,000

(2) 추적가능예산고정비용
= 고정제조간접원가예산 + 고정일반관리비예산
= ₩50,000 + ₩25,000 = ₩75,000

(3) 추적가능예산순이익 = (1) − (2) = ₩141,000 − ₩75,000 = ₩66,000

2) 추적가능실제예산순이익의 계산

(1) 추적가능실제공헌이익
= 판매부문의 통제가능실제공헌이익 ± 변동매출원가차이 ± 변동일반관리비차이

변동매출원가차이의 계산:

A: 2,700개 × ₩160 − ₩450,000 = ₩18,000(불리)

B: 3,300개 × ₩120 − ₩400,000 = ₩4,000(불리)

변동매출원가차이 = ₩18,000(불리) + ₩4,000(불리) = ₩22,000(불리))
= ₩122,000 + ₩22,000(불리) = ₩100,000

(2) 추적가능실제고정비용
= 고정제조간접원가실제액 + 고정일반관리비실제액
= ₩55,000 + ₩20,000 = ₩75,000

(3) 추적가능실제순이익 = (1) − (2) = ₩100,000 − ₩75,000 = ₩25,000

3) 추적가능순이익차이의 계산

추적가능예산순이익 − 추적가능실제순이익 = ₩66,000 − ₩25,000
= ₩41,000(불리)

(4) 추적가능순이익차이의 보고

수익중심점은 오직 판매비(변동판매비와 고정판매비)에 대해서만 통제권한을 가지고 있고, 변동매출원가와 고정제조간접원가는 표준원가중심점이, 그리

고 일반관리비(변동관리비와 고정관리비)는 임의원가중심점이 각각 통제할 수 있다고 가정하면, 이러한 하위책임중심점들을 포괄하고 있는 어떤 이익중심점의 성과보고서 체계는 [표 10-8]과 같이 나타낼 수 있다. [표 10-8]의 성과보고서는 [예제 10-17]의 차이분석결과를 토대로 작성된 것이다.

표 10-8 추적가능순이익차이 보고서

항 목	예 산	실 제	차 이
수익중심점			
통제가능공헌이익	₩141,000	₩122,000	₩19,000(불리)[1]
표준원가중심점			
변동매출원가	828,000[2]	850,000[3]	22,000(불리)
고정제조간접원가	50,000	55,000	5,000(불리)
임의원가중심점			
변동일반관리비	0	0	0
고정일반관리비	25,000	20,000	5,000(유리)
추적가능순이익	66,000[4]	25,000[5]	₩41,000(불리)

1) 시장규모차이로 조정되지 않은 통제가능공헌이익차이
2) 변동매출원가 변동예산 = 2,700개×₩160+3,300개×₩120 = ₩828,000
3) 변동매출원가 실제액 = ₩450,000+₩400,000 = ₩850,000
4) 추적가능예산순이익
= 추적가능예산공헌이익(판매부문의 통제가능예산공헌이익)
− 추적가능예산고정원가(고정제조간접원가예산+고정관리비예산)
= ₩141,000−(₩50,000+₩25,000) = ₩66,000
5) 두 가지 방법으로 계산할 수 있음:
① 추적가능실제순이익
= 추적가능실제공헌이익(판매부문의 통제가능실제공헌이익±변동매출원가차이 ±변동일반관리비차이)
− 추적가능실제고정원가(고정제조간접원가실제액+고정일반관리비실제액)
= (₩122,000−₩22,000−₩0)−(₩55,000+₩20,000) = ₩25,000
② 추적가능실제순이익
= 추적가능예산순이익+모든 유리한 차이−모든 불리한 차이
= ₩66,000+₩5,000−₩19,000−₩22,000−₩5,000 = ₩25,000

성과보고서에는 추적가능예산순이익과 추적가능실제순이익의 차이, 즉 추적가능순이익차이가 보고된다. 추적가능순이익차이에는 이익중심점에 속해 있는 모든 책임중심점들의 성과가 포함되어 있다. 즉 수익중심점이 통제가능한 공헌이익차이, 표준원가중심점이 통제가능한 변동매출원가차이와 고정제조간접원가예산차이, 그리고 임의원가중심점이 통제가능한 변동일반관리비차이와 고정일반관리비차이 등이 그것이다. 이때 수익중심점이 통제가능한 공헌이익차이를 시장규모차이만큼 조정할 필요는 없다. 이익중심점 성과보고서는 통제가능성이 아닌 추적가능성 기준에 따라 작성되기 때문이다.

추적가능순이익차이 보고서에서 알 수 있는 바와 같이, 사업부의 추적가능순이익차이는 사업부에 포함된 판매부문, 제조부문, 일반관리부문 등에서 발생된 유리한 차이와 불리한 차이에서 비롯된다. 따라서 사업부의 추적가능예산순이익에 모든 유리한 차이를 가산하고 모든 불리한 차이를 차감하면 추적가능실제순이익과 일치된다. 이러한 사정을 사업부 내의 책임중심점별로 일목요연하게 정리한 보고서가 [표 10-9]의 추적가능순이익차이 조정보고서이다.

> 추적가능실제순이익
> = 추적가능예산순이익 + 모든 유리한 차이 − 모든 불리한 차이
> = ₩66,000 + ₩5,000(유리) − ₩19,000(불리) − ₩22,000(불리) − ₩5,000(불리)
> = ₩25,000([예제 10-11]의 자료)

표 10-9 추적가능순이익차이 조정보고서

추적가능예산순이익		₩66,000	
+ 유리한 차이			
고정일반관리비 차이		+ 5,000	사업부
− 불리한 차이		−46,000	판매부문
통제가능공헌이익차이	₩19,000		
변동매출원가 차이	22,000		제조부문
고정제조간접원가 차이	5,000		제조부문
추적가능실제순이익		₩25,000	

13 투자중심점의 성과지표: 투자이익률, 잔여이익, 경제적 부가가치

투자중심점은 이익뿐만 아니라 이익과 투자의 관계에 대해서도 책임을 지는 책임중심점이다. 따라서 투자중심점의 성과는 이익과 투자를 동시에 반영하는 성과지표를 이용하여 측정된다. 투자중심점의 성과지표로는 투자이익률, 잔여이익, 경제적 부가가치 등의 세 가지를 들 수 있다.

(1) 투자이익률

투자이익률(Return On Investment: *ROI*)은 가장 보편적으로 이용되어 온 투자중심점 성과지표이다. 그것은 투자중심점이 창출한 일정 기간의 영업이익을 그것에 투하된 동일 기간의 평균자본으로 나누어 구한다. 예를 들어, 어떤 투자중심점의 평균총자산(기초총자산과 기말총자산의 평균)이 ₩200, 영업이익이 ₩60이었다면, 투자이익률은 30%가 된다.

$$\text{투자이익률}(ROI) = \frac{\text{영업이익}}{\text{평균투하자본}} = \frac{₩60}{₩200} = 0.30$$

투자이익률의 계산방법은 이처럼 간단하지만, 투자중심점에 대한 업적평가의 공정성을 확보하기 위해서는 투자이익률의 구성요소인 영업이익과 투하자본을 어떻게 정의하고 측정할 것인지를 분명히 해야 한다.

① 영업이익의 측정

투자중심점의 영업이익을 측정하는 데 있어서 논란의 대상이 되는 것은 이자비용의 처리, 본사발생 공통원가의 배분, 감가상각방법의 선택 등이다. 이러한 문제들에 관하여 지금까지 논의된 결과를 정리하면 다음과 같다.

첫째, 영업이익을 계산할 때 이자비용을 차감해서는 안 된다. 이자비용은 투자중심점이 통제할 수 없는 자금조달활동의 산물이기 때문이다. 만일 이자비용이 차감된 영업이익으로 성과가 측정되면 통제가능성 기준에 따른 업적평가가 이루어질 수 없다. 따라서 투자이익률을 계산할 때에는 '세금·금융비용 공제전 영업이익(*EBIT*)'을 이용해야 한다. 이렇게 수정된 *ROI*는 다음과 같이 계산된다:

$$\text{수정된 } ROI = \frac{\text{세전영업이익} + \text{금융비용}}{\text{투하자본}}$$

둘째, 본사에서 발생되는 공통원가 배부액도 영업이익을 계산할 때 차감해서는 안 된다. 비록 투자중심점이 본사에서 발생된 일반관리비와 본사가 제공한 용역을 소비하여 생산된 서비스의 수혜자들이지만, 공통원가를 투자중심점에 대해 객관적으로 배분할 수 있는 합리적인 방법이 없기 때문에, 공통원가를 배분하지 않는 것이 공정한 업적평가를 위해 더 바람직하다.

이와 다른 주장도 있다. 즉 본사제공 용역원가는 투자중심점별로 용역사용량을 파악할 수 있기 때문에 그것에 비례하여 용역원가를 배분하는 것이 합리적이고, 본사일반관리비도 예산매출액을 기준으로 투자중심점에 배분하는 것이 합리적이라는 것이다. 이 주장은 그렇게 하는 것이 투자중심점에게 본사일반관리비의 존재를 인식시키고, 그것의 회수에 공헌하도록 투자중심점을 독려하는 효과가 있다는 점을 근거로 내세운다. 그러나 이러한 공통원가를 배분하면 투자중심점들이 필요한 용역사용을 의도적으로 억제하거나 예산매출액을 의도적으로 낮게 설정하려는 동기를 가질 수 있다는 점을 간과해서는 안 된다.

셋째, 영업이익을 계산할 때 감가상각비도 차감해서는 안 된다. 감가상각방법 여하에 따라 영업이익의 크기가 달라지기 때문이다. 뿐만 아니라, 모든 투자중심점이 투자규모, 감가상각비를 제외한 영업이익, 가속상각법의 채택 등에서 차이가 없더라도, 각 투자중심점에서 사용중인 설비자산의 취득시기가 다르면 투자중심점별로 감가상각비가 서로 달라진다. 따라서 감가상각비를 영업이익에서 차감하면 동일한 투자규모에서 설비자산의 취득시기가 다르다는 이유만으로 투자중심점들 간에 영업이익이 달라지는 불합리한 결과가 생길

수 있다.

② 투하자본의 정의

투자중심점의 투하자본을 어떻게 정의하고 측정할 것인가 하는 것도 공정한 업적평가를 위해서 분명하게 규정되어야 할 사항이다. 일반적으로 투하자본은 투자중심점의 총자산으로 정의하는 것이 바람직하다.

그것을 투자중심점의 순자산으로 정의하자는 견해도 있다. 이러한 견해를 따르게 되면 투자중심점의 투자이익률에는 부채의 이용에 따른 레버리지효과가 포함된다. 그런데 부채의 조달은 투자중심점 경영자의 권한이 아니므로, 재무레버리지효과를 성과측정에 반영시켜서는 안 된다. 뿐만 아니라 재무레버리지효과는 영업활동의 성과도 아니다. 따라서, 통제가능성 기준에 따라 업적을 평가한다는 원칙과 투자중심점의 영업활동 성과를 평가하는 데 업적평가의 목적이 있다는 점에 비추어 볼 때, 순자산으로 정의하자는 주장은 타당성이 없다.

이와 더불어, 본사가 직접 통제하고 있는 자산의 소비원가를 투자중심점에 배분하여 투자중심점의 투하자본에 포함시키자는 주장도 있으나, 그것도 통제가능성 기준에 비추어 본다면 역시 설득력이 없다.

③ 투하자본의 측정

투자중심점의 총자산으로 투하자본을 측정할 때에는 특히 주의를 기울여야 한다. 이때에는 투자중심점의 업적을 공정하게 평가하고 목표일치된 투자의사결정을 고무하기 위해서 반드시 지켜야 할 몇 가지 원칙이 있다.

첫째로, 고정자산은 반드시 역사적 취득원가로 측정해야 한다. 그것을 순장부가치로 측정하는 경우에는, 다른 조건이 동일하다면, 오래 전에 고정자산을 취득한 투자중심점이 최근에 그것을 취득한 투자중심점보다 투자이익률이 반드시 더 높게 된다. 따라서 고정자산 취득시기의 차이가 업적평가의 불공정성을 야기한다. 그리고 경제성 있는 신규 투자프로젝트가 투자중심점 경영자에 의해 부당하게 기각될 가능성이 높아진다. 왜냐하면, 신규 프로젝트에서 취득되는 고정자산은 전혀 감가상각을 거치지 않은 것이어서, 그 프로젝트가 설사 기업전체의 가치를 증가시키는 것이라 하더라도, 순장부가치로 측정되는 투자중심점 전체의 투자이익률은 낮아질 수 있기 때문이다.

둘째로, 고정자산과 재고자산의 역사적 취득원가는 물가변동을 반영하여 수정해야 한다. 인플레이션이 진행 중일 때 고정자산과 재고자산의 가치를 역사적 취득원가로 측정하면 자산의 취득시기의 차이가 여전히 업적평가의 불공정성을 야기하기 때문이다. 즉 다른 사정이 동일하다면, 취득시기가 오래된 고정자산을 많이 보유하고 있을수록 투자이익률이 더 높게 측정되고, 재고자산을 후입선출법에 따라 평가한다면, 오래 전에 구입한 재고자산을 보유하고 있을수록 투자이익률이 더 높게 측정되기 때문이다.

마지막으로, 장기리스자산은 자본화하여, 구입된 고정자산과 같이 취급해야 한다. 즉 장기리스자산도 물가변동을 반영하여 수정된 역사적 원가로 측정해야 한다. 그것을 총자산에 포함시키지 않은 채 투자이익률을 측정하면, 영업활동성과 이외에 재무활동성과까지 투자이익률에 혼합되는 결과가 생기기 때문이다. 이렇게 측정된 투자이익률이 업적평가에 이용되면, 해당 자산을 직접 구입하여 영업활동을 하는 투자중심점이 항상 불리한 업적평가를 받게 되므로, 투자중심점 경영자들은 리스 의존도를 경쟁적으로 높이려고 할 것이다.

예제 10-18

LK전자의 영남사업본부는 2002년 동안에 다음과 같은 자료를 보고하였다.

자산의 평균순장부가치	₩400,000
자산의 평균역사적원가	₩1,200,000
이 익	₩60,000
매출액	₩1,500,000

(1) 투자기준으로 순장부가치를 이용하여 2002년의 *ROI*를 구하시오.

(2) 투자기준으로 역사적 원가를 이용하여 2002년의 *ROI*를 구하시오.

풀이 (1) 60,000/400,000 = 0.15

(2) 60,000/1,200,000 = 0.05

예제 10-19

KT상사의 운동구 사업본부는 2000년 1월에 조직되었다. 당시 이 사업본부는 원가 ₩1,500,000의 고정자산을 취득하였다. 이 자산은 잔존가치는 없으며 직선법에 의하여 5년에 걸쳐 감가상각된다. 2002년에 이 사업본부는 ₩500,000의 감가상각비차감전 순이익을 보고하였다. 2002년의 이 사업본부의 평균유동자산은 ₩400,000이다. 부문이 설립된 이후로 고정자산의 변동은 없었다.

(1) 투자기준으로 역사적 원가를 이용할 경우 2002년 *ROI*를 구하시오.

(2) 투자기준으로 평균순장부가치를 이용할 경우 2002년의 *ROI*를 구하시오.

(3) 2000년 1월의 물가지수는 125이고 2002년 12월의 물가지수는 140이라 가정하자. 물가수준을 고려하여 조정된 자료를 이용하여 요구사항 (1)과 (2)를 다시 계산하시오. 단, 감가상각비를 제외한 모든 항목은 2002년의 물가수준으로 평가되었다고 가정한다.

풀이 (1) 총자산 = 1,500,000 + 400,000 = ₩1,900,000

순이익 = 500,000 − (1,500,000/5) = ₩200,000

ROI = ₩200,000/₩1,900,000 = 0.105

(2) 2002년 1월초의 순장부가치 = (1,500,000 − 300,000 × 2 + 400,000)

= ₩1,300,000

2002년 12월말의 순장부가치 = (1,500,000 − 300,000 × 3 + 400,000)

= ₩1,000,000

평균순장부가치 = (1,300,000 + 1,000,000)/2 = ₩1,150,000

순이익 = 500,000 − (1,500,000/5) = ₩200,000

ROI = ₩200,000/₩1,150,000 = 0.174

(3) • 총자산 = 1,500,000 × (140/125) + 400,000 = ₩2,080,000

순이익 = 500,000 − (1,500,000/5) × (140/125) = ₩164,000

ROI = ₩164,000/₩2,080,000 = 0.079

• 2002년 1월 순장부가치

= [(1,500,000 − 300,000 × 2) × (140/125) + 400,000] = ₩1,408,000

2002년 12월말의 순장부가치

= [(1,500,000 − 300,000 × 3) × (140/125) + 400,000] = ₩1,072,000

평균순장부가치 = (1,408,000 + 1,072,000)/2 = ₩1,240,000

순이익 = 500,000 − (1,500,000/5) × (140/125) = ₩164,000

ROI = ₩164,000/₩1,240,000 = 0.132

④ 경영통제시스템으로서의 투자이익률

투자이익률(*ROI*)은 매출액영업이익률과 총자산회전율의 곱으로 나타낼 수 있다. 가령, 앞의 예에서 ₩60의 영업이익이 ₩400의 매출수익을 통해 벌어들인 것이라면, 투자이익률 30%는 매출액영업이익률 15%(₩60/₩400)와 총자산회전율 2회(₩400/₩200)를 곱한 값과 같다.

$$\text{투자이익률} = \frac{\text{영업이익}}{\text{총자산}} = \frac{\text{영업이익}}{\text{매출액}} \times \frac{\text{매출액}}{\text{총자산}}$$

$$= \text{매출액영업이익률} \times \text{총자산회전률}$$

$$= 15\% \times 2\text{회} = 30\%$$

이것은, [그림 10−7]에서 볼 수 있는 바와 같이, 투자이익률이 매출액영업이익률을 통해 측정되는 수익성과 총자산회전률을 통해 측정되는 자산활용도를 종합적으로 반영하고 있음을 의미한다. 따라서 투자이익률을 분석하면 경영자가 불경기 상황에서 영업비를 효과적으로 절감하고 있는지, 호경기 상황에서 영업비의 증가보다 더 빠른 속도로 매출액을 성공적으로 증대시키고 있는지, 영업목적에 투하된 자본을 유휴상태로 놀리고 있지는 않은지 등을 동시에 판단할 수 있다. 뿐만 아니라, 투자이익률이 목표에 미달되었을 때 그 원인을 수익, 비용, 자산 등의 세부적인 구성항목들에 대해서까지 추적할 수 있고, 그것을 토대로 성과개선을 위한 노력의 표적을 구체적으로 설정할 수 있다. 그래서 많은 기업들이 그것을 성과지표로 또는 경영통제시스템의 기본 모형으로 사용해 오고 있다.

그림 10-7 투자이익률의 구성요소

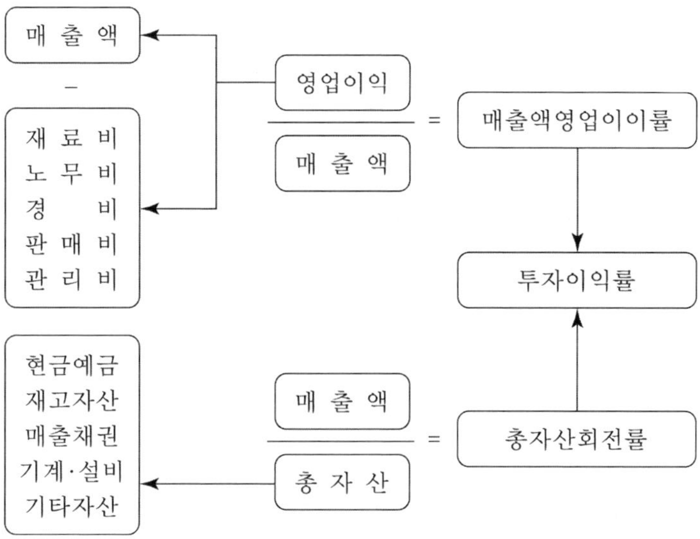

⑤ 투자이익률 지표의 문제점

투자이익률 지표는 투자중심점 경영자의 역선택(adverse selection)을 야기할 수 있다. 즉 투자이익률을 성과지표로 사용하는 경우에는, 기업전체의 입장에서 경제성이 있는 신규 프로젝트의 투자이익률이 투자중심점의 기존의 투자이익률보다 높지 않다면, 그 프로젝트가 투자중심점 경영자들에 의해 기각되기 쉽다. 그것을 선택하면 투자중심점 전체의 투자이익률이 낮아지기 때문이다.

예를 들어, 현재 ₩100의 평균총자산으로 ₩30의 영업이익을 벌어서 30%의 투자이익률을 기록하고 있는 어떤 투자중심점이 ₩100의 추가적인 자본투자로 ₩25의 영업이익을 기대할 수 있는 어떤 신규투자안을 검토하고 있다고 하자. 자본비용이 20%라고 하면, 예상투자이익률이 25%인 이 신규투자안을 채택하는 것이 합리적이다. 그러나 이 투자중심점 경영자는 그것을 기각할 가능성이 높다. 그것을 기각할 경우에는 기존의 영업활동을 통해 벌어들일 수 있는 30%의 투자이익률이 자신의 성과로 보고되지만, 그것을 채택할 경우에는 투자이익률이 27.5%(=[₩300,000+₩250,000]/[₩1,000,000+₩1,000,000])로 낮아지기 때문이다.

예제 10-20

2002년도 1월에 경주제과의 사업부장은 다음과 같은 투자안을 검토하고 있었다: 취득원가 ₩500,000, 감가상각비차감전연간이익 ₩200,000, 내용연수 4년(잔존가치는 없음). 그가 연간이익을 평균투자액으로 나누어 계산한 이 투자안의 평균투자수익율이 30%였기 때문에 M氏는 이 투자안에 투자하기로 결정하였다. 여기서 연간이익은 감가상각비차감전 영업이익에서 직선법에 의한 감가상각비를 차감하여 계산된다(₩200,000−₩500,000/4=₩75,000). 또 평균투자액은 구입시의 투자자산의 장부가치와 그 자산의 예상내용년수가 지난 이후의 장부가치를 평균한 값이다((₩500,000+0)/2=₩250,000). 따라서 투자수익률은 0.30(=₩75,000/₩250,000)이다. 작년에 이 사업부의 *ROI*는 역사적 원가로 계산된 평균자산 ₩2,000,000에 대하여 20%이었다. 따라서 이 투자안의 *ROI*가 30%로서, 사업부의 *ROI*인 20%를 초과하므로 사업부장은 이 투자안을 수락하면 당해 연도의 *ROI*가 개선될 것이라고 생각하였다. 설사 새로운 투자안을 수락하지 않더라도 2002년도의 *ROI*는 전년도와 비슷할 것으로 예상되었다.

(1) 새로운 투자안의 *ROI*가 30%로 계산된 것은 적절한가?

(2) 새로운 투자안의 *ROI*를 작년과 비교가능한 기준에 따라 계산하시오.

(3) 새로운 투자가 이루어진 경우, 2002년도의 *ROI*를 계산하고, 그것이 새로운 투자안의 채택 이전보다 개선되지 못한 이유를 설명하시오.

풀이 (1) 작년의 *ROI* 계산의 기준은 역사적원가로 평가된 평균자산인데, 새로운 투자안의 *ROI* 계산의 기준은 자산의 전체 내용년수에 걸친 평균자산이다. 따라서 계산기준이 서로 다르므로, 비교가능성이 없다.

(2) 연간이익 = 200,000−500,000/4 = 75,000, 평균자산 = ₩500,000

∴ *ROI* = ₩75,000/₩500,000 = 0.15

(3) 총평균자산 = 2,000,000+500,000 = ₩2,500,000

연간총이익 = 2,000,000×0.20+75,000 = ₩475,000

∴ *ROI* = ₩475,000/₩2,500,000 = 0.19: 2002년의 *ROI*가 작년의 0.20보다 낮은 0.19로 나타나게 된 것은 새로운 투자안의 *ROI*가 0.15에 불과하였기 때문이다.

(2) 잔여이익

잔여이익(Residual Income: *RI*)은 앞에서 지적된 투자이익률 지표의 문제점을 부분적으로 보완할 수 있는 계량적 성과지표로서, 투자이익률에 뒤이어 개발된 것이다. 그것은 비율로 측정되는 것이 아니라, 영업이익에서 자본의 기회비용을 차감한 절대액으로 측정된다. 앞의 예에서 최소한의 필수수익률(*MARR*)이 20%라고 하면, 잔여이익은 다음과 같다.

> 잔여이익
> = 투자중심점의 영업이익 − 최소한의 필수수익률 × 투자중심점의 투하자본
> = ₩60 − 0.2 × ₩200 = ₩20

여기서 최소한의 필수수익률이란 특정 투자중심점이 영업활동에서 벌어들여야 할 최소한의 이익률을 가리킨다. 어떤 투자중심점이 자신의 책임중심점에서 부담해야 할 경영위험을 보상받을 수 있을 정도의 최소한의 필수수익률도 벌어들이지 못한다면, 투하자본을 은행에 예금하거나 보증사채에 투자하는 것이 더 낫다. 따라서 최소한의 필수수익률은 예금이자율이나 보증사채이자율보다는 높아야 한다. 보통의 경우, 투자중심점의 최소한의 필수수익률은 각 투자중심점의 경영위험의 정도를 고려하여 설정된다. 경영위험이 높은 투자중심점일수록 최소한의 필수수익률이 높게 설정된다.

① 잔여이익 지표의 장점

투자이익률 대신에 잔여이익(*RI*)을 투자중심점의 성과지표로 이용하면, 투자중심점 경영자들의 역선택(adverse selection)을 예방할 수 있다. 투자이익률 지표의 문제점을 설명하기 위해 제시된 앞의 예에서, 투자이익률 대신에 잔여이익으로 그 투자중심점의 성과를 평가한다면, 경영자는 그 신규투자안을 채택하려고 할 것이다. 그것을 채택할 경우에 잔여이익이 증가하기 때문이다. 신규 투자안을 기각할 경우와 채택할 경우의 잔여이익은 각각 아래와 같다:

> 잔여이익(기각) = ₩30 − 0.20 × ₩100 = ₩10
> 잔여이익(채택) = (₩30 + ₩25) − 0.20 × (₩100 + ₩100) = ₩55 − ₩40 = ₩15

예제 10-21

앞의 [예제10-20]에서 10%의 최조필수이익률을 가정하고 계산되는 잔여이익에 의해 평가된다면 새로운 투자안은 제빵사업부의 성과를 개선시킬 수 있는가?

풀이 (투자전) 잔여이익 = 400,000−2,000,000×0.1 = ₩200,000

(투자후) 잔여이익 = 475,000−2,500,000×0.1 = ₩225,000

증분잔여이익 = 225,000−200,000 = ₩25,000

∴ 성과를 개선시킨다.

② 잔여이익 지표의 문제점

잔여이익 지표는 투자규모가 서로 다른 투자중심점들의 성과를 비교하는 목적에는 부적합하다. 투자규모가 큰 투자중심점은 영업이익 자체가 절대적으로 크게 나타날 가능성이 많은데, 이러한 경우에는 단지 투자규모가 크다는 이유만으로 잔여이익이 높아질 가능성이 매우 크기 때문이다.

예를 들어, 자본비용이 20%인 어떤 기업에 A와 B의 투자중심점이 있고, 각 투자중심점의 영업이익, 평균총자산, 투자이익률, 잔여이익 등이 [표 10-9]와 같다고 하자. 투자중심점 B는 A보다 투자이익률이 훨씬 낮은 데도 불구하고 잔여이익은 A의 두 배나 된다. 이러한 결과는 투자중심점 B의 총자산규모가 A보다 현저하게 크기 때문에 야기된 것이다. 따라서 투자규모가 현저하게 다른 투자중심점들의 성과를 비교할 때에는 잔여이익이 적절한 성과지표가 될 수 없다.

표 10-9 투자중심점별 *ROI*와 *RI*

투자중심점	영업이익	평균총자산	투자이익률	잔여이익
A	₩20	₩50	40%	₩20−0.2× ₩50 = ₩10
B	₩100	₩400	25%	₩100−0.2×₩400 = ₩20

예제 10-22

A와 B 두 사업부의 지난 1년 간의 경영성과가 아래와 같다:

	사업부A	사업부B
총자산	₩1,000	₩5,000
영업이익	₩200	₩750
ROI	20%	15%

최저필수이익률이 (1)12%, (2)14%, (3)18%일 때 각 사업부의 잔여이익을 각각 구하고, 사업부의 성과를 비교하시오.

풀이

	사업부 A	사업부 B
총자산	₩1,000	₩5,000
영업이익	₩ 200	₩ 750
ROI	20%	15%
RI(12%)	200−1000×0.12=₩80	750−5000×0.12=₩150
RI(14%)	200−1000×0.14=₩60	750−5000×0.14=₩50
RI(16%)	200−1000×0.16=₩40	750−5000×0.16=₩(50)

투자규모가 서로 다른 사업부들의 성과를 비교할 때에는 잔여이익(*RI*)이 적절한 성과지표가 되지 못할 수 있다. 그러나 B사업부는 투자규모가 A사업부보다 훨씬 더 크지만, 최저필수이익률이 14%와 16%인 경우에는, A사업부보다 잔여이익이 더 작다. 그리고 최저필수이익률이 12%일 때에도, 비록 절대적 크기는 A사업부의 잔여이익보다 크지만, 투자규모의 차이를 고려한 상대적 크기를 고려하면 여전히 A사업부보다 작다. 이러한 결과는 A사업부의 *ROI*가 B사업부의 그것보다 더 높게 측정되어 있는 것과 일관성이 있다.

(3) 경제적 부가가치

경제적 부가가치(Economic Value Added: *EVA*)란 잔여이익(*RI*)과 거의 유사한 개념이다. 다만, 세금(법인세)까지 고려한 것이라는 점 그리고 최소한의 필수수익률(*MARR*) 대신에 가중평균자본비용(*WACC*)을 이용하여 투하자본의 기회비용을 계산한다는 점이 다르다. 즉 잔여이익은 세전영업이익에서 최소한의 필수수익률을 적용한 투하자본의 기회비용을 차감하여 구하지만, 경제적 부가가치는 세후영업이익에서 가중평균자본비용을 적용한 투하자본의 기회비용을 차감하여 구한다.

> 경제적 부가가치 = 세후영업이익 − 가중평균자본비용 × 투하자본

여기서, 세후영업이익은 매출액에서 영업비용과 법인세를 차감한 것으로서, 주주와 채권자에게 배분할 수 있는 이익이다. 투하자본은 영업활동에 투자한 총자산에서 이자를 지급하지 않는 부채(예 매입채무)를 차감한 것이다. 그리고 가중평균자본비용은 현금지출을 수반하는 타인자본비용과 기회비용의 성격을 가지는 자기자본비용을 자본구조(자기자본비율과 타인자본비율)를 가중치로 이용하여 가중평균한 것이다. 가중평균자본비용은 다음과 같이 계산된다:

$$WACC = Ke \times (S/V) + Kd \times (1-t) \times (B/V)$$

Ke: 자기자본비용, S/V: 총자본에 대한 자기자본의 비율
Kd: 타인자본비용, B/V: 총자본에 대한 타인자본의 비율, t: 세율

예를 들어, 투자중심점 A의 자본구조가 부채 35%(자본비용 12%), 자기자본 65%(자본비용 10%)로 되어 있고, 이 투자중심점의 투하자본과 영업이익이 각각 ₩3,900,000, ₩700,000이며, 법인세율이 40%일 때, 경제적 부가가치(*EVA*)는 다음과 같이 계산된다.

> 가중평균자본비용 = 0.1×0.65 + 0.12×(1 − 0.4)×0.35 = 0.0902
> 경제적 부가가치 = 세후영업이익 − 투하자본×WACC
> = ₩700,000×0.6 − ₩3,900,000×0.0902 = ₩68,220

경제적 부가가치는 손익계산서에 보고된 세후회계이익을 경제적 이익개념으로 전환시킨 것으로서, 기업이 창출한 가치의 경제성 지표이다. 그것은 기업이 재무활동이나 투자활동 이외의 순수한 영업활동을 통해 창출한 가치로서, 투자중심점의 실질적인 가치창출능력을 종합적으로 평가하는 지표라고 할 수 있다.

14 투자중심점의 대체가격결정

투자중심점들은 중간재의 대체를 통해 서로 내부거래를 하는 경우가 있다. 이때에는 대체가격(transfer price)의 결정방법이 투자중심점들의 업적평가에 영향을 미친다. 대체가격이란 이러한 중간재의 교환가치를 말한다. 중간재라 함은 수요부문의 입장에서 정의된 것이다. 수요부문은 중간재를 추가가공하여 완성품을 제조한다. 그렇지만 공급부문의 입장에서는 중간재가 최종완성품이다.

대체가격의 결정에 관련되어 있는 수요부문과 공급부문은 동일한 의사결정문제에 대하여 서로 다른 관점을 취하고 있다. 즉 동일한 대체가격 결정문제를 수요부문은 원가최소화의 관점에서 그리고 공급부문은 특별주문 의사결정의 관점에서 각각 인식한다. 그렇지만, 기업전체의 관점에서 보면 이 문제는 이익극대화를 위해 수요부문과 공급부문의 목표일치를 여하히 확보해 낼 것인가를 다루는 의사결정문제이다. 이처럼 대체가격의 결정방법은 공급부문과 수요부문 경영자들의 업적평가와 동기유발에 영향을 미친다. 그러므로 그들의 목표일치를 확보함에 있어서 대체가격의 결정방법은 대단히 중요한 역할을 한다. 대체가격 결정방법은 기업외부에 중간재 시장이 존재하는가의 여부에 따라 달라진다.

(1) 기업외부에 중간재 시장이 존재하는 경우

① 시장가격에 의한 대체가격결정

기업외부에 중간재의 완전경쟁시장이 존재하는 경우에 대체가격은 표준변동원가와 상실된 공헌이익을 합계한 금액과 같아야 한다.

대체가격(TP) = 표준변동원가(SVC) + 상실된 공헌이익(LCM)

여기서 표준변동원가를 적용하는 이유는 공급부문의 비능률까지 수요부문이 보상해 줄 필요가 없고, 외부의 중간재 시장에서도 그러한 비능률은 보상받을 수 없기 때문이다. 상실된 공헌이익이란 이익중심점 사이에 내부판매가 이루어지는 경우에 중간재를 외부시장에 판매할 기회를 상실하게 됨에 따라 기업전체의 관점에서 포기해야 할 단위당공헌이익이다. 따라서 상실된 공헌이익은 중간재의 시장가격에서 표준변동원가를 차감한 것이다.

상실된 공헌이익(LCM) = 시장가격(MP) − 표준변동원가(SVC)

이것을 대체가격 공식에 대입하면, 대체가격은 결국 시장가격과 일치된다.

대체가격(TP) = $SVC + LCM = SVC + MP - SVC = MP$

이처럼 기업외부에 중간재의 완전경쟁시장이 존재하는 경우에는 그것의 시장가격을 대체가격으로 하는 것이 가장 바람직하다. 이렇게 하면 수요부문과 공급부문의 행동이 기업전체이익을 극대화시키는 방향으로 나타나게 될 것이다. 뿐만 아니라, 각 부문이 기업전체이익에 공헌한 부분을 구별하여 파악할 수 있다.

예를 들어, 어떤 기업의 사업부A가 내부의 다른 사업부B와 외부시장에 판매할 수 있는 중간재 M을 단위당 ₩10,000의 표준변동원가를 들여 생산하고 있으며, 외부시장에는 단위당 ₩20,000의 가격으로 판매하고 있다고 하자. 이때 판매비와 대손은 전혀 발생되지 않는다고 가정한다. 그리고 사업부B는 단위당 ₩30,000의 변동원가를 추가로 투입하여 중간재 M을 가공한 다음 단위당 ₩80,000의 가격으로 외부에 판매한다고 하자. 이러한 상황에서는 중간재 M의 대체가격은 그것의 시장가격인 단위당 ₩20,000이 되어야 한다.

> 대체가격 = 표준변동원가+상실된 공헌이익
> = ₩10,000+(₩20,000−₩10,000) = ₩20,000

이렇게 시장가격으로 대체가격을 결정하면 사업부A의 공헌이익은 ₩10,000이 되고, 사업부B의 공헌이익은 ₩30,000(=₩80,000−₩30,000−₩20,000)이 된다. 그리고 기업전체의 공헌이익은 최종제품의 가격 ₩80,000에서 기업전체의 단위당변동원가 ₩40,000(=사업부A의 ₩10,000+사업부B의 ₩30,000)를 차감한 ₩40,000이 되는데, 그것은 두 사업부의 공헌이익을 합계한 금액과 같다.

만일 중간재 M을 외부시장에서 거래할 경우에 판매비와 대손이 발생된다면, 실무적으로는 시장가격에서 그러한 비용에 상당하는 금액을 차감한 수준으로 대체가격이 정해질 것이다(수정시장가격). 내부거래에서는 그러한 비용이 발생되지 않기 때문이다.

예제 10-23

한성중공업은 엔진과 조선의 두 사업본부로 구성되어 있다. 엔진사업본부는 선박용 엔진을 제조하여 조선사업본부에 공급하고, 나머지는 다른 조선회사에 판매한다. 엔진 1기의 표준변동제조원가는 ₩1,000, 고정제조간접원가 표준배부액은 ₩300이다. 그것을 외부의 다른 조선회사에 판매할 때에는 1기당 판매가격이 ₩2,500이다. 한편, 조선사업본부는 엔진을 다른 엔진제조기업으로부터 같은 가격에 구입할 수도 있다.

(1) 엔진 1기의 내부대체가격은 얼마로 결정되어야 하겠는가?

(2) 1기당 ₩700의 변동판매비가 들 경우에는 내부대체가격이 얼마로 결정되어야 하겠는가?

풀이 (1) 대체가격 = 시장가격

[공급부문의 입장]

대체가격 = 표준변동원가+상실된 공헌이익

= ₩1,000+₩1,500(=2500−1000) = ₩2,500

대체가격이 ₩2,500으로 설정되면, 공급부문은 ₩2,500으로 외부에 판매할 경우와 동일한 크기의 공헌이익을 벌 수 있다.

[수요부문의 입장]

대체가격 = 시장가격 = ₩2,500

대체가격이 ₩2,500으로 설정되면, 수요부문은 외부구입의 경우보다 낮은 가격으로 구입할 수 있다.

(2) 대체가격 = 수정된시장가격 = 시장가격−판매비 또는 대손

[공급부문의 입장]

대체가격 = 표준변동원가+상실된 공헌이익

= ₩1,000+₩800(=2500−1000−700) = ₩1,800

대체가격이 ₩1,800으로 설정되면, 공급부문은 ₩2,500으로 외부에 판매할 경우와 동일한 크기의 공헌이익을 벌 수 있다.

[수요부문의 입장]

대체가격 = 시장가격−변동판매비 절약액

= ₩2,500−₩700 = ₩1,800

대체가격이 ₩1,800으로 설정되면, 수요부문은 외부구입의 경우보다 낮은 가격으로 구입할 수 있다.

② 협상에 의한 대체가격결정

외부의 중간재 시장의 경쟁이 불완전하여 공급부문보다 더 낮은 가격으로 중간재를 공급하는 외부공급자가 있다고 하자. 이때에는 수요부문이 외부공급자의 가격수준으로 대체가격을 결정하기를 요구할 것이다.

만일 공급부문의 조업능력에 여유가 없다면, 공급부문은 대체가격을 그 수준으로 인하해서는 안 된다. 내부거래로 인해 외부 중간재 시장에서의 매출을 포기해야 하는 상황에서는 반드시 상실될 공헌이익을 대체가격에 포함시켜야 한다. 즉 공급부문이 외부의 중간재 시장에 공급하는 시장가격으로 대체가격을 결정해야 한다. 그렇지만 이 경우에도 만일 내부거래의 물량이 수량할인을 정당화시킬 수 있을 정도로 크다면 수량할인의 비율을 협상에 의해 정하

는 방식으로 대체가격이 결정될 수 있을 것이다.

한편, 공급부문이 여유조업능력을 보유하고 있다면 상실될 공헌이익이 ₩0이 되므로, 대체가격은 표준변동원가보다 높기만 하면 된다. 따라서 이때에는 표준변동원가(최저대체가격)와 외부공급자의 공급가격(최고대체가격) 사이에서 수요부문과 공급부문의 협상에 의해 대체가격이 정해질 것이다. 앞의 예에서, 사업부A가 여유조업능력을 보유하고 있는 상황에서 외부공급자가 사업부B에게 중간재 M을 단위당 ₩15,000의 가격으로 공급하겠다는 제안을 하였다고 가정하면, 중간재 M의 대체가격은 그것의 표준변동원가인 ₩10,000과 외부공급자가 제시하는 가격인 ₩15,000 사이에서 결정될 것이다. 만일 이러한 대체가격수준이 자신의 외부시장가격보다 낮다는 이유로 공급부문이 협상을 거절하고 내부거래를 포기한다면, 공급부문과 기업전체는 대체가격과 표준변동원가의 차액만큼의 공헌이익을 상실하게 될 것이다. 가령, 앞의 예에서 사업부A가 ₩15,000으로 대체가격을 결정하자는 사업부B의 제안을 거부한다면, 사업부A와 기업전체는 ₩5,000(=₩15,000−₩10,000)의 공헌이익기회를 상실하게 될 것이다.

예제 10-24

영동펌프㈜는 밸브사업부와 밸브를 사용하여 펌프를 생산하는 펌프사업부로 구성되어 있다. 밸브사업부의 기준조업도는 연간 100,000단위, 고정제조간접원가예정배분율은 ₩5,400이다. 밸브의 단위당표준변동원가는 ₩9,600이며, 그것을 외부시장에 판매할 때의 가격은 ₩18,000이다. 펌프사업부는 연간 10,000단위의 밸브를 단위당 ₩17,400의 가격으로 외부에서 구입하고 있는데, 적절한 수준의 대체가격으로 밸브사업부가 그것을 공급해주기를 바라고 있다.

(1) 밸브사업부가 이 요청을 수락하는 데 필요한 여유조업능력을 가지고 있다면, 대체가격은 얼마로 결정되는 것이 적절한가?

(2) 밸브사업부가 여유조업능력이 없어서 이 요청을 수락하기 위해서는 외부시장에 판매되고 있는 밸브로 그것을 충당해야 한다면 대체가격은 얼마가 되어야 하는가? 이때 펌프사업부는 내부대체와 외부구입 중에서 어느 대안을

선택하는 것이 바람직한가?

(3) 위 (2)의 경우에 내부거래물량에 대해서는 변동판매비 ₩1,800을 절약할 수 있다고 한다면, 대체가격은 얼마가 되어야 하는가? 이때 펌프사업부는 내부대체와 외부구입 중에서 어느 대안을 선택하는 것이 바람직한가?

(4) 펌프부문이 연간 20,000단위의 특수밸브도 밸브사업부에서 공급해 주기를 요청하였는데, 특수밸브의 단위당 변동원가는 ₩12,000이고, 이 물량을 공급하려면 일반밸브의 연간생산량을 50,000단위 포기해야 한다. 대체가격은 얼마가 되어야 하는가?

풀이 (1) 상실될 공헌이익이 ₩0이므로, 대체가격은 단위당 표준변동원가 ₩9,600과 외부공급자의 공급가격 ₩17,400 사이에서 협상에 의해 결정된다.

(2) 대체가격 = 시장가격
= 단위당 표준변동원가+상실될 단위당공헌이익
= ₩9,600+(₩18,000−₩9,600) = ₩18,000

대체가격이 외부공급자의 공급가격 ₩17,400보다 비싸기 때문에, 펌프사업부는 밸브를 외부에서 구입하는 것이 합리적이다.

(3) 대체가격 = 수정된 시장가격
= 단위당 표준변동원가+상실될 단위당공헌이익−변동판매비
= 시장가격−변동판매비 = ₩18,000−₩1,800 = ₩16,200

대체가격은 ₩16,200과 외부공급자의 공급가격 ₩17,400 사이에서 협상에 의해 결정된다.

(4) 대체가격 = 단위당 표준변동원가+상실될 단위당공헌이익
① 단위당 표준변동원가 = ₩12,000
② 상실될 총공헌이익 = (₩18,000−₩9,600)×50,000단위 = ₩420,000,000
③ 특수밸브의 단위당 상실될 공헌이익 = ₩420,000,000/20,000단위
= ₩21,000
④ 대체가격 = ①+③ = ₩12,000+₩21,000 = ₩33,000

예제 10-25

효창전자㈜의 사업부 A는 부품 K를 생산하고, 사업부 B는 그 부품을 조립하여 완제품을 만든다. 부품과 완제품은 모두 시장에서 거래되고 있으며, 사업부들은 이익중심점으로 지정되었다. 부품의 대체가격은 장기적인 평균시장가격으로 설정되었다. 각 사업부에 관한 자료는 다음과 같다.

최종제품의 추정판매가격	₩300
중간제품의 장기평균시장가격	200
사업부 B에서 완성품을 만들기 위한 변동가공원가	150
사업부 A에의 변동제조원가	120

사업부 B의 경영자는 다음과 같은 계산을 했다.

완제품의 판매가격		₩300
전공정 대체원가(시장가격)	₩200	
완제품을 만들기 위한 변동가공원가	150	350
공헌이익(손실)		₩(50)

(1) 사업부 A에 여유조업능력이 없다면, 사업부 B로 부품을 대체해야 하는가? 이때 시장가격이 올바른 대체가격인가?

(2) 이 부품에 대한 사업부 A의 최대조업능력이 월 1,000단위이며, 시장에 이 부품을 현재 800단위 판매한다고 가정하면, 200단위를 사업부 B로 대체해야 할 것인가? 적절한 대체가격은 얼마인가? 사업부 A는 유휴생산능력이 존재함에도 불구하고 계속적으로 ₩200의 판매가격을 유지할 것이라고 가정한다.

(3) 사업부 A가 200단위까지의 대체가격을 ₩150로 책정하였다면, 대체가 이루어졌을 경우 회사전체에 대한 공헌액은 얼마가 되는가? 당신이 사업부 B의 경영자라면 ₩150에 구매하겠는지를 판단하시오.

풀이 (1) 부품 K의 외부시장이 존재할 때, 사업부 A에 여유조업능력이 없다면 변동제조원가와 내부대체에 따른 공헌이익상실액의 합계액, 즉 외부시장에서 형성된 시장가격이 가장 적절한 대체가격이다. 이때에는 부품을 외부시장에 판매하는 것과 사업부 B에 대체하는 것이 사업부 A에게 아무런 차이도 야기하지 않는다. 따라서, 대체할 수 있다.

(2) 사업부 A는 대체가격이 변동원가보다 높기만 하면 대체하는 것이 유리하다. 기업 전체로도 공헌이익의 상실이 발생되지 않는다. 부품 K의 단위당 변동원가가 ₩120이므로, 대체가격은 ₩120보다 높은 수준에서 정해지면 된다.

(3) 사업부 A는 ₩6,000(=(₩150−₩120)×200단위)의 공헌이익을 얻고, 사업부 B는 ₩10,000(=(₩200−₩150)×200단위)의 원가를 절약할 수 있으므로, 회사 전체로는 ₩16,000(=₩6,000+₩10,000)의 공헌이익이 발생된다. 그러나 사업부 B는 여전히 공헌이익을 얻지 못한다: ₩0 (=(₩150−₩150)×200단위). 따라서 사업부 B의 경영자는 ₩120과 ₩150 사이의 어느 수준에서 대체가격이 결정되도록 협상해야 할 것이다.

예제 10-26

트랙터 및 다른 농업중장비 제조업자인 거대중공업은 각 제조사업부를 별개의 이익중심점으로서 운영하고 있는 분권화된 라인에 따라 조직되어 있다. 사업부 C는 과거에 특정한 트랙터 엔진부품의 필요량을 사업부 A로부터 항상 구매해 왔다. 그런데 사업부 A가 그 부품의 가격을 ₩150로 인상했다는 것을 들었을 때, 사업부 C의 경영자는 엔진부품을 외부공급자로부터 단위당 ₩135의 가격으로 구입하기로 결정했다. 사업부 A는 최근에 고도로 전문화된 설비를 설치했고, 그 결과 높은 감가상각비가 소비되었기 때문에, 가격을 인상하지 않는다면 적절한 투자수익률을 낼 수 없을 것이라고 주장한다. 사업부 A의 경영자는 회사의 최고경영자에게 자신의 입장을 지원해 줄 것을 주장하면서 다음과 같은 자료를 제공하였다.

사업부 C가 일년간 구매하는 트랙터 엔진부품수량	1,000단위
사업부 A의 트랙터 엔진부품의 단위당 변동원가	₩120
사업부 A의 트랙터 엔진부품의 단위당 고정원가	₩20

(1) 사업부 A의 설비는 다른 용도에 사용될 수 없다고 가정하고, 사업부 C가 그 부품을 외부공급자로부터 단위당 ₩135로 구입한다면 회사전체의 관점에서 유익한지의 여부를 판단하시오.

(2) 사업부 A의 설비가 다른 용도로 사용될 수 있다고 가정할 때, 사업부 A의 설비는 사업부 C에서 필요한 1,000 단위를 생산하지 않는다면 다른 생산활동에 사용될 것이며, 연간 ₩18,000의 현금지출을 절약할 것이다. 사업부 C가 외부로부터 구매하는 것이 적절한 것인지를 판단하시오.

(3) 사업부 A의 설비를 다른 용도로 사용할 수 없으며, 외부의 구입가격이 ₩20 하락했다고 가정한다면, 사업부 C가 외부로부터 구매하는 것이 적절한 것인지를 판단하시오.

(4) 사업부 A가 단위당 ₩155로 다른 고객에게 1,000 단위를 판매할 수 있다고 가정한다. 단위당 변동판매비는 ₩5이다. 사업부 C가 1,000개의 부품을 외부공급자로부터 단위당 ₩135에 구입하는 것이 기업전체적으로 유리한지를 판단하시오.

풀이 (1) 사업부 C의 원가절약 = (150−135)×1,000 = ₩15,000
사업부 A의 회피불가능원가 = 20×1,000 = ₩20,000
∴ 기업전체적으로 ₩5,000의 회피불가능원가를 회수하지 못하게 된다.

(2) 사업부 C의 원가절약 = (150−135)×1,000 = ₩15,000
사업부 A의 원가절약 = ₩18,000
∴ 기업전체로 ₩33,000의 원가를 절약할 수 있으므로, 외부구입이 적절하다.

(3) 사업부 C의 원가절약 = (150−115)×1,000 = ₩35,000
사업부 A의 회피불가능원가 = 20×1,000 = ₩20,000
∴ 기업전체로 회피불가능원가를 회수하고도 ₩15,000의 원가를 추가로 절약할 수 있으므로, 외부구입이 적절하다.

(4) 사업부 C의 원가절약 = (150−135)×1,000 = ₩15,000
사업부 A의 공헌이익 = (155−125)×1,000 = ₩30,000
∴ 기업전체로 ₩45,000의 이익이 증가하므로, 외부구입이 적절하다.

(2) 외부에 중간재 시장이 존재하지 않는 경우

기업외부에 중간재 시장이 존재하지 않는 경우에는 공급부문이 중간재의 유일한 공급자이고 수요부문이 중간재의 유일한 수요자이다. 이때 기업전체의 관점에서는, 중간재의 완전경쟁시장이 존재하는 경우와 마찬가지로, 이익을 극대화시키는 수준으로 대체가격을 결정하기를 원하지만, 대체가격의 수준에 따라 업적평가가 달라지는 공급부문과 수요부문의 관점은 그렇지 않다.

공급부문은 중간재를 독점적으로 공급하므로 이익을 증가시키기 위해 자기부문의 한계수익(MR_S)과 한계원가(MC_S)가 일치되는 수준에서 중간재의 생산규모를 결정하려고 한다. 그런데 중간재의 모든 생산량수준에서 중간재 공급부문의 한계수익(MR_S)은 그것을 추가가공하여 판매하는 수요부문의 한계수익(MR_D)보다 언제나 낮다. 따라서 공급부문의 이익을 극대화하는 중간재 생산규모는 기업전체의 이익을 극대화시키는 생산규모보다 작아지고, 중간재의 가격(P_S)은 인상된다. 중간재 가격이 인상되면 수요부문의 중간재 구입량과 기업전체의 완성품 생산규모도 줄어들고, 기업전체이익은 감소된다.

이처럼 외부시장이 존재하지 않는 경우에는 내부거래에서 기업전체이익의 감소는 불가피하다. 따라서 차선책으로서 업적평가의 공정성은 확보할 수 있는 대체가격 결정방법이 필요하게 되는데, 그것이 원가가산 대체가격결정이다. 그것은 중간재의 표준변동제조원가에 일정액의 이윤을 가산한 금액으로 대체가격을 결정하는 것이다. 이때 원가에 가산될 이윤의 크기는 내부거래로 인해 공급부문이 부담해야 하는 기회원가를 보전할 수 있는 수준으로 결정한다. 만일 공급부문에게 기회원가가 발생되지 않는다면 그것은 협상에 의해 결정하는 것이 바람직하다. 이렇게 하면 공급부문과 수요부문에게 모두 공평하여 업적평가의 공정성에 대한 지각을 제고하고, 실행하기가 용이하다는 이점이 있기 때문이다. 여기서 표준변동제조원가를 기준으로 하는 것은 공급부문의 비능률이 수요부문에 전가되지 않도록 하고, 또 수요부문이 중간재의 원가를 사전에 알 수 있도록 하기 위한 조치이다.

예제 10-27

경일전자㈜의 B사업부는 새로운 신제품을 개발하였는데 그것에 소요되는 부품 K를 A사업부가 연간 5,000개 규모로 생산해 주기를 바라고 있다. 외부시장에서 그것을 구입할 수 없기 때문이다. A사업부는 현재의 설비를 이용하여 그것을 단위당 ₩4,800의 표준변동제조원가로 생산할 수 있을 것으로 추정하였다.

(1) 이렇게 하기 위해 A사업부가 자신의 주력제품인 X의 생산을 연간 3,500개만큼 줄여야 한다면, 대체가격은 얼마가 되어야 하겠는가?. 단, 제품 X의 단위당공헌이익은 ₩12,000이다.

(2) A사업부가 여유조업능력이 있다면 대체가격은 어떻게 결정되겠는가?

풀이 (1) 대체가격 = 단위당 표준변동제조원가+상실될 단위당공헌이익

① 단위당 표준변동제조원가 = ₩4,800

② 상실될 총공헌이익 = ₩12,000×3,500개 = ₩42,000,000

③ 부품 K의 단위당 상실될 공헌이익 = ₩42,000,000/5,000개 = ₩8,400

④ 대체가격 = ①+③ = ₩4,800+₩8,400 = ₩13,200

(2) 최저대체가격은 표준변동제조원가인 ₩4,800이며, A사업부에 대한 적절한 동기유발을 위해 그것에 적정이윤을 추가한 수준으로 대체가격이 결정될 것이다. 그리고 이때의 적정이윤은 두 사업부간의 협상에 의해 결정될 것이다.

외부에 중간재 시장이 존재하지 않는 경우에 중간재의 한계원가 또는 변동원가를 대체가격으로 결정하는 방법도 있다. 그러나 이 방법은 공급부문에게 일방적으로 불리한 결과를 초래하기 때문에 사용하지 않는 것이 바람직하다. 즉 공급부문은 전혀 이익을 얻지 못하거나 고정원가만큼의 손실을 입게 된다. 이러한 결과는 업적평가의 불공정성을 야기하여, 궁극적으로는 기업전체의 장기적 성과를 손상시킬 것이다.

예제 10-28

[예제10-23]의 물음(1)에서, 만일 외부시장이 존재하지 않는다면 내부대체가격을 어떻게 결정해야 하겠는가?

풀이 표준변동제조원가 ₩1,000으로 대체가격을 정한다면 공급부문은 고정제조간접원가 표준배부액 ₩300만큼 손실을 입게 될 것이다. 그리고 대체가격을 표준제조원가인 ₩1,300 수준으로 결정하더라도 공급부문은 전혀 이익을 얻지 못하므로 만족하지 않을 것이다. 따라서 대체가격은 표준제조원가인 ₩1,300에 적정 수준의 이익률을 가산하는 방식으로 결정해야 할 것이다.

(3) 국제대체가격결정

지금까지 살펴본 대체가격결정은 기업내부의 분권조직단위들 간의 내부거래를 대상으로 설정한 것이다. 이때의 주요 목적은 기업전체이익을 극대화하기 위해 수요부문과 공급부문의 목표일치를 이끌어 내거나, 기업전체이익을 희생하더라도 업적평가의 공정성과 부문운영의 자율성을 증대시켜 책임중심점 경영자들의 동기유발을 높이는 데 있었다.

그러나 다국적기업과 해외의 자회사들과의 내부거래에서도 대체가격결정이 문제가 되는데, 이때에는 주요 목적이 앞의 경우와 다르다. 국제대체가격결정의 일차적 목적은 매우 다양하며, 한 가지 수준으로 결정된 대체가격으로는 이러한 목적들을 동시에 충족시킬 수가 없다. 가령, 해외 자회사의 관세부담을 경감시키고 원가지위를 향상시키고자 할 때에는 대체가격을 낮게 설정한다. 이와 반대로, 법인세율이 높은 나라에 소재하는 자회사의 법인세 부담을 줄이고자 할 때, 이익의 이전을 제한하고 있는 나라에 소재하는 자회사의 송금액을 증대시키고자 할 때, 그리고 외국지분에 대한 배당을 제한하고 있는 나라에 소재하는 자회사의 현금유출을 증대시키고자 할 때에는 대체가격을 높게 설정한다.

국제대체가격결정이 이와 같은 목적에 이용되기 때문에, 나라마다 그것에 대해 적절한 규제를 가하고 있다. 그러므로, 다국적기업의 경영자들은 영업활동이 이루어지는 나라의 정치적, 법률적, 경제적 환경을 고려하여 기업의 경쟁지위를 개선하고 기업전체이익을 극대화 할 수 있도록 대체가격을 결정해야 한다.

원가관리회계의 이해와 연습

Chapter 11

학습초점

1. 분석기간의 설정방법
2. 반복가능성 가정에 따른 세전현금흐름 및 세후현금흐름의 추정모형
3. 현재가치와 미래가치의 계산공식
4. 순현재가치, 연간등가순현금흐름, 외부수익률 등의 계산공식

CHAPTER

11

투자의사결정의 경제성 분석: 할인된 현금흐름(*DCF*)법

01 투자의사결정의 경제성 분석: 의의와 방법

투자의사결정은 1년 이상의 장기간에 걸쳐 현금흐름을 지속적으로 발생시키는 상호배타적 투자안들 중에서 최적투자안을 선택하는 장기적 의사결정이다. 현금흐름의 지속기간이 1년 이상인 투자안들이 모두 그 대상에 포함된다. 예를 들면, 연구개발부문의 신제품개발 또는 신공정개발 제안, 엔지어링부문의 제품설계, 포장, 가공방법 등에 관한 개선안, 제조부문의 설비확장 또는 대체안, 마케팅부문의 광고프로그램, 최고경영자의 수직적통합안 또는 다각화계획 등이 그것이다.

투자안의 경제성 분석방법에는 화폐의 시간가치를 고려하지 않는 회계적 이익률법과 회수기간법이 있고, 현금흐름에 바탕을 두고 화폐의 시간가치를 고려하는 할인된 현금흐름법(*DCF* methods)이 있다. 여기서는 할인된 현금흐름법만 설명한다. 그 중에서 특히 순현재가치(net present value: *NPV*)법, 연간등가순현금흐름(annual equivalent net cash flows: *AENCF*)법, 그리고 외부수익률(external rate of return: *ERR*)법을 설명한다.

투자안의 경제성 분석방법을 이해하기 위해서는 먼저 투자안과 투자기회의 개념을 구별할 수 있어야 한다. 그리고 분석기간(study period)과 자본비용(cost of capital)의 개념에 대한 이해가 선행되어야 한다. 전자는 현금흐름의 추정기간을 가리키는 것이고, 후자는 현금흐름의 할인율 또는 투자수익률의 평가기준(절사점)으로 이용된다.

02 기초개념: 투자안과 투자기회의 구별

투자안(investment alternative)과 투자기회(investment opportunity)는 구별해야 한다. 투자안이란 단일의 투자기회 또는 두 가지 이상의 독립적인 투자기회들의 조합을 가리킨다. 일반적으로 m개의 독립적인 투자기회들이 있다면, 2^m개의 상호배타적인 투자안들이 형성될 수 있다.

하나의 투자안에 상호배타적인 투자기회들이 포함되어 있으면 그 투자안은 실행가능성이 없다. 이때에는 다른 투자기회들과 상호배타적 관계에 있는 어떤 투자기회를 투자안에서 분리하고, 그것 자체를 하나의 독립된 투자안으로 정의한다.

이와 반대로, 두 가지 이상의 독립적인 투자안들이 상호배타적인 것이 아니라면, 그것들은 각각 자본예산의 범위 내에서 동시에 선택될 수 있는 독립적인 투자기회들이다. 이때에는 경제성이 있는 투자기회들을 식별하고 자본예산의 범위 내에서 그것들의 최적 조합을 구성하여 경제성 있는 하나의 투자안을 정의하는 것이 의사결정의 과제가 된다.

이 장에서는 먼저 상호배타적인 투자안들의 경제성 분석방법을 설명한다. 상호배타적이 아닌 독립적 투자기회들에 관한 경제성 분석의 방법과 경제성 있는 투자기회들의 조합을 통해 이루어지는 최적 투자안의 구성방법은 마지막 절에서 설명한다.

03 기초개념: 분석기간의 설정과 세전현금흐름의 추정

현금흐름은 분석기간에 걸쳐 추정되고, 분석기간이 투자안의 내용연수보다 길 때에는 반복가능성 가정을 전제로 하여 추정된다. 그리고 언제나 복수의 투자안이 존재하게 되는 설비대체안의 현금흐름을 추정할 때에는 각별히 주의해야 한다.

(1) 분석기간의 설정

실행가능한 상호배타적 투자안들이 정의되면, 그것들의 현금흐름을 어떤 기간에 걸쳐 추정할 것인지를 결정한다. 경제성 분석을 위한 현금흐름의 추정기간을 분석기간이라 한다. 그것은 투자안의 유형에 따라 다르게 설정된다.

첫째로, 단일 신규투자안의 경우에는 분석기간을 투자안의 내용연수(기대수명)와 동일하게 설정하는 것이 보통이다. 그러나 반드시 그렇게 해야 하는 것은 아니다.

둘째로, 상호배타적인 복수의 신규투자안들의 경우에는 반드시 투자안들의 분석기간을 동일하게 설정해야 한다. 이때 각 대안들의 내용연수가 같다면 그것을 분석기간으로 설정한다. 대안들의 내용연수가 서로 다르면 ① 각 대안들의 내용연수의 최소공배수와 ② 투자의 요구수명(투자를 통해 창출될 서비스가 지속되어야 하는 기간)을 비교하여 그 중에서 더 짧은 것을 분석기간으로 설정한다.

셋째로, 설비대체안의 경제성 분석에서는 언제나 2개 이상의 대안들이 나타나기 때문에 대안들의 분석기간을 동일하게 설정해야 한다. 이때는 분석기간이 구설비의 예상잔존수명과 같게 설정될 수도 있고, 그것보다 더 길게 설정될 수도 있다. 대부분의 설비대체의 경우, 구설비의 예상잔존수명은 신설비의 내용연수보다 짧다. 그래서 설비대체의 경제성 분석에서는 분석기간을 구설비의 예상잔존수명과 같게 설정하는 것이 보통이다.

(2) 반복가능성 가정

설정된 분석기간이 투자안의 내용연수와 같거나 그것보다 짧을 때에는 분석기간 내의 현금흐름만 추정하면 된다. 그러나 분석기간이 투자안의 내용연수보다 길 때에는 반복가능성 가정을 전제로 분석기간 내의 현금흐름을 추정한다.

반복가능성 가정이란 각 대안의 제1차 수명주기(기대수명 또는 내용연수)에서 발생될 것으로 추정된 현금흐름이 분석기간 내에서 반복되는 나머지 모든 수명주기들에서도 동일하게 나타난다고 가정하는 것이다. 이때, 동일 자산에 대한 반복투자에서 발생되는 제2차 및 제3차 수명주기의 현금흐름은 각각 제1차 수명주기의 그것과 동일한 금액으로 추정된다.

가령, 내용연수가 3년인 투자안 A의 경제성 분석기간이 9년으로 설정되었다면, 투자안 A에 관해서는 다음과 같이 총 9년간의 현금흐름이 추정되어야 한다:

① 제1차년도 초의 초기투자지출을 포함한 처음 3년간(제1차 수명주기)의

현금흐름.

② 분석기간 내의 제4차년도 초에 동일 자산에 대한 반복투자가 이루어져서 제2차 수명주기 동안에 발생되는 현금흐름.

③ 분석기간 내의 제7차년도 초에 동일 자산에 대한 반복투자가 이루어져서 제3차 수명주기 동안에 발생되는 현금흐름.

예제 11-1

선반 A에 대한 투자로부터 예상되는 현금흐름이 다음과 같이 추정되었다: 초기투자원가 ₩10,000, 내용연수 5년, 연간수입 ₩5,000, 연간지출 ₩2,200, 처분가치 ₩5,000(3년후); ₩2,000(5년후). (1) 분석기간이 3년인 경우와 (2) 분석기간이 10년인 경우의 현금흐름을 각각 추정하시오.

풀이

분석기간 3년			분석기간 10년		
(1) 연도		선반A	(2) 연도		선반A
1(초)	초기투자	−₩10,000	1(초)	초기투자	−₩10,000
1(초)−3(말)	운용	₩2,800	1(초)−5(말)	운용	₩2,800
3(말)	처분	₩5,000	6(초)	반복투자	−(₩10,000−₩2,000)
			6(초)−10(말)	운용	₩2,800
			10(말)	처분	₩2,000

*(+): 현금유입. (−): 현금유출.

예제 11-2

현금흐름이 아래와 같이 발생될 것으로 추정된 두 개의 선반기계 A, B 중에서 어느 하나를 선택해야 하는 의사결정 문제가 제기되었다. 각 대안별로 분석기간의 현금흐름을 추정하시오.

	선반A	선반B
초기투자원가	₩10,000	₩15,000
내용연수	5년	10년
처분가치	₩2,000	0
연간수입	₩5,000	₩7,000
연간지출	₩2,200	₩4,300
분석기간	10년	

풀이

연 도		선반A	선반B
1(초)	초기투자	−₩10,000	−₩15,000
1(초)−5(말)	운용	₩2,800	₩2,700
6(초)	반복투자	−(₩10,000−₩2,000)	
6(초)−10(말)	운용	₩2,800	₩2,700
10(말)	처분	₩2,000	₩0

*(+): 현금유입. (−): 현금유출.

분석기간이 두 선반의 내용연수의 최소공배수인 10년으로 설정되어 있으므로, 내용연수가 5년인 선반 A의 현금흐름을 추정할 때 반복가능성 가정을 전제해야 한다. 즉 선반 A는 6차년도 초에 동일 기계로 대체되어 두 번째 수명주기 5년 동안 계속 사용되고, 이때의 현금흐름은 처음 5년간의 그것과 동일하게 나타난다고 가정해야 한다. 6차년도 초에 이루어지는 동일 선반으로의 반복투자액은 처음에 구입된 선반의 처분가치를 차감한 잔액이며, 대체된 선반 A의 처분에 따른 현금유입은 두 번째 수명주기가 끝나는 10년도 말에 발생된다.

(3) 설비대체안의 현금흐름 추정

설비대체안의 경우, 분석기간이 구설비의 예상잔존수명보다 길게 설정되었다면, 현금흐름을 추정할 때 각별히 주의를 기울여야 한다.

첫째로, 미래에 구설비가 신설비로 대체되는 시점(구설비의 예상잔존수명의 종료시점)부터 분석기간이 종료되는 시점까지의 현금흐름 추정치가 필요하다. 대체될 구설비는 1회의 수명주기 동안만 사용될 것이기 때문에, 신설비로 대체되는 시점(구설비의 예상잔존수명 종료시점)부터 분석기간이 종료되는 시점까지 발생되는 현금흐름은 대체후보로 검토되는 신설비들 중에서 최선의 대안으로 여겨지는 어떤 신설비를 선택하였을 경우와 동일하게 발생될 것이라고 가정된다.

둘째로, 분석기간이 종료되는 시점에서의 신설비의 처분가치 추정치가 필요하다. 분석기간의 길이에 관계없이, 설비대체안의 경우에는 구설비가 신설비로 대체되는 시점에서 신설비의 구입가격 만큼 현금유출이 발생되는데, 이때 구설비의 처분가치가 신설비 구입가격의 차감항목이라는 점에 유의해야 한다. 설비가 대체될 때에는 신설비 구입가격에서 구설비 처분가치만큼 공제된 실질적인 교환가격이 신설비의 초기투자액이기 때문이다.

예제 11-3

어떤 기업이 수명이 4년밖에 남지 않은 구기계를 신기계로 대체하는 문제를 검토하고 있다. 신기계는 ₩18,000으로 구입할 수 있는데, 그것은 분석기간이 종료되는 10년 후에 ₩1,500의 처분가치를 가지고 있다. 구기계를 지금 처분하면 ₩1,800을 받을 수 있고, 4년 후에는 처분가치가 없다. 구기계의 연간운영비는 ₩3,500이고, 신기계의 연간운영비는 ₩2,100이다. 만일 구기계를 4년간 계속 사용한 뒤에 신기계로 대체한다면, 신기계의 구입원가는 ₩18,000이 지출되고, 연간운영비가 ₩2,100 지출되며, 6년 후(분석기간 종료시점)의 처분가치는 ₩4,500으로 예상된다. 각 대안의 현금흐름을 추정하시오.

풀이

연 도	구기계 계속사용후 대체(A)	신기계로 즉시 대체(B)
1(초)	₩0	−₩18,000 +₩1,800(구기계 처분가치)
1(초)−4(말)	−₩3,500	−₩2,100
5(초)	−₩18,000 +₩0(구기계 처분가치)	₩0
5(초)−10(말)	−₩2,100	−₩2,100
10(말)	₩4,500 (대체6년후 신기계처분가치)	₩1,500 (대체10년후 신기계처분가치)

*(+)는 현금유입, (−)는 현금유출
분석기간이 10년으로 설정되어 있으므로, '구기계 계속사용후 대체(A)'안의 초기 4년간의 현금흐름은 구기계의 계속사용에 따른 현금흐름을 추정하고, 그 이후 6년간의 현금흐름은 선택된 최선의 대체안인 신기계를 구입하였을 경우와 동일하게 발생될 것이라고 가정하여 추정한다.

04 세후현금흐름의 추정

현금흐름을 추정할 때에는 세후현금흐름을 추정해야 한다. 세후현금흐름을 정확하게 추정하는 데에는 [표 11−1]에 제시된 틀을 이용한다.

세후현금흐름을 추정할 때 고려해야 하는 세금의 종류에는 법인세(income tax), 재산세(property tax), 자본이득세(capital gain tax) 또는 자본손실세(capital loss tax), 그리고 투자세액공제액(investment tax credit) 등이 있다.

(1) 법인세: 감가상각비의 법인세 절약효과

법인세는 사업과정에서 창출된 회계이익에 대해 일정한 세율로 부과되며, 현금흐름에 미치는 영향이 매우 크다. 회계이익은 비현금지출원가인 감가상각비를 현금흐름에서 차감한 것인데, 여기에 대해 일정한 세율(r)의 법인세가 부과되면, 감가상각비에 대응되는 법인세절약액만큼 현금흐름이 증가되는 효과가 생긴다. 따라서 세후현금흐름을 추정할 때에는 이러한 감가상각비의 법인세절약효과를 반영하는 것이 매우 중요하다.

표 11-1 세후현금흐름 추정의 틀

연 도		세전 현금흐름	감가 상각비	회계이익	세금 (세율: t)	세후 현금흐름
		(1)	(2)	(3) =(1)+(2)	(4) =(3)×t	(5) =(1)+(4)
1(초)	초기 투자액	(−)			(+):투자세액공제	(−)
1(초)	구설비 처분 가치	(+)			(+):자본손실세액 (−):자본이득세액	(+)
1(초)−N(말)	연간 현금 흐름	(+) 또는 (−)	(−)	(+) 또는 (−)	(+): 회계이익 (−)일 때의 법인세절약액 (−): 회계이익 (+)일 때의 법인세증가액	(+) 또는 (−)
N(말)	신설비 처분 가치	(+)			(+):자본손실세액 (−):자본이득세액	(+)

*(+): 현금흐름의 증가 또는 현금유입, (−): 현금흐름의 감소 또는 현금유출

(2) 재산세에 의한 현금흐름의 감소

재산평가액에 대해 고정된 세율로 부과되는 재산세는 제세공과금의 형태로 연간현금흐름에 반영되는데, 현금흐름에 미치는 영향은 크지 않다.

(3) 자본이득 또는 자본손실에 부과되는 세금의 현금흐름효과

설비대체 의사결정에서는 처분가치만큼의 증분현금흐름이 발생된다. 그것이 발생되는 시점은 ① 설비대체를 위한 구설비의 처분시점, ② 신설비의 내용연수가 종료되는 시점, ③ 분석기간(*N*)이 신설비의 내용연수보다 길어서 분석기간 내에서 1차 수명주기가 종료된 신설비에 대해 1회 이상의 반복투자가 이루어질 경우의 신설비에 대한 각각의 반복투자시점, ④ 분석기간(*N*)이 종료되는 시점 등이다.

이때 자본이득 또는 자본손실이 인식되는데, 처분가치가 순장부가액(=초기투자액-감가상각누계액)을 초과하면 그 차액이 자본이득이 되고, 그 반대의 경우에는 그 차액이 자본손실이 된다. 이러한 자본이득이나 자본손실 자체는 증분현금흐름에 포함되지 않지만, 그것에 대해 부과되는 세금은 증분현금흐름에 포함된다. 적용되는 세율은 법인세와 같거나 아니면 별도로 책정되는데, 자본이득세액은 현금흐름을 감소시키고, 자본손실세액은 현금흐름을 증가시킨다.

(4) 투자세액공제에 따른 현금흐름의 증가

초기투자액에 대해 투자세액공제(investment tax credit) 혜택이 부여되는 경우에는 투자가 이루어지는 시점에서 그것에 따른 현금유출의 절약액, 즉 현금유입을 인식해야 한다. 투자세액공제에 의한 현금유출절약액은 순투자액을 감소시키지만, 상각대상투자액을 감소시키는 것은 아니다. 가령, 초기투자액이 ₩10,000이고 그것의 10%만큼 투자세액공제 혜택이 부여되는 경우, 내용연수가 10년이고 감가상각을 위한 잔존가치 추정치가 ₩300이라면, 순투자액은 ₩9,000(=10,000-1,000)이지만, 상각대상 초기투자액은 ₩9,700(=10,000-300)이다.

예제 11-4

어떤 기업이 내년 말에 내용연수가 종료되는 구기계를 수년 동안 사용하고 있는데, 현재의 순장부가액은 ₩750이고, 연수합계법에 의한 감가상각비는 올해 말에 ₩500, 내년말에 ₩250이 각각 계상될 것이다. 만일 구기계가 계속 사용된다면 운영 및 유지비가 연간 ₩7,200이 들고, 5년 후의 처분가치는 전혀 남아 있지 않을 것이다. 경영자는 그것을 신기계 A 또는 B로 대체하는 문제를 심사숙고하고 있다. 만일 A가 구입된다면 구기계는 ₩2,000에 처분할 수 있고, B가 구입된다면 그것은 ₩1,500에 처분할 수 있다. 설비대체의 경제성 분석의 분석기간은 5년으로 설정되었다. 신기계 A의 구입가격은 ₩12,000이고, 운영 및 유지비는 연간 ₩4,400이 들며, 5년 후의 처분가치는 ₩3,000이 될 것이다. 신기계 B의 구입가격은 ₩10,000이고, 운영 및 유지비는 연간 ₩5,100이 들며, 5년 후의 처분가치는 ₩2,500이 될 것이다. 신기계들은 모두 10%의 투자세액공제를 받을 수 있다. 자본이득(손실)에 대해 25%의 세금이 부과되고, 법인세율(r)은 50%이다. 신기계들의 내용연수는 8년이고, 잔존가치는 취득원가의 10%이다.

(1) 구기계를 계속 사용하는 대안의 세후현금흐름을 추정하시오.

(2) 신기계 A로 대체하는 안의 세후현금흐름을 추정하시오.

(3) 신기계 B로 대체하는 안의 세후현금흐름을 추정하시오.

풀이 (1) 구기계의 계속 사용((+)는 현금유입, (−)는 현금유출) 대안의 현금흐름

연 도	세전현금흐름 (1)	감가상각비 (2)	회계이익 (3)=(1)+(2)	세금(t=0.5) (4)=(3)×t	세후현금흐름 (5)=(1)+(4)
1(초)	0				0
1(말)	−7,200	−500	−7,700	3,850	−3,350
2(말)	−7,200	−250	−7,450	3,725	−3,475
3(말)	−7,200		−7,200	3,600	−3,600
4(말)	−7,200		−7,200	3,600	−3,600
5(말)	−7,200		−7,200	3,600	−3,600

(2) 신기계 A로 대체하는 안의 현금흐름

연 도	세전현금흐름 (1)	감가상각비 (2)	회계이익 (3)=(1)+(2)	세금(r=0.5) (4)=(3)×t	세후현금흐름 (5)=(1)+(4)
1(초)	−12,000			1,200[2)]	−10,800
1(초)	2,000			−312.5[3)]	1,687.5
1(말)	−4,400	−2,400	−6,800	3,400	−1,000
2(말)	−4,400	−2,100	−6,500	3,250	−1,150
3(말)	−4,400	−1,800	−6,200	3,100	−1,300
4(말)	−4,400	−1,500	−5,900	2,950	−1,450
5(말)	−4,400	−1,200	−5,600	2,800	−1,600
5(말)	3,000[4)]				3,000

1) 연수합계법: 1년도(말)의 감가상각비
 =(12,000−1,200)×(8/(1+2+−−−+8))=10,800×(8/36)=2,400

2) 투자세액공제(10%)=12,000×10%=1,200.

3) 자본이득세(25%)=(2,000−750)×25%=312.5

4) 5년도말의 순장부가치[12,000−감가상각누계액(9,000)=3,000]와 5년도말의 처분가치가 일치되므로, 자본이득세는 없음.

(3) 신기계 B로 대체하는 안의 현금흐름

연 도	세전현금흐름 (1)	감가상각비 (2)	회계이익 (3)=(1)+(2)	세금(r=0.5) (4)=(3)×t	세후현금흐름 (5)=(1)+(4)
1(초)	−10,000			1,000[2)]	−9,000
1(초)	1,500			−187.5[3)]	1,312.5
1(말)	−5,100	−2,000	−7,100	3,550	−1,550
2(말)	−5,100	−1,750	−6,850	3,425	−1,675
3(말)	−5,100	−1,500	−6,600	3,300	−1,800
4(말)	−5,100	−1,250	−6,350	3,175	−1,925
5(말)	−5,100	−1,000	−6,100	3,050	−2,050
5(말)	2,500[4)]				2,500

1) 연수합계법: 1년도(말)의 감가상각비
=(10,000−1,000)×(8/(1+2+−−−+8))=9,000×(8/36)=2,000
2) 투자세액공제(10%)=10,000×10%=1,000
3) 자본이득세(25%)=(1,500−750)×25%=187.5
4) 5년도말의 순장부가치[10,000−감가상각누계액(7,500)=2,500]와 5년도말의 처분가치가 일치되므로, 자본이득세가 없음.

예제 11-5

현재 사용중에 있는 수동드릴을 새로운 N/C 자동드릴로 대체하는 안을 검토하고 있다. 자동드릴의 구입가격은 ₩55,000이며, 내용연수가 5년인데, 5년 후 처분가치는 무시할 수 있을 정도이다. 운영비와 유지비가 연간 ₩10,000씩 발생될 것으로 추정된다. 5년 전에 ₩33,000으로 구입된 수동드릴은 내용연수가 10년이고, 내용연수 종료시점의 처분가치는 무시할 수 있을 정도이다. 수동드릴을 현재시점에서 ₩4,500에 처분할 수 있다. 수동드릴의 연간 운영비와 유지비는 ₩18,000이다. 대체의사결정의 분석기간은 5년이며, 분석기간 종료시점에서의 자동드릴의 처분가치는 ₩15,000으로 추정된다. 세율 40%, 세후자본비용 15%, 10%의 투자세액공제, 30%의 자본이득세율(자본손실은 발생연도의 회계이익의 차감항목으로 처리함), 잔존가치를 0으로 하는 정액법에 의한 감가상각 등을 전제로, 이 대안의 세후현금흐름을 추정하시오.

풀이

연 도	세전현금흐름 (1)	감가상각비 (2)	회계이익 (3)=(1)+(2)	세금(r=0.5) (4)=(3)×t	세후현금흐름 (5)=(1)+(4)
1(초)	−55,000			5,500[1)]	−49,500
1(초)	4,500[2)]				4,500
1(말)	−10,000+18,000	−11,000	−15,000[3)]	6,000	14,000
2(말)	−10,000+18,000	−11,000	−3,000	1,200	9,200
3(말)	−10,000+18,000	−11,000	−3,000	1,200	9,200
4(말)	−10,000+18,000	−11,000	−3,000	1,200	9,200
5(말)	−10,000+18,000	−11,000	−3,000	1,200	9,200
5(말)	15,000			−4,500[4)]	10,500

1) 투자세액공제(10%) = 55,000×10% = 5,500
2) 수동드릴의 대체에서는 자본손실이 발생되므로, 자본이득세를 부과할 여지가 없음
3) 수동드릴의 대체에 따른 자본손실(=4,500−3,300×5=12,000)은 발생연도 회계이익의 차감항목으로 처리하도록 되어 있으므로, 회계이익은 다음과 같이 계산함:
회계이익 = −10,000+18,000−11,000−12,000 = −15,000
4) 5년도말의 처분가치가 그 시점에서의 순장부가치[55,000−감가상각누계액(55,000)=0]를 초과한 금액 15,000은 자본이득이므로, 30%의 자본이득세를 부과함: 15,000×30%.

05 기초개념: 자본의 기회비용의 결정

설비투자안에 부담시킬 이자비용은 투입된 자금의 원천에 관계없이 그것의 기회원가, 즉 다른 최선의 대안에 사용하지 못하게 됨으로써 포기해야 하는 이익의 크기로 측정되어야 한다. 그것을 자본의 기회비용(opportunity cost of capital) 또는 자본비용(cost of capital)이라 한다.

일반적으로, 자본비용은 투자기업이 수익성 있는 다른 투자안들에 투자할 경우에 벌어들일 수 있을 것으로 추정되는 최소한의 매력적인 수익률

(minimum attractive rate of return: *MARR*) 수준으로 설정된다. 그것은 미래의 현금흐름을 현재가치로 환산할 때에는 할인율(discount rate)로, 수익률(rate of re–turn)을 기준으로 투자안들을 선택할 때에는 경제성을 판단하기 위한 절사점(cut–off point)으로 각각 이용된다.

06 현재가치와 미래가치의 계산: 계산의 전제

미래의 현금흐름은 시간적으로 미래의 가치이면서 그것의 발생이 보장되는 것이 아니라는 의미에서 안전하지 못하다. 즉 미래의 현금 ₩1은 현재의 현금 ₩1보다 가치가 작고, 위험성이 내포된 현금 ₩1은 수중에 보유하는 안전한 현금 ₩1보다 가치가 작다. 그래서 그것을 현재가치로 환산할 때에는 시간(time)과 위험(risk) 요소를 반영하여 할인(discount)해야 한다. 이 책에서 설명하는 현금흐름의 현재가치와 미래가치의 계산방법에는 할인율 및 현금흐름의 발생유형과 발생시점에 대한 전제가 설정되어 있다.

(1) 할인율

설비투자안의 경제성을 평가할 때에는 미래의 현금흐름을 현재가치로 환산하는 데 적용되는 할인율(i)을 이산적 복리이자율(discrete compound interest rate)로 간주한다. 그것은 어떤 이자지급기간(N)의 기말시점의 이자(interest)를 계산할 때 그 기간의 기초시점까지의 이자누적액과 기말시점까지의 잔여 원금을 합계한 금액에 대해 적용되는 이자율이다.

(2) 현금흐름의 발생유형

앞에서 서술된 바와 같이 현금흐름에는 개별적 현금흐름도 있고 연속적 현금흐름도 있다. 개별적 현금흐름(single cash flow)은 특정 시점에서 발생된 특정 금액의 현금흐름을 가리킨다. 연속적 현금흐름(series cash flow)은 연금(annuity) 형태의 현금흐름을 가리키는데, 연금은 분석기간에 걸쳐 전기 대비 일정액(G) 또는 일정비율(k) 만큼 증가된 형태로 나타날 수도 있다. 현금흐름의 발생유형에 따라 현재가치와 미래가치의 계산공식이 다르기 때문에, 현금흐름의 현재가치 또는 미래가치를 계산할 때에는 그것을 구분하는 것이 편리하다.

(3) 현금흐름의 발생시점

설비투자안의 경제성 평가에는 현금흐름이 연말시점에 한꺼번에 발생된다는 가정이 전제되어 있다. 만일 현금흐름이 연중에 균등하게 연속적으로 발생된다고 가정하는 것이 합리적이라면, 비록 이 책에서는 다루지 않지만, 연속적 복리이자율을 할인율로 사용해야 한다.

07 현재가치와 미래가치의 계산: 계산공식

현금흐름의 현재가치와 미래가치는 이 장 말미에 제시되어 있는 <이자요소표>와 간단하게 정의된 계산공식을 이용하면 비교적 쉽게 계산할 수 있다. 이러한 계산공식에는 다음과 같이 정의된 기호들이 사용된다:

> i = 연간복리이자율(단위: %);　N = 복리계산기간
> P = 현금흐름의 현재시점($r=0$)에서의 가치(현재가치)
> F = N년도 말 시점($t=N$)에 발생되는 개별적 현금흐름(미래가치)
> A = 복리계산기간 동안 연말시점마다 동일한 금액이 발생되는 연금(annuity)
> G = 연금의 기간별 균등 증감액;　k = 연금의 기간별 균등 증감률(단위: %)

1) 개별적 현금흐름

(1) 현재가치의 계산공식

N년차 말 시점의 미래가치(F)가 ₩1, 복리이자율 i라는 조건이 주어졌을 때, 미래가치(F) ₩1의 현재가치(P)를 계산하는 데 적용되는 이자요소는 $(P/F,i,N)$이다. 그것은 다음과 같이 계산된 것이다:

$$(P/F,i,N) = \frac{1}{(1+i)^N}$$

만일 N년차 말 시점의 미래가치(F)가 ₩F라면, 그것의 현재가치 P는 다음과 같이 계산된다:

$$P = ₩F \times \frac{1}{(1+i)^N} = ₩F \times (P/F,i,N)$$

예를 들어, 연 6%의 복리이자율로 10년차 말 시점에 ₩1이 되는 정기예금에 가입한다면, 현재의 저축액은 ₩1×(P/F,6,10)이다. (P/F,6,10)을 <이자요소표>에서 찾으면 0.5584이므로, 현재의 저축액은 ₩0.5584이다. 만일 10년차 말 시점의 미래가치(F)가 ₩10,000이 되게 하려면 현재의 저축액(P)은 다음과 같다:

$$P = F \times (P/F,i,N) = ₩10{,}000 \times (P/F,6,10) = ₩10{,}000 \times 0.5584 = ₩5{,}584$$

(2) 미래가치의 계산공식

현재가치(P) ₩1, 복리이자율 i라는 조건이 주어졌을 때, 현재가치(P) ₩1의 N년차 말 시점의 미래가치(F)를 계산하는 데 적용되는 이자요소는 ($F/P,i,N$)으로서, 다음과 같이 계산된 것이다: $(F/P,i,N) = (1+i)^N$. 만일 현재시점의 가치가 ₩P라면, 그것의 N년차 말 시점의 미래가치 F는 다음의 공식으로 계산된다:

$$F = ₩P \times (1+i)^N = ₩P \times (F/P,i,N)$$

예를 들어, 연 6%의 복리이자율이 적용될 때 현재의 ₩1의 10년차 말 시점의 미래가치는 ₩1×(F/P,6,10)이다. (F/P,6,10)을 <이자요소표>에서 찾으면 1.7908이므로, 10년차 말 시점의 미래가치는 ₩1.7908이다. 만일 현재시점의

가치가 ₩10,000라면, 그것의 10차 말 시점의 미래가치 F는 다음과 같다:

$$F = P \times (F/P,i,N) = ₩10{,}000 \times (F/P,6,10) = ₩10{,}000 \times 1.7908 = ₩17{,}908$$

2) 연속적 현금흐름(연금)

(1) 현재가치의 계산공식

연금(A) ₩1, 복리이자율 i, 분석기간 N년이라는 조건이 주어졌을 때, N년간 연금(A) ₩1의 현재가치(P)를 계산하는 데 적용되는 이자요소는 $(P/A,i,N)$으로서, 다음과 같이 계산된 것이다:

$$(P/A,i,N) = \sum_{j=1}^{N} \frac{1}{(1+i)^j}$$

만일 N년간 연금이 ₩A라면, 그것의 현재가치 P는 다음의 공식으로 계산된다:

$$P = ₩A \times \sum_{j=1}^{N} \frac{1}{(1+i)^j} = ₩A \times (P/A,i,N)$$

예를 들어, 연 8%의 복리이자율을 적용하여 지금부터 4년간 매년마다 ₩2,000의 원리금을 상환하기로 되어 있는 은행대출을 신청한다면 현재의 대출금은 다음과 같다:

$i = 8,\ N = 4 : (P/A,8,4) = 3.3121$이므로,

$P = ₩A \times (P/A,i,N) = ₩2{,}000 \times (P/A,8,4) = ₩2{,}000 \times 3.3121 = ₩6{,}624$

(2) 미래가치의 계산공식

연금(A) ₩1, 복리이자율 i, 분석기간 N년이라는 조건이 주어졌을 때, N년

간 연금(A) ₩1의 미래가치(F)를 계산하는 데 적용되는 이자요소는 $(F/A,i,N)$으로서, 다음과 같이 계산된 것이다:

$$(F/A,i,N) = \sum_{j=1}^{N} \frac{1}{(1+i)^j}$$

만일 N년간 연금이 ₩A라면, 그것의 미래가치 F는 다음의 공식으로 계산된다:

$$F = ₩A \times \sum_{j=1}^{N} \frac{1}{(1+i)^j} = ₩A \times (F/A,i,N)$$

예를 들어, 연 8%의 복리이자율을 적용하여 지금부터 4년간 매년마다 ₩2,000의 원리금을 회수하기로 되어 있다면 4년 후의 총회수액은 다음과 같다:

$i = 8,\ N = 4 : (F/A,8,4) = 4.5061$이므로,

$F = ₩A \times (F/A,i,N) = ₩2,000 \times (F/A,8,4) = ₩2,000 \times 4.5061 = ₩9,012.2$

3) 연금(A)이 전기말보다 일정액(G) 만큼 증가하는 연속적 현금흐름

복리이자율이 i인 조건에서 $(N-1)$년간 2년째부터 발생되는 일정액의 전기 대비 연금증가액(G) ₩1의 현재가치(P)를 계산하는 데 적용되는 이자요소는 $(P/G,i,N)$으로서, 다음과 같이 계산된 것이다:

$$(P/G,i,N) = \frac{1}{i}[\frac{(1+i)^N - 1}{i(1+i)^N} - \frac{N}{(1+i)^N}]$$

만일 $(N-1)$년간 2년째부터 발생되는 일정액의 전기 대비 연금증가액이 ₩G 라면, 그것의 현재가치 P는 다음의 공식으로 계산된다:

$$P = G\times(P/F,i,2)+2G\times(P/F,i,3)+--+(N-2)G\times(P/F,i,N-1)+(N-1)G\times(P/F,i,N)$$
$$= ₩G\times(P/G,i,N)$$

따라서, 연금(A)이 2년째부터 전기말보다 일정액(₩G) 만큼 증가할 때의 연금의 현재가치, P는 다음의 공식으로 계산된다:

$$P = ₩A\times(P/A,i,N)+₩G\times(P/G,i,N)$$

예를 들어, 새로 구입할 계획을 가지고 있는 내용연수 10년의 어떤 기계는 도입 첫해에 ₩4,000의 유지보수비를 지불하고, 2년째부터 매년마다 전기에 비해 ₩500씩 증가된 유지보수비를 지불해야 한다면, 자본비용이 연 15%라고 가정할 때, 10년간의 유지보수비의 현재가치는 다음과 같다:

$i = 15,\ N = 10 : (P/A,15,10) = 5.0188,\ (P/G,15,10) = 16.98$이므로,

$$P = ₩A\times(P/A,i,N)+₩G\times(P/G,i,N)$$
$$= ₩4,000\times(P/A,15,10)+₩500\times(P/G,15,10)$$
$$= ₩4,000\times5.0188+₩500\times16.98 = ₩28,565$$

4) 연금(A)이 전기말보다 일정비율(k%) 만큼 증가하는 연속적 현금흐름

복리이자율이 i인 조건에서 $(N-1)$년간 2년째부터 전기 대비 일정비율 (k%)로 연금(₩A)이 증가할 때, 이러한 연금의 현재가치 P는 다음의 공식으로 계산된다:

① $[i\neq k]$일 때

$$P = ₩A\times1/(1+i)^1 + A\times(1+k)/(1+i)^2 + A\times(1+k)^2/(1+i)^3 + -- + A\times(1+k)^{N-1}/(1+i)^N$$

$= ₩A \times [1-(1+i)^{-N}(1+k)^{N}]$

$= ₩A \times [1-(P/F,i,N)(F/P,k,N)]/[(i-k)\%]$

② $[i=k]$일 때

$P = ₩A \times N(1+i)^{1} = ₩A \times N(P/F,i,1)$

예를 들어, 새로 구입할 계획을 가지고 있는 내용연수 10년의 어떤 기계가 도입 첫 해에 ₩4,000의 유지보수비를 지불하고, 그 후 매년마다 전기말보다 10%씩 증가된 유지보수비를 지불해야 한다면, 자본비용이 연 15%라고 가정할 때, 10년간의 유지보수비의 현재가치는 다음과 같다:

$i = 15,\ k = 10,\ N = 10 : (P/F,15,10) = 0.2472,\ (F/P,10,10) = 2.5937$이므로,

$P = ₩A \times [1-(1+i)^{-N}(1+k)^{N}]$

$= ₩A \times [1-(P/F,i,N)(F/P,k,N)]/[(i-k)\%]$

$= ₩A \times [1-(P/F,15,10)(F/P,10,10)]/[(15-10)\%]$

$= ₩4{,}000 \times [(1-0.2472 \times 2.5937)/0.05] = ₩28{,}707$

08 순현재가치(NPV)법

순현재가치법은 할인된 현금흐름법(*DCF* methods)들 중에서 가장 대표적인 방법이다. 순현재가치(*NPV*)란 각 발생시점에서의 순현금흐름(=현금유입−현금유출)을 분석기간의 기초시점($t=0$)의 가치로 환산하여 합계한 것을 가리킨다. 그것은 분석기간에 걸친 모든 현금유입의 현재가치합계에서 모든 현금유출의 현재가치합계를 차감하여 구할 수도 있다.

순현재가치(*NPV*)
= 순현금흐름의 현재가치 합계
= 현금유입의 현재가치 합계−현금유출의 현재가치 합계

투자안들이 발생시킬 증분현금수입과 증분현금지출이 모두 알려져 있을 때에는 양(+)의 순현재가치(*NPV*)가 더 큰 투자안을 선택한다. 증분현금지출만 알려져 있을 때에는 물론 현금유출의 현재가치(순현재가치원가)가 더 작은 투자안을 선택한다.

예제 11-6

현금흐름이 아래와 같이 발생될 것으로 추정된 두 개의 선반기계 A, B 중에서 어느 하나를 선택해야 하는 의사결정 문제가 제기되었다. 대안별로 NPV를 계산하고, 최적 대안을 선택하시오(자본비용=8%).

	선반A	선반B
초기투자원가	₩10,000	₩15,000
내용연수	5년	10년
처분가치	₩2,000	0
연간수입	₩5,000	₩7,000
연간지출	₩2,200	₩4,300
분석기간	10년	

풀이

		선반 A		선반 B	
현금유입의 현재가치	수 입	$5{,}000\times(P/A,8,10)$ 또는 $5{,}000\times(P/A,8,5)$[1] $+5{,}000\times(P/A,8,5)$ $\times(P/F,8,5)$[2]	₩33,550	$7{,}000\times(P/A,8,10)$	₩46,970
	처분가치	$2{,}000\times(P/F,8,10)$	₩926		
	소 계		₩34,476		₩46,970
현금유출의 현재가치	지 출	$2{,}200\times(P/A,8,10)$	₩14,762	$4{,}300\times(P/A,8,10)$	₩28,853
	초기투자		₩10,000		₩15,000
	대 체	$(10{,}000-2{,}000)\times(P/F,8,5)$	5,445		
	소계		₩30,207		₩43,853
순현재가치(*NPV*)			₩4,269		₩3,117

1) 제1수명주기의 ₩5,000의 5년 연금현가
2) 반복가능성 가정이 적용된 제2수명주기의 5년(말) 시점의 ₩5,000의 5년 연금현가($5{,}000\times(P/A,8,5)$)를 1년(초) 시점의 현재가치로 환산한 금액

대안별로 *NPV*를 계산한 결과를 보면, 두 기계는 모두 *NPV*가 0보다 크기 때문에 경제성이 있는 대안들이지만, *NPV*가 가장 크게 나타나는 선반 *A*가 최선의 대안이다.

예제 11-7

동일한 용도에 사용될 수 있는 두 개의 기계가 있다. 각 기계와 관련된 현금흐름은 아래와 같다. 각 기계의 감가상각은 직선법에 따르며, 법인세율은 40%, 10%의 투자세액공제, 자본이득세는 30%이다. 세후자본비용이 10%일 때 NPV법을 이용하여 최선의 대안을 선택하시오.

	기계A	기계B
초기투자액	₩20,000	₩30,000
수명주기	12년	8년
잔존가치	₩2,000	₩6,000
처분가치	4,000	0
연간수입	150,000	188,000
연간지출	138,000	170,000

풀이 (1) 기계A의 세후현금흐름(분석기간 24년)과 순현재가치

연 도	세전현금흐름 (1)	감가상각비 (2)	회계이익 (3)=(1)+(2)	세금(t=0.5) (4)=(3)×t	세후현금흐름 (5)=(1)+(4)
1(초)	−20,000			2,000[1)]	−18,000
1(초) −12(말)	12,000	−1,500	10,500	−4,200	7,800
13(초)	−20,000+4,000			1,600[1)]	−14,400
13(초) −24(말)	12,000	−1,500	10,500	−4,200	7,800
24(말)	4,000			−600[2)]	3,400

1) 투자세액공제
2) 자본이득(처분가치(4,000) − 장부가액(2,000))에 대한 세금(30%)

$NPV(A)$

$= ₩7,800 \times (P/A,10,24) + ₩3,400 \times (P/F,10,24) - ₩14,400 \times (P/F,10,12) - ₩18,000$

$= ₩7,800 \times 8.9847 + ₩3,400 \times 0.1577 - ₩14,400 \times 0.3186 - ₩18,000$

$= ₩48,029$

(2) 기계B의 세후현금흐름(분석기간 24년)과 순현재가치

연 도	세전현금흐름 (1)	감가상각비 (2)	회계이익 (3)=(1)+(2)	세금(t=0.5) (4)=(3)×t	세후현금흐름 (5)=(1)+(4)
1(초)	−30,000			3,000[1]	−27,000
1(초) −8(말)	18,000	−3,000	15,000	−6,000	12,000
9(초)				1,800[2]	1,800
9(초)	−30,000			3,000[1]	−27,000
9(초) −16(말)	18,000	−3,000	15,000	−6,000	12,000
17(초)				1,800[2]	1,800
17(초)	−30,000			3,000[1]	−27,000
17(초) −24(말)	18,000	−3,000	15,000	−6,000	12,000
24(말)				1,800[2]	1,800

1) 투자세액공제
2) 자본손실(처분가치(0)−장부가액(6,000))에 대한 세금(30%)

$NPV(B)$

$= ₩12,000 \times (P/A,10,24) + ₩1,800 \times (P/F,10,8) + ₩1,800 \times (P/F,10,16) + ₩1,800 \times (P/F,10,24) - ₩27,000 - ₩27,000 \times (P/F,10,8) - ₩27,000 \times (P/F,10,16)$

$= ₩12,000 \times 8.9847 + ₩1,800 \times 0.4665 + ₩1,800 \times 0.2176 + ₩1,800 \times 0.1015 - ₩27,000 - ₩27,000 \times 0.4665 - ₩27,000 \times 0.2176$

$= ₩63,760$

(3) 대안의 선택: $NPV(B) > NPV(A)$, ∴기계*B*를 선택함.

예제 11-8

제설작업을 위해 소형 트랙터가 필요하다. 그것의 구입가격은 ₩3,000이며, 내용연수 5년이 끝나는 시점에서의 처분가치는 ₩500이다. 그것의 연간운영비는 ₩1,000이다. 유지비는 첫해에는 ₩300이고, 그 다음해부터 해마다 ₩100씩 증가한다. 자본비용이 10%이고, 어떤 외부업체가 연간 ₩2,000의 비용으로 이 서비스를 제공하겠다는 제안을 하였다면, 어느 대안의 순현재가치원가(부(−)의 *NPV*)가 더 낮은가?

풀이 [트랙터 구입안의 순현재가치원가]

= ₩3,000 + ₩1,000 × $(P/A,10,5)$ + ₩300 × $(P/A,10,5)$ + ₩100 × $(P/G,10,5)$ − ₩500 × $(P/F,10,5)$

= ₩3,000 + ₩1,000 × 3.7908 + ₩300 × 3.7908 + ₩100 × 6.8618 − ₩500 × 0.6209

= ₩6,303.77

[서비스 구입안의 순현재가치원가]

= ₩2,000 × $(P/A,10,5)$ = ₩2,000 × 3.7908 = ₩7,581.6

∴ 트랙터를 구입하는 것이 경제적임.

09 연간등가순현금흐름(*AENCF*)법

이 방법은 순현재가치(*NPV*)법과 분석결과가 일치된다. 그렇지만 상호배타적 대안들의 내용연수가 서로 다른 경우에도 굳이 반복가능성 가정을 전제할 필요가 없다는 점에서 그것보다 적용하기 간편한 방법이다. 연간등가순현금흐름(*AENCF*)은 매년 일정하게 발생되는 것으로 추정된 연간순현금유입에서 초기투자액의 연간등가원가(*AEC*)를 차감한 잔액 또는 연간현금유입에서 연간등가현금유출을 차감한 잔액이다.

연간등가순현금흐름($AENCF$)
= 연간순현금유입(연간균등액) − 초기투자액의 연간등가원가(AEC)
= 연간현금유입 − (연간현금유출 + 초기투자액의 연간등가원가(AEC))
= 연간현금유입 − 연간등가총현금유출

여기서, 초기투자액의 연간등가원가(AEC)란 자본의 기회비용이 반영된 초기투자액을 투자의 내용연수 또는 분석기간에 걸쳐 평균화한 연평균현금유출로서, 초기투자액(I)을 ₩1의 N년 연금현가 ($P/A,i,N$)으로 나누어 구한다.

연간등가원가 = 초기투자액/₩1의 N년 연금현가 = $I/(P/A,i,N)$
N = 투자안의 내용연수

가령, 초기투자액이 ₩10,000이고, 내용연수가 5년이며, 5년 후에 처분가치가 없고, 최소한의 필수수익률(자본비용)이 8%인 어떤 자산의 초기투자액의 연간등가원가(AEC)는 다음과 같이 계산된다:

연간등가원가 = 10,000/(P/A,8,5) = 10,000/3.9927 = ₩2,504

만일 위의 자산의 5년 후의 처분가치가 ₩2,000이라면, 초기투자액은 취득원가에서 5년 후의 처분가치의 현재가치를 차감한 금액이다.

초기투자액
= 취득원가 − [5년 후 처분가치의 현재가치]
= 10,000 − 2,000 × (P/F,8,5) = 10,000 − 2,000 × 0.6806 = ₩8,639

그러므로 처분가치가 있을 때의 연간등가원가를 계산하면 다음과 같다:

$$연간등가원가 = 8,639/(P/A,8,5) = 8,639/3.9927 = ₩2,164$$

연간등가순현금흐름이 0보다 큰 대안들 중에서 그것이 가장 큰 투자안을 선택하는 것이 경제적이다. 만일 연간균등액의 현금유출만 알려져 있다면, 연간등가총현금유출(=연간현금유출+연간등가원가)이 선택기준으로 이용된다. 그것이 가장 작은 대안을 선택하는 것이 경제적이다.

연간등가순현금흐름(*AENCF*)법을 이용할 때에는 상호배타적 대안들의 내용연수가 서로 다른 경우에도 굳이 반복가능성 가정을 전제할 필요가 없다. 따라서 각 투자안의 연간등가원가를 계산할 때에는 해당 투자안의 내용연수를 이용하는 것이 편리하다. 상호배타적 대안들의 내용연수가 서로 다른 상황에서 각 대안의 연간등가원가를 계산할 때, 반복가능성 가정을 전제한다면 모든 대안들에 동일하게 설정된 분석기간(*N*)을 이용해야 하고, 반복가능성 가정을 전제하지 않는다면 각 대안의 내용연수를 이용해야 하지만, 두 경우에 계산되는 연간등가원가는 서로 차이가 없기 때문이다.

예제 11-9

현금흐름이 아래와 같이 추정된 각각의 선반별로 *AENCF*를 계산하고, 최적 대안을 선택하시오(분석기간 10년, 자본비용 8%).

	선반A	선반B
초기투자원가	₩10,000	₩15,000
내용연수	5년	10년
처분가치	₩2,000	0
연간수입	₩5,000	₩7,000
연간지출	₩2,200	₩4,300

풀이

	선반A	선반B
연간현금수입	₩5,000	₩7,000
− 연간현금지출	−2,200	−4,300
연간순현금유입	₩2,800	₩2,700
− 연간등가원가	−2,164[1)]	−2,235[2)]
연간등가순현금흐름	₩636	₩465

1) [10,000−2,000×(*P*/*F*,8,5)]/(*P*/*A*,8,5)=[10,000−2,000×.6806]/3.9927=₩2,164
2) 15,000/(*P*/*A*,8,10)=15,000/6.7101=₩2,235

선반A의 연간등가원가는 반복가능성 가정을 전제하지 않고 계산된 것이다. 그것은 반복가능성 가정을 전제하여 계산된 아래의 값과 차이가 없다:

[10,000+8,000×(*P*/*F*,8,5)−2,000×(*P*/*F*,8,10)]/(*P*/*A*,8,10)

= [10,000+8,000×.6806−2,000×0.4632]/6.7101 = ₩2,164

대안별로 *AENCF*를 계산한 결과를 보면, 두 선반은 모두 *AENCF*가 0보다 크기 때문에 경제성이 있는 대안들이지만, 그것이 가장 크게 나타나는 선반A가 최선의 대안이다.

예제 11-10

아래와 같이 현금유출에 대한 추정치만 알려져 있는 각각의 기계별로 연간등가총현금유출을 계산하고, 최선의 대안을 선택하시오(분석기간 18년, 자본비용 15%).

	기계A	기계B
초기투자원가	₩3,000	₩4,000
수 명	6년	9년
처분가치	₩500	0
연간운영비지출	₩2,000	₩1,600

풀이

	기계A	기계B
연간현금지출	₩2,000	₩1,600
연간등가원가	736[1)]	838[2)]
연간등가총현금유출	₩2,736	₩2,438

1) $[3{,}000-500\times(P/F,15,6)]/(P/A,15,6)=[3{,}000-500\times0.4323]/3.7845=$ ₩736
2) $4{,}000/(P/A,15,9)=4{,}000/4.7716=$ ₩838

각 기계의 연간등가원가는 반복가능성 가정을 전제하지 않고 계산된 것이다. 그것은 반복가능성 가정을 전제하여 계산된 아래의 값과 차이가 없다:

[기계 A]

$[3{,}000+2{,}500\times(P/F,15,6)+2{,}500\times(P/F,15,12)-500\times(P/F,15,18)]/(P/A,15,18)$

$=[3{,}000+2{,}500\times0.4323+2{,}500\times0.1869-500\times0.0808]/6.1280=$ ₩736

[기계 B]

$[4{,}000+4{,}000(P/F,15,9)]/(P/A,15,18)$

$=[4{,}000+4{,}000\times0.2843]/6.1280=$ ₩838

*AENCF*법에 의해 각 기계의 연간등가총현금유출을 계산한 결과를 보면, 그것이 가장 작은 기계B를 선택하는 것이 최선이다.

예제 11-11

동일한 용도에 사용될 수 있는 두 개의 기계가 있다. 각 기계와 관련된 현금흐름은 아래와 같다.

	기계A	기계B
초기투자액	₩20,000	₩30,000
수명주기	12년	8년
잔존가치	₩2,000	₩6,000
처분가치	₩4,000	0
연간수입	₩150,000	₩188,000
연간지출	₩138,000	₩170,000

각 기계의 감가상각은 직선법에 따르며, 법인세율은 40%, 10%의 투자세액공제, 자본이득세는 30%이다. 세후자본비용이 10%일 때 AENCF법을 이용하여 최선의 대안을 선택하시오.

풀이 *AENCF*법은 *NPV*법과 다르게, 반복가능성을 가정할 필요가 없다. 그리고 분석기간은 두 대안들의 내용연수의 최소공배수인 24년이지만, 각 투자안의 내용연수를 이용하여 연간등가원가를 계산한다.

(1) 기계A의 세후현금흐름과 *AENCF*

연 도	세전현금흐름 (1)	감가상각비 (2)	회계이익 (3)=(1)+(2)	세금(t=0.5) (4)=(3)×t	세후현금흐름 (5)=(1)+(4)
1(초)	−20,000			2,000[1]	−18,000
1(초) −12(말)	12,000	−1,500	10,500	−4,200	7,800
12(말)	4,000			−600[2]	3,400

1) 투자세액공제
2) 자본이득(처분가치(4,000)−장부가액(2,000))에 대한 세금(30%)

① 연간등가순현금유입 = ₩7,800

② 연간등가원가 = (₩18,000−₩3,400×(P/F,10,12))/(P/A,10,12)

= (₩18,000−₩3,400×0.3186)/6.1446 = ₩2,753

③ 연간등가순현금흐름(*AENCF*) = ₩7,800−₩2,753 = ₩5,047

(2) 기계B의 세후현금흐름과 *AENCF*

연 도	세전현금흐름 (1)	감가상각비 (2)	회계이익 (3)=(1)+(2)	세금(t=0.5) (4)=(3)×t	세후현금흐름 (5)=(1)+(4)
1(초)	−30,000			3,000[1]	−27,000
1(초) −8(말)	18,000	−3,000	15,000	−6,000	12,000
8(말)				−1,800[2]	1,800

1) 투자세액공제
2) 자본손실(처분가치(0)−장부가액(6,000))에 대한 세금(30%)

① 연간등가순현금유입=₩12,000

② 연간등가원가=(₩27,000−₩1,800×(P/F,10,8))/(P/A,10,8)

= (₩27,000−₩1,800×0.4665)/5.3349 = ₩4,904

③ 연간등가순현금흐름($AENCF$) = ₩7,800−₩4,904 = ₩7,096

(3) 대안의 선택: $AENCF(B) > AENCF(A)$, ∴ 기계B를 선택함.

10 외부수익률(ERR)법

수익률법(rate of return method)은 투자안의 수익률을 최소한의 필수수익률(자본비용)과 비교하여 경제성을 평가하는 방법이다. 투자안의 수익률을 내부수익률(IRR)로 측정하는 것을 내부수익률법(IRR법), 외부수익률(ERR)로 측정하는 것을 외부수익률법(ERR법)이라 한다. 그런데 내부수익률법은 몇 가지 문제점을 가지고 있지만, 외부수익률법은 그렇지 않다. 여기서는 먼저 내부수익률법의 문제점을 검토하고, 외부수익률법을 이용한 투자안의 경제성 분석방법을 설명한다.

(1) 내부수익률법(IRR법)의 문제점

내부수익률법의 문제점은 다음의 두 가지로 요약할 수 있다. 첫째로, 내부수익률(IRR)은 현금유입(수입 또는 원가절약액)의 현재가치와 현금유출(지출 또는 상실된 원가절약액)의 현재가치가 일치되게 하는 이자율을 가리키는데, 그것을 경제성 지표로 이용하는 IRR법은 분석기간 내의 매 연도마다 현금유입으로 회수되는 투하자금이 즉시 IRR과 동일한 수익률로 재투자된다는 가정을 함축하고 있다. 그렇지만, 회수된 자금을 재투자할 수 있는 기회가 존재하지 않을 수도 있고, 그러한 기회가 존재하더라도 IRR 만큼의 수익률을 얻지 못할 수도 있다는 점에서, 이러한 가정은 매우 비현실적이라 할 수 있다.

둘째로, IRR법에 의한 복수의 투자안들의 순위평가결과는 나머지 다른 평가방법들의 그것과 서로 다를 수 있다. 단일 투자안의 경제성을 평가할 때에는 *IRR*법도 다른 평가방법들과 동일한 결과를 만들어 내지만, 분석기간에 걸쳐 순현금흐름의 부호가 한번 이상 거꾸로 변화되는(순현금유출에서 순현금유입으로 또는 순현금유입에서 순현금유출로) 투자안의 경우에는 *IRR*들이 언제나 복수로 계산될 수 있다. 이때에는 그 어떤 것도 정확한 것이 아닐 가능성이 있다.

(2) 외부수익률법(*ERR*법)의 이점

외부수익률법(*ERR*법)은, *NPV*법과 마찬가지로, 회수되는 투하자금이 자본비용(*MARR*) 수준의 수익률로 재투자된다고 가정한다는 점에서 내부수익률(*IRR*)법보다 현실적이다. 분석기간에 걸쳐 순현금흐름의 부호가 한번 이상 거꾸로 변화되는 상황에서도 *ERR*은 한 가지로 계산된다. 그리고 경제성 평가의 결과도 다른 평가방법들과 일치된다. 따라서 수익률법 중에서는 *IRR*법보다는 *ERR*법을 이용하는 것이 더 바람직하다.

(3) 단일투자안의 경제성 분석

외부수익률(*ERR*)은 자본비용의 수익률이 적용된 미래의 재투자수익 누적액이 초기투자액의 미래가치와 일치되게 하는 이자율이다. *ERR*이 자본비용보다 큰 투자안은 경제성이 있는 것으로 평가된다.

외부수익률은 보간법(interpolation)을 이용하여 계산할 수 있다. 설명을 위해 현금흐름이 아래와 같은 단일 투자안과 연 10%의 자본비용을 가정한다. 이 자료를 이용하여 *ERR*을 계산하면 다음과 같다.

연도	연간순현금유입
0	−₩10,000
1−5	2,800
5	2,000

① 미래의 재투자수익 누적액 = ₩2,800×(F/A,10,5)+2,000 = ₩19,094

② 초기투자액의 미래가치 = ₩10,000×$(F/P,i,5)$

③ *ERR*의 계산: ①=②가 되게 하는 이자율(i)의 계산

₩10,000×$(F/P,i,5)$ = ₩19,094, 따라서 $(F/P,i,5)$ = ₩1.9094.

<이자요소표>를 보면, $(F/P,i,5)$는 $[i=12\%]$일 때에는 1.7623, $[i=15\%]$일 때에는 2.0114이다. 따라서 보간법으로 *ERR*이 되는 이자율 i를 구하면, 약 13.8%이다. 아래와 같이 양변에 자연로그를 취하여 그것을 계산할 수도 있다:

$$(F/P,i,5) = (1+i)^5 = 1.9094,$$
$$5\times\ln(1+i) = \ln(1.9094) = 0.6468,$$
$$\ln(1+i) = 0.6468/5 = 0.1293,$$
$$1+i = e^{.1293} = 1.138,$$
$$\therefore\ i = 0.138$$

ERR(13.8%)이 자본비용(10%)보다 크기 때문에, 이 투자안은 경제성이 있다.

(4) 복수의 투자안의 경제성 분석

수익률법으로 복수의 투자안들 중에서 최선의 대안을 선택하고자 할 경우에는 독립적으로 측정된 개별 투자안들의 수익률을 서로 비교해서는 안 된다. 이때에는 반드시 비교 대상이 되는 어떤 두 가지 투자안들 간의 투자차액 또는 증분투자액에 대비된 수익률을 계산하여 증분투자액의 경제성을 분석해야 한다. 이것을 증분접근법(incremental approach)이라 한다. 그러나 복수의 투자안을 분석해야 하는 경우에는 굳이 이 방법을 이용할 필요가 없기 때문에, 여기서는 증분접근법이 요구된다는 점만 지적하고 그것에 대한 자세한 설명은 하지 않는다.

11 투자기회의 경제성 평가방법

지금까지는 상호배타적인 투자안들의 경제성 평가방법을 살펴보았다. 그런데 상호배타적이 아닌 독립적인 투자기회들이 탐색된 경우에는 경제성 있는 투자기회들의 최적 조합을 구성하여 경제성 있는 투자안을 정의하게 된다. 여기서는 이러한 독립적인 투자기회들의 경제성 평가방법과 경제성 있는 투자안을 정의하기 위한 최적 투자기회조합의 구성방법을 설명한다.

상호배타적 투자안들에 적용되는 경제성 평가방법은 상호배타적이 아닌 독립적인 투자기회들의 경제성 평가에 그대로 적용된다. 그러나 투자기회들 간의 내용연수가 다를 때에도 분석기간을 동일하게 설정할 필요가 없고, 따라서 반복가능성 가정들을 전제할 필요가 없다는 점, 그리고 수익률법을 이용할 때에도 증분접근법이 요구되지 않는다는 점에서 차이가 있다. 독립적인 투자기회들이 상호배타적인 것이 아니면 투자기회들 간의 내용연수의 차이가 투자기회들의 선택 결정에 전혀 문제를 야기하지 않기 때문이다.

[표 11-2]는 자본비용이 10%라고 가정하고, 상호배타적이 아니면서 내용연수가 같지 않은 6개의 투자기회들의 경제성을 순현재가치(*NPV*)법으로 분석한 결과를 예시한 것이다. 6개의 투자기회들은 모두 경제성이 있다(*NPV*>0).

표 11-2 독립적이면서 상호배타적이 아닌 투자기회들의 경제성 분석

	A	B	C	D	E	F
초기투자액	₩1,000	₩1,500	₩2,500	₩4,000	₩5,000	₩7,000
연간순현금유입	150	375	500	925	1,125	1,425
처분가치	1,000	1,500	2,500	4,000	5,000	7,000
내용연수	2년	2년	3년	4년	5년	10년
NPV	₩86.7	₩390.4	₩621.7	₩1,664.3	₩2.369.2	₩4,457.4

12 최적 투자기회조합의 구성

독립적이면서 상호배타적이 아닌 경제성 있는 투자기회들은 자본예산의 범위 내에서 동시에 선택되어 상호배타적인 투자안들을 형성하게 된다. 만일 자본예산에 제약이 없다면 경제성이 있는 모든 투자기회들로 구성된 단 하나의 투자안만 정의될 것이다. 그러나 자본예산이 경제성 있는 모든 투자기회들에 동시에 배정될 수 있을 정도로 충분하지 못할 경우에는 자본예산의 범위

내에서 실행할 수 있는 상호배타적인 다수의 투자기회조합들, 즉 상호배타적 투자안들이 구성된다. 이때에는 한정된 예산을 어떠한 투자기회조합(투자안)에 할당하는 것이 최선인지를 결정해야 하는데, 그것을 자본할당(capital rationing)이라 한다.

자본할당을 위해 경제성 있는 투자기회들의 조합으로 상호배타적인 투자안들을 구성하고 그 중에서 최선의 투자안을 선택하기 위한 방법에는 두 가지가 있다. 하나는 *NPV*를 극대화 하는 투자안을 선택하는 것이고, 다른 하나는 가중평균수익성지수(*WAPI*)가 가장 큰 투자안을 선택하는 것이다. 두 가지 방법들이 만들어 내는 결과는 서로 차이가 없다.

(1) *NPV* 기준

[표 11-2]의 자료에서 경제성이 있는 것으로 평가된 6개 투자기회들의 초기투자액과 *NPV*를 정리하면 [표 11-3]과 같다.

표 11-3 투자기회들의 *NPV*

투자기회	초기투자액	*NPV*	
		금액	순위
A	₩1,000	₩86.7	6
B	1,500	390.4	5
C	2,500	621.7	4
D	4,000	1,664.3	3
E	5,000	2,369.2	2
F	7,000	4,457.4	1

NPV 기준이란 *NPV*가 최대가 되는 투자기회조합의 구성을 자본할당의 목표로 설정하는 것이다. 자본예산이 ₩10,000으로 제한되어 있다고 가정하고, *NPV*의 크기를 우선적으로 고려하면서 자본예산의 범위를 넘지 않도록 가능한 투자기회조합들을 구성하여 각 투자기회조합(투자안)의 *NPV*를 계산하면

[표 11-4]와 같다. 이 표를 보면, *NPV*를 극대화하는 투자안이 투자기회 *F*와 *C*로 구성된 투자기회조합(투자안 1)이라는 사실을 알 수 있다.

표 11-4 투자기회조합(투자안)의 *NPV*

투자안	투자기회조합	자본예산			*NPV*	순 위
		투자액	미사용 자본예산	합 계		
1	F+C	₩9,500	₩500	₩10,000	₩5,079.1	1
2	F+B+A	9,500	500	10,000	4,934.5	2
3	E+D+A	10,000	0	10,000	4,120,2	3
4	E+C+B+A	10,000	0	10,000	3,468.0	4
5	D+C+B+A	9,000	1,000	10,000	2,763.1	5

*미사용 자본예산은 자본비용(*MARR*)으로 재투자된다고 가정되기 때문에 그것의 *NPV*도 0이라고 가정됨.

(2) 가중평균수익성지수(*WAPI*) 기준

투자기회들의 경제성은 수익성지수(profitability index: *PI*)로 평가할 수도 있다. 그것은 상대적 수익성의 척도로서, 투자액 ₩1의 수익성을 나타내며, 현금유입의 현재가치를 현금유출의 현재가치로 나누어 구한다. 수익성지수가 1보다 큰 투자기회는 경제성이 있고, 1보다 작으면 경제성이 없다.

$$\text{수익성지수}(PI) = \frac{\text{현금유입의 현재가치}}{\text{현금유출의 현재가치}}$$

수익성지수(*PI*)는 자본예산이라는 희소자원 ₩1의 단위당공헌이익, 즉 자본예산의 공헌이익률에 해당되는 개념이다. 그러므로 자본예산을 초과하지 않도록 하면서 수익성지수(*PI*)가 큰 투자기회들을 우선적으로 선택하는 방식으로 가능한 투자기회조합들, 즉 상호배타적인 투자안들을 구성하는 것이 최선이다.

상호배타적 투자안들 중에서 최선의 대안은 가중평균수익성지수(*WAPI*)(WAPI)가 가장 큰 투자안이다. 즉 *WAPI*가 가장 큰 투자기회조합으로 투자안을 구성할 때 그 투자안의 *NPV*가 최대가 된다. 어떤 투자안의 가중평균수익성지수(*WAPI*)는 그것을 구성하고 있는 개별 투자기회들의 자본예산에 대비된 초기투자액의 비율을 가중치로 이용하여 각각의 수익성지수(*PI*)의 가중평균을 계산한 것이다. 이때, 미사용 자본예산은 자본비용(*MARR*)으로 재투자된다고 가정되며, 따라서 그것의 수익성지수(*PI*)도 1이라고 가정된다.

$$WAPI = \sum\left(\frac{\text{초기투자액}}{\text{자본예산}}\right) \times (\text{수익성지수})$$

예를 들어, 자본예산 ₩10,000의 범위 내에서 [표 11-2]의 6개의 투자기회들을 이용하여 최적 투자기회조합을 구성해 보기로 하자. 6개의 투자기회들의 수익성 지수를 계산하면 [표 11-5]와 같다.

표 11-5 투자기회들의 수익성 지수

투자기회	현금유입의 현재가치*	현금유출의 현재가치	수익성지수(*PI*)	
			지수	순위
A	₩1,086.7	₩1,000	1.087	6
B	1,890.4	1,500	1.260	4
C	3,121.7	2,500	1.249	5
D	5,664.3	4,000	1.416	3
E	7,369.2	5,000	1.474	2
F	11,457.4	7,000	1.637	1

*초기투자액의 현재가치 + *NPV*

수익성지수를 우선적으로 고려하여 자본예산의 범위 내에서 형성가능한 투자기회조합들을 정의하고, 그것들의 *WAPI*를 계산하면 [표 11-6]과 같다. 이 표를 보면, [표 11-4]의 경우와 마찬가지로, 투자기회조합 [*F*+*C*]의 *WAPI*가 가장 크고, 이렇게 구성된 [투자안 1]의 *NPV*가 가장 크다.

표 11-6 투자기회조합들의 가중평균수익성지수(*WAPI*)

투자안	투자기회 조합	자본예산			WAPI			
		투자액	미사용 자본예산	합계	지수	순위	NPV	순위
1	F+C	₩9,500	₩500	₩10,000	1.510[1)]	1	₩5,079.1	1
2	F+B+A	9,500	500	10,000	1.490[2)]	2	4,934.5	2
3	E+D+A	10,000	0	10,000	1.412[3)]	3	4,120,2	3
4	E+B+C+A	10,000	0	10,000	1.347[4)]	4	3,468.0	4
5	D+B+C+A	9,000	1,000	10,000	1.280[5)]	5	2,763.1	5

1) $\frac{7,000}{10,000}\times 1.637+\frac{2,500}{10,000}\times 1.249+\frac{500}{10,000}\times 1$

2) $\frac{7,000}{10,000}\times 1.637+\frac{1,500}{10,000}\times 1.260+\frac{1,000}{10,000}\times 1.087+\frac{500}{10,000}\times 1$

3) $\frac{5,000}{10,000}\times 1.474+\frac{4,000}{10,000}\times 1.416+\frac{1,000}{10,000}\times 1.087$

4) $\frac{5,000}{10,000}\times 1.474+\frac{1,500}{10,000}\times 1.260+\frac{2,500}{10,000}\times 1.249+\frac{1,000}{10,000}\times 1.087$

5) $\frac{4,000}{10,000}\times 1.416+\frac{1,500}{10,000}\times 1.260+\frac{2,500}{10,000}\times 1.249+\frac{1,000}{10,000}\times 1.087+\frac{1,000}{10,000}\times 1$

〈이자요소표〉

					(F/P,i,N)					
N, i	4%	6%	8%	10%	12%	15%	20%	25%	30%	40%
1	1.0400	1.0600	1.0800	1.1000	1.1200	1.1500	1.2000	1.2500	1.3000	1.4000
2	1.0816	1.1236	1.1664	1.2100	1.2544	1.3225	1.4400	1.5625	1.6900	1.9600
3	1.1249	1.1910	1.2597	1.3310	1.4049	1.5209	1.7280	1.9531	2.1970	2.7440
4	1.1699	1.2625	1.3605	1.4641	1.5735	1.7490	2.0736	2.4414	2.8561	3.8416
5	1.2167	1.3382	1.4693	1.6105	1.7623	2.0114	2.4883	3.0518	3.7129	5.3782
6	1.2653	1.4185	1.5869	1.7716	1.9738	2.3131	2.9860	3.8147	4.8268	7.5295
7	1.3159	1.5036	1.7138	1.9487	2.2107	2.6600	3.5832	4.7684	6.2749	10.5414
8	1.3686	1.5938	1.8509	2.1436	2.4760	3.0590	4.2998	5.9605	8.1573	14.7579
9	1.4233	1.6895	1.9990	2.3579	2.7731	3.5179	5.1598	7.4506	10.6045	20.6610
10	1.4802	1.7908	2.1589	2.5937	3.1058	4.0456	6.1917	9.3132	13.7858	28.9255
12	1.6010	2.0122	2.5182	3.1384	3.8960	5.3503	8.9161	14.5519	23.2981	56.6939
15	1.8009	2.3966	3.1722	4.1772	5.4736	8.1371	15.4070	28.4217	51.1859	155.5681
16	1.8730	2.5404	3.4259	4.5950	6.1304	9.3576	18.4884	35.5271	66.5417	217.7953
18	2.0258	2.8543	3.9960	5.5599	7.6900	12.3755	26.6233	55.5112	112.4554	426.8789
20	2.1911	3.2071	4.6610	6.7275	9.6463	16.3665	38.3376	86.7362	190.0496	836.6826
21	2.2788	3.3996	5.0338	7.4002	10.8038	18.8215	46.0051	108.4202	247.0645	1171.3556
24	2.5633	4.0489	6.3412	9.8497	15.1786	28.6252	79.4968	211.7582	542.8008	3214.1997
25	2.6658	4.2919	6.8485	10.8347	17.0001	32.9190	95.3962	264.6978	705.6410	4499.8796
27	2.8834	4.8223	7.9881	13.1100	21.3249	43.5353	137.3706	413.5903	1192.5333	8819.7640
30	3.2434	5.7435	10.0627	17.4494	29.9599	66.2118	237.3763	807.7936	2619.9956	24201.4324

	$(F/A,i,N)$									
N, *i*	4%	6%	8%	10%	12%	15%	20%	25%	30%	40%
1	1.0000	1.0000	1.0000	1.0000	1.0000	1.0000	1.0000	1.0000	1.0000	1.0000
2	2.0400	2.0600	2.0800	2.1000	2.1200	2.1500	2.2000	2.2500	2.3000	2.4000
3	3.1216	3.1836	3.2464	3.3100	3.3744	3.4725	3.6400	3.8125	3.9900	4.3600
4	4.2465	4.3746	4.5061	4.6410	4.7793	4.9934	5.3680	5.7656	6.1870	7.1040
5	5.4163	5.6371	5.8666	6.1051	6.3528	6.7424	7.4416	8.2070	9.0431	10.9456
6	6.6330	6.9753	7.3359	7.7156	8.1152	8.7537	9.9299	11.2588	12.7560	16.3238
7	7.8983	8.3938	8.9228	9.4872	10.0890	11.0668	12.9159	15.0735	17.5828	23.8534
8	9.2142	9.8975	10.6366	11.4359	12.2997	13.7268	16.4991	19.8419	23.8577	34.3947
9	10.5828	11.4913	12.4876	13.5795	14.7757	16.7858	20.7989	25.8023	32.0150	49.1526
10	12.0061	13.1808	14.4866	15.9374	17.5487	20.3037	25.9587	33.2529	42.6195	69.8137
12	15.0258	16.8699	18.9771	21.3843	24.1331	29.0017	39.5805	54.2077	74.3270	139.2348
15	20.0236	23.2760	27.1521	31.7725	37.2797	47.5804	72.0351	109.6868	167.2863	386.4202
16	21.8245	25.6725	30.3243	35.9497	42.7533	55.7175	87.4421	138.1085	218.4722	541.9883
18	25.6454	30.9057	37.4502	45.5992	55.7497	75.8364	128.1167	218.0446	371.5180	1064.6971
20	29.7781	36.7856	45.7620	57.2750	72.0524	102.4436	186.6880	342.9447	630.1655	2089.2064
21	31.9692	39.9927	50.4229	64.0025	81.6987	118.8101	225.0256	429.6809	820.2151	2925.8889
24	39.0826	50.8156	66.7648	88.4973	118.1552	184.1678	392.4842	843.0329	1806.0026	8032.9993
25	41.6459	54.8645	73.1059	98.3471	133.3339	212.7930	471.9811	1054.7912	2348.8033	11247.1990
27	47.0842	63.7058	87.3508	121.0999	169.3740	283.5688	681.8528	1650.3612	3971.7776	22046.9099
30	56.0849	79.0582	113.2832	164.4940	241.3327	434.7451	1181.8816	3227.1743	8729.9855	60501.0809

(P/F,i,N)										
N, i	4%	6%	8%	10%	12%	15%	20%	25%	30%	40%
1	0.9615	0.9434	0.9259	0.9091	0.8929	0.8696	0.8333	0.8000	0.7692	0.7143
2	0.9246	0.8900	0.8573	0.8264	0.7972	0.7561	0.6944	0.6400	0.5917	0.5102
3	0.8890	0.8396	0.7938	0.7513	0.7118	0.6575	0.5787	0.5120	0.4552	0.3644
4	0.8548	0.7921	0.7350	0.6830	0.6355	0.5718	0.4823	0.4096	0.3501	0.2603
5	0.8219	0.7473	0.6806	0.6209	0.5674	0.4972	0.4019	0.3277	0.2693	0.1859
6	0.7903	0.7050	0.6302	0.5645	0.5066	0.4323	0.3349	0.2621	0.2072	0.1328
7	0.7599	0.6651	0.5835	0.5132	0.4523	0.3759	0.2791	0.2097	0.1594	0.0949
8	0.7307	0.6274	0.5403	0.4665	0.4039	0.3269	0.2326	0.1678	0.1226	0.0678
9	0.7026	0.5919	0.5002	0.4241	0.3606	0.2843	0.1938	0.1342	0.0943	0.0484
10	0.6756	0.5584	0.4632	0.3855	0.3220	0.2472	0.1615	0.1074	0.0725	0.0346
12	0.6246	0.4970	0.3971	0.3186	0.2567	0.1869	0.1122	0.0687	0.0429	0.0176
15	0.5553	0.4173	0.3152	0.2394	0.1827	0.1229	0.0649	0.0352	0.0195	0.0064
16	0.5339	0.3936	0.2919	0.2176	0.1631	0.1069	0.0541	0.0281	0.0150	0.0046
18	0.4936	0.3503	0.2502	0.1799	0.1300	0.0808	0.0376	0.0180	0.0089	0.0023
20	0.4564	0.3118	0.2145	0.1486	0.1037	0.0611	0.0261	0.0115	0.0053	0.0012
21	0.4388	0.2942	0.1987	0.1351	0.0926	0.0531	0.0217	0.0092	0.0040	0.0009
24	0.3901	0.2470	0.1577	0.1015	0.0659	0.0349	0.0126	0.0047	0.0018	0.0003
25	0.3751	0.2330	0.1460	0.0923	0.0588	0.0304	0.0105	0.0038	0.0014	0.0002
27	0.3468	0.2074	0.1252	0.0763	0.0469	0.0230	0.0073	0.0024	0.0008	0.0001
30	0.3083	0.1741	0.0994	0.0573	0.0334	0.0151	0.0042	0.0012	0.0004	0.0000

					($P/A,i,N$)					
$N,\ i$	4%	6%	8%	10%	12%	15%	20%	25%	30%	40%
1	0.9615	0.9434	0.9259	0.9091	0.8929	0.8696	0.8333	0.8000	0.7692	0.7143
2	1.8861	1.8334	1.7833	1.7355	1.6901	1.6257	1.5278	1.4400	1.3609	1.2245
3	2.7751	2.6730	2.5771	2.4869	2.4018	2.2832	2.1065	1.9520	1.8161	1.5889
4	3.6299	3.4651	3.3121	3.1699	3.0373	2.8550	2.5887	2.3616	2.1662	1.8492
5	4.4518	4.2124	3.9927	3.7908	3.6048	3.3522	2.9906	2.6893	2.4356	2.0352
6	5.2421	4.9173	4.6229	4.3553	4.1114	3.7845	3.3255	2.9514	2.6427	2.1680
7	6.0021	5.5824	5.2064	4.8684	4.5638	4.1604	3.6046	3.1611	2.8021	2.2628
8	6.7327	6.2098	5.7466	5.3349	4.9676	4.4873	3.8372	3.3289	2.9247	2.3306
9	7.4353	6.8017	6.2469	5.7590	5.3282	4.7716	4.0310	3.4631	3.0190	2.3790
10	8.1109	7.3601	6.7101	6.1446	5.6502	5.0188	4.1925	3.5705	3.0915	2.4136
12	9.3851	8.3838	7.5361	6.8137	6.1944	5.4206	4.4392	3.7251	3.1903	2.4559
15	11.1184	9.7122	8.5595	7.6061	6.8109	5.8474	4.6755	3.8593	3.2682	2.4839
16	11.6523	10.1059	8.8514	7.8237	6.9740	5.9542	4.7296	3.8874	3.2832	2.4885
18	12.6593	10.8276	9.3719	8.2014	7.2497	6.1280	4.8122	3.9279	3.3037	2.4941
20	13.5903	11.4699	9.8181	8.5136	7.4694	6.2593	4.8696	3.9539	3.3158	2.4970
21	14.0292	11.7641	10.0168	8.6487	7.5620	6.3125	4.8913	3.9631	3.3198	2.4979
24	15.2470	12.5504	10.5288	8.9847	7.7843	6.4338	4.9371	3.9811	3.3272	2.4992
25	15.6221	12.7834	10.6748	9.0770	7.8431	6.4641	4.9476	3.9849	3.3286	2.4994
27	16.3296	13.2105	10.9352	9.2372	7.9426	6.5135	4.9636	3.9903	3.3305	2.4997
30	17.2920	13.7648	11.2578	9.4269	8.0552	6.5660	4.9789	3.9950	3.3321	2.4999

	$(P/G,i,N)$									
N, i	4%	6%	8%	10%	12%	15%	20%	25%	30%	40%
1	0.0000	0.0000	0.0000	0.0000	0.0000	0.0000	0.0000	0.0000	0.0000	0.0000
2	0.9246	0.8900	0.8573	0.8264	0.7972	0.7561	0.6944	0.6400	0.5917	0.5102
3	2.7025	2.5692	2.4450	2.3291	2.2208	2.0712	1.8519	1.6640	1.5020	1.2391
4	5.2670	4.9455	4.6501	4.3781	4.1273	3.7864	3.2986	2.8928	2.5524	2.0200
5	8.5547	7.9345	7.3724	6.8618	6.3970	5.7751	4.9061	4.2035	3.6297	2.7637
6	12.5062	11.4594	10.5233	9.6842	8.9302	7.9368	6.5806	5.5142	4.6656	3.4278
7	17.0657	15.4497	14.0242	12.7631	11.6443	10.1924	8.2551	6.7725	5.6218	3.9970
8	22.1806	19.8416	17.8061	16.0287	14.4714	12.4807	9.8831	7.9469	6.4800	4.4713
9	27.8013	24.5768	21.8081	19.4215	17.3563	14.7548	11.4335	9.0207	7.2343	4.8585
10	33.8814	29.6023	25.9768	22.8913	20.2541	16.9795	12.8871	9.9870	7.8872	5.1696
12	47.2477	40.3369	34.6339	29.9012	25.9523	21.1849	15.4667	11.6020	8.9173	5.6106
15	69.7355	57.5546	47.8857	40.1520	33.9202	26.6930	18.5095	13.3260	9.9172	5.9688
16	77.7441	63.4592	52.2640	43.4164	36.3670	28.2960	19.3208	13.7482	10.1426	6.0376
18	94.3498	75.3569	60.8426	49.6395	40.9080	31.1565	20.6805	14.4147	10.4788	6.1299
20	111.5647	87.2304	69.0898	55.4069	44.9676	33.5822	21.7395	14.8932	10.7019	6.1828
21	120.3414	93.1136	73.0629	58.1095	46.8188	34.6448	22.1742	15.0777	10.7828	6.1998
24	147.1012	110.3812	84.2997	65.4813	51.6929	37.3023	23.1760	15.4711	10.9433	6.2294
25	156.1040	115.9732	87.8041	67.6964	53.1046	38.0314	23.4276	15.5618	10.9773	6.2347
27	174.1385	126.8600	94.4390	71.7773	55.6369	39.2890	23.8353	15.7002	11.0263	6.2416
30	201.0618	142.3588	103.4558	77.0766	58.7821	40.7526	24.2628	15.8316	11.0687	6.2466

Chapter 12

학습초점

1. 모집단회귀모형과 모집단회귀함수
2. 표본회귀모형과 표본회귀함수
3. 우연적 오차와 잔차
4. 통계적 추론: 의의, 내용, 방법
5. 추정된 원가함수의 해석: 결정계수와 편회귀계수의 해석, 예상원가의 추정

CHAPTER

12

회귀분석법에 의한 일차선형 원가함수의 추정

01 원가함수추정의 자료요건

컴퓨터와 통계패키지의 사용이 보편화되어 있는 오늘날에는 계정분석법이나 고저점법 같은 간단하고 사용하기 쉬운 방법들보다 회귀분석법이 권장된다. 그것은 가장 과학적인 방법이면서, 독립변수의 수에 구애받지 않고 적용할 수 있는 방법이다. 회귀분석을 위한 모든 계산은 통계패키지로 수행될 수 있기 때문에, 회귀계수의 계산이나 통계적 추론에 필요한 각종 통계량의 계산방법은 여기서 다루지 않는다. 이 장에서는 회귀분석법을 이용하는 데 필요한 자료를 수집할 때의 고려사항과 회귀분석결과를 해석하기 위해 반드시 거쳐야 하는 통계적 추론의 방법에 대해 설명한다.

원가함수를 추정하기 위해서는 원가와 조업도에 관한 일정 기간의 표본자료를 수집해야 한다. 가령, 직전 5년간의 매월의 원가 및 조업도 자료를 기간별로 대응시키면서 표본자료를 수집하면, 총 60개월의 자료로 구성된 표본이 형성될 것이다.

관찰단위기간(주, 월, 또는 분기)의 길이가 짧을수록 자료의 수가 많아지는 이점이 있고, 이에 따라 추정의 정확도가 높아진다. 그러나 그것을 너무 짧게 설정하면 조업도 변동에 따른 원가의 변동을 관찰하기가 어려워진다. 이러한 문제가 생기지 않는 조건에서는 관찰단위기간의 길이를 짧게 할수록 바람직하다.

관찰기간의 길이는 길수록 바람직하다. 자료의 수가 많아지기 때문이다. 그러나 이때에는 비정상적인 조업상황 또는 물가수준이나 기술수준의 현저한 변화로 인해 원가자료가 오염될 가능성이 많아진다. 따라서 관찰기간은 물가수준이나 기술수준이 크게 변화하지 않은 기간 또는 물가지수를 이용하여 수정하는 것이 의미가 있는 기간 또는 현저한 기술변화가 발생된 이후의 기간으로 설정해야 한다. 그리고 비정상적인 조업상황에서 발생된 원가자료, 즉 예외적 관측치는 표본자료에서 제거해야 한다.

종속변수로 정의된 원가는 원가배분액이 아닌 실제소비액으로 측정된 것이어야 한다. 원가배분액이 종속변수의 측정치에 혼합되어 있으면 그 속의 고정원가성분을 변동원가에 포함시키는 효과가 생기기 때문이다. 그리고 명백히

고정원가행태를 나타내는 순수고정원가(예 감가상각비)는 종속변수 측정치에 포함시키지 않고, 원가함수가 추정된 후에 사후적으로 고정원가추정치에 포함시키는 것이 바람직하다.

02 회귀분석법의 장점과 문제점

원가추정을 위한 표본자료가 수집되기만 하면, 회귀분석법은 다른 어떠한 방법들보다 객관적이고 과학적인 추정치를 만들어 낸다. 즉 회귀분석에서는 예외적 관측치(outlier)를 제외한 모든 자료가 이용되고, 같은 표본자료가 이용되는 경우에는 누구에 의해 추정되든 간에 항상 동일한 추정치가 계산된다(객관적 추정). 그리고 그 추정치가 우연히 얻어지게 된 것은 아닌지의 여부를 확률론적으로 검정할 수 있고, 추정치를 얼마나 믿을 수 있는 것인지를 확률의 형태로 나타낼 수 있으며, 일정한 신뢰수준에서의 추정오차도 측정할 수 있다(과학적 추정).

뿐만 아니라, 독립변수로 이용될 조업도지표가 두 개 이상인 원가함수도 추정할 수 있다. 독립변수가 한 개일 때에는 단순회귀분석을, 그것이 두 개 이상일 때에는 다중회귀분석을 이용한다.

그러나 회귀분석을 이용하기 위해서는 무엇보다도 과거기간의 원가 및 조업도자료가 비교적 오랜 기간에 걸쳐서 보존되어 있어야 하는데, 그렇게 하지 못하고 있는 기업들이 많이 있다. 설사 자료가 보존되어 있는 경우라 하더라도, 관찰기간의 길이가 길수록 물가수준이나 기술상태가 현저하게 달라진 기간의 자료가 자료집합에 포함될 가능성도 높아진다. 그것은 신뢰성 있는 원가함수를 추정하는 데 부적합한 오염된 자료이므로 자료집합에서 모두 제거해야 한다. 그러나 이렇게 하면 회귀분석법을 이용하는 데 필요한 적절한 크기의 표본을 확보하기가 어려워질 수도 있다.

자료 확보와 관련된 어려움 외에, 회귀분석법이라는 통계방법 자체가 집중해서 익히지 않으면 이해하기가 쉽지 않다는 점도 회귀분석법의 이용을 제약하는 요인이다. 통계방법의 기본 개념들과 논리가 회귀분석법에 집약적으로 적용되고 있기 때문이다.

특히 원가함수 추정에 사용되는 자료는 대부분 시계열자료들인데, 이때에는 자기상관이라는 문제가 생기기 쉽다. 그것을 제거하기 위해서는 별도의 조치들이 필요한데, 그것은 회귀분석에 대한 깊이 있는 이해를 요구한다. 그래서 원가함수를 추정할 때 회귀분석법을 제대로 알고 이용하기란 쉬운 일이 아니다.

03 단순회귀분석에 위한 원가함수 추정

하나의 조업도지표를 독립변수로 하는 원가함수는 단순회귀분석으로 추정된다. 추정된 원가함수는 다음과 같은 형태로 제시된다($\hat{Y}$: 추정된 원가).

추정된 원가함수: $\hat{Y} = a + bX$

조업도(X)와 그것에 대응되는 실제원가(Y)에 관한 표본자료가 관찰기간에 걸쳐 n개만큼 수집되었다면, 회귀분석은 단위당변동원가추정치 b와 총고정원가추정치 a를 각각 정규최소자승법(OLS)에 의해 도출된 다음의 공식으로 계산한다.

$$b = \frac{n\Sigma XY - \Sigma X \Sigma Y}{n\Sigma X^2 - (\Sigma X)^2}, \quad a = \overline{Y} - b\overline{X} \, (\overline{Y} = \Sigma Y/n, \overline{X} = \Sigma X/n)$$

추정원가($\hat{Y}$)와 실제원가(Y)의 차이를 잔차(residual: e)라 한다. 표본크기가 n이므로, 이러한 잔차도 n개가 계산된다(e_i, i = 1, 2, ---, n).

잔차(e_i) = 실제원가(Y_i) − 추정원가($\hat{Y}_i$), i = 1, 2, ---, n

그림 12-1 추정된 원가함수와 잔차

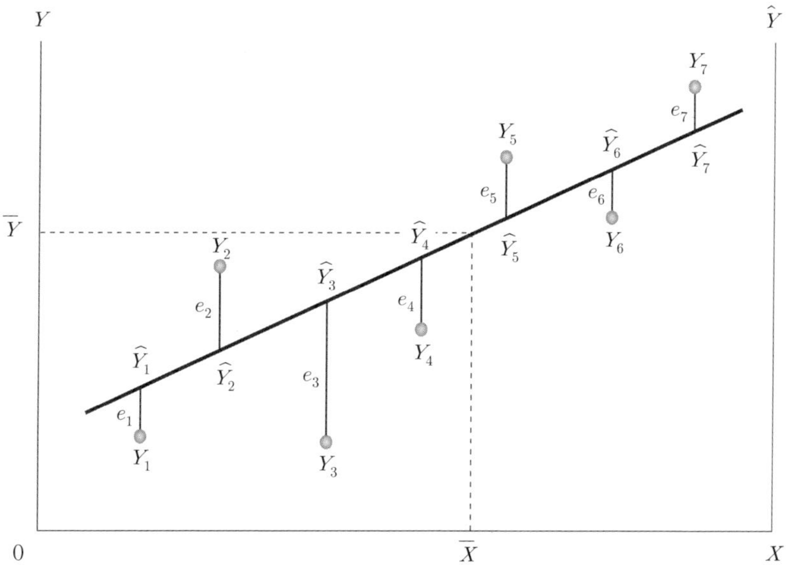

[그림 12-1]에서 특정 X값에 대응되는 실제원가(Y)는 점으로 표시되어 있고, 추정원가($\hat{Y}$)는 추정된 원가함수 위에 나타난다. 따라서 잔차의 절대값은 실제원가(Y)가 추정된 원가함수로부터 떨어져 있는 거리를 나타내게 된다. 정규최소자승법(OLS)은 잔차들의 각각을 제곱하여(부호를 제거하기 위함) 합계한 값이 최소가 되어야 한다는 조건을 충족시킬 때의 절편(a)과 기울기(b)를 계산하는 방법이다. 절편과 기울기가 이렇게 계산되면, 추정된 원가함수와 실제원가(Y) 간의 거리가 가장 짧아진다.

정규최소자승법으로 계산된 절편(a)과 기울기(b)를 표본회귀계수라 한다. 그것은 표본자료를 이용하여 모집단에 존재하는 진실한 절편(α)과 진실한 기울기(β), 즉 모집단회귀계수를 추정한 것이다. 만일 표본자료의 구성요소들이 변화한다면, 표본회귀계수는 다르게 계산될 것이다. 가령, 표본의 구성요소들이 변화함에 따라 k가지의 표본들이 만들어지고, 각 표본자료를 이용하여 표본회귀계수가 추정된다면, 그것은 표본별로 하나씩 총 k가지가 계산될 것이다. 따라서 어떤 하나의 표본을 이용하여 계산된 표본회귀계수는 k가지 중의 하나에 불과한 통계량이다.

그러므로, 표본자료를 이용하여 표본회귀계수가 추정되었다고 해서 아무런 확인절차도 거치지 않은 채 그것을 모집단회귀계수의 추정치로 간주하면 안 된다. 그렇게 하기 전에 먼저 표본회귀계수 추정치가 우연히 그러한 값으로 나타나게 된 것이 아니라는 점을 확인해야 한다.

이러한 절차를 통계적 추론이라 하는데, 그것은 통계적 가설검정으로 진행된다. 따라서 정규최소자승법으로 표본회귀계수를 계산하였다고 해서 회귀분석법에 의한 원가함수의 추정이 완료된 것이 아니라는 점을 유념해야 한다.

예제 12-1

아래의 과거 15개월간 제조간접원가(Y)와 직접노동시간(X) 자료를 이용하여 정규최소자승법에 따라 표본회귀함수를 추정하고, 잔차를 계산하시오.

n	Y	X	n	Y	X	n	Y	X
1	₩25,200	840	6	26,900	910	11	27,600	1,200
2	24,800	830	7	24,800	950	12	21,100	780
3	20,800	740	8	26,100	1,170	13	21,700	750
4	27,500	1,130	9	29,100	1,160	14	30,200	1,290
5	23,300	770	10	27,300	1,030	15	27,300	1,060

풀이 (1) 제조원가함수의 추정

n	Y	X	XY	X^2
1	25,200	840	21,168,000	705,600
2	24,800	830	20,584,000	688,900
3	20,800	740	15,392,000	547,600
4	27,500	1,130	31,075,000	1,276,900
5	23,300	770	17,941,000	592,900
6	26,900	910	24,479,000	828,100
7	24,800	950	23,560,000	902,500

8	26,100	1,170	30,537,000	1,368,900
9	29,100	1,160	33,756,000	1,345,600
10	27,300	1,030	28,119,000	1,060,900
11	27,600	1,200	33,120,000	1,440,000
12	21,100	780	16,458,000	608,400
13	21,700	750	16,275,000	562,500
14	30,200	1,290	38,958,000	1,664,100
15	27,300	1,060	28,938,000	1,123,600
합계	383,700	14,610	380,360,000	14,716,500

$$b=\frac{15\times 380,360,000-14,610\times 383,700}{15\times 14,716,500-14,610\times 14,610}=13.645$$

$$a=\frac{383,700}{15}-13,645\times\frac{14,610}{15}=12,290$$

$$\therefore \hat{Y}=12,290+13.645X$$

(2) 잔차의 계산

n	Y	X	$\hat{Y}$	$e=Y-\hat{Y}$
1	25,200	840	23,751.80	1,448.20
2	24,800	830	23,615.35	1,184.65
3	20,800	740	22,387.30	−1,587.30
4	27,500	1,130	27,708.85	−208.85
5	23,300	770	22,796.65	503.35
6	26,900	910	24,706.95	2,193.05
7	24,800	950	25,252.75	−452.75
8	26,100	1,170	28,254.65	−2,154.65
9	29,100	1,160	28,118.20	981.80
10	27,300	1,030	26,344.35	955.65
11	27,600	1,200	28,664.00	−1064.00
12	21,100	780	22,933.10	−1,833.10
13	21,700	750	22,523.75	−823.75
14	30,200	1,290	29,892.05	307.95
15	27,300	1,060	26,753.70	546.30

04 자기상관의 검정

원가함수의 추정에는 대부분의 경우 시계열자료가 이용된다. 이러한 자료를 대상으로 회귀분석법을 적용한 경우에는, 사후적으로, 각각의 실제조업도수준에 대응되는 잔차들이 서로 독립적이라 할 수 있는지를 반드시 확인해야 한다. 자기상관(autocorrelation)이 존재하는 것으로 확인되었다면 추정된 회귀계수는 전혀 신뢰할 수 없는 것이며, 따라서 모형의 적합성 및 회귀계수에 대한 통계적 추론과 특정 독립변수값에 대응되는 종속변수 평균값의 예측도 무의미한 것이 된다.

표본크기가 n이라면 n개의 잔차가 계산되는데, 만일 잔차들이 서로 독립적이지 않으면 잔차들이 자기상관 또는 계열상관을 가지고 있다고 한다. 즉 자기상관이 존재하는 경우에는 독립변수를 크기순서로 배열하였을 때 그것에 대응되는 양 또는 음의 잔차들이 서로 몰려서 나타나는데, 이것은 인접한 잔차들이 서로 독립적이지 못하다는 것을 의미한다.

종속변수에 영향을 미치는 중요한 변수가 독립변수로 선택되지 못하여 회귀모형에 포함되지 않은 채 회귀함수가 추정되었을 경우에는 이러한 현상이 관찰될 가능성이 크다. 원가함수추정에는 시계열자료가 이용되는 경우가 많은데, 이때는 조업도 외에도 시간의 영향을 받는 어떤 중요한 변수(예 물가수준, 기술수준)가 체계적으로 원가의 변화를 야기하고 있을 가능성이 높다.

자기상관의 존재 여부를 통계적으로 검정하기 위한 방법은 Durbin－Watson 통계량(D)을 이용하는 것이다. <$D-W$ 통계표>에는 회귀모수의 수(k), 표본크기(n), 유의수준(α) 등에 대응되는 $D-W$ 통계량의 상부임계치(D_U)와 하부임계치(D_L)가 제시되어 있는데, $D-W$ 통계량을 이러한 두 가지 임계치와 비교하여 자기상관을 검정한다. 검정절차는 다음과 같다.

① 가설설정

H_0: 자기상관계수가 0이다. H_1: 자기상관계수가 0보다 크다.

② 검정통계량: D(단, 음의 자기상관을 검정할 경우에는 $4-D$)

③ 임계치: D_U와 D_L

④ 결론

(a) $D > D_U$: 자기상관이 없음.

(b) $D < D_L$: 자기상관이 있음.

(c) $D_L < D < D_U$: 결론을 내릴 수 없음.

가령, 앞의 자료를 이용한 회귀분석에서 $D-W$ 통계량이 1.70으로 계산되었다고 하자($D=1.70$). 하부임계치(D_L)와 상부임계치(D_U)는, 회귀모수의 수(k)가 2이고 표본크기(n)가 15이므로, 유의수준 0.01에서 각각 0.7, 1.25이다($D_L=0.7$, $D_U=1.25$). 검정통계량(D)이 상부임계치(D_U)보다 크기 때문에, 유의수준 0.01에서 '잔차들(e_i)은 서로 독립적이다' 또는 '자기상관이 존재하지 않는다'고 결론을 내린다. 검정통계량 D의 값이 D_U와 D_L의 사이에 있어서 자기상관의 존재 유무에 대한 결론을 내리지 못할 때($D_L < D < D_U$)에는 표본크기를 증가시키는 것이 해결책이지만, 시계열 자료의 경우에는 그것이 쉽지 않다.

자기상관이 존재하는 경우에는 자기상관 회귀분석(autoregression)프로그램(*SPSS*의 경우, *AREG*)을 이용하면 문제를 해결할 수 있다. [표 12-1]은 정규최소자승법(OLS)으로 수행된 본래의 표본회귀함수 추정결과와 자기상관의 문제를 해결하기 위해 *AREG*를 이용하여 수행된 표본회귀함수 추정결과를 대비시킨 것이다. 이 표에 나타나 있는 바와 같이, 자기상관을 제거하여 표본회귀함수를 다시 추정하면 결정계수, 자유도, 회귀계수, 검정확률($p-$값) 등이 변하게 된다. 그리고 $D-$통계량($1.572 > D_U$, $\alpha=0.01$)을 보면, *AREG*를 이용한 회귀분석에서는 자기상관이 제거되었음을 확인할 수 있다.

표 12-1 *OLS*와 *AREG*의 비교

		OLS	*AREG*	비고
결정계수(df_1, df_2)		0.884(1, 17)	0.486(1, 16)	
$D-$통계량		0.475	1.572	$D_U=1.26(\alpha=0.01)$
회귀계수	상수($p-$값)	93.81(0.0038)	172.35(0.012)	
	회귀계수($p-$값)	1.993(0.0000)	1.4645(0.0013)	

05 통계적 추론의 의의와 내용

자기상관이 존재하지 않는다는 사실이 확인된 다음에는 추정된 표본원가 함수의 해석을 위해 통계적 추론절차를 거쳐야 한다. 즉 모집단에서 독립변수와 종속변수 간에 일차선형관계가 있다고 할 수 있는지(선형모형의 적합성 검정) 그리고 표본자료를 이용하여 추정된 a와 b가 우연히 0이 아닌 어떤 값으로 나타난 것은 아닌지(모집단회귀계수의 유의성 검정)를 확인해야 한다. 왜냐하면, 표본회귀계수 추정치인 a와 b는 모집단에서 조업도(X)와 그것에 대응되는 원가(Y)의 관계가 선형(linear)관계일 것이라는 가정을 전제로 하여 추정된 것이고, 또 표본자료를 이용하여 추정된 통계량이기 때문이다. 이와 같은 통계적 추론의 방법을 통계적 가설검정이라 한다.

통계적 가설검정에서는 항상 귀무가설(H_0)과 연구가설(H_1)이 짝을 이루어 설정된다. 연구자가 본래 확인하고자 하는 주장은 연구가설로 설정되는데, 그것은 무수히 많은 가능한 경우들을 함축하고 있는 주장이기 때문에 직접적으로 검정할 수 없다. 그래서 연구가설의 주장을 부정하는 주장을 단 한 가지의 가능한 경우로 제시하는 귀무가설을 설정하고, 그것을 직접 검정하여 간접적으로 연구가설의 주장을 검정한다. 귀무가설이 참인 것으로 확인되면 연구가설이 거짓이라고, 귀무가설이 거짓인 것으로 확인되면 연구가설이 참이라고 각각 결론을 내린다. 이러한 의미에서 통계적 가설검정은 본질적으로 간접적 검정이다.

(1) 선형모형의 적합성 검정

선형모형의 적합성 검정이란 조업도(X)와 원가(Y)의 관계가 선형관계라고 할 수 있는지를 확인하는 절차를 가리킨다. 그것은 모집단 결정계수(R^2)가 0보다 클 것이라는 연구가설(H_1)의 주장을 검정하는 절차이다. 여기서 결정계수란 두 변수 간의 일차선형관계의 강도를 나타내는 상관계수를 제곱한 값이다. 자세한 의미는 나중에 설명한다. 선형모형의 적합성 검정에서는 아래와 같은 가설이 설정된다.

$$H_0 : R^2 = 0, \quad H_1 : R^2 > 0$$

연구가설의 주장이 참(유의적)인 것으로 확인된다면, 조업도(X)와 원가(Y)의 관계가 선형관계라고 할 수 있으므로, 두 변수간의 관계를 선형모형으로 추정하는 것은 적합성이 있다고 하겠다. 그러나 그 주장이 거짓(비유의적)인 것으로 확인된다면, 조업도(X)와 원가(Y)의 관계를 선형관계라고 할 수 없으며, 따라서 b를 단위당변동원가 추정치로 해석할 수 없다.

(2) 모집단회귀계수의 유의성 검정

만일 조업도(X)와 원가(Y)의 관계가 선형관계인 것으로 확인되었다면, a와 b의 값이 우연히 그렇게 추정된 것은 아닌지를 확인한다. 그것은 a와 b의 각각에 대응되는 모수 α와 β가 모집단에서 0이 아니라고 할 수 있는지를 확인하는 절차를 통해 이루어진다. 여기서 α는 조업도(X)와 원가의 기대값($E(Y)$) 간의 일차선형관계에서 절편의 크기를, β는 조업도(X)의 계수로서, 조업도(X)의 1단위 변화가 원가의 기대값($E(Y)$)의 변화를 만들어 내는 정도를 각각 나타낸다. 이러한 추론을 위해 아래의 가설이 설정된다.

$$H_0 : \alpha = 0, \ H_1 : \alpha \neq 0,$$
$$H_0 : \beta = 0, \ H_1 : \beta \neq 0$$

모집단에서 α와 β가 0이 아닐 것이라는 연구가설(H_1)의 주장이 확인된 다음에야 비로소 a와 b는 각각 총고정원가추정치와 단위당변동원가추정치로 해석될 수 있다.

(3) 단순회귀분석에서의 통계적 추론

독립변수가 하나뿐인 단순회귀분석의 경우에는 앞의 두 가지 통계적 추론의 결과가 완전히 일치된다. 모집단에서 독립변수와 종속변수의 관계가 선형이 아니라면 직선의 기울기를 나타내는 β는 0이어야 하고, 두 변수간의 관계가 선형이라면 직선의 기울기를 나타내는 β도 0이 아니기 때문이다. 즉 다음의 관계가 성립된다.

$$R^2=0 \Leftrightarrow \beta=0 \quad \text{그리고} \quad R^2>0 \Leftrightarrow \beta \neq 0$$

그러므로 단순회귀분석에서는 모집단회귀계수의 유의성을 검정하는 추론 절차만 거치면 된다. 검정결과가 유의적이어서 모집단회귀계수가 0이 아닌 것으로 확인되면, 선형모형의 적합성, 즉 모집단결정계수가 0보다 크다는 사실도 동시에 확인되었다고 할 수 있다.

06 통계적 추론의 방법

모집단의 모수, 즉 결정계수(R^2), 총고정원가(α), 단위당변동원가(β) 등이 0이 아닐 것이라는 주장이 참인지 아니면 거짓인지를 검정할 때는 검정확률($p-$값)과 유의수준의 두 가지 지표가 이용된다. 검정확률($p-$값)이 유의수준보다 작다면, 그것은 모수가 0이 아닐 것이라는 주장이 거짓일 확률이 연구자가 허용하는 수준보다 작다는 것을 나타낸다. 이때에는 '모수가 0이 아닐 것이라는 연구가설의 주장이 참이다(가설검정결과가 유의적이다)'고 결론을 내린다. 그것은 표본을 이용하여 계산된 통계량(표본결정계수, 표본회귀계수)을 모집단 모수(모집단결정계수, 모집단회귀계수)의 추정치로 해석할 수 있음을 의미한다.

(1) 검정확률($p-$값)

검정확률($p-$값)은 모집단에서의 검정통계량이 연구에 실제로 이용된 표본에서 추정된 검정통계량 이상의 값을 가지게 될 확률이다. 그것은 표본에서 추정된 검정통계량과 귀무가설에서 주장하는 모수값 간의 차이가 우연적으로 관찰된 것일 확률을 나타낸다. 따라서 이 확률이 작을수록 표본에서 추정된 검정통계량이 귀무가설에서 주장하는 모수값과 우연적으로 다른 것이 아니라 유의적으로 다른 것일 가능성이 커진다. 통계패키지를 이용하여 자료를 분석하면 검정통계량(F-통계량, t-통계량)과 동시에 제시된다.

(2) 유의수준(α)

유의수준(α)이란 검정확률(p-값)의 상대적 크기를 평가하기 위한 확률기준이다. 즉 검정확률을 유의수준과 비교하여, ① 그것이 유의수준보다 작으면 표본에서 추정된 검정통계량이 귀무가설에서 주장하는 모수값과 유의적으로 다르게 관찰된 것이라고 평가하고(귀무가설의 주장이 거짓 또는 연구가설의 주장이 참이라고 판단함: 유의적인 결론), ② 그것이 유의수준보다 크면 표본에서 추정된 검정통계량이 우연히 귀무가설에서 주장하는 모수값과 다르게 관찰된 것이라고 평가한다(귀무가설의 주장이 참 또는 연구가설의 주장이 거짓이라고 판단함: 비유의적인 결론). 그래서 유의수준은 연구가설의 주장이 참이라는 가설검정의 결론(유의적인 결론)이 실제로는 틀린 결론이 될 수 있는 최대확률을 의미하는 것이라고 할 수 있다.

유의수준은 연구자에 의해 사전에 설정되는데, 보통 0.1, 0.05. 0.01, 0.005, 0.001 등의 수준으로 설정된다. 가령, 유의수준이 0.05로 설정되었다면, 그것은 가설검정의 결론이 유의적으로 내려졌을 때 그것이 실제로는 틀린 결론일 확률이 0.05를 넘지 않도록 하면서 가설검정을 하겠다는 연구자의 의지를 표명한 것이다. 그러므로 그 값이 작을수록 가설검정이 더욱 엄격하게 이루어진다고 하겠다.

(3) 결론의 기술: 유의수준을 명시함

가설검정의 결론을 기술할 때에는 반드시 유의수준을 함께 제시해야 한다. 예를 들면, 유의수준 0.05에서 유의적이었다라든가, 유의수준 0.01에서 유의적이었다고 기술하는 것이다. 낮게 설정된 유의수준에서는 비유의적이라고 내려진 결론이 그것보다 약간 높게 설정된 유의수준에서는 유의적인 것으로 바뀔 수 있으며, 그 반대의 경우도 마찬가지다.

일반적으로 연구자들은 연구가설이 확인되어 유의적인 결론이 도출되기를 원하기 때문에, 낮게 설정된 유의수준에서 검정결과가 비유의적으로 나타나면 유의수준을 높여서 그것을 유의적인 것으로 기술하려고 한다. 이렇게 하는 것은 허용되지만, 이때에는 유의수준을 0.10보다 더 크게 높이지는 않도록 하는 것이 좋다. 유의수준의 최대크기는 0.10으로 설정되는 것이 일반적인 관행이기 때문이다.

07 통계적 추론의 실제

통계패키지를 이용하여 회귀분석을 하면 이와 같은 통계적 추론에 필요한 정보들이 분석결과와 함께 출력된다. 앞의 예에서, 단순회귀분석에 의해 원가함수의 표본결정계수(r^2)는 0.795로 추정되었는데, 모집단결정계수에 관한 통계적 추론에 필요한 정보가 [표 12-2]와 같은 분산분석표(*ANOVA*)에 제시된다. F-통계량과 그것에 대응되는 p-값이 그것이다.

표 12-2 분산분석표(*ANOVA*)

	변 동	*df*	분 산	*F*	*p*-값
회 귀	*SSR*=90548463	1	*MSR*=90548463	50.271	.000
잔 차	*SSE*=23415537	13	*MSE*=1801195		
합 계	*TSS*=1139640000	14			

*결정계수(r^2) = $SSR/TSS = 1-[SSE/TSS] = 0.795$

분산분석표(*ANOVA*)를 보면 검정확률(p-값)이 0.000으로 나와 있다. 그것은 연구자가 유의수준을 0.001로 설정한 경우에조차도 유의수준보다 작다. 따라서 연구자는 모집단결정계수(R^2)가 0이 아니라는 주장이 유의수준 0.001에서 참이라고 결론을 내린다. 이러한 결론은 두 변수의 관계가 선형관계이며, 일차선형 원가함수를 추정하는 것이 적합하다는 판단의 근거가 된다. 그리고 표본결정계수 0.795는 모집단결정계수의 추정치로 해석할 수 있다.

표 12-3 회귀계수추정치

	회귀계수	회귀계수의 표준오차	t	p-값
상수(절편)	$a=12290.135$	1906.154	6.448	.000
직접노동시간	$b=13.645$	1.924	7.090	.000

모형의 적합성이 검정되었으므로, 그 다음에는 모집단 회귀계수에 관한 통계적 추론을 한다. 앞의 예의 경우, 모집단회귀계수의 통계적 추론에 필요한 정보는 [표 12-3]에서처럼 회귀계수추정치와 함께 제시된다.

먼저, 단위당 변동제조간접원가(β)에 관한 통계적 추론을 하는데, 회귀계수추정치 b에 대응되는 p-값이 0.000으로 나와 있으므로, 유의수준 0.001에서도 모집단에서의 직접노동시간당 변동제조간접원가(β)가 0이 아니라고 주장할 수 있다. 다음에는 고정제조간접원가(α)에 관한 통계적 추론을 하는데, 회귀계수추정치 a에 대응되는 p-값이 0.000으로 나와 있으므로, 유의수준 0.001에서도 모집단에서의 고정제조간접원가(α)가 0이 아니라고 주장할 수 있다.

앞에서 서술된 바와 같이, 단순회귀분석의 경우에는 모집단 결정계수에 관한 통계적 추론(선형모형의 적합성 검정)과 모집단 회귀계수에 관한 통계적 추론의 결과가 완전히 일치된다. 그래서 단순회귀분석에서는 선형모형의 적합성 검정에 이용된 검정통계량([표 12-2]의 F-통계량=50.271)이 독립변수의 모집단 회귀계수에 대한 유의성 검정에 이용된 검정통계량([표1 2-3]의 t-통계량=7.09)의 제곱과 일치된다($F=t^2$). 이러한 이유로, 단순회귀분석에서는 모집단 회귀계수의 유의성을 검정하는 추론절차만 거치면 된다. 검정결과가 유의적이어서 모집단회귀계수가 0이 아닌 것으로 확인되면, 모집단결정계수가 0보다 크다는 사실(모형의 선형성)도 동시에 확인되었다고 할 수 있다.

08 추정된 원가함수의 해석: 표본결정계수와 표본회귀계수의 해석

결정계수(R^2)란 종속변수의 총변동이 독립변수들에 의해 설명되는 정도, 즉 독립변수의 설명력을 나타내는 지표이다. 그것은 총변동(TSS) 중에서 설명된 변동(SSR)이 차지하는 비율로 측정하거나, 설명되지 않은 변동(SSE)이 총변동(TSS)에서 차지하는 비율을 1에서 차감하여 구한다. 이러한 여러 종류의 변동에 관한 정보는 회귀분석의 결과와 함께 출력되는 분산분석표에 제시되어 있다.

$$0 \leq R^2 = \frac{SSR}{TSS} = 1 - \frac{SSE}{TSS} \leq 1$$

중요한 독립변수들이 빠짐없이 회귀모형에 포함될수록 결정계수는 1에 가까워진다. 결정계수의 제곱근($|R|$)은, 단순회귀분석에서는 독립변수와 종속변수 간의 이변량상관계수의 절대값이고, 다중회귀분석에서는 회귀방정식에 포함된 독립변수들과 종속변수 간의 다중상관계수의 절대값이다.

그런데 상관계수의 절대값은 변수들 간의 일차선형관계의 강도를 나타내는 지표다. 따라서 결정계수가 0보다 크다는 사실($R^2 > 0$)은 적어도 1개 이상의 독립변수가 종속변수와 일차선형관계를 가지고 있음을 의미하고, 그것이 0이라는 사실($R^2 = 0$)은 어떠한 독립변수도 종속변수와 일차선형관계를 가지고 있지 않음을 의미한다. 일차선형 함수관계의 적합성을 확인하기 위한 가설검정에서 모집단 결정계수(R^2)가 0보다 크다고 할 수 있는지($R^2 > 0$)의 여부를 확인하는 이유가 바로 여기에 있다.

모집단 결정계수에 관한 통계적 추론의 결과 두 변수간의 관계가 선형인 것으로 확인된다면, 표본자료를 이용하여 추정된 표본결정계수(r^2)의 크기는 원가(Y)의 변동이 조업도(X)의 변동에 기인하고 있는 정도, 즉 독립변수의 설명력으로 해석된다. 표본결정계수(r^2)는 0과 1 사이의 값을 가지는데, 그 값이 크다는 것은 표본회귀함수의 추정에 수반되는 오차(추정의 표준오차)가 작아서 독립변수를 이용한 설명이 정확한 것이라고 믿을 수 있는 정도가 높다는 것을 의미한다. 따라서 설명력이 큰 독립변수는 중요한 원인변수라고 할 수 있다.

[표 12-2]를 보면 표본결정계수가 0.795이므로, 직접노동시간(X)은 제조간접원가(Y)의 변동을 약 79.5%만큼 설명하는 또는 그것에 의한 설명을 79.5% 만큼 믿을 수 있는 중요한 독립변수라고 할 수 있다. 이것은 직접노동시간을 제조간접원가의 변동을 설명하기 위한 독립변수로 선택한 것이 매우 적절하였음을 뒷받침한다. 실제로, 단순회귀분석에서 추정된 결정계수의 제곱근은 독립변수와 종속변수 간의 선형관계의 강도를 나타내는 상관계수의 절대값과 같다($\sqrt{r^2} = |r|$).

한편, 모집단 회귀계수에 관한 통계적 추론의 결과(표 14-3)에 따르면, 모집단에서 직접노동시간당 변동제조간접원가(β)와 고정제조간접원가(α)가 각각 0이 아닌 것으로 확인되었다. 이것은 표본에서 추정된 직접노동시간당 변동제조간접원가($b=13.6$)와 고정제조간접원가($a=12{,}290$)가 각각 우연히 얻어진 값이 아니라고 판단할 수 있음을 의미한다. 따라서 직접노동시간당 변동제조간접원가(β)는 ₩13.6이고, 고정제조간접원가(α)는 ₩12,290이라고 추정할 수 있다. 표본결정계수가 0.795이므로, 이러한 추정치는 약 79.5%만큼 믿을 수 있다고 말할 수 있다.

09 추정된 원가함수의 해석: 종속변수 기대값의 추정

제조간접원가에 관한 표본회귀함수를 이용하면 관련범위(표본에 포함된 독립변수값의 범위: 740시간-1290시간)를 벗어나지 않은 특정 직접노동시간(X)에 대응되는 제조간접원가 기대값을 추정할 수 있다. 가령, 직접노동시간(X)이 1,000시간일 때의 제조간접원가 기대값의 추정치는 다음과 같다:

$$\text{제조간접원가 기댓값} = 12{,}290 + 13.6 \times 1{,}000\text{시간} = ₩25{,}890$$

여기서는 생략하지만, 이러한 점추정치 이외에, 일정한 신뢰수준에 대응되는 제조간접원가 기대값의 신뢰구간도 추정할 수 있다. 아무튼, 독립변수의 특정값에 대응되는 종속변수(제조간접원가)의 기대값을 추정하고자 할 때의 이용가능범위는 독립변수의 관찰범위(관련범위)에 한정된다는 점을 유념해야 한다. 앞의 예에서, 관련범위(740시간−1290시간)를 벗어난 특정 직접노동시간(가령, 700시간 또는 1,300시간)에 대응되는 제조간접원가를 추정하는 목적에는 추정된 제조간접원가함수를 이용할 수 없다. 비록 추정치의 계산은 가능하겠지만, 그 수치는 경험적 증거에 의해 객관성이 뒷받침되는 것이 아니기 때문이다.

10 다중회귀분석: 다중공선성

다중회귀분석의 경우에는 독립변수들 간에 다중공선성(multicollinearity)이 있는 것은 아닌지를 사후적으로 확인할 필요가 있다. 다중공선성이란 독립변수가 두 개 이상인 다중회귀분석에서 독립변수들 간의 상관관계가 지나치게 밀접하여(상관계수가 0.9 이상) 개별 독립변수가 종속변수의 변동에 미치는 영향을 분리시킬 수 없게 되는 특성을 말한다. 다중공선성이 존재할 경우에는 다음과 같은 현상이 나타난다:

① 상관관계가 높은 두 개의 독립변수 중에서 어느 하나를 제거하면, 그 중에서 모형에 남게 되는 독립변수의 회귀계수가 현저하게 변화한다.

② 독립변수들간의 상관계수가 1인 경우에, 그 두 가지 독립변수들을 회귀모형에 모두 포함시키면, 동일한 표본에서 서로 다른 두 개의 표본회귀함수가 추정된다.

③ 다중공선성이 존재하면 회귀계수와 관련된 통계적 추론과 해석은 무의미하다. 그러나 특정 독립변수값에 대응되는 종속변수 평균값을 추정하는 데 표본회귀함수를 이용할 경우에는 다중공선성은 문제가 되지 않는다.

④ 마찬가지로, 다중공선성이 존재할 때는 관련된 독립변수들의 회귀계수

에 대한 유의성 검정결과는 전혀 신뢰할 수 없지만, F검정에 의한 모형적합성의 검정결과는 신뢰할 수 있다.

따라서 독립변수가 두 개 이상일 경우에는 회귀분석을 실시하기 전에 반드시 독립변수들 간의 상관계수(그것의 절대값)를 검토해야 한다. 만일 어느 두 가지 독립변수들의 상관계수의 절대값이 다중공선성을 야기할 정도로 크게 측정되었다면, 그 변수들 중의 어느 하나는 독립변수집합에서 제거해야 한다. 그러나 이렇게 하면 모형에 남아있는 독립변수의 회귀계수 추정치를 순수하게 그 독립변수가 만들어 내는 영향의 크기라고 해석할 수 없다는 점이 문제가 된다. 왜냐하면 그 독립변수는 모형에서 제거된 다른 독립변수들의 영향을 받고 있기 때문이다.

[표 12-4]의 상관계수행렬에는 네 가지 독립변수들 간의 이변량상관계수들이 제시되어 있다. 이것을 보면, 독립변수 X_2와 X_3 간의 상관계수가 −.92로 그 절대값이 0.9보다 크다. 따라서 다중공선성이 존재하므로, 둘 중에서 어느 한 변수는 다중회귀분석에서 독립변수로 이용될 수 없다.

표 12-4 상관계수행렬

	X_2	X_3	X_4
X_1	.63	.49	.50
X_2	–	−.92	.42
X_3		–	.42

11 다중회귀분석: 원가함수의 추정

원가의 변동을 야기하는 독립변수가 두 개 이상이면 다중회귀분석을 이용하여 원가함수를 추정한다. 단순회귀분석의 경우와 마찬가지로, 다중회귀분석에서도 통계적 추론에 필요한 분석분석표와 회귀계수추정치에 관련된 분석

결과들이 함께 제시된다. 아래에는 6개의 독립변수를 이용한 다중회귀분석으로 추정된 원가함수, 모형의 적합성에 관한 가설 및 그것의 검정에 필요한 추가정보, 모집단회귀계수의 유의성에 관한 가설 및 그것의 검정에 필요한 추가정보 등이 제시되어 있다.

표 12-5 분산분석표

	변동(SS)	df	분산(MS)	F	$p-$값
회 귀	$SSR=256{,}761.10$	6	$MSR=42{,}793.52$	20.3438	.0000
잔 차	$SSE=27{,}345.70$	13	$MSE=2{,}103.52$		
합 계	$TSS=284{,}106.80$	19			

- 결정계수(R^2) = $SSR/TSS = 1-SSE/TSS = 0.9038$
- 조정된 결정계수(R_a^2) = 0.8593
- 다중상관계수 = $\sqrt{R^2}$ = 0.9507
- 추정의 표준오차 = $\sqrt{MSE}$ = 45.864

표 12-6 회귀계수추정치

변수	회귀계수(b)	회귀계수의 표준오차(s_b)	베타계수	t	$p-$값
상수(절편)	129.07125	718.8319		.180	.8603
X_6	−1.87983	6.5623	−.0668	−.286	.7790
X_3	.25608	1.1594	.0246	.221	.8286
X_2	3.16294	1.3432	.2846	2.355	.0349
X_4	−.89579	.3904	−.2770	−2.295	.0391
X_5	1.17651	1.6590	.1199	.709	.4907
X_1	5.67941	1.9458	.7345	2.919	.0120

<추정된 표본원가함수>

$$TC = 129.1 + 5.9X_1 + 3.2X_2 + 0.3X_3 - 0.9X_4 + 1.2X_5 - 1.9X_6$$

<모형의 적합성 추론을 위한 가설>

$H_0 : R^2 = 0$ 또는 모든 $\beta_i = 0,\ (i = 1, 2, , 6)$

$H_1 : R^2 > 0$ 또는 적어도 하나의 β_i는 0이 아니다.

<개별 모집단 회귀계수에 관한 추론을 위한 가설>

$H_0 : \alpha = 0,\quad H_1 : \alpha \neq 0$

$H_0 : \beta_k = 0,\quad H_1 : \beta_k \neq 0,\quad (i = 1, 2, , 6)$

12 다중회귀분석: 통계적 추론

다중회귀분석에서 만일 모집단결정계수에 관한 통계적 추론을 통해 두 변수간의 관계가 선형이 아닌 것으로 검정된다면 더 이상의 다른 통계적 추론이 불필요하다. 그러나 두 변수간의 관계가 선형인 것으로 확인된다면 반드시 그 다음 단계로 모집단 회귀계수에 관한 통계적 추론을 실시하여 어떠한 독립변수(들)의 기울기가 모집단에서 0이 아니라고 할 수 있는 것인지를 확인해야 한다.

(1) 선형모형의 적합성 검정

[표 12-5]의 분산분석표를 보면, F-통계량의 p-값(0.000)이 유의수준 0.001보다 작다. 따라서 모집단결정계수가 0이 아니라는 연구가설의 주장은 유의수준 0.001에서 유의적이다. 이것은 일차선형모형의 적합성이 확인되었음을 의미한다.

(2) 모집단회귀계수의 유의성 검정

일차선형모형의 적합성이 확인되었으므로, 6개의 독립변수들 중에서 종속변수와 유의적인 통계적 관계가 있는 것이 어느 것인지를 개별적으로 확인해야 한다. [표 12-6]의 회귀계수추정치를 보면, 독립변수들 중에서 X_1, X_2, X_4 등은 각각 해당되는 t-통계량의 p-값이 유의수준 0.05보다 작다. 따라서 독립변수 X_1, X_2, 그리고 X_4의 경우에는 '모집단회귀계수가 0이 아니다' 또는 '표본회귀계수가 우연히 그렇게 추정된 것이 아니다'라고 주장하는 연구가설의 주장은 유의수준 0.05에서 유의적이다.

이것은 X_1, X_2, 그리고 X_4의 독립변수가 각각 종속변수와 유의적인 통계적 관계가 있음을 의미한다. 앞에서 모집단결정계수가 0이 아니라는 유의적인 검정 결과가 얻어진 것도 바로 이 3개의 독립변수가 종속변수와 유의적인 관계를 가지고 있기 때문이다.

[표 12-6]에서 모집단회귀계수의 유의성이 확인되지 못한 나머지 독립변수들(X_3, X_5, X_6)은, 비록 표본회귀계수가 0과 다른 값으로 계산되었지만, 통계적으로는 귀무가설에 기술된 모수값 0과 차이가 없는 것이라고 할 수 있다. 그 변수들의 t-통계량에 대응되는 검정확률(p-값)은 관행상 허용되는 유의수준의 최대크기인 0.10보다 더 크기 때문에, 모집단회귀계수의 유의성 검정결과가 유의수준 0.10에서 비유의적이다. 따라서 이 독립변수들은 각각 종속변수와 유의적인 통계적 관계가 없다고 할 수 있다.

13 다중회귀분석 결과의 해석: 편회귀계수

다중회귀분석의 결과를 해석할 때는 몇 가지 사항들에 대해서 특별한 주의가 필요하다. 그 중의 하나는 다중회귀모형에 포함된 독립변수 X_k의 회귀계수인 β_k가 편회귀계수라는 점이다. 단순회귀분석의 경우처럼, 그것도 독립변수 X_k의 1단위 변화가 종속변수의 기대값 $E(Y)$를 변화시킨 정도를 나타내는 것이지만, 이 값은 나머지 다른 독립변수들이 변화하지 않도록 통제된 상태에서 오로지 독립변수 X_k만 1단위 변화할 때 야기되는 $E(Y)$의 변화를 나타낸다. 예를 들어, [표 12-6]을 보면, 유의적인 독립변수 X_2의 표본회귀계수는 3.16으로 계산되었는데, 이러한 추정치에 근거하여 다른 독립변수들이 아무런 변화가 없게 한 상태에서 X_2의 값만 1단위 증가시키면 종속변수 Y의 기대값, 즉 $E(Y)$가 3.16만큼 증가할 것이라고 해석하는 것이다.

이러한 회귀계수를 편회귀계수(partial regression coefficient)라 하는데, 그것은 종속변수 Y의 기대값 $E(Y)$를 독립변수 X_k에 관하여 편미분하였을 때 나타나는 편미분계수이다.

$$\beta_k = \frac{\delta E(Y)}{\delta X_k}$$

이처럼 다중회귀분석에서는 모형에 포함된 개별 독립변수들의 편회귀계수가 추정된다. 그러므로 만일 어떤 하나의 독립변수 X가 종속변수에 대하여 미치는 고유의 효과를 분석하고자 한다면, 그 독립변수만 포함시킨 단순회귀분석보다는 종속변수에 영향을 미치는 다른 중요한 독립변수들도 모두 포함시킨 다중회귀분석이 더 적합하다.

물론, 다중회귀모형에 포함되어 있는 X 이외의 다른 독립변수들이 독립변수 X와 상관관계가 낮거나 완전히 독립적인 것이라면, 단순회귀분석을 통해 추정된 독립변수 X의 회귀계수와 다중회귀분석에서 추정된 그것의 편회귀계수는 거의 유사하게 또는 완전히 동일하게 나타날 것이다. 그렇지만, 다중회귀모형에 포함되어 있는 X 이외의 다른 독립변수들이 독립변수 X와 상관관계가 높은 것이라면, 양자는 서로 다르게 나타난다. 이때는 다중회귀분석을 통해 추정된 독립변수 X의 편회귀계수가 그것의 고유한 효과를 제대로 나타내는 것이라고 할 수 있다.

현실적으로는, 종속변수에 중요한 영향을 미치는 다수의 독립변수들이 있고, 독립변수들 상호간에 어느 정도의 상관관계가 존재하기 때문에, 개별 독립변수의 회귀계수는 일반적으로 단순회귀분석과 다중회귀분석에서 서로 다르게 추정된다. 그러므로 다수의 중요한 독립변수들이 존재하는 상황에서 개별 독립변수가 종속변수에게 미치는 고유한 효과를 분석하고자 할 때에는, 단순회귀분석을 독립변수의 수만큼 되풀이 할 것이 아니라, 그것들을 동시에 독립변수로 포함시킨 다중회귀분석을 하는 것이 바람직하다.

14 다중회귀분석 결과의 해석: 표준화된 편회귀계수

편회귀계수 β_k는 개별 독립변수들의 상대적 공헌도 또는 상대적 중요성을 서로 비교하는 데 이용될 수 없다. 왜냐하면, 측정치의 규모가 큰 변수일수록 분산도 더 크게 나타나고, 이에 따라 편회귀계수도 더 크게 계산되기 때문이다. 이러한 목적에는 표준화된 편회귀계수가 이용된다. 가령, 독립변수 X_1의 표준화된 편회귀계수가 4, X_2의 그것이 2라면, 종속변수를 예측함에 있어서 X_1이 X_2보다 2배 정도 더 중요하다고 할 수 있다.

어떤 독립변수의 표준화된 편회귀계수란 그것의 편회귀계수를 그 변수와 종속변수의 표본표준편차를 이용하여 수정한 것이다. 통계패키지를 이용하여 분석하면 그것은 베타계수(beta coefficient)로 제시된다. 예를 들어, [표 12-6]을 보면 유의적인 독립변수 X_1과 X_2의 베타계수가 각각 0.7345와 0.2846으로 계산되어 있다. 이것은 종속변수의 변동을 설명함에 있어서 X_1이 X_2보다 상대적으로 약 2.6배(=0.7345/0.2846)만큼 더 중요한 독립변수라는 것을 나타낸다. 그렇지만 전적으로 베타계수에 근거하여 독립변수들의 상대적 중요성을 평가하는 일은 가급적 피하는 것이 바람직하다. 양적으로 설명할 수 없는 다른 중요한 요소들도 고려해야 하기 때문이다.

15 다중회귀분석 결과의 해석: 조정된 결정계수

다중회귀분석이 이루어지면 종속변수의 변동을 설명하는 데 두 개 이상의 독립변수들이 이용되므로 단순회귀분석의 경우보다 종속변수의 변동을 설명할 수 있는 정도가 더 크다. 이에 따라, 우연적 오차의 크기가 단순회귀분석의 경우보다 더 작아지고, 결정계수는 더 커진다. 그렇지만 회귀모형의 설명력을 높일 목적으로 독립변수의 수를 증가시킬 때에는 중요한 소수의 독립변수들을 제대로 선택하도록 해야 하며, 이렇게 한 결과로 높아진 결정계수라야 비로소 의미가 있다.

그래서 단순히 독립변수의 수가 많다는 이유로 결정계수가 높아지는 부분은 적절한 방법으로 조정될 필요가 있다. 조정된 결정계수(R_a^2)가 바로 그것이다. 그것은 다음과 같이 계산된다(k는 독립변수의 수).

$$R_a = 1-(1-R^2)(\frac{n-1}{n-k-1})$$

공식에서 알 수 있는 바와 같이, 조정된 결정계수는 결정계수와 같거나 그것보다 작다. 그 둘의 차이가 크면, 그것은 회귀방정식에 중요하지 않은 불필요한 독립변수들이 많이 포함되어 있음을 나타낸다. 따라서 선형모형의 적합성을 확인하기 위한 통계적 추론에는 조정되지 않은 결정계수를 이용하고, 결정계수의 의미를 해석할 때는 조정된 결정계수를 이용하는 것이 바람직하다.

16 예외적 관측치의 제거

통계패키지를 이용하여 회귀분석을 하면 표준화된 잔차가 독립변수 또는 표준화된 종속변수예측치($\hat{Y}$)에 대응되도록 작성된 산포도가 출력되고, 그것을 보면 전체집단으로부터 예외적으로 떨어져 존재하는 잔차들을 발견하는 경우가 있다. 회귀계수 추정치를 왜곡시키지 않으려면 이러한 잔차를 만들어 낸 예외적 관측치를 분석대상에서 제거하고, 회귀분석을 다시 실시해야 한다. 표본에 포함된 예외적 관측치를 제거하면 그것들을 모두 포함하고 있는 모집단을 직접 분석하였을 때보다 모집단 특성을 더 정확하게 파악할 수 있다.

때때로, 예외적 관측치가 포함된 자료에서는 관찰되지 않았던 자기상관이 그것을 제거하면 드러나는 경우가 있다. 이때 만일 예외적 관측치를 제거하지 않은 채 회귀분석을 한다면, 자기상관을 해결하기 위한 조치를 전혀 취하지 않을 것이다. 따라서 예외적 관측치를 제거하지 않으면 전혀 의미 없는 통계적 추론을 하게 될 위험이 매우 크다.

[표 12-7]은 예외적 관측치를 제거하기 전후의 표본회귀함수 추정의 결과가 어떻게 달라지는지를 대비시키고 있다. 예외적 관측치를 제거한 후에 결정계수는 0.625에서 0.911로 높아졌다. 그것은 표본회귀함수 추정의 표준오차(s_e)가 감소되었음을 의미한다. 그리고 모든 회귀계수의 표준오차(s_b)가 감소되었다. 그것은 회귀계수 추정의 정확도가 향상되었음을 의미한다. 추정의 표준오차(s_e)가 감소되었고 회귀계수 추정의 정확도가 높아졌다는 것을 보면 예외적 관측치를 표본자료에서 제거하는 것이 얼마나 중요한 것인지를 알 수 있을 것이다.

표 12-7 예외적 관측치 제거 전후의 비교

<table>
<tr><th colspan="2"></th><th>제거전</th><th>제거후*</th></tr>
<tr><td colspan="2">결정계수(df_1, df_2)</td><td>0.625(2, 27)</td><td>0.911(2, 25)</td></tr>
<tr><td colspan="2">D-통계량</td><td>1.97</td><td>2.06</td></tr>
<tr><td rowspan="3">회귀
계수</td><td>상수(표준오차)</td><td>−852.269(357.640)</td><td>−1301.880(169.600)</td></tr>
<tr><td>X_1(표준오차)</td><td>12.970(1.951)</td><td>13.306(.894)</td></tr>
<tr><td>X_2(표준오차)</td><td>34.103(18.61)</td><td>75.614(9.46)</td></tr>
</table>

*예외적 관측치로 판정된 2개의 자료를 제거함

원가관리회계의 이해와 연습

Chapter 13

학습초점

1. 단위당변동제조원가: 평균변동제조원가와 한계원가
2. 학습률과 학습곡선함수
3. 회귀분석법에 의한 학습곡선함수의 추정

CHAPTER

13

학습효과와 학습곡선함수의 추정

01 학습효과에 의한 평균변동제조원가 및 한계원가의 변화

학습효과(learning effect)란 경영자가 새로운 공정의 도입, 제품의 설계변경, 표준화된 부품 사용 등의 방법으로 생산요소를 조직화하는 데 더 익숙해지고 반복작업을 통해 작업자들의 작업능률성이 높아지는 현상을 가리킨다. 학습효과가 작용하면 실제조업도가 증가함에 따라 평균변동제조원가(average variable manufacturing cost)가 체계적으로 감소한다. 이에 따라 제조원가함수는 비선형으로 나타나게 된다. 학습효과가 작용할 경우의 제조원가함수, 즉 학습곡선함수를 나타내는 [그림 13-1]을 보면, 누적생산량이 증가함에 따라 총제조원가가 체감하는 비율로 증가하고 있다.

평균변동제조원가는 한계원가(marginal cost: *MC*)와 구별되어야 한다. 한계원가는 마지막 1단위를 추가로 생산할 때 소비된 단위당변동제조원가이다. 단위당원가(unit cost)라는 점에서는 같지만, 그것은 평균변동제조원가와는 다른 개념이다. 가령, A제품 100개를 만들었을 때의 총변동제조원가가 ₩10,000이었는데, 101개째를 만들었을 때의 총변동제조원가가 ₩10,090이 되었다면, 마지막 1단위의 생산에 소비된 변동제조원가 ₩90이 바로 한계원가이다. 이때 평균변동제조원가는 ₩99.9(=₩10,090/101개)이 된다.

그림 13-1 학습곡선함수

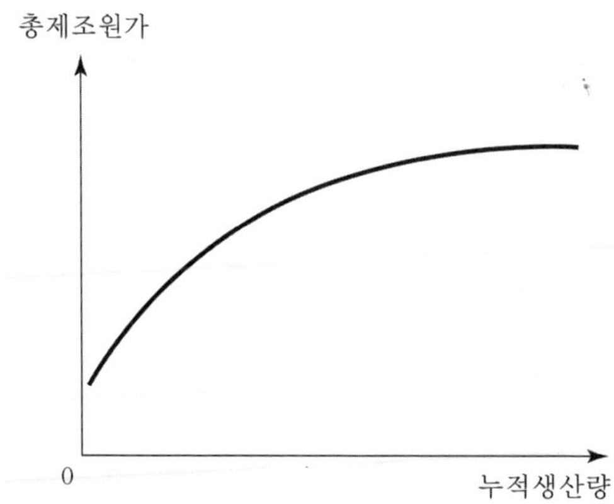

누적생산량이 1단위 증가할 때마다 한계원가가 체감하는 것을 '한계원가 체감의 법칙'이라 한다. 조업도가 증가할 때 한계원가가 체감하면 평균변동제조원가도 체감하며, 이에 따라 총변동제조원가도 체감하는 비율로 증가하게 된다. 그래서 학습효과는 조업도의 증가에 따른 한계원가의 체감 또는 평균변동제조원가의 체감 현상을 통해 관찰된다.

표 13-1 평균변동제조원가, 변동제조원가, 한계원가

누적생산량(χ)	평균변동제조원가(y)	총변동제조원가	한계원가(MC)
1	₩100	100×1 = ₩100	100− 0 = ₩100
2	₩80	80×2 = ₩160	160−100 = ₩60
3	₩70*	70×3 = ₩210	210−160 = ₩50
4	₩64	64×4 = ₩256	256−210 = ₩46

* 학습률 80%에서의 학습곡선($y=100\chi^{-.3219}$)으로 추정됨.

[표 13-1]을 보면 이러한 관계를 살펴볼 수 있다. 누적생산량이 1개일 때에는 평균변동제조원가, 총변동제조원가, 한계원가 등이 모두 ₩100이었다가, 1개를 더 생산하여 누적생산량이 2개가 되었을 때에는 평균변동제조원가가 ₩80, 총변동제조원가가 ₩160(=2×₩80)이 되며, 이때 한계원가는 ₩60(=160−100)이 된다. 다시 2개를 더 추가로 생산하여 누적생산량이 4개가 되었을 때에는 평균변동제조원가가 ₩64, 총변동제조원가가 ₩256(=4×₩64)이 되며, 이때 한계원가는 ₩46으로 측정된다.

02 학습률

누적생산량이 X일 때의 평균변동제조원가를 Y_1, 누적생산량이 두 배로 되었을 때($2X$)의 평균변동제조원가를 Y_2라 하면, Y_1에 대한 Y_2의 비율을 %로 표시한 것이 학습률($=[Y_2/Y_1]\times 100\%$)이다. 따라서 누적생산량이 두 배로 증가

할 때마다 평균변동제조원가는 직전 수준에 학습률을 곱한 수준으로 감소한다. 다르게 말하면, 직전 수준에 [1−학습률]을 곱한 수준만큼 감소한다.

가령, 누적생산량 1개의 평균변동제조원가가 ₩100이었을 때 80%의 학습률로 학습효과가 작용한다면, 추가로 1개를 더 생산하여 누적생산량이 2개가 되었을 때의 평균변동제조원가는 ₩100의 80%인 ₩80이 된다. 따라서 누적생산량 2개의 총변동제조원가는 ₩160(=2×80)이 된다. 또 다시 추가로 2개를 더 생산하여 누적생산량이 4개가 되면, 평균변동제조원가는 ₩80의 80%인 ₩64이 되고, 총변동제조원가는 ₩256(=4×64)이 된다([표 13−1] 참조). 이러한 학습률은 학습효과가 높을수록 작아지며, 산업별로 그리고 특정 산업 내에서는 공정별로 비교적 일정하게 형성되어 있다.

03 학습효과에 의한 직접노무원가와 직접노동시간의 변화

제조원가요소들 중에서 학습효과가 가장 뚜렷하게 나타나는 것은 직접노무원가이다. 그런데 그것은 화폐단위로 측정되는 것이어서 인플레이션의 영향을 받기 때문에, 직접노무원가의 변화 중에서 순수하게 학습효과에 기인한 변화를 측정하기가 어렵다. 그래서 학습효과를 분석할 때에는 직접노동시간을 관찰대상으로 설정하는 것이 권장된다. 이때에도 학습효과에 의한 평균노동시간의 감소효과는 앞에서와 동일한 방식으로 추정한다.

가령, 누적생산량 1개의 평균노동시간이 10시간이었을 때 80%의 학습률로 학습효과가 작용한다면, 추가로 1개를 더 생산하여 누적생산량이 2개가 되었을 때의 평균노동시간은 누적생산량 1개의 평균노동시간의 80%인 8시간이 되고, 따라서 누적생산량 2개의 누적노동시간은 16시간(=2×8시간)이 된다. 다시 추가로 2단위를 더 생산하여 누적생산량이 4개가 되었을 때의 평균노동시간은 누적생산량이 2개일 때의 평균노동시간(8시간)의 80%인 6.4시간이 되고, 누적노동시간은 25.6시간(=4×6.4시간)이 된다.

학습효과가 적용된 평균노동시간과 누적노동시간에 시간당 임률을 곱하면 각각 평균직접노무원가와 누적직접노무원가를 구할 수 있다. 여기에 누적직접재료원가와 누적제조간접원가를 합하면 누적생산량에 대응되는 제조원가가 계산되며, 그것을 누적생산량으로 나누면 단위당제조원가가 계산된다.

예제 13-1

성진가구㈜는 다음의 원가를 가지는 50개의 고급의자를 완성하여 판매하였다: 직접재료원가 ₩1,500, 직접노무원가(1,000시간, @₩8.5) ₩8,500, 변동제조간접원가(직접노동시간 1,000시간, @₩4) ₩4,000, 고정제조간접원가(배분율은 변동제조원가의 10%) ₩1,400. 이 기업은 동일 제품 150개의 주문에 대한 견적서를 작성해 달라는 요청을 받았다. 80%의 학습률을 가정하고, 이 주문에 대응되는 총제조원가를 추정하시오.

풀이

누적생산량	평균노동시간	총직접노동시간
50개	1,000시간/50개 = 20시간	1,000시간
100개	20시간×0.8 = 16시간	1,600시간
200개	16시간×0.8 = 12.8시간	2,560시간
150개 추가생산량의 노동시간 = 2,560−1,000 = 1,560시간		

①직접재료원가 = (₩1,500/50개)×150개 = ₩4,500

②직접노무원가 = 1,560시간×₩8.5 = ₩13,260

③변동제조간접원가 = 1,560시간×₩4 = ₩6,240

④변동제조원가 = ₩4,500+₩13,260+₩6,240 = ₩24,000

⑤고정제조간접원가 = ₩24,000×0.10 = ₩2,400

∴총제조원가 = ₩4,500+₩13,260+₩6,240+₩2,400 = ₩26,400

04 학습곡선함수

학습효과가 작용할 때, 누적생산량과 평균변동제조원가(또는 평균노동시간) 사이에는 다음과 같은 비선형 학습곡선함수 관계가 성립된다:

$$y = \alpha x^{-\beta} \quad \cdots\cdots (1)$$

여기서, y: 평균변동제조원가(평균노동시간)
α: 첫 단위 생산의 평균변동제조원가(평균노동시간)
β: 학습곡선의 기울기 모수
x: 누적생산량

식(1)의 누적생산량 x 자리에 그것의 두 배인 $2x$를 대입하였을 때의 평균변동제조원가(평균노동시간) k는 다음과 같이 계산된다.

$$k = \alpha(2x)^{-\beta} \quad \cdots\cdots (2)$$

누적생산량이 두 배로 되었을 때의 평균변동제조원가(평균노동시간)의 비율, 즉 학습률은 다음과 같다:

$$\text{학습률} = k/y = 2^{-\beta} \quad \cdots\cdots (3)$$

식(3)의 양변에 log(또는 ln)를 취하면,

$$\log(\text{학습률}) = -\beta \times \log 2, \ \therefore \beta = -[\log(\text{학습률})/\log 2]$$

따라서 학습률을 알면 학습곡선의 기울기 모수인 β를 알 수 있다. 이와 함께, 제품을 처음 1단위 생산하였을 때의 평균변동제조원가(평균노동시간) α를 안다면, 식(1)의 비선형함수를 파악할 수 있다. 가령, 제품을 처음 1단위 생산하였을 때의 평균변동제조원가 α가 ₩100이었고, 학습률이 90%인 것으로 밝혀졌다면, 식(1)의 학습곡선함수는 다음과 같이 나타나게 될 것이다.

$$\alpha = 100$$
$$\beta = -[\log(\text{학습률})/\log\ 2] = -[\log(0.9)/\log\ 2] = 0.1520$$
$$y = (100)x^{-.1520}$$

이 학습곡선함수를 이용하면 누적생산량 x에 대응되는 평균변동제조원가(평균노동시간)을 즉시 계산할 수 있다. 가령, 누적생산량이 5개($x=5$)일 때의 평균변동제조원가는 다음과 같이 계산된다:

$$y = (100)\times(5)^{-.1520} = 100\times[1/5^{.1520}] = ₩78.3$$

총변동제조원가는 평균변동제조원가에 누적생산량을 곱한 것이므로 다음과 같이 계산된다:

$$\text{총변동제조원가} = x \bullet y = x \bullet \alpha x^{-\beta} = \alpha x^{1-\beta} \quad \cdots\cdots\cdots\cdots\cdots\cdots \ (4)$$

가령, 누적생산량이 5개($x=5$)일 때의 총변동제조원가는 다음과 같다:

$$\text{총변동제조원가} = 5\times78.3 = 5\times(100)\times(5)^{-.1520} = 100\times(5)^{.8480} = ₩391.5$$

누적생산량이 x개 될 때의 한계원가는 누적생산량 x개에서의 총변동제조원가에서 누적생산량 $(x-1)$개에서의 총변동제조원가를 차감한 것이다.

$$\text{한계원가} = \alpha x^{(1-\beta)} - \alpha(x-1)^{(1-\beta)} \quad \cdots\cdots\cdots\cdots\cdots\cdots\cdots\cdots\cdots\cdots \ (5)$$

예제 13-2

어떤 기업이 냉장고를 처음 1단위 생산하였을 때 평균조립시간이 300분 걸렸다. 조립가전산업의 학습률은 90%로 알려져 있다. (1) 냉장고 1대를 생산할 때의 평균조립시간의 변동을 설명하는 학습곡선함수를 추정하고, (2) 누적생산량이 100,000대에 이르게 될 때의 평균조립시간과 한계조립시간을 추정하시오.

풀이 (1) 학습곡선함수의 추정

① 학습곡선의 기울기 모수 β

$\log(\text{학습률}=0.9) = -\beta \times \log\ 2$, $\therefore\ \beta = -[\log(0.9)/\log\ 2] = 0.1520$

② 학습곡선함수: $y=(300)x^{-.1520}$

(2) 누적생산량 100,000대에서의 평균조립시간과 한계조립시간

① 평균조립시간 = $(300)\times(100{,}000)^{-.1520}$ = 52.13분

② 한계조립시간

$= 300\times(100{,}000)^{.8480} - 300\times(99{,}999)^{.8480}$ = 5,213,402.5분 − 5,213,358.3분

= 44.2분

예제 13-3

어떤 기업은 어제 누적생산량 100,000대를 달성하였는데, 마지막 냉장고를 조립하는 데 걸린 한계조립시간을 측정한 결과 44.2분으로 나타났다. 조립가전산업의 학습률은 90%로 알려져 있다. 처음 1대를 생산하였을 때의 평균조립시간과 학습곡선함수를 추정하시오.

풀이 ① 학습률 90%에서의 학습곡선 기울기 모수 β의 계산

$\beta = -[\log(\text{학습률})/\log\ 2] = -[\log(0.9)/\log\ 2] = 0.1520$

② 한계조립시간 = $\alpha\times(100{,}000)^{.8480} - \alpha\times(99{,}999)^{.8480}$ = 44.2분

③ 처음 1대를 생산하였을 때의 평균조립시간(α)

$\alpha = 44.2/((100{,}000)^{.8480} - (99{,}999)^{.8480}) = 44.2/(17{,}378 - 17{,}377.86)$

= 298.14분

④ 학습곡선함수: $y = (299.93)x^{-.1520}$

예제 13-4

휴대폰 부품을 생산하는 PT사는 설립후 처음으로 지난 달에 ₩100,000의 제조원가로 부품 100개를 제조한 바 있다. 그 중 ₩40,000은 직접재료원가, ₩50,000은 직접노무원가, ₩10,000은 변동제조간접원가, ₩15,000은 고정제조간접원가였다. 변동제조간접원가는 직접노무원가의 20%로 그리고 고정제조간접원가는 제품단위당 ₩150의 비율로 각각 예정배분된 것이다. 이 회사의 직접노무원가에서는 학습률 90%의 학습효과가 발생되고 있다. 이 달에 1,000개를 생산한다면 총제조원가가 얼마가 되겠는지를 추정하시오.

풀이 ① 학습률 90%에서의 학습곡선 기울기 모수 β의 계산

$\beta = -[\log(\text{학습률})/\log\ 2] = -[\log(0.9)/\log\ 2] = 0.1520$

② 처음 1대를 생산했을 때의 평균직접노무원가(α)의 계산

누적생산량 100대에서의 총직접노무원가가 ₩50,000이므로,

$\alpha \times (100)^{.8480}$ = ₩50,000, $\therefore$ α = ₩50,000/49.66 = ₩1,006.862

③ 학습곡선함수: $y = (1{,}006.862)x^{-.1520}$

④ 생산량 1,000개(누적생산량 1,100개)에서의 총직접노무원가

$= \alpha \times (x)^{.8480} = (1{,}006.862) \times (1{,}100)^{.8480}$ = ₩382,006.67

⑤ 총제조원가

= 직접재료원가+직접노무원가+변동제조간접원가+고정제조간접원가

= (₩40,000/100개)×1,000개+₩382,006.67+₩382,006.67×0.2+1,000개×₩150

= ₩1,008,408

05 학습곡선함수의 추정

학습률이 알려져 있지 않아서 학습곡선의 기울기 모수 β를 알 수 없고, 제품을 처음 1단위 생산하였을 때의 평균변동제조원가(평균노동시간) α를 알 수 없는 경우에는 과거자료를 이용하여 그것을 추정해야 한다. α 추정치를 a, β 추정치를 b라 하면, 학습곡선함수는 표본자료를 이용하여 다음과 같이 추정된다:

$$y = ax^{-b} \quad \cdots\cdots (7)$$

과거의 누적생산량 자료(x)와 그것에 대응되는 평균변동제조원가(평균노동시간) 자료(y)를 수집할 수 있다면, a와 b는 단순회귀분석으로 추정할 수 있다. 먼저 식(7)의 양변에 log를 취하면, 식(8)과 같이 된다.

$$\log(y) = \log(a) + (-b)\log(x) \quad \cdots\cdots (8)$$

여기서, $\log(y) = Y$, $\log(a) = A$, $(-b) = B$, $\log(x) = X$로 각각 치환하면 식(8)은 다음과 같은 일차선형관계로 나타낼 수 있다:

$$Y = A + BX \quad \cdots\cdots (9)$$

식(9)는 일차선형함수이므로, X를 독립변수로 그리고 Y를 종속변수로 하는 단순회귀분석을 통해 A와 B 추정치를 구할 수 있다. 그것이 추정되면, a와 b는 각각 다음과 같이 계산된다.

$$\log(a) = A\text{이므로,} \quad a = 10A$$
$$(-b) = B\text{이므로,} \quad b = -B$$

가령, 회귀분석에 의해 $A = 2.4771$, $B = -0.152$로 각각 추정되었다면, a와 b는 각각 다음과 같이 계산된다:

$$a = 10^{2.4771} = 300\text{분}$$
$$b = -(-0.152) = 0.152$$
$$\therefore \; y = ax^{-b} = 300x^{-.152}$$

회귀분석법으로 학습곡선함수를 추정할 때 이용된 표본자료가 시계열자료인 경우에는 앞의 회귀분석법에서와 동일한 절차를 거쳐 자기상관의 존재 여부와 회귀계수의 유의성에 관한 통계적 추론을 거쳐야 한다.

예제 13-5

아래 자료는 올해 처음으로 생산활동을 시작한 어떤 기업의 지난 1년간의 월간 생산량과 총노동시간을 측정한 것이다. 누적생산량과 평균노동시간 간의 학습곡선함수와 학습률을 추정하시오.

월	생산량	총작업시간	월	생산량	총작업시간	월	생산량	총작업시간
1	100	74	5	100	18	9	100	25
2	100	35	6	100	27	10	100	20
3	100	29	7	100	21	11	100	18
4	100	32	8	100	14	12	100	16

풀이 주어진 자료는 학습곡선을 추정하는 데 적합한 아래의 형태로 전환되어야 한다.

월	누적생산량(x)	누적작업시간	평균작업시간(y)	$X=\log(x)$	$Y=\log(y)$
1	100	74	0.74	2	−0.13077
2	200	74+35=109	0.545	2.30103	−0.26360
3	300	109+29=138	0.46	2.477121	−0.33724
4	400	138+32=170	0.425	2.60206	−0.37161
5	500	170+18=188	0.376	2.69897	−0.42481
6	600	188+27=215	0.358333	2.778151	−0.44571
7	700	215+21=236	0.337143	2.845098	−0.47219
8	800	236+14=250	0.3125	2.90309	−0.50515
9	900	250+25=275	0.305556	2.954243	−0.51491
10	1000	275+20=295	0.295	3	−0.53018
11	1100	295+18=313	0.284545	3.041393	−0.54585
12	1200	313+16=329	0.274167	3.079181	−0.56199

X를 독립변수, Y를 종속변수로 하는 표본회귀함수 [$Y = A + BX$]를 추정한 결과는 아래와 같다:

상관계수(R): .999, 결정계수(R^2): .998(F=4105.699, p<.0001)

추정의 표준오차: 0.0067, $D-W$ 통계량: 2.206

A = .649(t=38.443, p<.0001), B = −.394(t=−64.076, p<.0001)

$\therefore Y = .649 - .394X$

추정된 선형회귀함수는 자기상관이 없고, 모형의 적합성과 모집단 회귀계수도 유의수준 0.0001에서 각각 유의적이었다. 따라서 추정된 A와 B는 모두 우연히 0과 다르게 추정된 것이 아니라고 할 수 있다. A와 B를 이용하여 a와 b를 환산하고, 학습곡선함수와 학습률을 추정하면 다음과 같다:

$\log(a) = A$이므로, $a = 10^{A} = 10^{.649} = 4.46$

$(-b) = B$이므로, $b = -B = -(-0.394) = 0.394$

$\therefore$ 학습곡선함수: $y = (4.46)x^{-.394}$, 학습률 $= k/y = 2^{-\beta} = 2^{-.394} = 0.76(76\%)$

06 학습곡선함수를 이용한 의사결정

관련원가분석은 일차선형 원가함수를 이용할 때와 학습곡선함수를 이용할 때 서로 다른 의사결정을 이끌어 낼 수 있다. 전자보다는 후자의 경우에 증분원가가 더 작게 추정될 것이므로, 일차선형 원가함수를 이용한 관련원가분석에서 수익성이 없는 것으로 분석된 대안이 학습곡선함수를 이용하면 수익성이 있는 대안으로 바뀔 수 있다. 그러므로 학습효과를 고려하는 것이 마땅한 상황에서 그것을 무시한 채 의사결정을 한다면 수익성 있는 대안을 기각하는 잘못된 의사결정을 하게 될 가능성이 있다.

예제 13-6

K제품을 주문생산하는 어떤 기업이 총 4개의 시험생산과정에서 관찰된 누적생산량과 평균변동제조원가 자료가 아래와 같다.

누적생산량	평균변동제조원가
1개	₩600,000
2	540,000
3	507,725
4	486,000

이 회사는 최소한의 매출액이익률을 20%로 설정하고 있는데, 최근 이 제품 100개를 ₩40,000,000에 제작해 달라는 주문을 받았다. 학습효과가 지속된다고 가정할 때, 이 주문을 수락할 것인지 여부를 판단하시오.

풀이 ① a=600,000, 학습률=540,000/600,000=90%, β=−[log(학습율)/log 2]= −.1520

학습곡선: $y=(600,000)x^{-.1520}$

② x=104에서의 총변동제조원가

$\alpha\ x^{(1-\beta)} = 600,000\times(104)^{.8480}$ = ₩30,803,178

③ 주문량 100개의 한계원가

[x=104에서의 총누적원가]−[x=4에서의 총누적원가]

= ₩30,803,178 − ₩486,000 × 4 = ₩28,859,178

④ 매출이익 = ₩40,000,000 − ₩28,859,178 = ₩11,140,822

⑤ 매출이익률 = ₩11,140,822/₩40,000,000 = 27.85%

⑥ 결론: '매출이익률>20%' 이므로, 주문을 수락함

예제 13-7

올해 처음으로 생산활동을 시작한 어떤 기업의 지난 1년간의 누적생산량은 1,200개였고, 누적작업시간은 329시간이었으며, 다음과 같은 학습곡선을 가지고 있다: $y=(4.45656)x^{-.394}$. 이 기업이 생산하는 제품의 제조원가는 직접노무원가뿐인데, 직접공의 임률은 시간당 ₩7,200이다. 지난해 말 이 기업은 상호배타적

인 두 가지 주문을 받았는데, 그 중 하나를 선택해야 한다. <주문1>은 500대를 대당 ₩6,400의 가격으로 구입하겠다는 것이고, <주문2>는 1,000대를 대당 ₩6,180의 가격으로 구입하겠다는 것이다. 각 주문의 수익성을 분석하시오.

풀이

	주문1	주문2
(1) 사전 누적생산량	1,200개	1,200개
(2) 주문량	500개	1,000개
(3) 사후 누적생산량 = (1)+(2)	1,700개	2,200개
(4) 평균작업시간	$y = (4.45656)(1700)^{-.394}$ = 0.2378 시간	$y = (4.45656)(2200)^{-.394}$ = 0.2148 시간
(5) 사후 총작업시간 = (3)×(4)	1700×0.2378 = 404.25 시간	2200×0.2148 = 472.62 시간
(6) 사전 총작업시간 = (1)의 누적작업시간	329 시간	329 시간
(7) 한계작업시간 = (5)−(6)	75.25 시간	143.62 시간
(8) 증분원가 = (7)×시간당임률	75.25시간×₩7,200 = ₩541,800	143.62시간×₩7,200 = ₩1,034,064
(9) 증분수익 = (2)×단위당가격	500개×₩6,400 = ₩3,200,000	1,000개×₩6,180 = ₩6,180,000
(10) 증분순현금유입 = (9)−(8)	₩2,658,200	₩5,145,936

찾아보기

(ㅈ)

저자약력

김 학 범

부산대학교 상과대학 경영학과(경영학사)
서울대학교 대학원 경영학과(경영학석사)
서강대학교 대학원 경영학과(경영학박사)
현, 경남대학교 경상대학 경영학부 교수

원가관리회계의 이해와 연습

초판인쇄 2013년 8월 20일
초판발행 2013년 8월 30일

지은이 김학범
발행인 박노일

주 소 경기도 고양시 일산동구 강송로 153
310-1501(마두동, 강촌마을)
전 화 070)7550-3758 팩 스 02)718-8554
홈페이지 www.pncmedia.co.kr 이메일 pnc@pncmedia.co.kr

발행처 pnc publishing and culture 피앤씨미디어
출판신고번호 제396-2012-000203호

ISBN 978-89-98786-49-6 93320

정 가 23,000원